国家出版基金项目
NATIONAL PUBLICATION FOUNDATION

主　编　曾国祥
副主编　李炜光　黄天华

FUSHUI YU
GUOYUN XINGSHUAI

赋税与国运兴衰

中国财政经济出版社

图书在版编目（CIP）数据

赋税与国运兴衰／曾国祥主编．—北京：中国财政经济出版社，2013.4
国家出版基金资助项目
ISBN 978－7－5095－4353－5

Ⅰ.①赋…　Ⅱ.①曾…　Ⅲ.①赋税制度－财政史－研究－中国　Ⅳ.①F812.9

中国版本图书馆 CIP 数据核字（2013）第 045699 号

责任编辑：蔺红英　贾延平　洪　钢　　责任校对：王　英
封面设计：李运平　　版式设计：董生平

中国财政经济出版社 出版
URL：http：//www.cfeph.cn
E－mail：cfeph @ cfeph.cn

社址：北京市海淀区阜成路甲 28 号　邮政编码：100142
营销中心电话：88190406　北京财经书店电话：64033436　84041336
北京中兴印刷有限公司印刷　各地新华书店经销
787×1092 毫米　16 开　28.75 印张　485 000 字
2013 年 4 月第 1 版　2013 年 4 月北京第 1 次印刷
定价：76.00 元
ISBN 978－7－5095－4353－5/F·3530
（图书出现印装问题，本社负责调换）
质量投诉电话：88190744
反盗版举报热线：88190492、88190446

谨以此书献给

中国改革开放三十五周年！

《赋税与国运兴衰》编委会

序　一

历史是一面明亮的镜子，也是一部厚重的教科书，始终是后人循以前行，温故知新的明灯。以史为鉴，明察社情，锐意开拓，善政善策，是有为的执政者的基本素质，也是国家兴旺、持续繁荣的基本理念。“多读一点历史”，这是从毛泽东主席以来，新中国历代领导人的谆谆教诲。知识就是力量，这是真理。历史知识，特别是正确的历史观和实事求是的概括性的历史论述，对我们执政治国、规划改革与发展的潜移默化的影响作用是不可低估的。

知史必须编史。中国税收文献资料和著作浩如烟海，但是以税收为主线，以史为据，以论及史，把税收与国运相联系，把税收制度及政策与国家兴衰及社会稳定相联系，进行有重点的系统研究，作出清楚表达，并写出有分量的史论性著作并不多见。《赋税与国运兴衰》，就是企望从这一高度进行尝试的一部力著。

《赋税与国运兴衰》课题组组建于2008年，从开题至今已经四年多。课题组成员是一个专家学者群体，依托税务系统，社会研究机构及高等院校的税收与史学专家，以学者联合的组织形式为平台，实行老中青、政学研相结合。整个研究进程始终按以史为据，史论结合，以论及史，在“史论”二字上下功夫的原则，进行了广泛的研讨活动。课题组成员力求按比较、分析、提炼和概括的研究思路，紧紧围绕各个不同历史时期，赋税与国运兴衰关系的脉络，认真总结经验和教训，力争做到以史为鉴、古为今用，把税史研究与为现实社会提供史鉴紧密联系在一起。

史论结合是有很大难点的。但课题组从以下四个方面突破了难关：一是注意把握各个历史时期税史的经济社会大背景，对当时的税收与经济关系、政治关系进行联系分析；二是紧密结合中国长期处于农耕社会，以农立国的历史现实，把税史与土地制度变革历史结合起来研究分析；三是着力就各个历史时期税收政策、赋税负担，对各个历史时期经济社会的影响，进行客观历史评析；四是着重就各个历史时期重大政治历史事件与重大税收历史事件（包括代表人物）的时代情景、社会矛盾、政权更迭等，进行唯物史观评价，提炼利弊得失、政治经验与教训。本书除了有思想、有观点、有史料外，另一个特点是文字表述深入浅出，比较通俗易懂，可读性强。

《赋税与国运兴衰》因为写作工作量大及论述主题不同，又分成上下两篇：上篇是通论，分代论述；下篇是专论，专题论述。许多方面还可以条块结合。

中国是一个历史大国，中国古代是一个复合型中央集权制政体，往往在同一历史时期，除中央主体性政权以外，同时并存有非主体性政权，例如北宋时期，同时并存有西夏、辽、金等。由于力量所限，本书对非主体性政权的论述，还只能暂付阙如。

《赋税与国运兴衰》的出版，可能对相当多方面人士有参考价值。执政者可以从中汲取历史经验教训，更好地治国理财；教研者可以从中获取大量历史精华，深化教学与研究；对于学习财经专业和历史、政治专业的高校学生来说，这是一部良好的参考书籍；而老百姓阅读此书，可以从中更多了解到经济政策对国运兴衰的重大影响作用。

相信广大读者读了此书之后，一定会有诸多裨益。

陆百甫

2012年夏于北京

序　二

回顾中国五千年的文明史和社会发展史，封建领主制社会自夏、商、西周一直绵延到春秋战国。后来，秦始皇统一了中国，建立了君主中央集权制国家，君主地主制社会一直延续到清王朝的灭亡。

长期以来，中国是一个以农民和农业为基础的国家，一直处于农耕社会。在农耕社会，土地既是广大农民基本生存和生活的资料，也是他们最基本的生产资料。在封建领主制和君主地主制社会，历代赋税制度一直依附于土地、人口和户籍。农业劳动力和土地是最基本的生产要素。人口、农业劳动力及其土地资源分布和占有状况，以及相应的土地制度和赋税制度，直接关系国计民生，直接关系国家的兴衰存亡。

中国赋税史资料浩如烟海，各类赋税著作汗牛充栋。但是，赋税史论方面的论著相对较少。五年前，中国税收文化史研究联谊会以民间形式组织税务系统、大专院校、科研院所对税收史论有研究、有兴趣的专家学者，就《赋税与国运兴衰》的主题、整体框架和专题，开始进行跨系统、跨学科的深入研究和讨论。

许多专家认为，赋税史论的难度很大。其难度不仅在于对历代赋税制度的利弊得失分析和评价如何准确把握，而且在于，历代赋税制度对当时经济社会的影响，以及历史经验教训等，如何进行客观、科学的分析。所有这些，不下大功夫和苦功夫是很难有所成就的。

本书的研究虽然是初步的，但是，它和同类著作相比，有一些新的突破和贡献。

本书的主题鲜明，不是就税收论税收，而是把赋税与国运兴衰联系、结合起来进行研究和分析。此其一。

从封建领主制社会，到君主地主制社会，中国长期处于以农业和农民为主体的农耕社会。在农耕社会，土地不但是农民的基本生产资料，而且也是农民的基本生活资料和生存资料。在封建领主制社会、君主地主制社会，一方面赋税制度依赖于土地制度，另一方面，赋税制度的沿革，往往与土地制度的沿革交织在一起。赋税制度和土地制度的沿革，像两根红线一样，贯串于历朝历代兴衰存亡的全过程。本书论述赋税与国运兴衰，是与土地制度紧紧扣在一起的。此其二。

对于中国古代赋税制度史的分期，各家众说纷纭。本书明确指出，从四千年土地制度的沿革，以及依附于土地制度上的农民身份的变化，再及相应的田赋、劳役、丁银、租税制度沿革的历史过程，可以把中国历代税制划分为四个历史阶段。中国赋税制度史的阶段划分，尽管还可以讨论，但毕竟我们已经有了一个比较成熟的说法。此其三。

本书以中国税收制度史为研究对象，以史为据，以论带史，史论结合，强调在“论”字上下功夫，夹叙夹议，以揭示中国税收运动变化的客观规律，同时揭示赋税与国计民生和国运兴衰之间的关系和客观规律。尽管这些工作都是初步的，论述部分无论从内容方面，还是分量方面看仍显不足，但毕竟已经起步。此其四。

本书分上下两卷，上卷是分代通论，下卷是分题专论，以求论述在纵向和横向相互融会贯通。从编著框架来看，有所创新。此其五。

最后，还要提及的是，本书编著者阵容强大。主编、副主编以及各章的主笔，都是国内知名的财经专家和学者。他们虽然来自不同的工作岗位，但是因为志趣相投走到一起，形成老、中、青三结合的作者队伍。他们在一起不断地研究、讨论，相互交流，相互切磋，薪火相传，修成本书。他们的人品和学问都值得称道。

是为序。

程法光

2012 年夏于北京

目 录

绪论

一

春秋时期，吴王阖闾问孙武：“六家世卿分别掌管晋国地方，谁先灭亡？谁一定成功，最后统治晋国？”孙武回答道：“范氏、中行氏最先灭亡。”吴王又问：“接着是谁灭亡呢？”孙武说：“其后韩、魏两家灭亡。赵氏没有抛弃过去的赋税制度，晋国最后归他统治。”吴王问道：“请你把其中的道理讲给我听听好吗？”接着，孙武详细叙述了范氏、中行氏、韩氏、魏氏田亩定制的面积小，都按五分之一的比率征税，老百姓的税收负担、兵役和军赋就重，君主傲慢，大臣腐化，又频繁发动战争，其国必定先灭亡。赵氏田亩定制的面积大，在每亩征收率不变的情况下，就会相对减少老百姓田赋以及兵役和军赋的负担。而且，赵氏对老百姓新开垦的私有土地免征田赋，君主节俭，公室开支节用，以此统帅富足的人民，国家就必然稳定强盛，所以晋国最后必定为他所统治。

历史有惊人的相似之处。一个国家赋税制度的优劣，以及老百姓赋税负担的轻重，的确与政治、军事、经济和社会发展有着密切的关系，而且，在一定程度上决定一个国家政权的兴衰存亡。

税收自古以来就与国家、社稷、政权有着天然的、紧密的血肉联系。没有税收，国家和政权就没有存在的物质基础和物质保障。税收是国家机器，包括国家机关、官吏、军队、警察等社会公器，得以运转的补给源、经济命脉和生命线。中国四千年国家政权更替的历史，中国历代王朝的兴衰存亡，几乎无一例外与人民的田赋、口赋、徭役的总体负担有着直接或间接的关系。

国家代表的是社会公权力和公权益，政权是社会的公器，国家政权依靠社会公共权力向人民征税，以维护国家机器、社会公共产品和服务的需要。纳税人包括城乡居民和各类农、工、商企业，代表的是私权力和私权益。无论什么历史时期，在税收领域，这种社会公权力、公权益与私权力、私权益之间总是有矛盾，甚至是有斗争的。

从总量上看，人民税收负担是否适度，直接关系社会稳定和国家政权的稳定。税收负担过轻，不足以支付起码的国家机器运转的需要，国防安全、社会治安、社会福利不能得到有效保障，国家和人民的全局利益就得不到保障，既对国家不利，也对人民不利。反之，城乡居民和农、工、商企业税收负担以及非税收负担过重，个人家庭和各类企业积累率很低，轻则不能有效地组织投资和社会扩大再生产，重则社会简单再生产都不能维持，直接威胁城乡居民的基本生活和各类农、工、商企业的生产，社会就会动乱，甚至会发生民变。

从结构上看，税种分类和布局是否合理，税收制度和税收政策是否公平，对城乡居民的生活和各类企业的生产投资和发展影响也很大。甚至某一项具体的税收政策是否合理，某项税收政策出台的时机是否妥当，也会对城乡居民和社会的心理、情绪、舆论产生极大的影响，甚至导致政权垮台。此类例子，古今中外并不罕见。

长期以来，中国是一个以农民和农业为基础的国家，一直处于农耕社会。在农耕社会，土地既是广大农民的基本生存和生活资料，也是他们最基本的生产资料。在封建领主制和君主地主制社会，历代赋税制度一直依附于土地、人口和户籍。农业劳动力和土地是最基本的生产要素。人口、农业劳动力及其土地资源分布和占有状况，及其相应的土地制度和赋税制度，直接关系国计民生，直接关系国家的兴衰存亡。

从秦代开始，到清代灭亡，历代王朝皇室和政府之间的关系错综复杂，政体不一，各有特色。但国体的本质和形式是一样的。除了中间断断续续几百年分裂时期以外，中国一直是一个大一统的君主中央集权制国家。井田制瓦解，土地私有制出现以后，从国家方面看，国家借助社会公共权力，为了维护和满足社会公共产品的基本需求，必须征集以土地税为主体的赋税包括劳役。从百姓方面看，千千万万的家庭要维护和满足自己的基本生活和生产需求。国家的需求和百姓的需求，二者之间存在着矛盾。人口、劳动力和土地之间存在着矛盾。在一定历史条件下，社会生产力水平和民力是有限的。如果土地高度集中，千千万万的农民无地可种，流离失所，加之社会总体赋税和劳役负担过重，官府竭泽而渔，强夺民力，就会破坏社会生产力，最后官逼民反。

历史的经验值得注意。有的王朝初期很强大，但其成也速，其亡也速。最具典型的例子，一是秦代，二是隋代。秦代国强 15 年而亡，隋代国富 37 年而亡，很值得后人深思反省。历代王朝的兴衰存亡虽然充满了腥风血雨，历史发展变化过程虽然纷繁复杂，但是透过历史变迁朦胧的层层面纱，我们依然可以寻找出历代王朝兴衰存亡的某些内在的蛛丝马迹，以及重复出现的带有周期性的客观规律。

中国历代王朝更替后几乎都有一个共同的规律：每个朝代的前期，特别是开国之初，统治者接受前代的教训，往往都要采取轻徭薄赋、与民休息的政策，大幅度减轻老百姓的赋税和劳役负担，从而解放和发展了社会生产力。农业生产发展了，随之商品贸易发达，百货齐集，国库充盈，国力强盛，人民安居乐业。到了每个朝代的后期，统治者大兴土木，骄奢淫逸，对内实行苛政，大幅度增加老百姓的赋税和徭役负担，对外征伐，滥用民力，鱼肉人民，导致国库空虚，苛捐杂税，民不聊生。如果发生特大自然灾害，如水灾、旱灾、蝗灾等，就会成为改朝换代的导火线和加速器。流民背井离乡，饿殍遍野，民变四起，天下大乱，导致旧王朝覆灭，新王朝诞生。土地制度和赋税制度的演变，像两根红线一样，贯串于社会变革和历代王朝兴衰存亡的全过程。历朝历代的政权即官府与百姓之间的矛盾，人口、劳动力与土地之间的矛盾，以及由此派生出来的领主与农奴、地主与农民之间的矛盾，是我国封建领主制社会和君主地主制社会的主要矛盾。正是这种生产力与生产关系之间的矛盾、经济基础和上层建筑之间的矛盾，有时是和平的、不流血的，有时是暴力的、流血的，推动了中国历史的发展和社会的进步。

中国的君主地主制农耕社会为什么会一直延续了两千多年？历史唯物主义认为，经济是社会的基础，政治是经济的集中表现。一个时代的变迁或一个王朝、一个国家的兴衰存亡，究其内在的深层次的本质原因，首先不应该到哲学中去寻找，而应该到经济学中去寻找。

二

什么是税收？税收是怎么产生的？原始社会有税收吗？家庭私有制产生以前有税收吗？

税收伴随着国家的产生而产生。税收与国家存在着天然的、必然的联系。那么，国家是怎样产生的呢？领土、人民和政权，是国家的三个基本元素。一个国家，不管是古代国家还是现代国家，为了维护领土、国土的主权，为了保护人民的生命财产安全，就必须有军队、监狱、警察来维持公共秩序，为人民生活、生产提供必要的、安全有序的社会环境和条件，还要自上而下地配备各级政权机构，即社会公权力机构和官员，以进行有效统治。政府还要修筑道路，兴修水利，创办学校，为社会提供公共产品和服务，使人民安居乐业。所有这一切都需要花钱，那么，国家为社会提供公共产品和服务的钱从何而来呢？只能向居民、个人、厂商、企业无偿征收赋税。由此可见，有国家，就有税收；反之，国家消亡了，税收也必将随之消亡。

在学术界，有人认为，中国在原始社会就有税收。因为原始人为了生存、生活，必须采集食物，狩猎野兽。除了日常消费外，为了防止自然灾害，防止陷入断水断粮的困境，他们在学会了原始种植业、养畜业的同时，懂得了储存粮食、果品、兽肉等，或者向族长、头人捐献谷物、肉类、稀奇特产珍宝等。这种食物储备，只是家庭或氏族内部的活动，并无外部的强权势力介入。其实，在我国，这种家族、氏族内部的公共积累活动，一直维持到民国年间。家族的“祭田”即共田，依然保留着上古大家族公共产品的遗风。家族“祭田”收获的粮食属于家族共有，主要用于家族祭祖活动。之日祭祖，凡是年满 16 岁以上的成人都可免费共餐。另一部分收获用于家塾，供贫困百姓子弟读书之用。这种积累反映的不是政权与人民的关系，而是家族内部部分公共产品的再分配关系。

人类经过远古社会漫长的历史过程，逐步从母系氏族社会过渡到父系氏族社会。农业、手工业有了很大发展，人们学会了种植谷子、水稻，学会了制陶、琢玉，学会了漆木作、丝织、麻织，社会分工扩大，社会生产力发展，剩余产品也随之增加，对偶婚姻出现。父系个体家庭成为社会生活或生产的基本单位。随着社会分工、商品交换和私有制经济迅速发展，原始公有制即共产制和原始氏族社会逐步走向瓦解。在父系氏族家庭内部、家庭之间、家族之间以及部落之间，在聚落、城邑、邦国、方国之间，社会矛盾日益加剧。为了制止社会无序争斗和动荡，凌驾于社会之上的公共强制权力机构，以国家政权的组织形式应运而生。

在中国上古社会，有邑就有国，有城就有国。《史记·五帝本纪》中载：舜十分受人爱戴，他住到哪里，人们就追随到哪里，以致“一年而所聚，二年成邑，三年成都”。在上古社会，城市里称为国，或称为都。城市外称为野，或称为鄙。“國”字象形即戓，表示以戎（武器）守卫人口，表示邦国。后来，金文加“一”，表示土地，写成“或”。后在外部加“口”，表示疆域，称“國”。中国三皇五帝时代，传说的国很多，有“万国”、“万邦”之称。实际上，这些邦国范围都不大。只不过随着邦国之间的相互征伐、争斗，邦国的数目越来越少。到周代，邦国社会进入诸侯国社会，诸侯国的数目也渐次减少。春秋时，只剩下了五霸，即五大强国——齐、晋、楚、吴、越，战国时剩下了七雄——秦、楚、燕、赵、齐、魏、韩。

中国上古社会夏、商、周三代的邦国，实际上是从父系氏族社会演化而来。中国人以血缘关系为纽带的姓氏和宗族延续至今。氏族聚落、城邑原本就是邦国所在地。例如周姓，第一支，即黄帝，以黄帝之臣周昌为首领的周部落。第二支出自姬姓，始祖为黄帝的玄孙后稷，后稷的后裔周武王在都镐建立了周朝，他的子孙以国——周为姓。再如，曾姓，在夏朝时夏禹的后裔曲烈封地在鄫国。后来鄫国为莒国所灭，太子奔鲁后裔以国为姓，“鄫”去右“耳”为曾。如此等等。这些邦国的前身，实际上都是氏族部落聚族而居，并从事土地耕作的地方。这样，我们就可以清楚地勾画出国家起源和演变的路线图，即大体上的脉络：原始社会母系氏族部落（5000 年前，蒙昧时代，人知其母，不知其父）——父系氏族部落——私有制出现——氏族部落聚族而居之地（都、邑）出现——古代国家即封建领主制国家产生（中国从夏启起）——公元前 221 年，秦始皇统一中国，君主中央集权制国家产生。

夏、商、周三代，封邦建国，祚之以土（祚，音 zuo，福也），胙土为氏（胙，赏赐也），分封诸侯。史称商代有八百诸侯。在《尚书·盘庚》中，殷商贵族大姓总称“百姓”，并与万民相对。氏族社会时期，禅让制度流传下来许多大族旧姓。史书记载，周朝共灭商朝属国 99 个，降服 652 个小国。可见，当时的属国和小国很多。这些小国、属国大多为分封的诸侯大族，采邑、食邑、私有制土地地域与血缘关系（家族、家庭）有着紧密的联系。宗法制度内父系氏族社会的家族制和家长制由母系氏族部落演变而来，经夏、商两代发展，到西周初年基本确立。其主要特点是以“嫡长子继承权”为核心，政权形式是“宗君合一，家国同构”。周初先后分封诸侯国 71 国，其中同姓（姬姓）诸侯 40 国，异姓诸侯 31 国。周天子为天下共主，各诸侯以封国为氏，形成新的氏族。各诸侯又在自己的国土内分封采地，食邑给同姓或异姓的卿大夫，卿大夫在自己的采邑封地内再次分封同姓或异姓士人，卿士、大夫也以邑为氏，以地为氏，并衍生出新的氏族。胙（祚）土命氏的封建宗法制度取代了氏族社会单纯的血缘氏族制度，远古父系氏族社会中的族长制，演变为夏、商、西周的封建宗法制度。天子、诸侯、卿士、大夫、平民等级分明。秦以后实行郡县制，以行政区划代替了血缘关系为网络的封建宗法制度。同样，公、侯、伯、子、男等级分明。

恩格斯在《家庭、私有制和国家的起源》一文中明确指出：“国家和旧的氏族组织不同的地方，第一点就是按地区来划分它的国民。由血缘关系形成和保持下去的旧的氏族公社，正如我们已经看到的，已经很不够了，这多半是因为它们是以氏族成员与一定地区的联系为前提的，而这种联系早已不复存在。地区依然，但人们已经是流动的了。因此，按地区来划分就被作为出发点，并允许公民在他们居住的地方实现他们的公共权利和义务，不管他们属于哪一氏族或哪一部落。这种按照居住地组织国民的办法，是一切国家共同的。”① 第二个不同点，“是公共权力的设立，这种公共权力已不再同自己组织为武装力量的居民直接符合了。这个特殊的公共权力之所以需要，是因为自从社会分裂为阶级以后，居民的自动的武装组织已经成为不可能了。”② “国家是社会在一定发展阶段上的产物；国家是表示：这个社会陷入了不可解决的自我矛盾，分裂为不可调和的对立面而又无力摆脱这些对立面。而为了使这些对立面，这些经济利益互相冲突的阶级，不致在无谓的斗争中把自己和社会消灭，就需要有一种表面上凌驾于社会之上的力量，这种力量应当缓和冲突，把冲突保持在‘秩序’的范围以内；这种从社会中产生但又自居于社

① 《马克思恩格斯选集》第 4 卷，人民出版社 1972 年版，第 166 页。
② 《马克思恩格斯选集》第 4 卷，人民出版社 1972 年版，第 167 页。

会之上并且日益同社会脱离的力量，就是国家。”①

税收是怎么产生的呢？在同一篇经典著作中，恩格斯明确指出：“为了维持这种公共权力，就需要公民缴纳费用——捐税。捐税是以前的氏族社会完全没有的。”②“官吏既然掌握着公共权力和征税权，他们就作为社会机关而驾于社会之上。从前人们对于氏族制度的机关的那种自由的、自愿的尊敬，即使他们能够获得，也不能使他们满足了；他们作为日益同社会脱离的权力的代表，一定要用特别的法律来取得尊敬，由于这种法律，他们就享有特殊神圣和不可侵犯的地位了。文明国家的一个最微不足道的警察，都拥有比氏族社会的全部机关加在一起还要大的‘权威’；但是文明时代最有势力的王公和最伟大的国家要人或统帅，也可能要羡慕最平凡的氏族首长所享有的，不是用强迫手段获得的，无可争辩的尊敬。后者是站在社会之中，而前者却不得不企图成为一种处于社会之外和社会之上的东西。”③

我们大段地引用恩格斯原著里的这些话，无非是想说明几个问题：

第一，在家庭、私有制和国家产生以前，是没有税收的。在上古氏族社会，由于社会生产力低下，剩余产品很少，氏族组织和氏族部落内部，人们出于自由的、自愿的尊敬所贡献的物品，就是“贡献”，而不是税收。贡献与税收的区别在于：“贡献”是氏族部落内部的再分配关系，而税收是凌驾于个人、家庭、单位以及社会之上的外部的再分配关系。“贡献”是自由的、自愿的，税收是强迫的、强制的；“贡献”是出于尊敬，其本质是伦理的、道德的，税收本质是法律的，体现的是社会公共权力。

第二，在上古社会家庭和私有制没有出现以前，氏族社会、氏族部落内部的生产在本质上是共同的生产，消费也是共同的直接分配和消费。由于土地等生产资料实行的是氏族、部落原始公社共有制，社会生产力低下，人们发现并保存了火种，吃用火烤或煮熟了的食物，具有代表性的生产工具是经过打磨过的新石器、骨针、陶器、简陋的弓箭等，所以剩余产品很少，生产的范围和规模是狭小的，物物交换的现象可能存在，但真正的商品交换还没有出现。

第三，家庭、私有制的产生，经历了一个漫长的历史过程。家庭、私有

① 《马克思恩格斯选集》第 4 卷，人民出版社 1972 年版，第 166 页。

② 《马克思恩格斯选集》第 4 卷，人民出版社 1972 年版，第 167 页。

③ 《马克思恩格斯选集》第 4 卷，人民出版社 1972 年版，第 167—168 页。

制产生以后，国家的产生同样经历了一个漫长的过程。我国史书记载，上古时期，传说中的黄帝、尧、舜时代的邑、城、国、都、万国、万邦等，实际上都是氏族部落聚居之地，本质上并不是文明时代的国家，充其量只能是文明时代国家的胚胎和雏形。旧的氏族、部落的聚居和组织是按血缘关系为联系、为前提的，而文明社会的国家是按地区来划分它的国民。

第四，上古社会的氏族、部落也有自己组织的武装，但这种武装是氏族、部落居民自发的、自动的行为，文明社会国家设立的是社会公共权力，不但有武装包括军队、警察等，而且还有物质的附属物，如监狱和各种强制机关，这些东西都是以前的氏族社会所没有的。

第五，人类社会从野蛮时代过渡到文明时代，家庭、私有制和国家出现后，为了维持社会公共权力，就需要公民缴纳费用——捐税。税收也就伴随着国家的产生而产生了。

三

税收学是一门独立的学科。在社会主义市场经济条件下，财政、税收、投资、货币、金融、价格已经成为国家宏观经济管理和调控的重点关注指标和领域。财政规范和调节的是中央政府与地方政府之间以及部门、地区之间的分配关系，而税收规范和调节的是政府与厂商企业和城乡居民个人之间的分配关系。

税收是国家财政收入的主要来源。国家凭借社会公共权力，依照法律法规，对纳税人强制无偿征收，纳税人依法纳税，以满足社会公共需求即社会公共物品和服务的需要。

税收涉及各产业、行业、企业，涉及千家万户，涉及国民收入再分配和国民财富最终分配的大格局，牵一发而动全身。税收涉及的领域很多，社会各界议论也很多。社会各界关心税收、议论税收是正常的、自然的事情。税收科研工作不但要为领导决策服务，为税制改革服务，而且对于社会上有关税收的各种议论，税收科研工作者有必要也有责任进行科学的、理论的解释和说明。从这个意义上说，税收学科建设、税收科学研究的任务比以往任何时候都更加重要和艰巨。

税收科学研究涉及的内容和问题虽然很多，但概括起来说，有四个既相对独立又相互联系的有机组成部分。或者说，税收学科建设和税收科学研究有四个支柱：

一是税收理论研究。

税收理论研究是税收科学研究基础的基础。税收理论特别是基础理论研究，是整个税收科学研究的主题和生命线。没有税收理论特别是基础理论研究，整个税收科学研究就失去了灵魂和生命力。税收基础理论不但是确定税收制度，制定税收法律、法规和一系列税收政策的依据，而且是指导日常税收管理的灯塔和指南针。没有科学的税收理论作指导，税收制度和税收管理就没有理论依据支撑，重则有可能失去了方向，干扰甚至阻碍经济社会的有序发展，轻则制度不合理、体制不顺、政策缺位或不当，人为造成许多矛盾、漏洞或问题，加大税收管理成本，降低税收管理效率。

税收理论问题很多，但最基本的问题主要有：税收的起源和本质；税收的功能和职能；国家与税收的关系；在一个财政年度里，国家到底要收多少税，国家到底能收多少税；决定税收规模的主要因素有哪些；国家宏观税收负担；税收负担与非税收负担；直接税与间接税的关系；经济结构与税收结构的关系；经济预测与税收预测；经济增长与税收增长的关系。税收理论研究的根本任务是：揭示税收运动本身的客观规律，以及税收与经济发展之间的关系和客观规律等。

二是税收制度研究。

广义的税收制度包括直接税与间接税的结构和比重，中央税与地方税的结构和比重，中央与地方共享制度设计，优化税收制度的理论与实践研究，以及税收法律、法规制度设计与研究等。

1994 年的分税制改革，已经奠定了我国现代税收制度的基础。分税制改革后来又经过多次微调。现在，必须继续完善商品劳务课税、所得课税、财产课税制度和它们相互之间关系的综合研究，以及社会保障课税、环境保护课税的制度设计。

当前，税收制度研究面临的主要问题有：如何规范增值税制度，增值税课征如何进一步扩大范围，增值税与营业税要不要合并，如果要合并，其必要条件和充分条件有哪些等。

随着经济社会结构的调整和改革的深化，关注和保障民生问题，应当是各级政府的首要任务。国民收入再分配会逐步向城乡居民个人倾斜，城乡居民的财产性收入会不断增加，我国直接税的比重有不断增加的趋势。因此，我国应当建立一种包括个人所得税和企业所得税以及财产税更加强化的直接税制度。同时，逐步降低间接税比重，减轻厂商和企业的间接税负担。这样，有利于厂商和企业不断增加投入，不断扩大再生产，促进技术改造、技术进步和产业升级。

三是税收管理研究。

相对于税收理论和税收制度研究来说，税收管理是实证研究。税收管理研究，特别是税收管理实务研究，要从实际情况出发，理论和实际相结合，研究、揭示、解释、总结、概括出税收管理的客观规律，指出税收管理的薄弱环节、改革重点和方向，这是税收管理研究的主要目标和根本任务。

现代税收管理的理念应该强调系统管理、综合管理、规范管理和法治管理。依法治税是税收管理的根本宗旨和生命线。

税收法定，税收制度法律化，税收管理法治化，既是依法治税前后相互衔接、相互依存的实质内容，也是税收科学研究把握税收运动客观规律，进而为国家宏观经济决策和调控服务，为税收立法、执法、司法管理服务，为纳税人服务的出发点和落脚点。

四是税收历史研究。

历史的经验值得注意。历史有惊人的相似之处。无论是税收理论、税收制度还是税收管理，历史上都有许多正面的经验和反面的教训，值得当代人认真研究、总结和汲取。

改革开放30多年来，从“文革”之前计划经济下的“税收否定论”，到后来的两步“利改税”，税利分流，再到1994年的分税制改革，从财税实际工作部门到财经科研院所乃至社会各界，我国的税收理论研究、税收制度研究和税收管理研究都有了长足的进步。但在财税实际工作部门和科研院所，税收历史研究往往无暇顾及，从事税收历史专业研究的人员很少，更加没有专门的税收历史研究处室机构。大量的税收历史材料束之高阁，无人整理研究、发掘、梳理。税收历史研究队伍青黄不接，年纪大的都已到古稀之年，研究税收历史的中青年屈指可数，后继乏人。这种状况与中国5000年历史的泱泱大国地位极不相称，这种状况再也不能继续下去了。

税收理论研究、制度研究、管理研究和历史研究，是税收科学研究和税收学科建设的四个重要组成部分。这四个有机的组成部分好比汽车的四个轮子，缺一不可。当然，就税务系统来说，特别是省级税务局以下的研究机构和人员，从事税收制度和税收管理研究的应该是大多数，而从事税收基础理论和税收历史研究的力量和人员，应该是也只能是少数。总之，税史研究不能无人问津，不能无人组织。有了税史研究，我们的税收理论、税收制度和税收管理研究就可以同时进行古今比较研究和中外比较研究，税收科学研究的视野和平台就扩大了，内容就更加丰富了。

四

研究税收问题，必须有经济眼光，不能就税收说税收，因为经济是基础；研究经济问题，必须有政治眼光，不能就经济论经济，因为政治是经济的集中表现；研究政治问题，必须有历史眼光，不能就政治论政治，因为历史都有惊人的相似之处；研究历史问题，必须有人文眼光，不能就历史论历史，因为人文是经济、政治、社会和历史的灵魂。

“观乎天文，以察时变；观乎人文，以化成天下。”中华民族5000年的文明史，泱泱中国4000年的赋税史，实际上既是一部经济史，又是一部政权、政治史；既是一部社会史，也是一部人文史。

税收是一门大学问。中国税史资料浩如烟海，税收理论深不可测。笔者一直固执地认为，税收学是一门独立的学科。税收学与财政学有联系，但税收学不是财政学的一部分。

税收伴随着国家的产生而产生，也必将伴随着国家的灭亡而灭亡。19世纪英国学者柏克说过：“英国的税收就是国家。”税收和国家紧紧联结在一起。税收是否公平、适度并法律化，税收是否适应并有利于社会生产力的发展，进而促进社会生产力的发展，直接关系百姓生计和社会稳定，直接关系国家、政权的兴衰存亡。

大约四五万年以前，我国原始社会、原始部落进入母系氏族公社时期。这一阶段一直持续到距今六七千年前。大约从4000年前开始，我国原始社会、原始部落进入父系氏族公社时期。父系氏族部落发展较快，其中北方（中原一带）以黄帝族为代表，南方以炎帝族为代表，黄帝后来被奉为华夏族的始祖。

约在公元前21世纪，即在唐尧、虞舜之后的夏代（约4000年前），父系氏族公社制度崩溃，进入了上古社会，直至商王朝灭亡。

从夏代开阡陌，到春秋鲁国“初税亩”，逐步废除“井田制”，从秦代商鞅变法到三国曹魏“屯田制”，从唐代两税法到明代“摊丁入亩”和“一条鞭法”，中国四千年封建制度下的赋税史，实质上就是一部以土地制度为基础的经济社会变革史，以及历代王朝及其政权即社会公权力，与农民基于自身利益即私权力之间的矛盾、博弈和斗争史。正是这种社会经济基础与上层建筑的矛盾，生产力和生产关系的矛盾，有时是和平的，有时是暴力的，有时是有序的，有时是混乱的，推动了中国经济社会和历史的发展。

封建领主制国家出现，中国进入了封建领主制社会，由西周王朝灭商，历经东周，后出现春秋五霸、战国七雄，诸侯称王，封建割据，天下大乱。公元前221年，秦始皇统一中国，建立了君主中央集权制国家，中国进入君主地主制社会。后历经汉、魏晋、南北朝、隋、唐、五代、宋、元、明、清各代，前后历时3000年。1840年鸦片战争爆发，中国进入君主制半殖民地社会。

1911年辛亥革命爆发，清帝逊位，中华民国成立，中国进入旧民主制社会。此后几十年，内战不断。1949年10月1日，中华人民共和国成立，中国进入新民主制社会，即初级阶段的社会主义社会。

本书以中国税史为研究对象，以史为据，以论带史，史论结合，进而揭示中国税收运动本身变化的客观规律，同时揭示税收与民生之间的关系和客观规律，税收与经济之间的关系和客观规律，税收与政治、政权之间的关系和客观规律等。这些关系和客观规律主要有：

·不同历史时期土地制度和田租（赋）制度之间的关系，吏治与税收的关系，以及运动、变化的客观规律；

·不同历史时期土地与百姓之间的关系，以及运动、变化的客观规律；

·不同历史时期田租、口赋、力役之间的关系，以及运动变化的客观规律；

·不同历史时期社会阶级、阶层结构分析，其相互之间的关系，以及赋税负担和运动变化的客观规律；

·不同历史时期中央政府与地方政府之间的关系，中央赋税与地方赋税之间的关系，以及运动变化的客观规律；

·不同历史时期重大赋税制度（包括土地制度）改革事件的历史分析（原因、经过、结果）利弊得失和历史评价；

·不同历史时期正税和杂税之间的关系，正税和杂税结构分析以及运动变化的客观规律；

·不同历史时期税收制度对社会生产力发展以及经济和政权兴衰存亡的历史影响以及历史分析等。

从根本上来说，税收科学、税收科学管理，就是要研究、熟谙并把握税收运动变化的客观规律，同时要研究、熟谙并把握税收运动变化与经济社会运动变化的客观规律，然后，以史为鉴，在实际工作中按照税收运动变化的客观规律办事。因此，研究税收要有经济眼光，研究经济要有历史眼光，研究历史要有人文眼光。

税收运动变化的客观规律是什么呢？通过什么途径，采取什么方法研究、熟谙并把握税收运动变化的客观规律呢？简单来说，就是实事求是的途径和方法，就是理论联系实际的途径和方法。税收运动变化的实际，有当代活生生的现实的实际情况，有近代为时不远的比较清晰的实际情况，有古代比较模糊的实际情况。古代税收的实际情况，一可以从各类历史文献、文字的史料中去研究、整理、归纳和分析；二可以从各类历史文物的史料中去发掘、研究、整理、归纳和分析。

五

古语说：以铜为鉴，可正衣冠；以古为鉴，可知兴替。中华民族一部4000年的税收史，实际上既是历代王朝兴衰存亡的历史，也是中华民族4000载辛苦劳作、生存、生活、生生不息的历史。任何历史都是当代史。研究中国税史，谈古论今，目的是以史为鉴，古为今用。

中华民族5000年的历史，实际上是一部农民史、农业经济史和农村社会史。几千年的农业经济和农村社会，历代王朝重农、重战、抑商，而农民问题本质上首先是土地问题，以及基于土地基础上的田赋和租税负担问题。土地不但是农民的基本生产资料，而且是农民的基本生活资料和生存资料。

在人类历史的长河中，人是生产力最活跃的因素，或者说人（劳动者、老百姓）是最基本、最根本的生产力。在中国几千年的农业社会中，农民是最基本、最根本的生产力。能不能最大限度地减轻农民负担，调动农民从事农业生产和以农业生产为基础的其他各类产业、行业、企业的生产经营积极性，从而发展经济、和谐社会，进而繁荣文化，最大限度地解放生产力，发展生产力，便成为衡量和判断该时代农业政策和税收制度利弊得失和优良可差的客观标准。

在经济史学界对西晋的课田制有不同的认识和看法，这种课田制首先是土地制度的改革，先课田，把大量的屯田客和屯田士卒转化为自耕农。同时，按田亩定额课税，课田是应种土地的限额，不是实际授予并占有的土地数额。由于大量的屯田客和屯田士卒转化为自耕农，使曹魏时期推行的屯田制在魏末逐渐被破坏之后，“寓劝于课”，通过征收实物税，达到劝勉农民种田的目的，防止土地撂荒。从本质上看，这既是土地制度改革，同时也是税收制度改革。因为是自耕农，所以这种实物税实际是田赋，即课田的同时即课税（实物税），而不应看作是劳役地租或实物地租。

从4000年土地制度的演变，以及依托、依附于土地制度上的农民身份的变化以及相应的田赋、徭役、丁银等租税制度演变的历史过程，我们可以把中国古代税制分为四个历史阶段。

第一阶段上古社会（夏、商、周，公元前2023—前222年），劳役田租税制。商代实行井田制，土地在一定范围内实行定期平均分配，耕作者对土地保有所有权，男子成年授田，老、死还田，土地不准买卖。私田不向国家纳税。这实际上是中国上古社会农村原始村社土地共产制度的遗迹，土地为国家公有，同时实行分封制度。

周代分封制度以宗法制度为根据，封邑大小按封爵等级而定，受封者称封君，在封邑内按规定户数征收租税，封君必须奉行国家统一法令，不得拥有私兵，不得滥施刑罚、擅发徭役。卿、大夫在封邑内享有统治权，可世袭，诸侯对国王，卿大夫对诸侯承担义务。封邑内的平民、劳力者是国家编户齐民，对封君无隶属关系，这些都不是奴隶。周王把土地分封给诸侯，诸侯再把封区内的土地和百姓、民——劳力者，分赐给自己的卿大夫，以至于士。诸侯、卿大夫、士是官——劳心者。劳心者治人，劳力者治于人，同时存在人身依附关系。实际上是上古社会国家出现以后的特有的官民关系。

第二阶段中古社会，秦、汉至唐中期（公元前221年—公元779年），田租、口赋、力役税制。秦始皇统一中国以后，实行郡县制，中央集权制封建国家诞生。唐初，受封的贵族、勋臣称封家，封邑内的民户为封户，封户只对封家交纳赋税，影响了国家财政收入。唐玄宗时，将食封制改为政府向封户征收租调，禁止封家直接苛索封户。

秦始皇三十一年（公元前216年）“使黔首自实田”，黔首即平民百姓，国家向土地所有人征收田租。汉代田赋亦称田租。东汉田租改为定额税，同时出现“调”，即户调，一种新的税收形式，以州、郡为征调对象。汉代同时向14岁以下儿童征收“口赋”，对成年人征收“算赋”。“口赋”和“算赋”都属于人头税。曹操颁布租调制，规定每亩地收田租4升，每户纳绢2匹，绵2斤。田租与户调成为封建国家的主要赋税制度，取代了汉朝以来的口赋和算赋。隋文帝改革实行均田制，开皇十年（公元590年），益宽徭赋，输庸停放，即免役收庸，允许以布帛代替力役。秦汉以来至唐中期，田租、户调成为国家的正式赋税。

秦汉时期，在君主地主制经济下，佃客（佃户）佃种他人（地主、贵族等）土地。唐中叶以后，均田制破坏，佃客人数骤增。北宋时，约占总户数一半左右。佃客与地主之间的人身依附关系愈往后代愈松弛。

第三阶段下古社会，自唐德宗建中元年（公元780年），杨炎奏请改行“两税法”，丁役银并入地、户，两税即租调、户调制，一直持续到明代中后期，中国税制呈简化趋势。

第四阶段近古社会，自明后期即万历初年（公元1578年），始于张居正推行“一条鞭法”，把役丁银摊入田亩征收，田赋、力役合并征银，实物税改为货币税，中国税制发生历史性变化。清代雍正年间，摊丁入地（亩），同样将丁银摊入地赋中一并征收。乾隆时，此法通行全国，中国税制进一步呈简化趋势。以前的历代王朝，地、户、丁分别征税，手续繁杂，从中央到地方层层盘剥，多头征税。“一条鞭法”是中国地主制经济和君主制社会税收制度的重大变革，应该是历史的一种进步。

《赋税与国运兴衰》的研究任务是：第一，寻求分析过去的历史的事实；第二，对过去的历史事实进行解释和概括；第三，以史为鉴，总结过去的历史经验和教训，服务于现实的经济社会发展；第四，探索、预测中国税收未来的发展方向和道路。

上卷

通　论

第一章

分田定税　什一而赋

——夏商西周税史论

赋税是随着国家的产生而产生的。中国历史上，从大禹传位于子，原始社会的氏族制度就开始被阶级社会的国家代替了。夏王朝建立了军队，设置了牧正、庖正、车正等一系列官职，修造了城郭沟池，有了刑法和监狱。随着国家的产生，为满足国家机器财政需要的赋税也随着出现了。司马迁说："自虞、夏时，贡赋备矣。"① 孟子说："夏后氏五十而贡"②，表明国家的赋税制度在夏朝已经产生。

夏朝自公元前21世纪至前16世纪，历时约500年。商朝自公元前16世纪至前11世纪，历时550年以上。西周自公元前11世纪算起，至周平王东迁，历时250余年。在这段漫长的历史时期内，国家机器日臻完善，到西周中期以后已经成熟到相当庞大的程度，需要有更加雄厚的赋税收入作为其存在和运行的基础条件。西周实行井田制，把土地划为井字的方块，每块70亩，中间一块为公田，周围八块为私田，授与八家耕种。各户利用剩余劳动

① 《史记·夏本纪》。

② 《孟子·滕文公上》。

时间助耕国家“公田”，实行劳役税制，这就是所谓“殷人七十而助。”[①] 周代井田每块百亩，劳役税和比例税并行，这就是所谓“周人百亩而彻。”

一

在中国早期的历史发展中，部落首领们为了生存发展，提倡宽仁的德行，比较讲信义、守善道，对外比较看重与其他部落的和睦亲善。如《尚书·尧典》曰：尧“克明俊德，以亲九族。九族既睦，平章百姓。百姓昭明，协和万邦”。是说，尧能使自己的亲族和睦相处，管理好自己部落的事务，并由此协调整个联盟的关系。又《尚书·尧典》载舜命十二牧曰：“食哉惟时，柔远能迩。”为了获得食物来源，必须尽可能地消弭部落之间的争端，以保证农事活动的正常进行，并由此形成中原各氏族部落相对稳定的农业定居和土地占有关系。中国早期国家的“德治”思想，正是来源于尧舜的这种思想，是当时社会上的一种共识。

春秋战国以前的周代封建体制，其主要社会和政治形态是“邑共同体”，“天子建国，诸侯建家”，是一个分散化的统治序列。天子只把王畿之内的土地作为自己和直接管辖的范围，王畿之外的土地则按照血缘关系分封给诸侯。天子、诸侯之下，又有一个卿和大夫的等级。他们各有采邑，俨然为一国之君。如《礼记·礼运》说的：“天子有田，以处其子孙；诸侯有国，以处其子孙；大夫有采，以处其子孙。”在这样的体制之内，无论天子、诸侯还是卿大夫，都是各治其所，各有其民。诸侯对天子保持着政治、军事和财政上的独立性，以此类推，诸侯下面的卿大夫、国人，对诸侯也保持相当大的独立性。而民也各有其主。而这个时候的民，是被组织在长久以来自然形成的基层共同体之内，公共土地产权依传统习俗来执行，从而成为共同体稳定的基础。中国历史上的井田制，其存在的政治的和社会的基础，均来源于此。

在军事上，国人是军队的主力，他们对国君或贵族也保持着相当的独立性。必要时他们应召上阵效力，利用自己的经济资源支持本部落的对外战争。

---

① 《孟子·滕文公上》。

所以，当时他们有着相当大的社会影响力。每当国王要发动战争时，首先要设法说服国人，证明所进行的战争有利于维护他们和共同体的利益，以获得他们的理解和支持。君主也只有在社会共同体利益受到外来威胁时才可以兴征伐之事，平时这些资源就留在百姓的手中。

在财政上，从天子到诸侯，只向百姓征收与祭祀或军事行动有关的人力和物资，共同体成员也只向其君主提供有限的义务。君主可以利用“藉田”的方式，借民力而耕种自己直接控制的土地，在农闲之时与民共同狩猎，按一定的规定均分所获，当然，也可能有一些有限的赋税。君主的责任，是主持共同体的祭祀和军事行动，除了这两项大事外，不得对国人随意加征。在邑共同体的四周，有大量的“山林川泽”等自然资源，属于公有，君主不得独占。可见，这个历史阶段，权力和支持权力的经济资源都相当分散，这种制度安排，有效地限制了君主的权力，使君主专制变得不可能。

实际上，在古代社会，治理一个村社共同体所需的费用相对是比较高的。首先是治理水患，如传说中的“大禹治水”。《论语·泰伯》中谓禹“尽力乎沟洫”等史料可以证明其存在。这是典型的公共事务，必须以一定剩余生产物的存在为前提，从生产一线抽调出一批比较专业的劳动者，才能完成这一公共性的劳动。村社共同体内部还有其他一些公共事务需要处理，如“使老有所终……鳏寡孤独废疾者皆有所养”[1]，也都必须以大量公积性劳动作为保证。

稳定的土地占有，以及德治的社会基础，有力地推动了夏朝的诞生。作为一个部落联盟基础上建立的国家，夏朝的组织结构是非常松散的，除了共同抵御外部的军事进攻时有联合的必要，夏王对内部各氏族部落的财产和土地，没有支配权。《商书·汤誓》曰：“夏王率遏众力，率割夏邑。有众率怠弗协。”“有众率怠弗协”，就是联盟内成员拒绝给夏桀以财政上的支持，说明夏邑外部的部落在经济上有较大的独立性。“天下为家，各亲其亲，各子其子，货力为己。”不得已，夏桀只得为了获得财政来源而在王畿内外跟别人动武。《史记·夏本纪》上说：“夏桀不务德而武伤百姓，百姓弗堪。”中原地区数百年的稳定，就这样被破坏了。商人正是利用了这个形势，从东部进入中原，灭了夏朝。而在此之前，商人一直在今天的山东南部和河南东部地带，几经迁徙游移，一直没有机会向西进犯。

---

① 《礼记·礼运》。

为了稳定中原，商汤不得不承认中原各部落、邦国的利益和内政自主。《尚书·汤诰》曰："各守尔典，以承天休。""各守尔典"就是允许中原各部落或邦国可以在各自内部自行其是，商王不予干预，财产和土地不受商王支配。商实行不强加于人的妥协政策，目的在于换取中原部落对自己的承认和支持。

稳定的社会基层共同体的存在，是各层级的统治者在广大的区域内实行分层控制的社会经济基础。这种多元的政治结构，在当时无疑是最经济也最有效的。从根本上说，这一时期的农业生产力还非常低，生产所能提供的剩余生产物非常有限，因此，每一个赋税单位都必须具有一个相当大的规模。否则，各级统治者就无法获得足够多的财政收入。正是仰仗这种松散的、多元化的政治制度和分层控制、分散制衡的治理结构，夏、商各自统治中原辽阔的地域近五百年，周王朝则以自己的偏西之地，将广阔的中原地区置于自己的统治之下达 3 个世纪之久。松散归松散，多元归多元，照样可以和谐稳定、安内攘外。

二

据《禹贡》记载，中国在夏代就已形成了初具规模的赋税征收制度。《禹贡》中有关九州贡赋制度的内容，可能正是早期财政来源的某种反映。夏朝还处于国家形态诞生的早期阶段，贡赋制度也较为简单。

《禹贡》中所说的贡，是指各地诸侯、臣属向夏朝廷贡奉的贡物，包括各地出产的产品和珍宝等财富。夏朝是在原始社会末期部落联盟的阶级分化和瓦解的过程中产生的，夏王朝建立后，夏部落和其他部落之间的部落联盟关系转变为朝贡关系。夏王朝开始实施对各部落的财政征收，臣服于夏王朝的各部落贵族则承担着对夏王朝的贡纳义务。这种"贡"既体现了被征服部落对天子的承认，也体现了国王对被征服部落的统治，因而"贡"是维护宗法统治的一种手段。"贡"不是自愿献纳，而是强制的、无偿的，甚至逐步实现了固定性。所以说，"贡"即使尚未具备赋税的基本性质，至少也是后世完整意义上的税的雏形。

"任土作贡"，就是《禹贡》所规定的贡纳制度的基本原则。所谓"任土作贡"，就是"任其土地所有，定其贡赋之差"[①]。即根据各地物产不同，确定贡纳物品的不同。"任土作贡"要求各地出产什么，就向王朝贡纳什么。所以，"任土作贡"原则，首先是实物贡纳原则。

从这一原则出发，《禹贡》根据九州物产的差别，对各州的贡品分别作了具体规定。如冀州产谷，则贡纳米、粟、禾杆等。青州"海滨广斥"，就规定该州贡食盐和各种海物。兖州土地适于漆林和桑树生长，所以规定该州贡漆、丝。徐州产五色土及"夏翟"（一种野雉）、桐树，所以规定徐州"厥贡惟土五色，羽畎夏翟，峄阳孤桐。"扬州出金、银、铜、玉石、兽齿、犀皮、鸟羽、牦尾、楩梓豫章等优质木材，所以该州"厥贡唯金三品，瑶琨、筱簜，齿、革、羽、毛唯木。"其余荆、豫、梁、雍诸州，也都根据它们的物产，规定了各自不同的贡品。

各地贡纳不同的物品，可满足国家机器的各种需要。从《禹贡》所规定的各州的贡品看，既有必要生活资料，也有各种奢侈品；既有日常生活用品，也有军事、祭祀用品。衣食住行，无所不有。一个州的物产绝不止贡品所包括的一种或几种，所以只规定它们贡纳这些物品，而不贡纳其他的物品，显然是从国家的需要出发来加以确定的。"任土作贡"比较易于为各地臣属部落所接受。各地出产什么，就向国王贡纳什么，这使他们易于完成自己所承担的贡纳义务。"任土作贡"对于协调国家和进贡者的关系具有重要的意义。

"任土作贡"也是在当时客观经济情况基础上产生的贡纳原则。由于社会生产力水平还很低，夏代刚有青铜器使用，人们生存基本上还依赖于自然界。生产的直接目的是使用价值，商品交换极不发达，交换主要以使用价值的获得，以需要的满足为目的，交换价值本身还不为人们所重视。在这样的社会经济基础上，"任土作贡"这样一种以实物形式组织赋税收入原则的施行，就是很自然的事情了。

除土贡之外，《禹贡》还对田赋制度作出规定。古人曾将贡、赋加以区别。如南宋王应麟认为："赋出于田，自上税下；贡出于土，从下献上。"[②] 所谓赋，"谓土地所生以供天子。"《禹贡》的赋，应是夏代占有土地的领主和

---

① 《十三经注疏·尚书正义·夏书·禹贡》原文及释文。以下未注出处引文，均出于此。

② 《玉海·食货·贡赋》。

平民向夏王朝缴纳的农副产品，其用途是“共车马甲兵士徒之役，充实府库赐予之用。”[①]

按等征赋，是《禹贡》制定的田赋制度的基本特点。《禹贡》按九个等次规定了各州的田赋等级。田地所产，都是谷物、粮食，是同种同类的东西，它们之间只有数量上的区别。所以《禹贡》所规定的田赋等级，只能是数量多寡上的不同。如果不论什么样的田地，都纳一样数量的田赋，那么，优质肥沃、产量高的田地的负担就会嫌轻，而劣质瘠薄、产量低的田地的负担就会嫌重，纳赋人之间就会出现负担轻重不一的现象。反之，根据田地的不同而规定不同等的赋额，就可以使不同田地的田赋负担达到平均。所以，《禹贡》的按等征赋，是以纳赋人之间的平均负担思想为指导的。

《禹贡》确定各州田赋等级，首先是根据土地质量。《禹贡》调查了各州的土质情况，并根据土质，把各州田地分为九等。如冀州土地属“白壤”，田为第五等；兖州土地属“黑坟”，田为第六等；青州土地属“白坟”，田为第三等；徐州土地为“赤植坟”，即红土黏土，田为第二等；扬州土地为“涂泥”，低湿，田为第九等，然后根据各州土地等级，再确定田赋的等级。

其次，根据各州经济或生产发展状况确定赋等。《禹贡》把土地分为九个等级，把田赋也分为九个等级，但赋等和田等并不完全一致。如冀州田为五等，赋则为一等和二等；兖州田为六等，赋则为九等；青州田三等，赋四等，徐州田二等，赋五等；扬州田九等，赋为七等、六等，如此等等。这种不一致，是由于考虑了各地生产情况不同。所谓“田下而赋上者，人功修也；田上而赋下者，人功少也”，“荆州田第八，赋第三，为人功修也。雍州田第一，赋第六，为人功少也。是据人功多少总计以定差。”[②]

另外，《禹贡》还根据各地与王城距离的远近和交通条件，规定了田赋的不同缴纳对象。这一点在“五服”制度中表现得最明显。离王城五百里之内为甸服。五百里中，对田赋的规定是“百里赋纳总”，百里之内田赋缴纳全禾，“二百里纳铚”，百里之外到二百里之间田赋纳禾穗；“三百里纳秸服”，二百里至三百里之间地区田赋纳禾秆；“四百里粟”，三百里至四百里之间纳带壳谷；“五百里米”，四百里至五百里地区纳脱壳谷。甸服为冀州地区，冀州土地等级都是中中，所以这五百里之中田赋的不同规定，完全是根据与王

① 《汉书·食货志上》。

② 《文献通考·田赋考》。

城距离的远近，运输的难易确定的。百里之内地区距离近，运输负担轻，所以禾秆禾穗都送交王府；五百里外距离远，运输负担重，则只要求纳米。通过规定不同的缴纳对象，平均五百里内各地区的田赋负担。

《禹贡》从平均负担原则出发，根据土地的质量、生产发展状况和距离王城的远近，规定了田赋等级制度。各地田赋数量上的不等，正是为了实现各地田赋负担上的平等。为了使不同的纳赋者负担平均，“权利就不应当是平等的，而应当是不平等的。”[①] 这就是平均负担和按等征赋之间的辩证统一关系。按等征赋制度和“任土作贡”制度一样，有利于调节国家和承担纳税义务的其他小部落之间的矛盾。如果贡赋负担不平均，负担过重的纳税人和国家统治者之间的矛盾就会激化，这显然不利于统治者地位的巩固和政治的稳定。从这些制度中可看出，《禹贡》已经初步认识到平均负担原则对赋税征课的意义，而这些制度对后世影响也极为深远。

三

贡助彻法，被认为是夏商西周时期的田赋制度或税法。《孟子·滕文公上》：“夏后氏五十而贡，殷人七十而助，周人百亩而彻，其实皆什一也。”赵歧注曰：“民耕五十亩，贡上五亩；耕七十亩，以七亩助公家；耕百亩者，彻取十亩以为赋。虽异名而多少同，故曰皆什一也。”这个解释为多数史家所接受。所谓“贡”，即统治者按若干年的平均产量征收十分之一的实物。所谓“助”，即借民力以耕公田，公田的收获物全部归统治者所有。所谓“彻”，即取其中十亩的产量以为赋税的征收量。

贡助彻法是建立在井田制基础上的。关于井田制的记录见于《孟子·滕文公上》：“方里而井，井九百亩，其中为公田。八家皆私百亩，同养公田。公事毕，然后敢治私事。”《诗经·大田》上说：“雨我公田，遂及我私。”《谷梁传·宣公十五年》：“古者三百步为里，名曰井田。”其他古籍如《周

① 马克思：《哥达纲领批判》，《马克思恩格斯全集》第19卷，人民出版社1956年版，第21—22页。

礼》、《汉书·食货志》、《左传》、《韩诗外传》等均有较为详细的记载，其基本内容与孟子所记大致相同。

我国最早实行过井田制的应该是夏代，商、周两代的井田制因夏而来。井田制在长期实行过程中，从内容到形式均有发展和变化。井田制大致可分为八家为井而有公田与九夫为井而无公田两个系统，如《孟子·滕文公上》所述；记其九夫为井而无公田者，如《周礼·地官·小司徒》载："乃经土地而井牧其田野，九夫为井，四井为邑，四邑为丘，四丘为甸，四甸为县，四县为都，以任地事而令贡赋，凡税敛之事。"

关于井田制的真实性，有的学者认为井田制纯属虚构，但多数学者则认为西周确有这种土地制度存在，甚至在周以前就已经存在了。据出土的甲骨文记载，田字作"井"形，被认为是井田制存在的证明。三代时期，土地以及附着于土地的劳动者都属于王室所有，即所谓"溥天之下，莫非王土；率土之滨，莫非王臣"。周天子按照爵位高低将土地分赐给诸侯及卿、大夫、士；各诸侯国以同样办法逐级分赐辖境内的各级大小贵族；下级贵族要向上级贵族交纳一定的贡赋。受赐的各级贵族，只享有土地的使用权，并可以由子孙世袭，但土地是不能买卖的，即不拥有土地的所有权，也就没有土地的最终支配权。

大约从商代开始，逐步形成了各级统治者把耕地划分为一定面积的方田，每方里土地按"井"字形划为九区，分给劳动者耕作的制度，即史料所记载的，中间一区为公田，周围八区为私田，分别授给八家耕种；井田上的劳动者只有耕种完公田之后，才能从事私田上的劳动。井田制的单位是"夫"，无论是十进位制的井田，还是"九夫为井"的田制；田间以沟洫、道路分之，以便于灌溉，以利于交通；在井田上纵横交错的道路称作阡陌。所分配的田地，四周设置分界，即在界上"启土作墉"，形成封疆。春秋以后，随着土地私有制的产生，井田制开始瓦解，至秦孝公十二年商鞅变法，"开阡陌"、"除井田"，井田制遂彻底失去作用，逐步崩溃。

关于井田制的性质及经营方式，四川学者付志宇将学术界的主要观点分为以下几种：第一，认为井田制是一种村社土地制度，井田上的生产者主要是村社成员或自由民。第二，认为井田制形式上保留了原始村社的残迹，而实质上井田是一种被奴役、被榨取的单位，居民已成为一种集体奴隶。第三，认为西周是奴隶社会，井田是周王封赐给诸侯、百官等各级奴隶主，并以此计算俸禄的单位。井田制并不像孟子所述的"八家共井，其中为公田"，而是周王封赐给各级奴隶主的井田，统称“公田”。奴隶主将分到的井田分配给自己的奴隶集体耕种，作为课验奴隶勤惰的单位，以榨取奴隶的血汗。此外，奴隶主还鼓励奴隶开垦井田之外的荒地，此称“私田”。土地的耕种者奴隶是没有土地的。第四，认为西周是封建社会，井田制是领主制经济下的封建分地制度。井田制中确有公田和私田的存在，领主们都有公田，农民们从领主处受私田百亩，并且要在领主的公田上进行无偿的劳动，以提供劳役地租。第五，认为井田这种棋盘状方块田的形式在中国古代社会历经原始社会的家庭公社时期、奴隶制时期甚至封建制时期，历时几千年，只不过在不同的历史时期反映着不同的生产关系。中国“真正的”封建社会其实只存在于商周时期特别是西周，因为只有这个时期在统治者内部实行了按血缘关系分封土地和人口的制度，并在各级贵族之间形成了某种类似契约的关系，那个时代的赋税制度也是在这个基础上建立起来的。这个制度一直实行到秦朝，由于所谓“大一统”的皇权专制制度的建立而退出历史舞台。这以后，从本质上说就不是封建社会，而是皇权专制社会了。

关于夏代的贡法，《孟子·滕文公上》说：“夏后氏五十而贡”。夏的田赋税法名称叫做“贡”，之所以叫这样一个名字，可能是从远古时代流传下来的土贡制度“借用”过来的名词。夏的农民在耕种自己的50亩“份地”之外，还要耕种约五亩的“共有地”，即如赵岐《孟子注》所说的“民耕五十亩，贡上五亩”。《说文》云：“贡，献功也。从贝工声。”《初学记》卷20云：“《广雅》云：‘贡，税也，上也。’郑玄曰：‘献，进也，致也，属也，奉也，皆致物于人，尊之义也。’按《尚书》：‘禹别九州，任土作贡。’其物可以特进奉者曰贡。”这里所说的都指民间劳作，将其生产物奉纳于上的意思，正如《周礼·夏官·职方氏》中所说的：“制其贡，各以其所有。”这说明夏代采取的将土地已经作为份地分配给农民耕种，将其收获物以贡纳的形式，缴纳给这块土地的实际控制者，即受封的那一层贵族，再由该贵族在国王制定的时间内以赋税的形式缴纳到国王的府库里面。《孟子·滕文公上》引龙子所说：“贡者，校数岁之中以为常：乐岁，粒米狼戾，多取之而不为虐，则寡取之；凶年，粪其田而不足，则必取盈焉。”说明夏朝时赋税制度规定得还是比较粗糙，征收难以做到适当合理。

孟子对“助”的解释是“助者，藉也”，关于“藉”，赵岐的注是这样说的：“借也，犹人相借力助之也。”清代学者段玉裁说得更加直截了当：“借民力以食税也。”孟子又说：“《诗》云：‘雨我公田，遂及我私。’惟助为有公田。由此观之，虽周亦助也。”商代“助”对民众服劳役强调的是借助民力，而夏朝的“贡”下民众服劳役强调的是“献功”。孟子还引龙子的话说：“治地莫善于助，莫不善于贡”，并指出：“乐岁，粒米狼戾，多取之而不为虐，则寡取之；凶年，粪其田而不足，则必取盈焉。为民父母，使民盻盻然，将终岁勤动，不得以养其父母，又称贷而益之，使老稚转乎沟壑，恶在其为民父母也？夫世禄，滕固行之矣。”

古今学界关于贡助彻法的解释多有不同，关键是对“彻”有不同理解。有人认为战国时期在“国”中行夏之贡法，“野”则行殷之助法，“彻”是指“通贡助”而言。还有人认为，周代的“彻”是彻取公社土地的十分之一作为公田，借民力耕种，实际上把它视为助法的变法。关于“五十”、“七十”和“百亩”，一般认为是夏商周计算地租的不同土地单位，大体反映了当时每个农户所能耕种的土地面积。但也有人认为是指三代的不同尺度，其实都是百亩。关于“什一”，或认为是在生产力水平低下的条件下，公社成员除徭役杂敛外缴纳地租的剥削率，或认为这是一种赋税。除了多数人把贡助彻视为三代实行的不同租赋制度外，也有人认为是在周人和夏、商遗裔中分别实行的三种不同征收方式。

孟子说的“彻”，非常笼统，“彻者，彻也”，相当于没做解释。赵岐的解释可能最接近真实：“彻，犹人彻取物也。”“贡法”和“助法”两种征税都是指农民在公田上为贵族服劳役，只是“贡法”强调的是贡献，而“助法”强调的是“犹人相借力助之”。而根据赵岐的解释，“彻法”强调的是“彻取”，“助法”下的劳动强制性比“贡法”要强一些，而“彻法”既然是“犹人彻取物”，其强制性比“助法”应该又进了一步。

可见，所谓“贡法”、“助法”和“彻法”，均是族众——当时的农民为贵族服劳役、有公田和私田之分的各级贵族的役使制生产关系，其本质是一种劳役税制度，但又随着生产力和生产关系的变化而逐步向实物赋税转化的早期赋税制度。春秋时期，铁器和牛耕技术的出现，带来生产力的大发展，井田制逐步崩溃，贡助彻法也就实行不下去了，必然为新型的赋税制度所代替。

四

为什么社区自治传统会演变为皇权专制呢？皇权专制的核心逻辑是统治者与被统治者势同水火，前者必须通过赤裸裸的权力游戏对后者进行控制。在《韩非子·和氏》中，和氏忠心耿耿地向楚王敬献璞玉，却两次被判为欺上而被砍掉了双脚，在韩非看来，君主的统治是建筑在法术之上的，法术代表着国家理性，必须被君主所完全掌握，不给“群臣士民”留一点追逐他们自己利益的机会，让他们永远生活在君主权力的威慑之下。不管“群臣士民”多么不愿意，君主的统治不能也不应该建立在被统治者的同意的基础上。法术的功用是把所有其他人都变成君主权力的工具，用国家的权力统摄人的一举一动，使社会没有自我组织的空间。用韩非的话说，就是“主用术，则大臣不得擅断，近习不敢卖重”。于是，国家权力就不断地代替了基层社会共同体的自治机能，大一统的政治秩序，也就成了中华文明的根基。

把问题仅仅归结为“君王法术”是不够的，更具说服力的是对军事与财政关系体制的进一步揭示。君主专制的基础是赋税专制，理解君主专制的形成，就必须理解财政专制的形成。在中国古代，国有制的意识形态，是以专制集权窃取社会基层共同体的公共需要为合法依据，以“国家”作为堂而皇之的名义现世的。从财政征收制度的变迁，可以看出政治组织性质的畸变，所谓皇权领导一切，实际是窃取早期部落以“贡”、“助”交付给管理层劳务费用的“公意”，异化为“国家”自上而下聚敛征税的霸王规则，完全违背了原来的自愿奉献的初衷。马克思曾将其形容为“人民的公仆变为人民的主人”。

当社区自治制度结构的稳定性遭到破坏，也就是王朝衰落开始之时。周厉王在位时，为了外部征战的需要，强令诸侯国的财政索求，任用“好专利而不知大难”的荣夷公为卿士，“国人”群起反对，把厉王“打倒”了，如《国语·周语》中记载：“诸侯不享，王流于彘。”随后的共和行政，据《左传》昭公二十六年上说是“诸侯释位，以间王政”，即在周朝王族主持下的贵族执政。这是周朝历史上除周公之外的另一次共和政治。《吕氏春秋》记载：

“公伯和修其行，好贤仁”，是这次贵族执政的代表人物，他显然重新获得了诸侯的拥护，而这正是不再对诸侯施行专利的结果。

自成王、康王之后，周王室不断发动对外战争。导致社会经济的大变动。《国语·周语》曰：“宣王即位，不藉千亩。”战争需要更多的兵员，劳役被大量转化为军役，公田共耕制度于是难以维系下去。宣王晚年，开始干涉诸侯国内部事务。事情的起因是“伐姜氏之戎”战败，“丧南国之师，乃料民于太原”[①]。“料民”即户口调查，与补充兵员、征收赋税有关。显然，此时周王室的兵员与赋税发生了巨大的困难。《国语·周语》记载仲山父谏宣王料民之事，说他“示少而恶事也。临政示少，诸侯避之”。意思是说，料民的举动把周王室的困境充分暴露给诸侯们，使诸侯离心离德。

兵力于赋税来源不足，又失去了东方各诸侯国的支持，到幽王即位，周王室已变得不堪一击。《史记·周本纪》说：“幽王举烽火征兵，兵莫至”。申侯联合犬戎攻破镐京，幽王束手待毙，已经毫无反抗能力了。

周平王东迁洛邑之后，国失重地，军无劲旅，发号施令再也无人理会。当周室为了军事的目的而改变赋税制度时，公田共耕制便实际上被废除了，加上“料民”制度的强制推行，村社共同体通过共同生产而发挥的社会组织功能遭到根本性的削弱和破坏。于是，时代流传的多元分层和分散制衡的治理结构便失去了它们的经济基础，周王室的宗法体制亦随之失去了基本的维系力量。一个崇尚德治的时代，就这么结束了。

这以后的春秋战国是一个“军事革命”的时代，诸侯间争霸战连绵不断，军事开支迫使各国不得不改变其传统的赋税体系。在大约两个半世纪的时间里，由于各诸侯国都大量征发兵役，公田共耕制度普遍被废弃，从而引起税制的极大变动。《国语·齐语》记载齐桓公问政于管仲，管仲曰：“相地而衰征”，就是把农田分成若干分等级，按不同的税率征税。这个做法，显然与公田共耕制度无关。《诗经·齐风·甫田》中有一句“无田甫田，维莠骄骄”，是说齐国因无人耕种公田而使田间长满了草，这是公田劳役转化为兵役的结果。同样的情景也出现在其他诸侯国。到了鲁国实行“初税亩”，在法理上肯定了国君对所有土地的所有权，公田耕作制度已经被彻底取消了。

不过，国君对土地的霸权，其形成过程也不是一帆风顺的，它受到来自于内部的有力挑战。在齐国，由于国君实行“民三其力，二入于公，衣食其

① 《国语·周语》。

一”。于是，就有贵族陈氏乘机“以家量贷而以公量收之”[①]，以争取民心。陈氏的“家量”显然比国君的“公量”大许多，并因此而收买了人心，壮大了自己的实力，而齐国国君的赋税却被挖了墙脚，最后真的被陈氏篡夺了政权，即所谓“陈氏代齐”也。看似偶然，对于齐国国君来说，却是一个必然。也是由于同样的原因，诸如晋、鲁、卫、宋、郑等国的贵族，也都采取各种各样的手法来争取民众。于是始有韩、赵、魏的“三家分晋”，鲁国的“三分公室”、宋国的“三族共政”等。对于篡夺者来说，尽管他们一时获得了政权，客观形势却决定了他们不可能继续以原来的体制来巩固自己的权威。于是，他们总是比原来的统治者更加严格地实行专权。

东周时代的改革实际上大部分集中在春秋或战国早期，这以后大部分诸侯国的改革进程反倒放慢了。整个战国时期，虽然生产力有很大提高，但那些最先强盛起来的国家，在制度变革上却显得缩手缩脚，一筹莫展，似乎变得筋疲力尽了，值得称道的改革只有秦国。而秦国的改革本身也没有什么新鲜之处，大部分改革措施其他诸侯国都实行过。唯一的优势是变革的时间较晚，所谓“初租禾”比鲁国的“初税亩”足足晚了两个世纪，却产生了一种“后发优势”，最终扫灭六国，“一统江湖”。

在这个过程中，土地制度因税制的变化而变化，税制的变化则是由于各国统治者军事上的需要而发生的。而为了军事和税制的双重需要，国家在组织形式上亦不能不有所变更，其最主要的变更表现在：第一，设置郡县；第二，建立官僚体系及制度；第三，制定相应的法律；第四，组织庞大的正规军。所有这一切，都是以强化君主专制为目的的。这就大大使得制度的组织和执行变得越来越复杂，进而致使制度的成本费用大大增加，不得不继续强化赋税征收。而其最终结果，是君主集权制度的进一步完善和巩固。其中，军事投入特别是军费的增长，是经济制度变革的动因。中国创造出了大一统的国家机器，军事—政治体制的高度集权化、大型化及后来的精密化，都为世界各国、各民族所仅见，由此而付出的制度成本费用，也是世界上多数国家所望尘莫及的。

这样，从农业开发与人口定居的需要出发，由部落林立、相互联盟，过渡到国家组织形式分层控制、分散制衡，最后演变为专制集权，一条清晰的中国制度演变的历史轨迹展现在我们眼前。

---

① 《左传》昭公三年。

第二章

诸国争霸　税改风起

——春秋战国税史论

春秋战国时期是中国古代社会发生重大变革和社会转型时期。这一时期正是中国古代社会从封建领主制社会向君主中央集权制社会逐渐转变的历史时期。春秋战国时期，始于周平王东迁洛邑（今洛阳市），至秦始皇统一六国（公元前221年），共549年。

一

春秋战国是我国历史上一个大变革的时代，这个时代最突出的特点就是一个字“变”。生产力和社会经济发生了巨大变化，不仅农业、手工业迅猛发展，商业、交通、货币也大大向前跨进了一大步，我国历史上只有近百年来的民主革命时代才能与之相媲美。春秋战国时代各种社会力量大分化、大改组。春秋时期“弑君三十六，灭国五十二，诸侯奔走不得保其社稷者不可胜数”。[①] 一颗颗旧贵族人头落地，一个个旧时代权势豪门家业凋零，一股股新势力突然兴起。社会制度由封建领主制向君主专制皇朝过渡，国家形式从统一走向分裂。

春秋时期，社会经济获得了长足发展。在农业上，由于铁器农具的使用，以及新的生产技术的采用，大规模的水利兴建和发挥作用，大大提高了农田耕作的深度和广度，也使辽阔的森林地区和大面积的荒地得以开发，抵抗自然灾难的能力增强了。农作物产量有了较大的增加，剩余农产品比过去大为增多。农业的发展促进了工商业的发展，青铜制造技术进一步提高，煮盐、冶铁和漆器等手工业也迅速发展。同时，也出现了私营手工业主和小手工业者。领主贵族官商垄断的局面被打破，货币在市场交易中也得到广泛使用。社会经济的发展，特别是商品经济的发展引起了社会经济关系的变革和社会各阶层的分化。首先是土地所有制发生了巨大变化，一部分握有特权和经营工商业的奴隶主贵族霸占和侵占了大量新垦的荒地和森林地区的土地。“溥天之下，莫非王土”的局面被打破，土地私有现象出现了，随之发生了土地自由买卖。工商业主大量购买土地，不断扩充自己的私产，成了占有大量土地的新兴地主阶级，井田制遭到破坏。土地占有制的变化引起了生产方式的改变和社会变革的到来。到春秋时期，最早在齐国，在田赋征收方面，管仲实行了“相地衰征”，即根据土地好坏或远近分成若干等级，按等级征收土地税。土地税主要是征收实物，劳役地租被实物所代替。接着在鲁国、楚国、郑国相继改革了赋税制度。鲁国推行“初税亩”，郑国作“丘赋”，楚国改革了税赋制度，实行根据土地收入的多少征收田赋的政策。

战国时期是中国古代社会大变革的时代。社会上的一切事物都在迅速变化着，曾一度强大的不可一世的封建领主贵族势力土崩瓦解，而原来处在幼弱地位的地主阶级迅速变成了强大者，优胜者。真可谓“高岸为谷，深谷为陵”。这是一个比春秋时期更加剧烈的社会大变革时期。旧的土地制度——井田制度逐渐崩溃。世袭领地和计口授田的井田制最后为地主私有土地制度所代替。这是一个划时代的改变历史面貌、决定历史发展方向的革命时代，即由领主通过公田制以劳役地租形态变成了地主通过土地的租佃关系，以实物地租或货物地租形式，以地主土地占有制经济结构形态代替了贵族领主制经济结构形态。一家一户为一个生产单位，男耕女织，自给自足的小农经济，

---

① 《史记·太史公自序》。

已成了农业生产的主要形成。生产方式的变革促进了生产力的极大解放。铁制农具和牛耕普遍推广于农业生产中，农田水利设施大大提高，农业产量极大提高，工商业快速发展。炼铁技术长足进步，并居于世界的领先地位。纺织和染色技术也大大提高，商业经济空前繁荣，出现了许多繁荣的商业都市。大商人“结驷连骑”的商队往来于各诸侯国之间，有的已越出中国国境。战国时期，货币经济也有了惊人发展，黄金已成本位货币，流通于诸侯各国。

商品经济和货币经济的迅猛发展，犹如排山倒海之势，一举冲破了一切旧的思想罗网，使旧的社会秩序陷于全面混乱，出现了“礼崩乐坏”的局面。新的思想像潮水一样一泻千里，无论任何力量都难以阻挡，形成了中国历史上第一次思想大解放。学术思想空前活跃，出现了中国历史上罕见的“百家争鸣”的局面。儒、墨、道、法、名、杂、农、兵、阴阳、纵横名家的思想学说异常繁荣。当时许多学派公然宣扬财利思想。整个社会浸淫在营利精神的狂热之中，“金钱万能”已成为了人们的座右铭，利之所在，趋之若鹜，甚至于舍命以求。“民之于利也，犯流矢，蹈白刃，涉血抽肝以求之，野人之无闻者，忍亲戚、兄弟、知交以求利。今无此之危，无此之丑，其为利甚厚，乘车食肉，泽及子孙，虽圣人之犹不能禁，而况于乱。”[①] 总之，营利精神笼罩了整个社会，真所谓“天下熙熙，皆为利来；天下攘攘，皆为利往”。

战国时期的赋税制度也发生了深刻的变化。秦国商鞅实行变法“废井田，开阡陌”。提出了以“农战”为核心的重征关市之税和酒肉之税的赋税政策。他说：“不农之征必多，市利之租必重”。他还制定了“訾粟而税”的赋税政策，即按田亩数量和单位面积产量多少折成标准亩征收赋税。魏国李悝提倡“尽地力之教”，推行“平籴法”，实行按土地肥瘠程度分等级征收田赋。

春秋战国时期由于冶铁技术的进步和铁器的广泛使用，生产力大大提高。铁制农具被普遍应用，为农业的发展提供了良好的水利设施，改善了农田灌溉条件，从而促进农业经济的飞速发展。

农业的迅猛发展，促进了手工业、矿业和商业的大发展和商业大都市的兴起和繁荣。

春秋战国时期，不仅涌现了一大批富商，而且商人的社会地位也大为提高。秦国巨贾吕不韦后来做了秦国的宰相，封河南洛阳十万户。吕不韦在政治上得势，表现了大商贾发展的大方向，他们也和士人一样，成为社会上最

① 《吕氏春秋》。

活跃，最受尊重的人。人们在意识和道德观念上也起了翻天覆地的变化，社会上不再轻视经商和商人。特别到战国时，人们的义利观念发生了革命性变化，连春秋初期儒家的耻言利观念都转变到了“逐利思义”的理念上来了。连孔老夫子都惊呼：“富而可求也，虽执鞭之士，吾亦为之！”意思是：只要能赚钱，可以发家致富，我孔丘就是替别人看门也愿意干啊！当他的学生端木赐问他如何为政治国时，他慨然回答：“足食足兵，民信之矣。”他甚至还提出了“惠则足以使人”、“因民之利而利之”的主张。至于与儒家同时的墨学的创始人、墨家思想的代表墨子（名翟）更是明确提出了“兼相爱，交相利”的政治主张。他大声疾呼：“义，利也”，“必兴天下之利，除去天下之害”，“利人乎即为，不利人乎即止。且夫仁者为天下度也”。把一个“利”字叫得价天响。

商业经济的发展不仅引起人们义和利观念的转变，而且对整个春秋战国时代经济结构、阶级结构，社会思想的观念体系都产生了巨大的冲击和影响。特别是土地私有制的出现和商业经济的发展完全摧毁了原有的等级社会的结果，铸造了新的社会阶级结构，传统的礼乐制度受到了严重的挑战，并日趋瓦解，出现了“礼崩乐坏”的局面。

到战国时，周代原有的等级规范和观念体系彻底崩溃，旧的道德城堡被完全颠覆。代之而起的是指向经济的社会价值判断标准。这一社会观念的变化为社会政治格局的嬗变提供了坚实的保障。失去土地的王室衰微不堪，权威地位彻底瓦解。昔日具有权威的国王和贵族从高高的塔尖上坠落下来，而士、庶人却社会地位上升。如原来家境贫寒、地位卑微的苏秦，后来成为身佩六国相印、社会地位显赫的卿相。社会阶级结构的剧变，引起了社会各政治集团的四分五裂，列国鼎成，诸侯相争。弑君杀父，内乱不已。权威的失落，政治中心的丧失和分裂，使得春秋战国时代社会政治环境逐渐宽松，各诸侯国执政者也表现得越来越宽容。由于旧的权威没有了，政治环境宽松了，人们便没有什么东西可以依傍，可以仿效，可以遵循，人人都感觉到时代变了。眼前再没有什么“神圣”的东西不可侵犯。定于一尊的局面从此瓦解和消失了。于是，在人们的心里萌发了开放与平等的观念，新的观念和新的思想自然如泉水一般喷涌出来，学术自由化和多元化的局面产生了。百家争鸣的时代终于到来了。这就是春秋战国时期思想言论自由，学术繁荣，经济和科学技术发展的根本原因。

二

春秋战国时期经济上最引人注目的变化：一是土地制度由公有（即国王所有）转变为私有，即井田制被废除，出现了私田，新兴地主阶级占有了大量土地。二是赋税制度由劳役地租转变成实物地租。

到春秋时，周王室衰微了，各诸侯国的诸侯势力日渐强大，他们自己的世袭领地逐渐霸占己有，再不向周天子进贡。周天子也无力控制各地诸侯。西周末，周宣王即位，不籍千亩[①]。周天子被迫放弃了直接榨取农夫剩余劳动力的共耕公田的制度。在周王畿内不再采用借民力助耕公田的剥削方式，而转变成“履亩而税”的实物地租。春秋时，各诸侯国势力越来越强大，诸侯大国以武力和霸主分身侵占他国土地，据为己有。他们扩疆掠土，土地最高所有权由国王下移至诸侯，此后又继续下移到卿大夫和新崛起的贵族。至战国时，由于工商业的迅猛发展，土地开始自由买卖。富商大贾通过购买和掠夺的方式，获得了大量土地，成为新兴地主阶级。井田制到此彻底崩溃。私有土地出现了。

土地私有制正式出现当以鲁宣公十五年（公元前594年）的“初税亩”为标志。至春秋末，中原地区都相继采取了按亩征税的制度。何谓初税亩，据《左传》宣公十五年载：“初税亩，非礼也，谷出不过籍。”意思是说按西周的传统应用“籍法”，即借民力助耕公田直接对农民榨取剩余劳动（劳役地租）的，开始实行的按亩收税制是不合周之礼法的。“初税亩”就是对公田以外原不征税的私田和可供垦辟的国有土地也交农民耕垦，而后计亩征税。春秋初实行“初税亩”后，劳动者除了助耕公田时缴纳十分之一的劳役地租外，在私田上还要按亩纳十分之一的实物税。《左传》宣公十五年杜预注云：“公田之法，十取其一。今又履其余田（指公田以外的私田），复十收其一”。《谷梁传》也说：“初税亩者，非公之去公田而履亩十取一也。”可见，“初税亩”，开始时并不是取消公田按亩收税，原来在公田上的劳役盘剥并未废除，

---

① 《国语·周语》。

而是在公田之外的私田上按亩征税。故“初税亩”的实行使统治者加重和扩大了对农民的剥削。由原来的十分之一的劳役地租，改为十分之一的实物税。原来统治者只在分田上盘剥劳动者，此外在直接生产者的份地和井邑所属上的大片草地、森林、荒地等都无税收，这就是所谓“公田而收其入”，“而不税民之私也”。这样统治者剥削收入的来源仅仅限于领地的那一部分公田上，对其余大部分土地都不课税。“初税亩”实行后，不仅劳动者的份地要交税，而且不为农民供用的草地、荒地等公用土地也通过租赁方式让农民辟垦、耕作而向统治者交纳实物税。后来，统治者发现按亩向农民征收实物税既省力、省事，且又增加了税源和税收收入，调动了农民的生产积极性，后来则普遍采用按亩征税的制度。“初税亩”从此改变了旧的赋税制度，而代之以新的赋税制度，按田亩征收实物税。“初税亩”的出现意义重大，它加速了“井田制”的崩溃，是古代赋税制度一次革命性的变革。从此，中国从徭役地租向实物地租过渡，新的经济发展从此出现了。各诸侯国的土地和赋税制度都发生深刻改革。

齐国地处黄河下游，“趋工商之业，便点盐之利”，商品经济较早地对农业发生冲击，土地的赋税制度变革较早。在齐襄公当政时，由于奴隶和自由民不满统治者的剥削，群起而逃亡，统治者靠奴隶、自由民共耕公田榨取其剩余劳动的办法已无法维持。为了摆脱这种困境，齐恒公执政后任用管仲于公元前686年开始改革，推行“相地而衰征”的赋税制度。管仲提出：“相地而衰征，则民不移（迁徙）”。何谓“相地而衰征”？“相，视也；衰，差也。视土地之美恶及所生出（生产），以差（差等）征赋之轻重也。”即按土地的好坏和产量的高低来征收田租。当时，管仲采取了“井田均畴”的措施，把井田大体平均地分给劳动者，废除共耕井田的制度，让劳动者自行耕种并对分给土地的农民实行按土地的好坏、肥瘠分等征收实物地租制度。这一次改革是赋税征收方式的大变革，它导致了分散的个体农民经济的出现。“相地而衰征”的具体做法是：“赋禄（取）以粟（实物），案亩而税。二岁而税一，上（丰收）年十取三，中年十取二，下年十取一。岁凶不税，岁饥弛而税。”意思是赋税征收实物——粟，按土地的好坏和产量的高低，分别征收不同税率的税收。两年只征收一次税，丰收的年成，按十分之三征收，中等收成的年份按收成十分之二征税，一般收成欠佳，就征十分之一的税率。灾年不征税，一般性的灾年减征或缓征税。这种“案田而税”的税收办法，恰到好处地改变了“公田不治”平均分配土地，做到“陆阜陵谨，井田畴均”公田荒芜和人民流徙的问题。

这种赋税制度取消了公田制度劳役剥削，让农民能占有土地收取实物税。税收不仅考虑到土地肥瘠，而且还注意到年成的丰歉，体现赋税的公平原则，这样就可以安抚民心，“民不移”，从而稳定了税源，增加了国家的财政收入。

继齐国之后，晋国变革井田制，始“作爰田”。据《左传》僖公二十五年（公元前645年）载：秦晋韩之战，晋惠公战败俘虏，在知道秦穆公将要放他回国时，晋惠公让臣下郤乞回国告诉吕甥。吕甥让“朝国人而以君命赏”并假托君命说：我虽然要回国去，但有辱社稷，让立公子圉为君。众人却感动得哭了，“晋于是乎作爰田”。所谓“作爰田”，就是“分公田之税应入公者，爰之于所赏之众”①。为易田之法，赏众以田。易，易疆界也②。这就是改革原来的井田疆界，把公田分给国人和庶民，并固定长期为他们所耕作，这就是“赏众以田”的意思，获得“爰田”的民众要按田亩多少交纳军赋。具体做法是：“民受田，上田夫百亩，中田夫二百亩，下田夫三百亩，岁耕种者为不易上田，休一岁者为一易中田，休二岁者为再易下田。三岁更耕之，自爰其处。”意思是：原来在井田制下，各家耕作的份地，无论上、中、下都是一夫（家）百亩，而后各家轮流耕作。实行“爰田”制后，分上、中、下田时，打破原来的井田界限，每家各分一百，或两百，或三百亩。各家所分的耕地面积不同，田界需重新划分，这就是所谓“易其疆畔”。“作爰田”就是废除井田制，重新把公田分给农民，长期由他们使用，并重新划定田界。农民按田亩向政府交纳赋税。“作爰田”可以提高劳动者的生产积极性，增加国家的赋税收入，有利于富国强民。

鲁国在实行“初税亩”后的四年，即鲁成公元年（公元前590年）对军赋的征收进行过二次改革，这就是“作丘甲”和“用田赋”。

据《左传》记载：鲁国于公元前590年再度改革赋税制度，“作丘甲。”“三月……为齐难故，作上甲。”即为了防备齐国的进攻，改革军赋的征收制度。《谷梁传》说：“作，为也，丘为甲也，丘甲，国之事也。作丘甲，非正也。作丘甲之为非正何也？古者立国家，百官具，农工皆有职以事上。古者有四民，有士民，有商民，有农民，有工民。夫甲非人人所能为也，作丘甲，

① 《左传》僖公十五年杜预注。

② 《国语·晋语三》贾逵注。

非正也。”[①] 周制九夫为井，四井为邑，四邑为丘，四丘为甸，四甸为县，四县为都。丘，是野（即农村）中的一种基层组织。相当于现在的村或乡。周制规定一丘要出戎马 1 匹，牛 3 头，丘 64 井要出长毂（战车）一乘，戎马一匹，牛 4 头，甲士 3 人，步卒 72 人，作丘甲。按范文澜先生的说法，就是一丘出一定数量的军赋，丘中人各按所耕田数分摊，不同于公田制农夫出同等的军赋。“鲁国”做丘甲，就是改革赋役制度，进一步打破国野界线，在野中都鄙之域扩大兵源，增加甲士及相关军赋，加强国防，以抵御他国的侵入。公元前 483 年，鲁国又一次改革军赋，即“用田赋”，就是按田亩数征收军赋的一种征赋役的方法。具体做法是废除以丘为单位的军赋，同意改为按田亩多少征收军赋，以适应土地占有多少不等的新变化，此种改革具有一定的进步意义。

郑简公三年（公元前 563 年），郑国执政子驷“为田洫”，兴修田间水利系统，使司氏、堵氏、侯氏及子师皆“丧田”。与子驷有矛盾的大夫尉止乘机联合田氏族众发动叛乱，杀死了子驷。不久，平定叛乱有功的子产执政，并于公元前 543 年推行改革，“使都鄙有章，上下有服，田有封洫，庐井有伍”，主要是“田有封洫”，清理田界，承认个体农民合法，稳定其个体经济。并在全国建立与此相应的制度，按什伍加以编制，抑制旧奴隶主贵族的势力，此举遭到旧贵族的反对，他们用歌谣来发泄对子产的不满与怨恨，其歌曰：“取我衣冠而褚之，取我田畴而伍之，孰杀子产，吾其与之”。他们咒骂子产，“孰杀子产，吾其与之”。三年过后，子产的改革取得了巨大成就，人民受益，国人拥戴他，作歌赞曰：“我有子弟，子产诲之；我有田畴，子产殖之。子产而死，谁其嗣之?”子产的改革是把公田分给农民耕作，废除了原来的井田制，重新划分田界，并兴修水利，奖励农民垦复荒地，使统治者增加了收入，新兴的地主阶级也增加了财富，国人和贵族都赞美。郑简公二十八年（公元前 538 年）子产改革军赋，作“丘赋”。其做法是：以丘为单位，以田亩为基础。即以丘为单位按田亩征收军赋。此项改革在郑国取得很大成功。增强了郑国的军事力量，也使生产者具有了甲士的地位，提高了劳动者的社会地位。

秦国地处偏远，比较后进。直到春秋末战国之初才实行改革。秦简公七年（公元前 408 年）推行“初租禾”，此项改革与鲁国的“初税亩”相似，即在废除井田制上的公田和藉法，按各户实际占有土地面积征收实物税。秦

① 《谷梁传》成公元年。

献公十年（公元前374年）行“为户籍相伍”，即打破村社组织结构，按五家为一“伍”，把平民编入国家户籍，承认个体农民和以小家庭为单位独立经营农业的合法性。

秦献公死后，孝公即位，任用商鞅实行变法，废井田，开阡陌。秦孝公十二年（公元前350年）商鞅在秦国强力推行变法，“为田开阡陌封疆而赋税平”。[①] 阡陌指纵横交错的田埂，封疆，指田界封记。开阡陌，就是拓开旧的田埂，即打破旧有的田制，废除旧的井田制，按新的240步为一亩的亩制，把公田分给个体农户耕作。井田制（是以100步为一亩的亩制）破除了旧的阡陌封疆，重新建立适应新亩制和私人占有新亩制田地的阡陌封疆，并对新立的阡陌封疆予以法律保护。使私人占有土地合法化，为土地自由买卖开方便之门。

商鞅废井田，开阡陌，在秦国推行“辕田制”。“孝公用商君，制辕田，开阡陌，东雄诸侯。”[②] 什么是“制辕田”呢？“周制三年一易，以同美恶，商鞅割裂田地，开立阡陌，令民各有章制。”孟康曰：“商鞅相秦，复立爰田，上田不易，中田一易，下田再易，爰自在其田，不复易居业。食货志曰‘自爰其处而已’，是也。辕，同爰。”商鞅废井田后推行“爰田制”，让劳动者长期固定地占有使用所分配的那块耕地，自行在这块土地上轮换耕作，这就是“自爰其处”的田制。这种“爰田制”，可以稳定个体农民的小农经济的地位，有利于增加生产和国家的赋税收入。

秦孝公十四年（公元前348年）秦国推行“初为赋”的军赋改革。其办法是：以户为单位计人口征收军赋。秦对户口明确规定：“民有二男以上不分异者，倍其赋”[③]。即15岁以上的男童，成为敖童，民有两个以上敖童，必须分户，有隐匿者，加倍征收军赋。秦对隐瞒户和人口都有严厉的刑法。秦商鞅改革军赋，不以田亩征军赋，而以户口为单位计人口征收军赋，亦称“户赋”。唐人杜佑称此种军赋是“舍地而税人。”不按田亩征收军赋，而按人口征收，是后世人头税的起源。

战国时代，周天子更加衰微，对全国的最高土地所有权无法行施。各诸侯国国君对国内土地拥有实际所有权。其突出表现形式是：各诸侯国之间可

① 《史记·商君列传》。
② 《汉书·地理志下》。
③ 《史记·商君列传》。

以互相兼并、割让和授受（赠予）土地。在国内国君可以土地授予直接生产者，并向他们征取赋税。史载：周代实行授田制，一夫百亩，“民年二十受田，六十归田”。此种授田制，直延至战国末期。如魏国魏安釐王二十五年（公元前252年）魏户律规定：“自今以来，叚（假）门逆吕（旅），赘婿后父，勿令为户，勿鼠（予）田宇。”意思是：从现在起，商贾（叚门）和开客店的（逆吕），以及“赘婿”，这些身份下贱的人都不准立户，不分给田地房屋。而其他平民可以立户并授给田宅。这就充分说明魏国此时保留了西周以来的授田制，对一般农民都授田。当时的秦国也实行授田制，据《秦律十八种·田律》载：入顷刍藁，以其受田之数……顷入刍三石，藁二石[①]。意思是农民应按授田数量缴纳赋税，每顷地应纳刍（粟）三石，藁（草料）二石，用作军赋。藁是喂马的草料。授田数量各诸侯国不同。大国土地辽阔，土地常以“顷亩”为计，由“顷亩”算出“方百里”的面积。当时“方百里”之地相当于一个县所辖的地方。故有“百里而一县，千里而一国”。“大县一百里，中县七十里，小县五十里。大县两万家，中县一万五千家，小县万家”[②]。各地根据人口和土地多少授田，狭乡一般一夫（户）100亩，宽乡二三百亩。良田100亩，恶田（贫瘠的田）300亩。

名田制。就是按军功等级授予爵位，以军功和爵位等级，奖励授予一定的土地。即为以私人的名义按等级占有土地。战国初，魏国在战国七雄中曾率先实行“名田”制度。吴起为魏国的西河郡守，为攻克与边境相邻的秦国小亭，下令悬赏曰：明日且攻亭，有能先登者，任之国大夫，赐上田上宅。即先登上城墙攻下亭者赏国大夫之爵，奖励上等良田和美宅。于是，“人争趋之，于是攻亭，一朝而拔之。”这说明魏国是战国初年就推行了“名田”制度。秦国在商鞅变法时也实行了名田制。据《商君书·境内》载：“能得甲（甲士）首（头）一者，赏爵一级，赏田一顷（百亩），益宅九亩。”意思是勇士在战场上能斩获敌人带甲之士，取人头一个，赏官爵一级，奖励田一百亩，宅基地九亩。后来秦国在商鞅变法后普遍推行“名田制”。秦大将王翦发现秦始皇疑心自己有叛逆之心，为打消秦始皇对自己的猜忌，主动请赏，要求秦始皇赐他良田美宅，“为子孙业”。可见，当时“名田制”已承认了土地私有化，土地私有化有了法律保证。

---

① 《睡虎地秦墓竹简》。

② 《银雀山汉墓竹简》。

战国时期，由于商品经济非常发达，私有土地日益商品化。权贵和居有高军功者利用自己的军功获得丰厚的赏赐，巨额黄金布帛，购买因天灾人祸而破产的个体农民的土地，许多贵者富者大肆兼并贫苦农民的土地，或乘人之危廉价收买平民土地，或依势强占小民土地，而成为占田数千顷的新兴的豪强大地主。“盖秦开阡陌之后，田为庶人所擅，然亦惟富者贵者可得之。富者有赀可以买田，贵者有力可以占田，而耕田之夫率属役于富贵也。”[①] 战国晚期，土地兼并异常激烈，豪民疯狂兼并土地，小农日趋破产。社会上出现了“富者田连阡陌，贫者亡立锥之地。”滋生了贫富悬殊的现象。

战国时期的田赋制度，基本上是“按亩征税”，“分等定级，差别征税”，即按田亩面积和土地上的收获量课征，田多者多征，粮多者多征，田少者少征，产量低的少征。课税的形态是实物，主要是粮食，其他就是土地上所产的各种农产品。战国时，由于连年战争，各国军费开支浩繁，农民赋税负担普遍繁重。据史书记载：当时魏国为什三税，即 30%，齐国为什六税，即 60%，而秦国则 20 倍于古。其他还有苛捐杂税，田赋暴敛实为农民不堪负担的压力。真是“苛政猛于虎也。”

战国时代，由于各诸侯国攻城掠地，战争频繁，故人民负担的军赋是异常繁重的。

郑国按田亩征收军赋，丘（124 户）要缴军马一匹、牛三头。另外还得按田亩缴 20% 的粟，作为军粮。秦国在商鞅变法后，实行按人口征收军赋，不论平民还是贵族都得纳军赋。除此外，还得按田亩多少，征收刍藁，刍藁就是禾杆，是用于军马吃的草料。每户两石。应纳户还得把应纳的粮食、草料运到指定的地方，少则一百里，多则数百里，甚至千余里，这又是繁重的劳役，人民不堪负担。

战国时代，战争十分惨烈，兵员伤亡数惊人。如公元前 331 年秦大败魏兵斩首 8 万。公元前 312 年楚怀王发兵攻秦，为秦兵所败，8 万甲兵被斩首。公元前 260 年秦攻赵国长平，赵国主将赵括被秦兵射死，赵军投降秦军，秦将白起怕赵兵“反水”，在长平将赵军 40 万全部活埋。因此，各诸侯国都有严令，强迫老百姓服兵役，凡 15 岁至 60 岁的男子，均得服兵役。一旦战争需要时还要征调妇女、儿童服役，如守城，运送军用物资。战国时期诸侯各国都扩军备战，征兵数量十分惊人。当时，楚国有兵 100 万，而总人口

① 马端临：《文献通考·田赋考一》。

不足600万。按一家五口人计算，几乎家家有一人在服兵役。魏国人口不足300万，而军队70万。秦国拥兵100万，赵国拥兵70万，而秦赵两国人口加在一起不足600万，几乎有一半男子在服兵役，兵役给百姓带来了深重的灾难。

战国时百姓徭役惊人的繁重。徭役主要包括为统治者修建宫室台榭，建造陵墓棺椁，以满足他们生前荒淫奢侈的生活和死后哀荣。其次是兴建大大小小农田水利工程。战时男子要充兵，老人、妇女儿童也要被强迫去修筑工事，运送军粮、草料。有时一年几个月不能回家，严重影响农业生产和收成。沉重的劳役使成千上万的农民失去了土地，甚至家破人亡。

三

春秋战国时期的赋役管理制度与方法，无论是财税原则、财税管理的基本法则，还是组织机关、财政赋役管理的法制化程度都是比较成熟和系统的，对后世两千余年的历代专制皇朝影响深远。从秦汉直到明清，历代专制皇朝均未从原则和体系上突破《周礼》所述管理模式。春秋战国时期的赋税管理制度，均见于《周礼》一书。《周礼》成书于战国晚期，此书记载的财税管理思想、原则和各项制度基本上是春秋战国时期的。只是托名周公所作而已。

据《周礼》所记载：春秋战国时期财税管理制度的基本原则是两个：一是财税大权高度集中于国君（诸侯王之手）；二是实行量出为入的财政原则。之所以推行这两大原则，主要是当时各国诸侯连年从事兼并战争，需要集中人力和财力、物力，以确保巨额军费开支和诸侯国行政费用及统治者的奢侈生活之需。为了确保人力和财力，各诸侯国的财税管理重点是对户籍和土地的管理，故《周礼》中财税管理制度的户籍制度和土地管理制度尤为周详。

春秋战国时期，井田制崩溃后，各诸侯国对直接的农业生产者实行授田，而授田的原则是对农民的份地实行平均分配。为实现平均分配的份田的原则，政策不仅考虑土地的数量，而且考虑土地的肥瘠，劳动力的强弱。如《大司徒》载："凡造都鄙，制其地域而封沟之。以其室数制之。不易之地家百亩，一易之地家二百亩，再易之地家三百亩。"意思是在一定的地域内，安置相应的家数。不易之地，是年年能耕种的上等土地，每家受田一百亩；一易之地，是一种一年休耕一年耕作的中等土地，每家受田二百亩；再易之地，是一种二年休耕一年耕作的下等土地，每家受田三百亩。《小司徒》中又规定："乃均土地，以稽其人民，而周知其数。上地家七人，可任也者三人；中地家六人，可任也者二家五人；下地家五人，可任也者家二人。""可任也者"，是指各家能胜任农业生产劳动的人数。七口之家，一人为家长，其余四人体力强弱各占一半，可以胜任农业生产劳动的有二人，故受上地。土地好，可精耕细作，所以需要的劳动力多。劳动力多的受肥度高的土地，劳动力少的受肥度差的土地，使各农户受田在劳动力状况上大致相当，体现了农民土地分配公平、均等的原则。

春秋战国时期，各诸侯国连年的兼并战争，需要大批兵员和军赋，各国军赋和兵役都按人口数量征调。因此，各诸侯国对户籍和人口的管理十分严格，制度周密而完善。中央地官司徒管理全国土地和人口。"大司徒之职，掌邦土地之图，与其人民之数，以佐王安抚邦国。"[①] 小司徒是协助大司徒专管全国人口、户籍。每三年要进行一次全国人口核查。要查清贵贱老幼废疾各若干，以乡为单位进行登记，每年上报到县[②]。各县每年都要搞一次人口核查、登记，而且核查决不能马虎，要求十分严格。"凡男女自成名以上，皆书年、月、日名焉"[③]。出生的年月日和性别、相貌都要记录在案。对人口的管理更是周密。社会组织实行"比伍之法"，"令五家为比，使之相保；五比为闾，使人相受；四闾为族，使之相葬；五族为党，使之相救；五党为州，使之相赒；五州为乡，使之相宾"[④]。相保，就是联保相坐，互相担保，违法了担保的五家要连坐，受犯罪者的牵连。相受，就是迁徙时给予证明。当时，一般平民基本上没有迁徙之自由。相葬，就是有丧祭之事相互吊祭。相救，就是遇有灾荒互相救助。相赒，就是困难时相互救济、借贷。相宾，对有德行有才能的人要尊敬他们，要向县、郡推荐他们出来做官。统治阶级如此重视人口的登记、清查和严格管理，是因为徭役、兵役和军赋的征调都以人口、户口为依据。《周礼》中规定：国中自七尺以及六十，野自六尺以及六十有五，皆征之。"七尺，即年20岁，六尺，年15岁的男子。国中，即王城内的

---

① 《周礼·大司徒》。

② 战国时许多诸侯国已推行郡县制。

③ 《周礼·地官·媒氏》。

④ 《周礼·大司徒》。

百姓；野，指郊野的百姓，包括郡、县之百姓。当时，一个七口之家的农户，服徭役的就有四人。还有丁赋，完全按人头征收，这是一种实物税。因此，春秋战国时期，统治者对户籍人口管理极为严格、周密。

春秋战国时期，财政大权集中于中央，特别是到战国晚期，各诸侯国，均把财税大权集中到中央，且以严格的组织机构来保障财赋集中于中央。当时中央有冢宰，即最高行政首脑，统辖全国财税。并设司徒主管财税，大司徒下有副职小司徒，协助大司徒，管理土地、人口、赋役……“以听王命”，“以养万民”。中央设有大府、内府、外府司、司书等办事机构，隶属大司徒。大府掌管九贡、九赋、九功。制定财政支出制度。司会，掌管全国户籍、书契、财税账表、对各级财税官员政绩的考核纪录等。大府内设有各职事官，有司书，登记财税账目、山川林泽之数，有职内管理都鄙之财税收入之数。即登记各地所纳赋税收入。地方设有乡大夫之职，掌其乡的土地、户口、赋役。乡下有闾，闾设闾胥，掌其闾之征令，征收赋税，及时上缴至乡、县。春秋战国时期，诸侯各国均建立了严格的会计制度，对财税收入每年都要严格核查，并把核查情况，上报至诸侯王。如发现有官员贪污行为的，严厉查处，直至处以死刑。国家对于赋税收入实行严格的支出管理，实行专税专用。如关税、市税的收入，只供朝廷膳食衣服的费用。国中的农业实物税，只供外交上招待宾客之用。距国都二百里之外的农业实物税供官员俸禄、祭祀和赏赐百官之用。国家所有的财政支出，都要向大府领取。

春秋战国时代，赋税管理基本上走向了程式化、规范化和法制化。国家设有天官冢宰，相当于后世的丞相（或宰相）颁布六典，八法和八则。规定了财税征取和财政开支的严格的程序和相关法律制度。百官机构的任何财政收支都要以“式法”或“令”为准，任何人必须按规定的式法程序办理，不得违反。就是国君也要受法律式法的约束。司会还规定了严格的定期报送会计材料的制度。会计材料的定期报告分“日成”、“月要”和“岁会”。“日成”是每十天呈报一次，“月要”是一个月呈报一次，“岁会”是年终报送一次。大宰对年终会计收支报告要亲自审查，并把审查结果直接上报国君。国君根据“岁会”的情况决定百官的升迁降免。

春秋战国时期，财税管理的理论、思想深刻而精湛，对后世影响深远。对我们今天的财税管理也有借鉴作用。

首先，当时的理财家提出了“均财节用”和“量入为出”的理财原则。

“均财节用”的理财原则要求，国家财政收支要做到岁岁有余。对“失财，用物，辟名者”要予以惩处。“均财节用”成为我国两千年来历代理财家必须共同遵守的古训。何谓“均财节用”呢？“以均万民，以节财用”，即要求使天下百姓的赋役负担均平合理。国家的财政开支要“节用”，节俭，绝对反对浪费和奢靡。

“量入为出”的财税原则是春秋初期提出来的，到战国时，便成了诸侯各国都奉行的财税管理的金科玉律。当时，社会生产力水平虽然有了很大提高，但那时，社会经济主体主要是农业经济，农业生产的丰歉，决定了国家财政收入的盈亏。而农业生产的丰歉是人力无法控制的，国家的财政预算职能必须在榨取的农业实物税已经完全获得后才能制定。“量入为出”的财税管理法则体现了国家财政收支预算是以农业经济这一当时社会经济的重要基础为出发点，以田赋收入为主的依据的根本规律。“量入为出”能保障财政收入稳定，财政支出合理不发生亏欠，最好能有积蓄，以备灾荒和战争之需。“量入为出”的财税管理原则，对中国和世界的财税管理思想都是一大贡献。

春秋战国时期，国家对各级官员，尤其是对财税官员的监督和考核，十分严格。许多经验值得我们今天借鉴。特别是对财税官员的考核办法周密而具体细致，值得我们学习。其具体办法是：“以听官府之六计弊群吏之治：一曰廉善；二曰廉能；三曰廉敬；四曰廉正；五曰廉法；六曰廉辩”。此六项考核标准的中心是“正”和“法”，即为官必须做到两条，清正廉明和依法办事。对不依法办事，失职渎职的官吏，则予以严惩。“不用法者，国有常刑”，“其有不共，则国有大刑”。这些考核和惩罚官吏的条文对我们今天反腐倡廉都具有重要的借鉴作用。

第三章

赋敛亡度　天下大畔

——秦代税史论

一

经历了春秋战国时期从经济基础到上层建筑的深刻变化，中国君主专制制度已经形成，统一的条件也已经成熟。于是，在商鞅变法以后迅速崛起的秦国，经过长期的军事、经济和外交斗争，逐一兼并了函谷关以东的国家，公元前221年，建立了中国历史上第一个统一的君主专制中央集权国家——秦帝国。秦王政接受尊号为皇帝，成为著名的秦始皇。统一国家的出现，结束了“争地以战，杀人盈野；争城以战，杀人盈城”[①] 的混战状态，为人民提

① 《孟子·离娄》。

供了和平生活的可能。割据状态的打破，不但消除了“东周欲为稻，西周不下水”①，甚至“壅防百川，各以自利”② 等人为破坏农业发展的现象，也结束了关卡林立、币制混乱的局面，为各地区之间加强经济联系，促进工商业的交流和发展提供了良好条件。统一王朝的出现，也增强了抵御周边游牧族入侵的力量，有利于中原地区的和平生活和经济发展。

秦统一后，秦始皇三十二年（公元前 215 年），秦大军 30 万北击匈奴，一举攻占河套地区。次年，又攻占阴山一带。遂征调民夫把战国时代秦、赵、燕三国分别修筑的长城连接起来，并加以修补，建成了举世闻名的万里长城。长城是世界历史上著名的建筑工程，也是中原农耕生活得以安定的重要保障，在中国历史上有特殊的作用和地位。秦帝国在南方也进行了大规模的开发。在和百越的战争中，秦军开凿了沟通长江水系和珠江水系的灵渠，在南方设置了闽中、南海、桂林等郡，为我国多民族统一国家的形成和发展打下了基础。

为了巩固统一，秦始皇采取了许多政治、经济和文化措施。其重要者有：废除分封，坚持郡县制度；统一货币和度量衡；修建驰道，打通水路，实现车同轨；统一文字；统一官制和法令，一切决定权操于皇帝一人；收缴天下兵器；迁徙各国贵族豪富，将他们集中在京城，以便控制；“使黔首自实田”③，确立土地私有制度；对战国时代临边各国修建的长城统一修缮和连接改建，以防止匈奴的入侵。

统一的秦帝国的建立，在中国历史上具有重大意义。从此，中国统一的多民族国家逐步形成，中原地区先进的生产技术不断向周边地区传播。秦朝建立的君主专制制度，对此后的中国封建社会产生了巨大而深远的影响。正如近代著名思想家谭嗣同所说：“秦以后治乱损益不一，其大经大法阅汉晋隋唐宋元明，未之有改”④。

君主专制统治势必造成农民的沉重负担。由于横征暴敛，导致秦王朝不过统治了十五年，就于公元前 206 年被农民起义的洪流摧垮。

---

① 《战国策·西周策》。

② 《战国策·东周策》。

③ 《史记·秦始皇本纪》集解。

④ 《谭嗣同全集》上册，中华书局 1981 年版，第 231 页。

二

秦朝税收制度的经济基础是通过“使黔首自实田”确立的土地私有制和与之并存的土地国有制。秦王朝的地主阶级本质，决定其必然“尊奖兼并之人”①，通过放任土地兼并和以军功授爵授田等手段造成“民田多者以千田为畔，无复限制也”②。但是，从《睡虎地秦墓竹简》的记载看，当时国家也掌握着大量土地，为收取租赋而分配给无地或少地农民耕种。如《田律》规定：“入顷刍藁，以其受田之数”③。秦孝公以后，秦的赋役制度逐步成型。《汉书·食货志》引用董仲舒的话说：“又加月为更卒，已复，为正一岁，屯戍一岁，力役三十倍于古；田租口赋，盐铁之利，二十倍于古。”也就是说，在役龄者，每年要服一个月的劳役，一生要服两次兵役，一次戍守京都为正卒，一次戍守边防，每次一年。百姓要交的税则有田租、口赋，政府还通过盐铁的买卖敛收钱财。秦代的田租、口赋税率如何，史无详载，但既然可称“二十倍于古”，当是异常沉重。徭役虽有法定限度，但是，在皇帝认为需要时，往往无限制征发，成为百姓最沉重的负担。此外，从汉初免除关税来看，秦朝是征收关税的。只不过征收比率无从查考。

秦朝的赋税是实物、货币、活劳动兼收的。田租收谷物和刍草、禾秆；徭役征发活劳动；而口赋应是征收货币。史载秦朝收税“头会箕敛”。有人认为是用畚箕收谷物，但谷物的征收量很大，怎么能用畚箕一家一户地去收？只有征收货币才能“箕敛”。《睡虎地秦墓竹简》中《金布律》载：“官府受钱者，千钱一畚，以丞、令印印。不盈千者，亦封印之”④，就是明证。

秦代赋税以苛暴著称，可谓猛于虎。但其赋税结构，基本上被以后的汉朝接受，在中国赋税史上有巨大影响。

秦朝税收的严密法令、农战主张可以溯源到商鞅。但其税收指导思想，

① 《通典·食货典》引崔寔语。
② 《文献通考·田赋考》。
③ 《睡虎地秦墓竹简》，文物出版社1978年版，第27页。
④ 《睡虎地秦墓竹简》，文物出版社1978年版，第55页。

却已偏离了商鞅的税收主张。商鞅主张“不农之征必多，市利之租必重”[①]，但认为“禄厚而税多，食口者众，败农者也。”[②] 也就是说，对于工商业可以征收重税，而对农民则不可以重税久役，否则就会破坏农业生产。

秦王朝包括秦始皇和二世期间，对所有国民实行的完全是敲骨吸髓、竭泽而渔的榨取政策。史载：秦代“收泰半之赋”，“田租、口赋、盐铁之利二十倍于古”[③]。说税收占到收入的大半，可能是因为一部分农民耕种的是国有土地，他们上交的是田租与赋税的合一，对私有田地应该不会制定这么高的税率。但税率很高，财政征收量极大，应该是事实。在生产力比较低，自然经济占统治地位的时代，和劳役地租曾经占统治地位一样，封建政府也曾以征收活劳动，即征发劳役为取得财政收入的重要方式。严格讲，劳役应该属于税收的一种特定形态。据推算，秦统一时，全国人口在两千万左右，按青壮男子占总人口五分之一计算，全国丁男不过四百万人。“被征发造宫室坟墓共一百五十万人，守五岭五十万人，蒙恬所率防匈奴兵三十万人，筑长城假定五十万人，再加其他杂役，总数不下三百万人，占总人口百分之十五。”[④] 这只是直接的服役者，如果再算上为他们输送生活、生产、战斗所需物资的人力，史书记载当时“丁男披甲，丁女转输”[⑤] 不是虚言。

秦得以强大的奠基者商鞅，是非常重视保护农业生产的。深获秦始皇信重的丞相李斯，也并不主张久戍重赋。《睡虎地秦墓竹简》的《为吏之道》中也宣传为吏要“兹（慈）下勿陵”、“善度民力”、“除害兴利，兹（慈）爱万姓”。

可见，横征暴敛的赋税指导思想，只能来自拥有最高决定权的秦始皇。在秦始皇的掌握之中、运筹之下，秦以一国之力，逐一剪灭关东诸国。臣下恭维曰：“他时秦地不过千里，赖陛下神灵明圣，平定海内，放逐蛮夷，日月所照，莫不宾服……自上古不及陛下威德”[⑥]，真是说到他心坎上了。回想秦统一的征战历程，不可或缺的条件是对民力的动员。一次又一次的紧急动员，刺激和驱使秦兵转战千里，决战决胜，使关东诸国的大厦一个个轰然倒塌。

---

① 《商君书·外内》。
② 《商君书·垦令》。
③ 《汉书·食货志》。
④ 范文澜：《中国通史简编》（修订本），第二编，人民出版社 1964 年版，第 18 页。
⑤ 《汉书·严安传》。
⑥ 《史记·秦始皇本纪》。

而秦始皇自己，正如贾谊所说："续六世之余烈，振长策而御宇内，吞二周而亡诸侯，履至尊而制六合，执棰拊以鞭笞天下，威震四海"，"自以为关中之固，金城千里，子孙帝王万世之业也。"[①] 面对天下归一的局面，其洋洋自得的心态，可以穿越时空而窥见。

秦始皇北逐匈奴、南开五岭、修筑长城、修建驰道，整修水路，从长远讲，对人民生活、经济发展，对统一的中华民族的形成，都是有益的，符合社会进步的要求。只有大修宫室、陵墓才是秦始皇个人穷奢极欲的表现。其实即便是宫室陵墓，也含有树立王朝威严、震慑百姓和六国残贵的作用，不完全是个人生活需要。虽然"强有力的政府和繁重的赋税是同一个概念"[②]，可问题在于这么多巨大的工程，不应当同时并举，因为人民的承受能力是有限的。长期的统一战争，已使百姓生活痛苦不堪，战后急需休养生息，大规模、急切、集中地调用民力，势必破坏社会再生产的条件，使人民痛苦不堪。当时，"男子力耕不足粮饷，女子纺绩，不足衣服"[③]，甚至"男子不得修农亩，妇女不得剡麻考缕"[④]。汉朝人伍被对此曾有比较深入的分析："往者秦为无道，残贼天下……任刑法，转海濒之粟，致于西河。当是之时，男子疾耕不足于粮馈，女子纺绩不足于盖形。遣蒙恬筑长城，东西数千里。暴兵露师，常数十万，死者不可胜数，僵尸满野，流血千里。于是百姓力屈，欲为乱者十室而五。皇帝又使徐福入海求仙药，多赍珍宝，童男女三千人，五种百工而行。徐福得平原大泽，止王不来。于是百姓悲痛愁思，欲为乱者十室而六。又使尉佗逾五岭，攻百越，尉佗知中国劳极，止王南越。行者不还，往者莫返，于是百姓离心瓦解，欲为乱者十室而七。兴万乘之驾，作阿房之宫，收太半之赋，发闾左之戍。父不宁子，兄不安弟，政苛刑惨，民皆引领而望，倾耳而听，悲号仰天，叩心怨上，欲为乱者，十室而八……陈、吴大呼，刘、项并和，天下响应"[⑤] 南朝梁的文学家任昉所撰《述异记》一书，就收录了秦代的一首童谣："阿房，阿房，亡始皇。"可见忍无可忍的人民对秦王朝的诅咒。

---

① 贾谊：《新书·过秦论》。

② 马克思：《路易·波拿巴的雾月十八日》，《马克思恩格斯全集》，第 8 卷，第 221 页。

③ 《汉书·食货志》。

④ 《淮南子·人间训》。

⑤ 《汉书·伍被传》。

秦始皇个人好大喜功、贪婪残暴，更兼处于地主阶级取得统治地位的早期，如何在与农民直接对立的政治体制中维护自己的统治地位，不仅对于秦始皇个人，就是对于整个地主阶级也还是一个新的课题，还需要摸索和总结。秦始皇和短命的秦王朝，是地主阶级取得全国统治地位的尝试，为以后的封建王朝提供了必不可少的教训。古代学者言君民关系如同舟与水，“水可载舟，亦可覆舟”。其实，舟水关系不应只是表层的君王与民众的关系，更是地主阶级专政的君主专制中央集权式政体与民众（特别是农民）的关系。只有在维护地主阶级的剥削制度，同时又防止地主阶级豪强化，尽可能从农民身上剥削到更多的财富，同时又不造成农民大量破产的情况下，君主专制王朝的统治才能够稳定。平衡点是很微妙的，需要统治者总结经验、反复摸索。

二

秦朝虽然二世而亡，其税收征收管理以残酷著称，但在其税收执法中却有法可依。其税务行政管理也应该说是严格和高效的。史载：秦统一后，“海内为郡县，法令由一统”①，极其重视“明法度，定律令”②秦始皇登泰山，勒石歌颂本朝“丰功伟绩”，特别强调：“作制明法，臣下修饬。二十有六年，初并天下，罔不宾服……治道运行，诸产得宜，皆有法式。”③ 从1975年湖北云梦出土的《睡虎地秦墓竹简》来看，确实如此。《睡虎地秦墓竹简》所录律条，经考古专家认定为战国晚期至秦统一后的秦法律。虽然未录秦朝法律的全文，但其中的《秦律十八种》、《秦律杂抄》、《法律问答》、《效律》、《封诊式》和《为吏之道》中都含有税收方面的法律条文或者相关案例的处理意见。涉及土地制度，傅籍制度，徭役征发制度，官营手工业和畜牧业管理，货币管理，市场管理，度量衡管理，税率，税收征收方式，税收物品的保管、会计、统计、交接制度，官员的铨选和黜陟等，内容非常丰富，规定十分细密。

---

① 《史记·秦始皇本纪》。
② 《史记·李斯列传》。
③ 《史记·秦始皇本纪》。

关于税率，《田律》规定：“入顷刍藁，以其受田之数，无垦不垦，顷入刍三石、稿二石。”[①] 意即耕种国有土地者，无论是否垦种，都要按照受田顷数，缴纳饲草和禾秆，每顷缴纳饲草三石、禾秆二石。

关于税收收入的保管，仓律规定：“入禾仓，万石一积而比黎之为户。县啬夫若丞及仓、乡相杂以印之，而遗仓啬夫及离邑仓佐主禀者各一户以饩，自封印，皆辄出，馀之索而更为发户……长吏相杂以入禾仓及发，见蝝之粟积，义积之，勿令败。”[②] 意即税收所得谷物入仓，以一万石为一积，用篱笆隔开并留门户，由主管人员县啬夫等共同封缄，相关人员各用一门发放粮食，发尽，才可另开一积。官员入仓发现粮堆上有虫，要进行处理后重新堆积，不得使粮食败坏。“入禾稼、刍藁，辄为廥籍，上内史。”[③] 意为税收所得谷物、饲草、禾秆入仓要登记在册，并上报内史。仓库管理甚至细致到不同色泽的粟米要分别登记和发放。

田制是税收的基础，秦代除“使黔首自实田”外，还规定下了及时的雨和谷物抽穗，地方官吏要立即书面报告受雨和抽穗的顷数、已开垦而没有耕种的田地数量。有敢偷偷移动田地界标者，要判处“赎耐”之刑等。

古代人达到服役年龄，登记入官府簿册，叫做傅籍。达到老免年龄才可免除劳役。一般认为秦朝的傅籍年龄为 17 岁，60 岁老免，开始服役是很早的。而根据睡虎地十一号墓主喜生于秦昭王四十五年、秦王政元年傅籍（墓中出土的《编年纪》有记载）计算，秦代傅籍的年龄应该是 16 周岁。如果达到傅籍年龄不登记，未到 60 岁而虚报老免，都要给以惩罚，知情不报者有罪，同伍者连坐。秦律还专门规定了“乏徭”（接到服役通知而不报到）和“逋事”（到达服役地点又逃跑）的罪名。犯有以上二罪，要受到笞刑。秦简《法律答问》载有相关解释：“‘不会，笞；未盈卒岁得，以将阳又行笞。’今士伍甲不会，笞五十；未卒岁而得，笞当加不当？当。”[④] 可见，不应征赴徭，笞打五十，逃跑一年以内被捕获，还要再加笞。基层官吏组织徭役迟到，“三日到五日，谇；六日到旬，赀一盾；过旬，赀一甲。”[⑤] 也就是说，迟到三至五日要受到斥责，十天以上，罚一副甲。而且秦代徭役确是“罢癃咸出”，因

① 《睡虎地秦墓竹简》，文物出版社 1978 年版，第 27—28 页。
② 《睡虎地秦墓竹简》，文物出版社 1978 年版，第 35—36 页。
③ 《睡虎地秦墓竹简》，文物出版社 1978 年版，第 38 页。
④ 《睡虎地秦墓竹简》，文物出版社 1978 年版，第 220—221 页。
⑤ 《睡虎地秦墓竹简》，文物出版社 1978 年版，第 76 页。

为《睡虎地秦墓竹简》中的《法律答问》一文明载："罢癃守官府，亡而得，得比公癃不得？得比焉。"[①]

《盐铁论·刑德》载：商鞅以后"盗马者死，盗牛者加"，这在秦律中也可以寻到依据。秦律规定，在考核官员时，如果错算"马牛一以上为大误"[②]，要予以惩处，可见对马牛的重视程度。秦简还记载了盗牛案例，盗牛者系一少年，当时不便判刑，拘禁一年后，仍判其充劳役。

另外，秦律对于官营手工业制作、市场交易、工程质量都有详细规定，说"秦法繁于秋荼，而网密于凝脂"[③] 绝不为过。

秦统一后中央政府实行三公九卿制。总管全国行政工作的丞相、执掌军政的太尉和管理奏章兼管监察协助丞相的御史大夫号称三公。三公之下，设奉常、郎中令、卫尉、太仆、廷尉、典客、宗正、治粟内史和少府等九卿。其中，治粟内史掌管租税钱谷和财政收支，少府掌管专供皇室需用的"山海池泽之税"。郡是地方最高一级政权，长官郡守负责一郡的全面工作，包括税收。郡以下设县，大县设县令，小县设县长。管理税收是县长官的重要职责。县以下有基层政权乡、里。乡设啬夫管理赋役。啬夫要向县官报告天气情况、庄稼长势等。税粮入库，主管仓库的官员要向上级报告保管数量、支领情况。每年地方到中央上计，报告财务收支，都要报告领用税粮者的名单，中央要加以核对。秦王朝要求："为吏之道，必精洁正直，慎谨坚固，审悉毋私，微密纤察，安静毋苛，审当赏罚。"[④] 当时对税务官员的考察细密，奖惩分明。如：官吏在市场上出售官营产品，应在买者在场的情况下立即将钱投入特制陶罐，否则罚一付甲。有冒领军粮者而相关官员未发觉，罚一甲。使用的度量衡器具误差超过一定标准，罚交盾和甲。隐匿土地户籍、虚报当役者老免年龄和残疾情况、让戍边者从事非规定劳作、保管粮仓不善致使粮食霉变或者鼠洞累累的官吏都要予以处罚。甚至粮仓门闩不紧，缝隙可容手指，也要罚一甲。关于奖励，《睡虎地秦墓竹简》可见者有：秦朝规定每年四月、七月、十月和正月评比耕牛，成绩好的，啬夫和里正赏赐酒和干肉，并免除一次更役。

---

① 《睡虎地秦墓竹简》，文物出版社 1978 年版，第 208 页。

② 《睡虎地秦墓竹简》，文物出版社 1978 年版，第 126 页。

③ 《盐铁论·刑德》。

④ 《睡虎地秦墓竹简》，文物出版社 1978 年版，第 281 页。

四

秦代税法严密，可君主专制中央集权制度决定其法律的生成模式，也就是立法方式必然是逆宪政的、专制主义的。这对中国税收史乃至整个中国封建社会历史上产生了巨大影响，在世界范围内很有特色。这种模式充满个人专断的色彩，却不是个人意志的产物。它是中国社会经济发展的必然，是中国君主地主制社会的生产方式、阶级斗争、民族融合过程的产物。它的历史终结，只能是无产阶级领导的民主革命。

“如果说，秦以前的一个时代是诸侯割据称雄的封建国家，那么，自秦始皇统一中国以后，就建立了专制主义的中央集权的封建国家”[①]。在这种国家中，皇帝具有至高无上的权力。“不但地主、贵族和皇室依靠剥削农民的地租过活，而且地主阶级的国家又强迫农民缴纳贡税，并强迫农民从事无偿的劳役，去养活一大群的国家官吏和主要是为了镇压农民之用的军队。”[②]这种政体的特点是立法、司法、行政大权集于皇帝一身。秦朝即“天下之事无大小皆决于上”[③]。以致秦始皇“专任刑罚，躬操文墨，昼断狱，夜理书”[④]，“以衡石量书，日夜有呈，不中呈不得休息”[⑤]。遇有重大问题，一般由众大臣廷议，但仅供皇帝参考，最终由皇帝裁决。“丞相诸大臣皆受成事，倚辨於上。”[⑥]皇帝的“命”称为“制”，“令”称为“诏”，具有最高的法律地位。秦相李斯总结说：“明主圣王之所以能久处尊位，长执重势，而独擅天下之利者，非有异道也，能独断而审督责，必深罚，故天下不敢犯也。”[⑦]

皇帝的制诏具有最高法律地位，那么，《睡虎地秦墓竹简》的《法律答问》中很多地方有“廷行事”，即判案成例，作为以后司法依据，就不难理解

①② 毛泽东：《中国革命和中国共产党》，《毛泽东选集》第二卷，人民出版社 1991 年版，第 624 页。

③ 《史记·秦始皇本纪》。

④ 《汉书·刑法志》。

⑤⑥ 《史记·秦始皇本纪》。

⑦ 《史记·李斯列传》。

了。当法律没有明文规定，或虽有规定，但皇帝另有制诏决断，执法者应该按判例办案，原法律规定就成为具文了。

秦代立法状况如此，在税收实践中也有迹可循。比如秦律《司空律》规定："一室二人以上居赀赎责（债）而莫见其室者，出其一人，令相为兼居之。"[①] 意即一家有两人以上以劳役抵偿赀赎债务而无人照顾家室的，可以放出一人，叫他们轮流服役。《秦律杂抄》载："戍律曰：同居毋并行，县啬夫、尉及士吏行戍不以律，赀二甲。"[②] 意为同居者不可同时被征去戍边。县令、县尉和士吏不按此办理，罚二甲。可是当在全国四百万丁男中征发了三百万从役，"丁男披甲，丁女转输"的时候，还有谁顾及"同居毋并行"呢？因为每一项征发都是皇帝的意志，不会受已存法律的限制。再如，按照秦律规定，被征服役而不报到，逃亡之后于年内被抓，不过要受笞刑而已。如果服役失期有砍头之罪，睡虎地秦墓的墓主喜作为执法官员，不会不记，反而去记录斥责、笞杖等轻罚。可是到了陈胜、吴广被征应役时，已是"失期，法皆斩"[③]。在"事无大小皆决于上"的体制下，独掌乾纲的皇帝，有权对法令作出修改，而不必听取任何人的意见。

反观欧洲封建社会，税收的征收从一开始就受到纳税方的牵制，征税须经协商，以致法律生成模式的宪政色彩越来越浓厚，最终走上了宪政之路。这也是欧洲封建生产方式和政权组织形式决定的。比如，英国从盎格鲁—萨克森时代开始，国王在开征税收之前就要咨询贤人会议的意见。作为纳税人的封建主，对于税法的生成具有一定的发言权，从而形成了"王在法下"的政治传统。以后，贤人会议逐步发展成御前会议（包括大会议和小会议），其中的大会议最终发展为具有立法权的国会。公元 1215 年，英王约翰被迫签署了英国历史上著名的《大宪章》，从而正式确立了王权有限、法律至上的体制。《大宪章》第 14 条规定，除传统的封建税以外，任何赋税都必须经"全国人民普遍同意"才可以开征。为征得这一同意，国王要召集相关人员进行咨询，而且召集令应在会前 40 天发出。第 61 条规定，由各地封建主推举 25 人组成委员会，监督国王和大臣的行为，当然包括使用税款的行为。如果委员会中有 4 人认为国王或政府有违反《大宪章》的行为，即可请国王改正。

---

① 《睡虎地秦墓竹简》，文物出版社 1978 年版，第 85 页。
② 《睡虎地秦墓竹简》，文物出版社 1978 年版，第 147 页。
③ 《史记·陈涉世家》。

如果40天后发现国王仍未改正，经委员会多数同意，可以发动国民，运用包括暴力在内的手段，迫使国王改正。17世纪晚期，英国“光荣革命”以后，《权利法案》获得议会通过。该法案规定国王无权废止法律，由国会决定税收、军事和外交等重大问题。

而在中国，不用说战国秦汉没有民主协商的制度，就是到了清朝，税收也是由上谕决定。中西中世纪的国体是相同的，都是封建主阶级对农民专政的工具；而政体却区别明显：中国实行的是中央集权的君主专制制度，英法为代表的西方国家则实行等级君主制。在等级君主制下，因为在税收问题上君主不直接与农民对立，而是表现为君主与各级封建主的关系，所以较易留下民主协商的缝隙。不容易出现敲骨吸髓似的财政盘剥。以致“八世纪末和九世纪初以后，不自由人的赋役，甚至包括定住的奴隶们的赋役在内，都渐渐地规定出一定的、不许超过的限度”①。这是人民斗争的结果，可也与等级君主制有关。不然，比西方农民起义猛烈得多的中国农民起义，为何始终没有争得这样的结果？中国式君主专制制度，君主地主直接与农民对立，社会没有中间环节，由于农民的分散性和地主阶级的强大，不可能有民主协商税收的余地。所以，虽然新建王朝有时对农民有一些让步，但在税收领域还是出现了“税负减轻—加重—再减轻—再加重”的循环。所谓“黄宗羲定律”表述的不就是农民税收负担从大趋势上讲不断加重的历史现象和规律吗？

不过，应当清楚看到的是：西式协商税收并没有授予被压迫的农民任何权利。而中国统一国家的形成，为各区域经济联系的加强提供了条件，有利于多民族统一国家形成。真正的政治民主和经济民主，无论在中国还是西方，都只能在彻底消灭了君主专制制度之后才能实现。

列宁曾经说过：“所有一切压迫阶级，为了维持自己的统治，都需要两种社会职能：一种是刽子手的职能，另一种是牧师的职能。”② 走上统治地位不久的地主阶级，面对崭新的中央集权制政体，直接与广大农民处于对立状态，需要摸索统治经验的时间，需要成功的经验和失败的教训。对牧师的职能，秦始皇认识还不深刻，也还不懂得“张而不弛，文武不能也；弛而不张，文武弗为也；一张一弛，文武之道也。”③ 他焚书坑儒，令民以吏为师，漠视仁

① 恩格斯：《法兰克时代》，《马克思恩格斯全集》第19卷，第563页。

② 列宁：《第二国际的破产》，《列宁选集》第2卷，第638页。

③ 《礼记·杂记下》。

义慈爱形象的塑造和思想灌输，在意识形态领域失去了道德制高点，应该说是失败的。他以为暴力可以无往不胜、无欲不成，在创立了伟大功业的同时，却落得二世而亡，成为要维护自己统治地位的地主阶级的反面教材。

主要参考文献：

陈秀夔：《中国财政制度史》，（中国台湾）正中书局1973年版。

李剑农：《先秦两汉经济史稿》，三联书店1957年版。

林剑鸣：《秦史稿》，上海人民出版社1983年版。

翦伯赞：《秦汉史》，北京大学出版社1983年版。

孙翊刚、王文素：《中国财政史》，中国社会科学出版社2007年版。

第四章

轻徭薄赋　国祚绵延

——汉代税史论

汉朝的开国皇帝——高祖刘邦，出身社会下层，曾作为基层小吏参加过秦末征集劳役、押送应役者的活动，了解秦代赋役苛暴的情况。以后他又参加了农民起义，深切体会了“天下苦秦久矣”[①] 激发出来的农民反抗力量。他建立了汉王朝以后，非常注意总结秦亡的教训，改变了秦朝横征暴敛的赋税政策。从汉高祖到文帝、景帝期间，轻徭薄赋，与民休息，社会经济逐步恢复。可是，地主、富商、官僚疯狂的土地兼并，匈奴的不断侵扰，地方封国的分裂倾向，使社会矛盾不断尖锐。到了汉武帝时期，汉王朝不得不“疲耗中土，事彼边兵”[②]，进行长期的战争，百般罗掘财政收入。武帝以后，昭宣期间，虽有一些缓和社会矛盾的措施，但终究无法彻底解决封建社会中土地兼并、农民破产的根本问题。于是西汉王朝再也无法继续统治下去，贵戚王莽篡夺政权，企图为地主阶级的统治寻找新的出路。但是他的频繁改制，刑罚严苛，对外用兵，给社会带来了更大的混乱。在统治了 15 年以后，王莽葬

① 《史记·陈涉世家》。
② 《史记·孝武本纪》。

身农民起义和豪强造反的火海。

东汉政权是在豪强地主势力的支持下夺得的。因此，这个政权虽然千方百计地加强中央集权制度，但又放任土地兼并、扶植豪强地主。这就势必加深社会矛盾，一方面造成豪强地主控制和役使依附农民，形成经济上自给自足，军事上拥兵自保的庄园坞堡。另一方面更多无法被庄园吸收的失地农民则形成流民，为大规模农民起义创造了条件。

东汉除开始的两三个皇帝比较开明、强势外，后面的皇帝不是昏庸暗弱，就是幼小即位，而中央集权制度则进一步强化，皇权加强，相权削弱。这导致宦官外戚交替专权，吏治腐败，更兼长期与羌族交战，所以虽然税收制度与西汉相比无太大变化，人民却痛苦不堪。忍无可忍的农民大众终于发出了“苍天已死，黄天当立”的呐喊，用太平道的组织形式发动了黄巾起义。东汉王朝最终被黄巾起义瓦解，而镇压黄巾起义的主力，已经不是受控于中央的军队，而是地方控制的部队和军事化的豪强地主，由此导致中国社会出现了四百多年的分裂割据局面。

一

汉承秦制，西汉初年基本继承了秦朝的赋役制度，但在征收量上做了巨大调整。这是秦末农民起义迫使地主阶级政权作出的改变。

汉代赋役收入的基本项目如下。

田租：汉代田租的基本税率是土地总收获量的三十分之一，即三十税一，但有一个摸索变化的过程。汉初，“轻田租，什五而税一”[①]。不过为了满足战争需要，曾经有过提高。到惠帝元年（公元前 194 年），天下基本稳定，“减田租，复十五税一”[②]。到文帝前元十二年（公元前 168 年），为恢复农业生产，诏“赐农民今年租税之半”[③]，首次实行三十税一，次年还曾免除田租。

① 《汉书·食货志》。
② 《汉书·惠帝纪》。
③ 《汉书·文帝纪》。

但法定税率还是十五税一，到景帝前元元年（公元前 156 年），“除田半租”[①]，三十税一成为定制。东汉初年为支持战争，曾短期实行十分之一的税率，但很快恢复旧制。汉代田赋和秦朝一样，是有附加的。附加是征收刍草、禾秆。农民“已奉谷租，又出藁税”[②]。东汉和帝永元十四年（公元 102 年），因为自然灾害，令灾区“皆半入田租刍藁”[③]，也证明汉朝长期征收刍藁。

徭役和更赋：汉代的服役年龄，最初应当是照搬秦律。景帝时改为“男子年二十始傅。”[④]《汉书·高帝纪》孟康注曰：“古者二十而傅，三年耕有一年储，故二十三而后役之。”所述应是景帝以后的情况。老免年龄为五十六岁。徭役分为兵役和劳役。汉代实行征兵制，男子在二十三到五十六岁之间要服兵役二年。一年在郡国为材官骑士或楼船水兵，一年守卫京师或边郡。徭役为每年服役一个月，戍边三日。“对一月之劳动服役，须纳免役费二千，谓之践更，对三天的兵役，须纳免役费三百，谓之过更。此种免役费，统称之曰更赋。”[⑤] 也就是说，更赋是一种代役金，是徭役负担的一部分。

人头税：汉代的人头税分为算赋和口钱两种。二者都是指定了特定用途的税收。《汉书·高帝纪》载：汉王四年（公元前 203 年），“初为算赋”。对此，如淳注引《汉官仪》解释说：“民年十五以上至五十六出赋钱，人百二十为一算，为治库兵车马。”算赋由此开征。以后《汉律》又规定：“贾人与奴婢倍算。”[⑥] 汉文帝曾减算赋的钱数为每算四十钱，景帝、武帝时复旧。宣帝甘露二年（公元前 52 年），诏“减民算三十”[⑦]。成帝建始二年（公元前 31 年）诏：“减天下赋钱，算四十。”孟康注：“本算百二十，今减四十，为八十。”[⑧] 汉代口钱究竟何时起征，史无明载。昭帝元凤四年（公元前 77 年），令“毋收四年、五年口赋。”如淳注引《汉旧仪》说：“民年七岁至十四出口赋钱，人二十三。二十钱以食天子，其三钱者，武帝加口钱以补车骑马。”[⑨] 由此看来，似乎武帝前已经开征。在武帝年间，为满足征战急需，口赋一度

---

① 《汉书·景帝纪》。
② 《汉书·贡禹传》。
③ 《后汉书·和殇帝纪》。
④ 《汉书·景帝纪》。
⑤ 翦伯赞：《秦汉史》，北京大学出版社 1983 年版，第 188 页。
⑥ 《汉书·惠帝纪》应劭注。
⑦ 《汉书·宣帝纪》。
⑧ 《汉书·成帝纪》。
⑨ 《汉书·昭帝纪》。

改为三岁开征，加重了人民负担。元帝年间（公元前48—前33年），贡禹上言建议推迟起征年龄，元帝乃令“民产子七岁乃出口钱。”①

算缗钱、算车船与税民资：《汉书·武帝纪》载，元光六年（公元前129年）“初算商车”，注引李奇曰：“始税商贾车船令出算也。”“元狩四年（公元前119年）冬，初算缗钱。”算缗钱和算车船应该属于财产税。根据史料记载，其内容大概包括：商人和高利贷者每两千钱抽取一算（120钱），这也就包括了贳贷税；经营手工业的，每四千钱抽取一算；不是三老、北边骑士而有轺车一辆者，抽取一算，商人加倍；船身长五丈以上的，每船抽一算。税民资，就是统计民户资产，“赀万钱，算百二十七也”②，即资产每万钱纳税127钱。

关税和市租：汉初为恢复经济、促进商品流通，不征收关税。《史记·货殖列传》载：“汉兴，海内为一，开关梁，弛山泽之禁，是以富商大贾周流天下，交易之物莫不通，得其所欲。”大约到汉武帝时期，因为财政需要，开始征收关税。税关设在京师的门户，也设在边疆要道。汉代关税税率史无明载，但从汉武帝太初四年（公元前101年）冬，“徙弘农都尉治武关，税出入者以给关吏卒食”③来看，税率不会太高。而且汉代多有免除关税的旨诏。市租是对市场交易征收的税，一般按买卖成交额征收，《史记·齐悼惠王世家》索隐曰：“市租谓所卖之物出税”。汉代城市众多、星罗棋布。史载汉平帝时“凡郡国一百三，县邑千三百一十四，道三十二，侯国二百四十一”④。这些郡国县邑，皆不可能无市肆，积沙成塔，市租总收入应该是十分可观的。主父偃论及诸侯国齐国的繁盛时说：“齐临淄十万户，市租千金”⑤，一地如此，全国可知。

牲畜税和收益税：《汉书》和《后汉书》都有汉代曾征收牲畜税的记载，并且都认为始于汉武帝大规模用兵。《汉书·西域传》赞曰：武帝时“至于用度不足，乃榷酒酤，管盐铁，铸白金，造皮币，算至车船，租及六畜。”《后汉书·西域传》载尚书陈忠疏曰：武帝用兵造成“府库单竭，杼柚空虚”，乃至“算至舟车，赀及六畜。”所谓“赀及六畜”，应是泛指。见于记载者，仅

---

① 《汉书·贡禹传》。
② 《汉书·景帝纪》注。
③ 《汉书·武帝纪》。
④ 《汉书·地理志》。
⑤ 《史记·齐悼惠王世家》。

是对马牛羊征税[1]。其中主要的是马口钱。对北方民族的战争条件中，最重要的是马。马口钱是专用于购置、饲养军马的专门用途税。到昭帝时，战事平息。昭帝乃于元凤二年（公元前79年），“令郡国毋敛今年马口钱”[2]。值得注意的是，王莽始建国元年（公元4年），曾宣布开征近似现代所得税的税种，征收除农业人口以外一切有收入者纯收入的十一分之一为税。税制规定：“诸取众物、鸟、兽、鱼、鳖、百虫于山林、水泽及畜牧者，嫔妇桑蚕、织纴、纺绩、补缝，工匠、医、巫、卜、祝及它方技、商贩、贾人坐肆、列里区、谒舍，皆各自占所为于其在所之县官，除其本，计其利，十一分之，而以其一为贡。敢不自占、自占不以实者，尽没入所采取，而作县官一岁。”[3]

此外，汉代还曾开征江湖陂泽税和海租。前者有使用费的性质，后者则是对沿海渔业的税收。

谈到汉代赋税制度问题，最无法避开的人，应属桑弘羊和王莽。

桑弘羊，一说生于景帝前元四年（公元前153年），卒于昭帝元凤元年（公元前80年），出身于洛阳商人家庭，十三岁以入赀为郎。他在汉廷任职54年之久，主要活动在武帝时期，长期参与或主持财政事务，历任侍中、大农丞、搜粟都尉、大司农、御史大夫。武帝时期的财政经济措施多有其参与。桑弘羊在历史上毁多于誉，属争议人物。长期被视为“言利事析秋豪”[4]的兴利之臣。所谓兴利之臣，翻译成白话就是盘剥能手。只有少数意图改革的人才对他有肯定评价。如宋代的王安石赞之曰：摧抑兼并，均济贫乏，变通天下之财，后世唯桑弘羊、刘晏粗合此意。在马克思主义史学在我国史学界占据统治地位以后，学者对桑氏及其政策每有持中之论。著名史学家翦伯赞、范文澜、郭沫若等论及汉代盐铁官营时分别指出：“西汉的盐铁工业，自从改为官办以后，也许对于兵器的制造，比较容易统制；但对于一般生产工具，特别是农器，则品质不良。”[5]“煮盐贫民从豪强奴役下转而受盐官雇佣，生活可能好一些，但官盐价比私盐贵（私盐与粟米同价），许多贫民买不起盐，只好淡食……所谓多造大器，就是多造铁犁，少造耒臿。这将迫使农民放弃耒

① 《汉书·翟方进传》：成帝责翟方进“奏请一切增税，税城郭堧及园田、过更，算马牛羊”。

② 《汉书·昭帝纪》。

③ 《汉书·食货志》。

④ 《史记·平准书》。

⑤ 翦伯赞：《秦汉史》，北京大学出版社1983年版，第193页。

臿，改用铁犁，虽然贫苦农民大感不便，或因而沦为奴客，但铁犁却逐渐消灭落后的耒臿”[①]。“实行盐铁官营后，国库财富剧增，豪强富商也受到一些打击。但是官府生产的盐和铁器质量都不好，而且价格昂贵，一般人买不起。煮盐冶铁又多在偏僻的原料产地，官府常常征发人民去煮冶和运输，增加了人民徭役的负担。”[②] 傅筑夫先生也认为：“本来在自然经济占支配地位的封建社会中，商品经济特别是商业的发展，乃是整个社会经济发展变化的起点，窒息了它的生机，同时就妨碍了整个社会经济的发展。”[③] 可是“文革”中“评法批儒”，谄媚者将桑弘羊作为法家代表顶礼膜拜，显然别有用心。近年来，又有人将桑氏作为改革家大加赞颂。在持此论者看来，不但桑氏所为都是“变法”、“改革”，连他涉入宫廷权力之争而被杀，也成了不幸遇害的悲剧，太具感情色彩，亦失公允。如果想一想，为什么思想上吸取了各家学说，又自成一家之言，具有较强的批判精神和较明显的人民性，对广大人民充满同情的司马迁不愿给桑氏立传；而在思想上尊奉儒家、有明显的正统观念、一心为刘氏王朝“润色鸿业”，又是奉诏作史的班固，在《汉书》中也不愿为桑弘羊设篇呢？不难悟出：无论站在人民的立场，还是站在维护王朝长远利益的立场，班固与司马迁都无法否认桑氏的财政成就，又不愿其为后代效仿。

其实，对于桑弘羊及其财经措施，都应该结合当时具体的历史条件，着眼于作为上层建筑的有关政策透过经济基础对生产力发展的作用，从长期历史发展和短期特殊需要相结合的角度，站在人民的立场上给以辩证的、实事求是的分析。

桑弘羊是中国历史上第一个提出不依靠农业富国的思想家。他指出：“富国非一道”，“富国何必用本农”[④]，“无末业则本业何出”[⑤]？主张由政府经营工商业以增加经济性收入，以“足军旅之费，务蓄积以备乏绝”[⑥]。他的均输、平准措施均衡了地方上贡物品和运输的负担，打击了富商大贾囤积居奇、倒买倒卖、操控物价的行为，维护了社会经济秩序，又提高了财政资金的运行

① 范文澜：《中国通史简编》修订本第二编，人民出版社1964年版，第58～59页。
② 郭沫若：《中国史稿》第二册，人民出版社1963年版，第85页。
③ 傅筑夫：《中国封建社会经济史》（二），人民出版社1982年版，第674页。
④ 《盐铁论·力耕》。
⑤ 《盐铁论·通有》。
⑥ 《盐铁论·非鞅》。

效率。他总结实践经验，建议发行五铢钱，使货币的名义价值和实际价值趋于统一，在中国历史上稳定使用几百年之久。他主持财政期间，组织边境地区军民屯垦，减轻了粮秣运输之累，稳定了西北军事形势，又吸纳了一部分内地失地农民，其功不可没。

此外，桑弘羊还主持实行了酒专卖，并建议让百姓用粮食买官、赎罪、买复。这是显而易见的弊政。

而对于盐铁专卖的利弊，就要辩证分析了。盐铁专卖之前，“赋税既竭，犹不足以奉战士。”富商大贾“冶铸煮盐，财或累万金，而不佐国家之急，黎民重困”[①]。武帝时因“边用度不足，故兴盐铁”[②]，桑弘羊参与了此事的筹划，而且长期主持盐田专卖，并极力主张长期实行。因为盐铁收入满足了加强边防和进行长期战争的需要。而且官营铁冶规模大、资金充裕，人才集中，可以把某些因军事需要而产生的技术转化为民用。考古发现证明，西汉中期的犁比以前加大，翻地既宽又深；而且当时已经拥有了生产钢和黑心韧性铸铁的技术。

不过也应该看到，西汉冶铁技术的空前发展，主要是来自于大规模战争需要的刺激，而不是垄断经营的优越性。如果垄断能推动技术发展、价格合理，那么市场竞争的优势是什么呢？为什么直到今天国内外都把防止垄断作为经济管理的大事呢？国家干预和调节经济，直接经营市场不愿意介入或者无力经营的部门和企业，是为了取得财政收入吗？其实，当时人们对于盐铁专卖造成的问题就看得非常清楚。司马迁对汉初“海内为一，开关梁，弛山泽之禁，是以富商大贾周流天下，交易之物莫不通，得其所欲”[③]甚为称赞。卜式为御史大夫，“既在位，见郡国多不便县官作盐铁，铁器苦恶，贾贵，或强令民买卖之”[④]。而昭帝年间参加盐铁会议的文学贤良们（其中不乏“发于畎亩，出于穷巷”者）也说：“县官鼓铸铁器，大抵多为大器，务应员程，不给民用。民用钝弊，割草不痛，是以农夫作剧，得获者少，百姓苦之矣。”“故民得占租鼓铸、煮盐之时，盐与五谷同贾，器和利而中用。今县官作铁器，多苦恶，用费不省，卒徒烦而力作不尽。”“今总其原，壹其贾，器多坚硁，善恶无所择。吏数不在，器难得。家人不能多储，多储则镇生。弃膏腴

① 《史记·平准书》。
② 《盐铁论·本议》。
③ 《史记·货殖列传》。
④ 《史记·平准书》。

之日，远市田器，则后良时。盐、铁贾贵，百姓不便。贫民或木耕手耨，土櫌淡食。铁官卖器不售或颇赋与民。卒徒作不中呈，时命助之。发征无限，更徭以均剧，故百姓疾苦之。”① 盐铁官营造成价高质次，强制摊派与购买不变共存，增加徭役项目应该属实。所谓“大器”，应该不仅仅是比耒臿大，但效能先进的耕垦农具——犁，也应该包括那些“割草不痛”的中耕农具和收获农具。贫困农户没有牛马，从而也就无需用犁，倒是铲、镰等更为他们需要。而且在官营铁冶场，劳动者的劳动生活条件，也未必好于私人作坊。1972年第四期《考古》杂志，发表了中国科学院考古研究所洛阳工作队所撰写的《东汉洛阳城南郊的刑徒墓地》一文，揭示墓地中的死者多为青壮年，应可推断官营盐铁业大量使用的劳动力——徒的艰辛。《汉书·成帝纪》中就记载了阳朔三年（公元前22年）和永始三年（公元前14年）铁官徒不堪压迫奋起反抗的事实。

桑弘羊的一系列财经措施确实改善了西汉王朝的财政状况，保证了匈奴战争的物质需要，作为战时财政也许是不得不为的事情，有其必然性。但是，财政要从富商大贾的经营中分取更大的份额，用税收的形式是最规范的，随意性最低的。而任意宣布某一产业部门收归官营，是最省事的。它体现了皇权的无限性。而为此承受了最大牺牲的当然是广大贫苦民众。“民不益赋”的赋，指的只是税收，而盐铁这两种生产生活必需品的垄断价格不是由占人口绝大多数的贫苦民众承担了么？采用垄断价格而不是税收从百姓身上敛取财富，是“拔最多的鹅毛，听最少的鹅叫”的艺术。为此沾沾自喜的恐怕不是鹅，而是拔鹅毛的人。司马迁说桑弘羊使“民不益赋而天下用饶”②，是击节叫好，还是语带嘲讽，促人深思呢？再说盐铁官营只是封建王朝剥夺了一部分富商大贾的利润，对于土地兼并速度的影响不大。这只要看武帝以后土地兼并与汉初相比是缓和还是严重就知道了。而且还应该看到，商品经济的萎缩，造成了乡村生活自给自足色彩加强。豪强地主在庄园中生产绝大部分消费品，其封闭性、独立性逐步加强；失去土地，被抛出农业生产的流民无所事事。不正是这种趋势造成了汉末中央集权制的瓦解吗？桑弘羊的财经措施，除了在短期内改善了西汉王朝的财政状况外，对社会生产关系有什么调整，对生产力发展有什么重大贡献呢？

---

① 《盐铁论·水旱》。

② 《史记·平准书》。

至于王莽，旧时人们从封建正统思想出发，认为他是篡权的奸贼，无优点可谈。其实，如果抛弃封建正统思想，应该承认王莽比较深刻地认识了西汉末年尖锐的社会矛盾。对于日趋严重的土地兼并、奴婢制度复燃、财政捉襟见肘、赋税不公，他都提出了自己的解决办法，意图牺牲刘氏，稳定地主阶级的统治。

但是，王莽解决社会问题的办法严重脱离实际，又迷信权力、行事急躁。比如为抑制土地兼并，他竟然打算恢复早已消亡的井田制。这就严重伤害了地主阶级的利益，是对早已形成的土地私有制的冒犯。地主阶级当然不会再支持他作为自己的政治代表。当时，就有臣下指出，这是“欲违民心，追复千载绝迹”[①]。谈到复井田，宋代苏洵讥讽道：“三代井田，虽三尺童子知其不可复”[②]。何况较于夏商周，汉代人口规模已经太大。恢复井田，一夫授田百亩，王莽哪里有那么多土地。对于西汉税制深表不满的王莽，并没有认真设计新的税制以代替之，而是通过没收民间田产和奴婢、一次又一次改变币制和所谓“五均六筦”来敛取收入，并进一步统制经济。王莽想入非非，倒行逆施，造成人心惶惶、社会动荡之后，又靠发动对周边民族的战争来转移矛盾。结果是农民无法再生存下去要造反，地主阶级不满意他的统治要另择新主，刘氏旧贵为恢复汉家天下也要造反。于是，在乱哄哄的战争中，王莽成了刀下鬼，他的改制一概付诸东流。

不过在新朝的闹剧中，王莽按纯利收税的主张应该引起研究者的注意。其具体规定，在介绍汉朝税制结构时已经引述，兹不再赘。按所得征税，比人头税特别是劳役要进步得多。这种税以所得的多少为负担能力的标准，比较符合公平、普遍的原则，并具有经济调节功能。只是当时还不具备开征的条件。一般的小作坊没有簿记制度，个人收入更难考察。征收力量也不具备。如果开征，需要多少税务官员？以当时的财政负担能力根本无法承受。当时征税，主要还是采取让纳税人“自占”，即自己申报财产、收入和应纳税款的办法。税收管理的基本框架已经形成，但征收的技术性尚在较低水平。所以，王莽的按所得收税还只能是一个天才的设想。所得税，还要待到1799年由英国人来开征。

---

① 《汉书·王莽传》。

② 苏洵：《嘉祐集·兵制》。

二

汉代田租长期实行十五税一，乃至三十税一。应该说在我国封建社会历史中属于轻税阶段。至于王莽认为："汉氏减轻田租，三十而税一，常有更赋，罢癃咸出，而豪民侵陵，分田劫假，厥名三十，实十税五也。"[①] 汉朝人荀悦也说："今汉民或百一而税，可谓鲜矣，然豪强富人占田逾侈，输其赋太半，官收百一之税，民收太半之赋"，所以此法"适足以资富强"[②]。其实，这是混淆了收入的初次分配和再分配的关系。所谓太半之赋，实际是地租。它和田赋是不同范畴的概念，不能混为一谈。在封建社会中，田赋再轻，也无法解决农民在土地租佃中的弱势地位。

和荀悦的看法一样，现代研究者中也有人认为汉代轻田租而重人头税，真正受益者是地主阶级，也就是"适足以资富强"。对这个问题，要进行具体分析。从总体来讲，轻田租的最大受益者无疑是地主阶级。因为地主阶级占有土地的大部分，而农民只有少量土地。人头税标准相同，那么占人口绝大多数的农民必然是人头税的主要承担者。封建社会是地主阶级占统治地位的社会，封建王朝是地主阶级利益的代表者，其政策不可能代表农民的利益反对地主阶级。但是，为了维护地主阶级的长远利益，封建王朝中明智的统治者，也会在一定时间内、在局部范围内，在一定程度上减轻农民的负担。不能因为地主阶级是最大的受益者，就完全否定农民负担的减轻，特别是在拥有小块土地的农民在总人口中占有较大比例的封建王朝初期。在国有土地数量相对庞大的封建社会早期，重人头税，也应该是就地主和农民两个阶级承受的赋税总量而言的。具体分析的话，就要结合当时的粮价，并考察人头税是否有过折收实物的记录。汉初粮价"凡米石五千"，120 钱约合粮食 2.4 升。如果不分析口赋总收入来源的阶级构成，也就是不进行两大对立阶级总负担的相对比较，仅考察一个人的具体负担，2.4 升的人头税应该说不是太

① 《汉书·食货志》。

② 荀悦：《汉纪》卷八。

重。农民的困苦，主要还不是人头税重造成的。战国时代的标准小农，按李悝的说法是“一夫挟五口，治田百亩，岁收亩一石半，为粟百五十石”。汉初，仍是“农夫五口之家，其服役者不下二人，其能耕者不过百亩”[①]，以后生产恢复，粮价走低。虽然汉王朝也降低了人头税，但降低的量，与粮价下降不同比，农民负担逐步加重。不过谷价低廉时，为缓和阶级矛盾，统治者也有时将算赋改征实物。如元凤六年（公元前 75 年），昭帝谕“夫谷贱伤农，今三辅太常谷减贱，其令以菽粟当今年赋”[②]。

轻田租，增强了地主阶级兼并土地的经济实力。从长远来说，农民土地被兼并的可能性提高了。这势必造成农民生活状况的恶化。但是，在封建社会中，农民佃农化是一种必然趋势。封建王朝如果实行重税政策，农民破产的速度更会加快。在土地自由买卖，家族分户析产、诸子均有继承权的条件下，农民的破产和新生小农的产生是孪生现象。一户小农可以失去土地而破产，但作为一个社会阶层，自耕小农会长期存在。如果出现了豪强地主领主化、农民农奴化、地产硬化的趋势，不但破产农民要起而反抗，专制主义中央集权的封建国家也要采取种种措施加以遏制，粉碎地主领主化的梦想。地主土地所有制、小农生产是封建专制主义中央集权制度的基础，小农是封建赋役主要承担者。理智的中国封建统治者，不会坐视小农阶层的破产。

汉初的轻税政策，对社会经济恢复的作用是显而易见的。经过汉初 70 多年“与民休息”的蓄积，到武帝初年，农业生产恢复发展，工具改善、耕作制度进步、水利灌溉工程大量兴修；手工业技术进步；商业繁荣。以不阿权贵、尊重事实著称的司马迁，述及汉武帝初期的经济状况时说：“汉兴七十馀年之间，国家无事，非遇水旱之灾，民则人给家足，都鄙廪庾皆满，而府库余货财。京师之钱累巨万，贯朽而不可校。太仓之粟陈陈相因，充溢露积於外，至腐败不可食。众庶街巷有马，阡陌之间成群，而乘字牝者傧而不得聚会。守闾阎者食粱肉，为吏者长子孙，居官者以为姓号。”[③] 这样的记述，得到了考古发现的支持。《新中国考古收获》一书，记载了考古工作者发现大量西汉前期仓廪、谷物加工工具和畜圈的情况。如果赋税繁重、民不聊生，是不会出现这种景象的。没有西汉前期的经济恢复，汉武帝也就无力完成反击

① 《汉书·食货志》。
② 《汉书·昭帝纪》。
③ 《史记·平准书》。

匈奴、开辟西域的大业。

三

与迷信暴力的秦朝统治者相比，汉朝统治者在赋税事物上的成熟，突出表现在有进有退，灵活地以税收为杠杆，推动各种社会政策的实现。

其一，利用税收，抑制奴隶制度的残余和工商业者势力的膨胀。要维护地主阶级的利益，确立封建制度，封建政权需要限制奴隶主阶级势力的过分膨胀。因为奴隶制度的死灰复燃，会阻碍社会经济的发展，危害地主阶级的统治。一个统治阶级在经济和社会地位方面压倒前一个统治阶级的程度是其成熟与否的标志之一。汉代算赋制度规定“贾人与奴婢倍算”[①]。加倍征收奴隶的算赋，必然限制蓄奴现象的蔓延。这种做法一直延续到王莽时代。王莽的一系列变法措施之一是“公以下诸有奴婢者，率一口出钱三千六百”[②]。3600钱是120钱的30倍，足见封建政权限制奴隶主阶级的意图。这种意图与汉高祖令“民以饥饿自卖为奴婢者，皆免为庶人”[③] 的精神是一脉相承的。

在限制蓄奴的同时，汉政权还加重商贾的财政负担。汉初规定：“贾人不得衣丝乘车，重租税以困辱之”[④]。重租税的具体措施，应该包括上面说的“倍算”。汉武帝征收算缗钱，对象是“贾人末作”，轺车收税，对商人也是倍征。汉代压制工商业的过度发展的直接原因是煮盐、冶铁等工商业使用大批奴隶劳动，因而使奴隶制残余病态复活，妨碍封建制度发展；工商业的发展造成“商人兼并农人”，造成农民破产，诱使农民“舍本逐末”，既激化了阶级矛盾，又破坏了汉王朝的赋税基础。而根本原因，则在于“商业对各种已有的，以不同形式主要生产使用价值的生产组织，都或多或少地起着解体作用”[⑤]。因此，重租税以限制工商业的过度发展，是地主阶级维护封建生产

① 《汉书·惠帝纪》注。
② 《汉书·王莽传》。
③ 《汉书·高帝纪》。
④ 《史记·平准书》。
⑤ 马克思：《资本论》第3卷，人民出版社1975年版，第371页。

方式的本能需要。

其二，利用租税减免缓和阶级矛盾。在封建社会中，地主阶级与农民阶级的矛盾是社会的主要矛盾。封建国家是地主阶级统治农民的工具。但正是“为了使这些对立面，这些经济利益互相冲突的阶级，不致在无谓的斗争中把自己和社会消灭”，才“需要有一种表面上驾于社会之上的力量，这种力量应当缓和冲突，把冲突保持在‘秩序’的范围以内”①，这种力量就是国家。因而，封建国家负有压制与缓和对立阶级的公开冲突，“顶多容许阶级斗争在经济领域内以所谓合法形式进行”② 的职责。汉代封建政权是认真履行了这一职责的。在客观形势需要时，汉王朝一般都不失时机地减免赋税，体现了国家缓和阶级矛盾，将阶级冲突保持在“秩序”范围以内的功能。

关于汉代减免赋税的记载颇多，其中与缓和阶级矛盾有关者大致有如下三类。

出巡减免。皇帝出巡，百姓穷于供应，吏卒乘机骚扰。此时避免激化人民与王朝矛盾的手段之一就是减免赋税。如汉文帝前元三年（公元前 177 年）五月，文帝“自甘泉之高奴，因幸太原，见故群臣，皆赐之。举功行赏，诸民里赐牛酒。复晋阳、中都民三岁租。”③ 元封五年（公元前 106 年）夏四月，汉武帝下诏：“朕巡荆扬，辑江淮物，会大海气，以合泰山。上天见象，增修封禅。其赦天下。所幸县毋出今年租赋，赐鳏寡孤独帛，贫穷者粟。”④ 天汉三年（公元前 98 年）夏四月，汉武帝又“赦天下。行所过毋出田租。”⑤ 初元四年（公元前 45 年）春正月，汉元帝“行幸甘泉，郊泰畤。三月，行幸河东，祠后土，赦汾阴徒。赐民爵一级，女子百户牛酒，鳏寡高年帛。行所过无出租赋。”⑥

灾歉减免。封建社会中，一家一户就是一个生产单位。而个体小生产抵御自然灾害的能力十分低下。每遇风、蝗、旱、涝之灾，农民往往破产，甚至出现“人相食”的惨剧。在这种情况下，即使不减免，实际上也收不到赋税。为邀慈悯之名，并维护税源，逢灾年，汉王朝往往发布一些减免赋税的诏令。例如，始元二年（公元前 85 年），汉昭帝宣布：“往年灾害多，今年蚕

---

① 《马克思恩格斯选集》第 4 卷，人民出版社 1972 年版，第 166 页。

② 《马克思恩格斯选集》第 4 卷，人民出版社 1972 年版，第 165 页。

③ 《汉书·文帝纪》。

④⑤ 《汉书·武帝纪》。

⑥ 《汉书·元帝纪》。

麦伤，所振贷种、食勿收责，毋令民出今年田租。"① 本始四年（公元前70年）夏四月，四十九个郡国遭地震之灾。宣帝诏曰："被地震坏败甚者，勿收租赋。"② 初元元年（公元前48年），元帝下诏："关东今年谷不登，民多困乏。其令郡国被灾害甚者毋出租赋。"③ 灾歉减免有时有资产数量限制，一般重灾全免，轻灾按受灾成数减免。

贫困减免。在地主和富商大贾的盘剥下，不断有农民失去土地，成为无立锥之地的贫民。为防止他们铤而走险，汉政权也曾减免贫民的赋税。例如，鸿嘉四年（公元前17年），为免"农民失业，怨恨者众，伤害和气"，汉成帝下诏曰："被灾害什四以上，民资不满三万，勿出租赋。"④ 阳嘉元年（公元132年），汉顺帝决定："冀州尤贫民，勿收今年更租口赋。"⑤

其三，运用税收加征减免刺激人口增加，调整人口布局。汉承秦末大乱之后，又逢北方强邻匈奴杀掠骚扰，人口锐减。西汉初年，"大城名都，民人散亡，户口可得而数，裁什二三"⑥。在秦时曾有三万户人家的曲逆县（今河北完县东南），汉初仅剩五千户，竟成为当时的大都市，汉高祖刘邦路过该县时，惊讶不已地感叹道："壮哉县！吾行天下，独见洛阳与是耳。"⑦ 可见当时人口减少之严重了。据有关学者推算，汉初人口为1200万左右，这比秦时的2000万减少了800万左右。世人皆知，只有一定量的劳动力与生产资料相结合，才能维持并扩大社会的生产和再生产。况且，在封建社会里，"同每个主权者一样，封建主的权力不是建立在地租的大小之上，而是建立在臣属人数的多少之上，后者又是由自耕农民的人数而定"⑧。国家编户齐民的增加，意味着封建王朝财源、兵源的拓展，反之亦然。所以，汉王朝十分重视人口的增长。其手段之一就是利用税收加征减免刺激人口增值。

汉高祖建立西汉政权之初，即有诏曰："民前或相聚保山泽，不书名数，今天下已定，令各归其县，复故爵田宅。"⑨ 这条诏令的主旨是让脱籍的地主

---

① 《汉书·昭帝纪》。
② 《汉书·宣帝纪》。
③ 《汉书·元帝纪》。
④ 《汉书·成帝纪》。
⑤ 《后汉书·顺帝纪》。
⑥ 《汉书·高惠高后文功臣表》序。
⑦ 《史记·陈丞相世家》。
⑧ 郭大力、王亚南译：《资本论》第1卷，第792页。
⑨ 《汉书·食货志》。

和农民，重新向政府登记户口，意在增加政府控制的人口。其手段之一，就是对一部分人免除徭役。汉制中民有“不更”（二十等爵之第四级）以上爵位的可以免除更卒徭役，有“五大夫”（二十等爵之第九级）以上爵位则可以免除戍卒徭役。恢复逃亡百姓的爵位，意味着让他们享受上述赋役减免优待。

要在较短的时间内迅速增加人口，就必须鼓励早婚多育。在争取实现这一目标时，汉王朝也没有忘记发挥税收的作用。汉高祖七年（公元前200年）春，诏“民产子，复勿事二岁”[①]。惠帝六年（公元前189年），西汉政府又规定“女子年十五以上至三十不嫁，五算。”[②] 意即：如女子不婚，从十五岁起到三十岁，她负担的算赋从一算逐步增加至五算。以算赋每人一百二十钱计，五算即六百钱。对平民来说，这是一个相当大的数目。由于鼓励早婚和人口增长，到汉文帝年间，已出现“鸣鸡吠狗，烟火万里”[③] 的富庶景象。

两汉之间，天灾频仍，战祸连绵，以至“四垂之人，肝脑涂地，死亡之数，不啻太半”[④]。东汉章帝乃于“元和二年春正月乙酉诏曰：‘令云，人有产子者，复勿算三岁，令诸怀妊者，赐胎养谷，人三斛，复其夫勿算一岁，著以为令’。”[⑤] 这位皇帝，不但自己免除产妇及其夫的算赋，赐孕妇每人谷三斛，而且要求子孙们永远遵照执行。

中国幅员广大，各地自然条件相殊异，人口分布不均。为达到某些政治、经济目的，汉政权有时不得不迁徙人口，人为地改变人口布局。如楚汉战争一结束，汉高祖就宣布：“诸侯子在关中者，复之十二岁，其归者半之。”这样做的目的是以有差别地免除徭役，鼓励参加过反秦起义和楚汉战争的六国旧贵族子弟留在西汉王朝的统治中心关中地区，以削弱地方诸侯势力，巩固中央集权制度。

其四，利用税收政策调整社会产业结构。农业是人类社会赖以存在，人类得以生存和延续的基础，是“整个古代世界的决定性的生产部门”[⑥]。我国自古就十分重视农业生产。汉代统治者就善于运用赋税政策，推动劳动力向

---

① 《汉书·高帝纪》。
② 《汉书·惠帝纪》。
③ 《史记·律书》。
④ 《后汉书·冯衍传》。
⑤ 《后汉书·章帝纪》。
⑥ 《马克思恩格斯选集》第四卷，人民出版社1972年版，第145页。

农业部门流动，鼓励农业生产发展。

汉代的轻田租政策，除上述维护地主阶级利益的一面外，也有重农的含义。此外，汉代统治者还利用减免税，鼓励农业生产的发展。汉惠帝四年（公元前191年）春正月，汉政权即要求地方官“举民孝弟力田者复其身”①。汉文帝、汉景帝为了表示重视农业，几次宣布“除田半租”或“除田之租税”②。河平四年（公元前25年），成帝除“赐孝弟力田爵二级”外，还规定力田者“诸逋租赋所振贷勿收”③。

除调整产业部门结构外，赋税还被汉代统治者用来刺激急需品的生产。

汉初，由于继多年战乱之后，牲畜数量急剧减少，以致“自天子不能具钧驷，而将相或乘牛车”④ 当时，“马一匹则百金”⑤。但是，要恢复农业生产，满足官吏富豪的生活需要，特别是为了对抗以至战胜匈奴骑兵的侵扰，急需在汉王朝统治的区域发展养马业。当时除官办养马场外，还以减免税来鼓励民间养马。相关规定是：“民有车骑马一匹者，复卒三人。”⑤ 意即养一匹马，可以免除三个人的劳役。这种政策取得了巨大成果。到汉武帝年间，出现了“众庶街巷有马，阡陌之间成群”⑥ 的景象。这为汉武帝几次出动大批骑兵远征匈奴，提供了物质基础。

其五，利用赋税优待，维系民族关系，维护儒家道德。我国自古就是一个多民族统一的国家。在剥削阶级占统治地位的社会中，当然不可能有真正的民族平等。但是，面对汉族与少数民族经济和社会发展不平衡的事实，为了减少民族间的冲突，维护社会的稳定，掩饰统治者剥削少数民族的事实，一些比较明智的封建统治者能够在赋税等方面给少数民族一些照顾。汉代统治者就曾对一些少数民族实行赋税优待。例如：汉“诛羌灭两粤，番禺以西至蜀南者，置初郡十七，且以其故俗治，无赋税。”⑧汉高祖发板楯蛮“还伐三秦，秦地既定，乃遣还巴中，复其渠帅罗、朴、督、鄂、度、夕、龚七姓不输租赋。余户乃岁入賨钱口四十。”⑨ 在武陵蛮地区，汉政权则“岁令大人输布一

① 《汉书·惠帝纪》。

② 《汉书·文帝纪》、《汉书·景帝纪》。

③ 《汉书·成帝纪》。

④ 《汉书·食货志》。

⑤ 《史记·平准书》。

⑥⑦⑧ 《汉书·食货志》。

⑨ 《后汉书·南蛮传》。

四，小口二丈，是谓賨布”[①]。又如，永平十三年（公元 70 年），哀牢王请内属，汉在其地置永昌郡，以郑纯为太守。“纯与哀牢夷人约：邑豪岁输布贯头衣二领，盐一斛，以为常赋。”[②] 可见，汉代内附少数民族或无税，或税额极低，只有表示归附的象征性意义。

汉政权以少数民族原有习惯进行管理，缓和了民族和阶级矛盾。这种利用赋税优待维系民族关系的思想，对于维护多民族国家的统一和安定具有重大的历史意义。

道德由一定社会的经济基础所决定，并为之服务。道德往往代表着社会的正面价值取向，起判断行为正当与否的作用，然而，不同时代与不同阶级，其道德观念都会有所变化。

汉代统治者在提倡和宣扬地主阶级的道德时，创造性地使用了赋税这一工具。

汉代统治者在税收方面，颁布过许多优待老人和褒奖孝悌的法令。

汉高祖二年二月，令“择乡三老一人为县三老，与县令丞尉以事相教、复勿徭戍，以十月赐酒肉”[③]。这种优待仅限于三老。

武帝建元二年春规定：“年八十复一算，九十复甲卒。”[④]

到宣帝时，正式制定了高年授王杖的制度。高年者持王杖，如同天子使者持节；可行驰道之旁道；对其殴辱者按大逆不道论罪；持王杖者在市上买卖不收租税。

对于孝悌者，给予免税优待，已见前引之惠帝四年（公元前 191 年）春正月“举民孝弟力田者复其身”及成帝河平四年（公元前 25 年）“赐孝弟力田爵二级，诸逋租赋振贷勿收。”此外，在成帝建始三年（公元前 30 年）也曾令“赐孝弟力田爵二级”[⑤]。

敬老，是中国人民的优良传统，但地主阶级的所谓“敬老”，首先是为了美化自己，更重要的则是为了提倡封建孝道。因为，他们将“孝”与对封建王朝的“忠”联系起来，正如孔门弟子有若所言：“其为人也孝弟，而好犯上

① 《后汉书·南蛮传》

② 《后汉书·西南夷哀牢传》。

③ 《汉书·高帝纪》。

④ 《汉书·武帝纪》。

⑤ 《汉书·成帝纪》。

者，鲜也；不好犯上，而好作乱者，未之有也。”[1] 汉宣帝的一道诏令，更是明白地宣布：“导民以孝，则天下顺。”[2] 为了将人民训导和熏陶为顺民，汉代统治者不惜损失一些赋税收入。

汉代对妇女婚姻自由的干涉虽还没有宋明理学兴起之后严重，但统治者已开始褒奖贞女、寡妇，以倡导封建婚姻道德。其褒奖方式之一就是税收优待。

1981 年 9 月从甘肃武威搜集到的汉代王权诏令竹简记载的一条诏令道：“女子年六十毋子男为寡，贾市毋租。”[3] 此外，汉平帝元始元年规定：“复贞妇，乡一人。”[4]

善于运用税收杠杆调节各种社会经济关系，以实现政治经济目的，这是汉代赋税政策的一个鲜明特点，也是中国赋税思想史上的一份珍贵遗产，颇值得我们今天认真研究和借鉴。

四

在现代社会中，税收在国家财政收入中所占的比例绝对是最高的。这是一种世界共同趋势，体现了财政的稳定性、透明度和法制化。其实，古代财政也有法制化程度高低的区别。如果一个政权百计罗掘，必然使财政规模失控，造成人心惶惶，最终激化社会矛盾，破坏经济发展。

汉代在武帝以前已经有在税收以外另想办法组织收入的倾向，但渠道较少。官田、山川园池等依据所有权向使用者征收租金和使用费，是正常的。比较特殊的是卖爵和赎刑。

爵是一种称号，分为不同等级，用以显示拥有者的社会身份和政治、经济地位。爵不是官，无行政或军事管理权。高级爵位的拥有者，可以转任为官，一定等级爵位的拥有者可以免除赋役和刑罚。卖爵始于文帝年间，当时

① 《论语·学而》。
② 《汉书·宣帝纪》。
③ 《汉简研究文集》，甘肃人民出版社 1984 年版，第 35 页。
④ 《汉书·平帝纪》。

是为了筹集戍边军队的口粮。文帝接受晁错的建议，“令民入粟边，六百石爵上造，稍增至四千石为五大夫，万二千为大庶长，各以多少级数为差”[①]。以后，卖爵成为组织收入的经常手段。

赋税收入不敷支出，或者对某一种物资有特别需要，按照常态来说，应该增加税收，发行公债，或是通过市场调剂。可是，低收入者不堪税负增加；要使高收入者多缴税，从政治上讲，会造成地主阶级的不满，从技术上讲，需要发明比较严谨的累进税制。发行国债的前提是借贷双方应是平等的借贷关系。封建统治者绝不会轻易接受与臣民的平等关系，臣民也不会相信专制统治者会有借有还。那么，剩下的就是一手交钱一手交货的交易了。汉初财政拮据，当时还没有形成庞大到可以满足军需采购的粮食市场，军粮常感不足。于是，统治者想到了卖爵。他们认为爵位是出于口而无穷的虚位，换得的是实实在在的粮食和货币，何况有爵位的人会提高对政权的认同感。那么何乐不为呢？但是他们忽略了有一定爵位的人可以免除赋役，政府还是要以实实在在的物质资料来偿还买爵者的出价，而且要长期偿还。这其实还是对未来财政收入的提前支用。

汉代刑罚可用钱赎是自始即有的制度。惠帝元年（公元前194年）“冬十二月，民有罪得买爵三十级，以免死罪。”[②]《史记》作者司马迁获罪无钱自赎，亲朋又不肯援手，不得不接受宫刑的事件人们耳熟能详。《汉书·惠帝纪》应劭对“得买爵三十级”，注曰：“一级值钱二千，凡为六万”，可见收入数目应该相当可观。但是，司马迁无钱赎罪的悲愤，是所有贫困者共同的感觉。富有者有钱可以免死，社会秩序必然日益败坏。

到了武帝年间，对外用兵数十年，内部土地兼并恶性发展，税源缩小。于是，不但卖爵、赎罪愈演愈烈，买复，卖官，盐铁专卖，发行皮币、白金币，告缗等罗掘手段纷纷出现。

元朔（公元前128—前123年）年间，为补充军费需要，“乃募民能入奴婢以终身复”[③]。这是向国家转让奴婢以买得终身免役。到了元封（公元前110—公元前105年），桑弘羊请“令民入粟甘泉各有差，以复终身”[④]。这是不买爵位，而直接购买免役特权。到了元帝年间，已经出现了“民多复除，

① 《汉书·食货志》。

② 《汉书·惠帝纪》。

③④ 《汉书·食货志》。

无以给中外徭役”[①] 的局面。况且，富人买到免役特权，那么穷人的负担势必加重。结果是赋役负担不均，社会矛盾加剧。

汉初卖爵，到了武帝时转化为卖官。就在上述“募民能入奴婢得以终身复”的命令后边，还规定入奴婢者，可以“为郎增秩”，还可以“入羊为郎”[②]。入羊为郎的典型人物就是卜式。到后来，卖官现象一发不可收拾。以至到了东汉末年，官位成了像萝卜、白菜一样公开标价出售的东西。灵帝在西邸卖官，“自关内侯、虎贲、羽林，入钱各有差。私令左右卖公卿，公千万，卿五百万”[③]。官与爵不同之处在于直接参与行政管理。卖官造成官场黑暗、吏治腐败、人民痛苦是可想而知的。出钱买了官的人，靠官家给的俸禄，怎么收回成本？敲诈勒索、贪污盗窃横行，政府的行政效率势必无法维持。有气节的人羞与贪官为伍，往往退隐不仕，另谋出路，王朝也就快寿终正寝了。

盐铁专卖也始于武帝年间。元狩四年（公元前119年），武帝以大盐铁商“东郭咸阳、孔仅为大农丞，领盐铁事”[④]。东郭咸阳和孔仅利用“普天之下，莫非王土”的传统观念，认定盐铁“本应属少府”，即归皇帝所有和管辖。于是，盐铁官营就顺理成章了。专卖方式是，经营者自出资金，用官府提供的工具生产，产品由官府垄断出售。盐铁专卖的利弊得失另论，其收入规模是巨大的。

汉初，钱制屡变。不但钱的重量不同，是否允许私铸，也有变化。但钱的重量逐步趋于适中。这是金融问题，与税收虽有关系，但尚不直接。武帝年间，每年军费动辄数十万万乃至百余万万钱。以致“大司农陈藏钱经用，赋税既竭，不足以奉战士”[⑤]。为从资金雄厚的诸侯王手中近乎无偿地取得资财，武帝于元狩四年（公元前119年）创行皮币和白金币（银锡混铸币）两种信用货币。信用货币是名义价值与实际价值不符而又不能兑换为金银的货币形态。当时，“禁苑有白鹿而少府多银、锡……乃以白鹿皮方尺，缘以缋，为皮币，值四十万。王侯、宗室朝觐、聘享，必以皮币荐璧，然后得行。又造银锡白金。以为天用莫如龙，地用莫如马，人用莫如龟，故白金三品：其一曰重八两，圜之，其文龙，名“白撰”，值三千；二曰以重养小，方之，其

① 《汉书·元帝纪》。
② 《汉书·食货志》。
③ 《后汉书·灵帝纪》。
④ 《史记·平准书》。
⑤ 《汉书·食货志》。

文马，值五百；三曰复小，橢之，其文龟，值三百。”[①] 皮币的实际价值，当然远远低于法定价值，但一来皇家垄断了币材，二来在朝觐等重大礼仪活动中规定使用，所以诸侯不得不用。而实际价值低且币材不稳定（银锡比例无法定标准）的白金币发行以后，造成流通不畅、盗铸蜂起。元鼎二年（公元前 115 年）前后，因“白金稍贱，民弗宝用，县官以令禁之，无益。岁余终废不行”[②]。皮币也在武帝以后废止。应该说，皮币和白金币只是为满足财政需要而发行。

如果说算缗钱是一种财产税，那么告缗就完全是一种没收了。偷税漏税是应该受到惩罚，但处以没收全部财产的处罚，哪里还有一点法制的意味?完全是借法律之名，行豪夺之实。公布算缗钱，法令就同时规定“匿不自占，占不悉，戍边一岁，没入缗钱。有能告者，以其半畀之。贾人有市籍者，及其家属，皆无得籍名田，以便农。敢犯令，没入田僮”[③]。匿不自占，是不报税，占不实，只是有所遗漏，就应该没收财产并罚人戍边，而且算缗钱征收的对象，按法令规定只是“贾人末作贳贷卖买”，即工商业者和高利贷者。而告缗的结果是“中家以上大抵皆遇告。杜周治之，狱少反者。乃分遣御史廷尉正监分曹往，即治郡国缗钱，得民财物以亿计，奴婢以千万数，田大县数百顷，小县百馀顷，宅亦如之。於是商贾中家以上大率破，民偷甘食好衣，不事畜藏之产业，而县官有盐铁缗钱之故，用益饶矣”[④]。朝廷得到的是真金白银，可是让工商破产就可以达到抑制兼并的目的，是抑制兼并还是竭泽而渔？告缗一事，“狱少反者”，也颇耐人寻味，告发和治狱者岂非神人？告密不是监督。再说，勤劳耕作、终年不得脱离土地和乡里的老实农民，哪里知道富人是否瞒报财产？告发者只能是门人奴才。“令民告缗者以其半与之”[⑤]的规定鼓励和提倡了告密之风，更兼武帝信用酷吏、滥刑取供，社会风气和道德水平会呈现怎样的走向呢?

总之，汉初与民休息的轻税政策，推动了人口增长和社会经济的恢复、发展。在此基础上，汉北逐匈奴、西通西域、开发南方，不但初步奠定了我国多民族统一国家的基础，也带来了我国封建社会第一个经济发展高峰。但是，地主阶级占统治地位的、以私有制为基础的社会，无法解决土地兼并的

①② 《汉书·食货志》。

③④ 《史记·平准书》。

⑤ 《汉书·武帝纪》。

问题。农民的大量破产，势必破坏封建国家的财政基础，地主阶级的豪强化也使封建国家的财政来源枯竭。于是，卖官鬻爵、税外加征纷至沓来，再加上封建官吏腐化贪渎，汉王朝和其财政就一同走向崩溃。

主要参考文献：

孙翊刚、王文素：《中国财政史》，中国社会科学出版社 2007 年版。

陈明光：《汉唐财政史论》，岳麓书社 2003 年版。

翦伯赞：《秦汉史》，北京大学出版社 1983 年版。

罗庆康：《西汉财政官制史稿》，河南大学出版社 1989 年版。

第五章

屯田补税　均田租调

——魏晋南北朝税史论

一

人们通常认为魏晋南北朝时期只是一个不堪回首、割据混战的中国历史上最黑暗的时期，但却忽略了一个重要的事实：它也是一个重大的变革时期，是一个中国历史难得的创新时期，是一个新思想、新制度层出不穷的时期。魏晋南北朝时期是历史对中华民族的一次严峻的考验和“磨练”，是中华民族不得不经历的一段苦难。从这里开始，中华民族开始真正成熟起来，中国社会开始进入繁盛的时代。

东汉末年的军阀混战最终形成了魏、蜀、吴三国，以曹魏势力最为强大。司马氏凭借曹魏的优越经济条件统一了中国，建立了西晋王朝。但由于西晋统治者极端腐朽，很快导致了严重的政治与经济危机，并引发了十六国之乱。

许多少数民族的贵族和汉族世族豪强势力到处掠夺人口，割据一方。百余年的混战，使一向是经济、政治、文化中心的黄河流域遭到了彻底破坏。其间，鲜卑族拓跋氏的势力日益壮大，并在黄河以北地区建立了北魏政权，以后又分裂成为东魏、西魏、北齐和北周。北方边境的少数民族进入中原和一部分汉族的流动、迁徙，加速了汉族和各少数民族的交往和融合，促进了边远地区和南方地区社会经济的发展。

这个时期最主要的特征，是从三国后期开始，地主阶段内部逐渐形成一个具有特殊权益的阶层——门阀世族。门阀世族与庶族地主的不同之处在于他们的社会政治地位不完全依据经济占有而主要是由家世门第来确定，并且拥有种种经济、政治特权。他们可以依法占有大量土地和人口，而被其所荫占的人口又不承担赋税徭役，因此国家的财政负担势必落在仅拥有少量土地的农民身上，使其经济地位不断下降。他们不满足于法定的土地占有数额，往往倚恃优越的经济力量和特权大量侵吞官田、荒地以及兼并农民土地并使失地农民为其佃客，从而将大批农民排斥在土地之外，造成生产衰退，贫困普遍化，阶级矛盾日益激化。他们的兼并行为又将大量国家控制的纳税土地、人口及财源分割走，由此造成国家财政的深刻危机。政府为维护自己的统治，一方面加重对人民的赋役征收，使得本时期农民负担异常沉重，杂税繁多，徭役尤重，多次激起农民的反抗斗争；另一方面不得不对世族地主的过份兼并行为进行一定的抑制，并采取措施与他们争夺劳动人口。政府与地主争夺劳动力的斗争，是这个时期统治阶级内部的主要矛盾。门阀世族势力的恶性膨胀，使得他们在政治上极端腐朽并内争不已，在生活上则无不以奢华为尚，争奇斗富之风盛行，思想上空虚堕落，这些都给历史发展以恶劣影响。西晋“八王之乱”与东晋的灭亡，其深刻的政治与社会根源在于门阀政治的腐败。

公元4世纪初，由于北人南下，加快了南方经济开发的进度，加之东吴屯田和东晋立断制的推行，南方曾出现了短时期的“财阜国丰”现象。经东晋、宋、齐、梁、陈等朝代的更替，形成了南北对峙的局面。总的来说，在政治上，比起北方的朝气与锐气来，南方的汉族统治者显得迟暮和腐朽，这也是南方无法承担起统一全国历史重任的原因，但在经济上，南方的时局比较稳定，经济有长足发展，文化、艺术和科学方面也有许多新的成就。南朝时期经济的发展，使江南之地“良畴美拓，畦畎相望，连宇高甍，阡陌如绣"[1]，为隋唐两代开辟财源及全国粮仓和布匹的供给奠定了基础。从此，中国的财政经济重心开始由北方转向南方。魏晋南北朝的文物考古资料可以充分证明我们的这个判断：这一时期的政治、经济、文化，还有财政各方面都产生了巨大的变化，具有鲜明的时代特征，决不能将其视为一无是处的黑暗时代。特别是在学术思想（包括财政思想）、宗教哲学、科学技术、文化艺术等方面，这个时代既继承了秦汉以来的传统，又吸收了许多外来的因素，而这一切都对日后隋唐帝国的繁荣和发展产生了极为深远的影响。

这个时期，财政赋税制度的兴革较多。各政权为了在兼并战争的环境中求得生存和发展，大都致力于内部的经济建设，有的还对财政赋税制度进行了卓有成效的改革，如三国时期广行屯田、曹魏废除汉代税制改行田租户调制、西晋推行占田课田制等。改革在一定程度上调整了生产关系，缓和了阶级矛盾。这个时期我国农业发达地区已不局限于黄河中下游，而是扩展到东北、西北和东南地区。特别是西晋末年以后，由于北方流民大量南渡，带去了先进的生产技术，推动了江南地区的开发，使这里成为又一个农业经济中心区，为唐朝财政经济重心由北方转移至南方奠定了基础。

二

东汉末年，处在乱世中的曹操"忧世不治"[2]，努力壮大自己的武装力量，欲做"有益于天下"[3] 的事情。然而，要实现统一大业，曹操首先遇到的并不是军事问题，而是"欲经略四方，而苦于军食不足"[4]。当时由于人口锐减，土地荒芜，各路军事集团几乎无兵可募，无粮可征，如"袁绍之在河北，军人仰食桑椹，袁术在江淮取给蒲，民人相食，州里萧条"[5]；刘备"军在广陵，

---

① 《陈书·宣帝纪》。
② 《乐府诗集》卷36。
③ 《三国志·魏书·武帝纪》。
④ 《晋书·食货志》。
⑤ 《三国志·魏书·武帝纪》。

饥饿困败，吏士大小自相啖食”[①]；曹操在与吕布相持时，军队“乏食，（程）昱略其本县，供三日粮，颇杂以人脯”[②]。有些军队不是因打败仗而失败，而是由于缺乏粮草而溃散。《三国志·魏书·武帝纪》引《魏书》记载：“自遭荒乱，率乏粮谷，诸军并起，无终岁之计，饥者寇掠，饱则弃余，瓦解流离，无敌而自破者不可胜数。”在认真分析天下大势以后，曹操决定把“修耕植、畜军资”作为完成统一大业的财政经济方针，对赋税制度进行大刀阔斧的改革，并在治国理财的实践中逐渐形成了独具特色的赋税制度。

由于战乱，国家正常的赋税系统被彻底打乱，据以征收赋税的户口版籍也荡然无存。曹操认识到，在这样的条件下解决军粮急需，显然不能坐等农业生产自然恢复，只能用政权力量招募流散农民，利用空荒土地兴办屯田。因战乱形成的大量无主抛荒土地是曹魏赖以屯田的物质基础。时人司马朗曾说：“今承大乱之后，民人分散，土业无主，皆为公田。”[③] 宋人叶适也认为：“当时天下之田，既不在官，然亦终不在民。以为在官则无人收管，以为在民则无簿籍契卷。”[④] 而屯田所需的劳动力，初期主要来自黄巾义军旧部，初平元年（公元190年）收编的黄巾军“降卒三十余万，男女百万余口”[⑤] 成为屯田主要劳动力来源。“及破黄巾，定许，得贼资业，当兴立屯田”[⑥]，说明当时黄巾军降部的“资业”（主要是农具和畜力）也一并作为屯田所需的生产工具，以后又招募了大量流散农民加入屯田队伍。袁涣为沛南都尉时曾“募民屯田”[⑦]，刘馥任扬州刺史时也曾招抚流民万余人“广屯田”[⑧]。一切条件具备，建安元年（公元196年）冬，曹操“用枣祗，韩浩等议，始兴屯田”，并颁布了《置屯田令》。在令文中，他从定国安邦的战略高度，充分肯定了秦皇汉武奖励耕战、实行屯田的历史经验，阐发了屯田积谷的重要意义。他指出：“夫定国之术，在于强兵足食。秦人急农兼天下，孝武以屯田定西域，此先代之良式也。”当年，屯田政策即开始实施，“乃募民屯田许下，得谷百万

① 《三国志·蜀书·先主传》。
② 《三国志·魏书·程昱传》。
③ 《三国志·魏书·司马朗传》。
④ 《文献通考·田赋考》。
⑤ 《三国志·魏书·武帝纪》。
⑥ 《三国志·魏书·任峻传》，裴注引《魏武故事》。
⑦ 《三国志·魏书·袁涣传》。
⑧ 《三国志·魏书·刘馥传》。

斛"[①]，曹魏屯田在北方地区大规模地开展起来了。

曹魏屯田源于汉代，但与汉代屯田又有所不同。汉代屯田主要是军屯，屯田地点主要在边郡。而曹魏屯田初期主要是民屯，以后军民屯并举，屯田地点则遍及统治区域各地。据《三国会要》载，曹魏统治区内有12个州、92个郡、714个县，其中有屯田记载的郡20多个，县200多个，约占三分之一。

曹魏民屯实行军事化管理，在中央政府设大农，后改称大司农，总管全国民屯事务。郡国设典农中郎将、典农校尉，县设典农都尉。据《后汉书·百官志》刘昭注引《魏书》："曹公置典农中郎将，秩二千石；典农都尉，秩六百石或四百石；典农校尉，秩比二千石，所主如中郎将。部分别而少为校尉丞，其秩盖以郡县大小而异。"县以下民屯点则由屯田都尉执掌。整个民屯管理机构自成系统，隶属大司农，与郡守县令的行政管理机构互不统属，"（典农）都尉自以不属郡，言语不顺"[②]，郡守县令与典农官员的相互摩擦时有发生。曹魏军屯由典农中郎将或典农校尉管理，黄初四年（公元223年）后改称司农度支校尉。据《魏略》，该职"比二千石，掌诸军屯。"[③] 司农度支校尉由各地"都督诸军事"管辖，司农度支校尉之下，有典农功曹、典农纲纪、典农丞、典农上计吏、典农司马等助手和大小军屯官吏。邓艾曾经做过典农上计吏。魏末，他在淮南军屯，"五里置一营，营六十人，且佃且守"[④]。又如晋初在邺以奚奴代田兵种稻，"五十人为一屯，屯置司马，如屯田法"[⑤]。

关于屯田的征收率，曹操的《加枣衹子处中封爵并祀衹令》中记载的"计牛输谷"、"僦牛输谷"与"分田之术"的争论是很有价值的研究资料。所谓"计牛"或"僦牛"输谷，就是按牛的头数向政府缴纳一定数量的谷物。对此，枣抵是坚决反对态度的，他力主实行"分田之术"，即分谷制。所谓分谷制，是按每年收成和使用耕牛（官牛或私牛）的状况，确定官民之间的分配比例。据晋初傅玄称："旧，兵持官牛者，官得六分，士得四分；自持私牛者，与官中分。施行来久，众心安之。"[⑥] 十六国时前燕慕容皝的大臣封

① 《三国志·魏书·武帝纪》。
② 《三国志·魏书·贾逵传》。
③ 《太平御览》卷242。
④ 《三国志·魏书·邓艾传》。
⑤ 《晋书·食货志》。
⑥ 《晋书·傅玄传》。

裕亦称："魏晋虽消道之世，犹削民不至于七、八，持官牛者，官得六分，百姓得四分；私牛而官田者，与官中分。"[①] 可见，曹魏时无论军屯还是民屯皆实行分谷制，或四六开，或对半分成，其征收率分别为60%和50%。

屯田制并不是对自耕农民征收赋税，但是也不能否认，在当时特定的历史条件下，实行屯田具有重要的赋税意义：

第一，力求解决前代遗留下来的农民与土地相分离的社会矛盾，为恢复农业生产创造必不可少的条件，亦为曹魏财政提供租税来源。屯田制强制性地将农民束缚在国有土地上，与政府建立一种依附性很强的租佃关系。屯田客等于是国家的佃农，其社会地位比起秦汉的自耕农民大为降低，而且所受剥削亦很沉重，但是这种强制性的措施在当时并没有引起农民的很大反感。因为在长期战乱之后，农民渴望有一小块土地可以耕种，较为安定地生产和生活，而不愿再过那种到处流离，生命财产毫无保障的悲惨生活，屯田制正是迎合了农民的这种心理。另外，曹魏政府通过屯田征收的粮谷大部分用于军需国用，以及扩大农业再生产，很少以饱私囊，这也是屯田能为农民所接受的原因。由于屯田制能够将长期脱离的土地和劳动力这两个生产要素结合在一起，变成现实的生产力，因而使农业生产在大乱之后能够重新正常进行，这在当时是远远领先于其他封建统治者的，没有这个前提条件，曹魏军粮的供应，赋税的开征都是不可能的。

第二，适应战时财政的需要，地租收入以赋税形式上交国家，使屯田成为左右国家政局的一种特殊的赋税政策。在正常赋税系统被打乱，赋税收入来源被切断的特定历史条件下，由国家兴办屯田，比通过恢复郡县的职能征收赋税的途径见效快，可解财政上的燃眉之急，建安元年屯田许下，当年即"收谷百万斛"，遂加以推广，"郡国列置田官"，"数年之中，所在积粟，仓廪皆满"[②]；"五年中仓廪丰实"[③]，于是曹操"征伐四方，无运粮之劳"[④]。曹操自己总结说："后遂因此大田，丰足军用，摧灭群逆，克平天下，以隆王室。"[⑤] 而曹操统治区域内的许多郡县，一直到官渡之战以后还不能发挥其向政府供给谷帛的经济职能。如建安五年（公元200年）阳安郡所"录户调"，

① 《晋书·慕容皝载记》。

② 《三国志·魏书·任峻传》。

③ 《三国志·魏书·国渊传》。

④ 《三国志·魏书·武帝纪》。

⑤ 《三国志·魏书·任峻传》。

因时局动荡，“百姓困穷”，又“悉以还民”[①]。长广太守何夔以“疆域初定，加以饥馑”为由，上言要求“比及三年，民安其业”时再向政府交纳田租户调，而曹操也只得同意[②]。可见，如果没有屯田，曹操就不可能在短时间内积聚强大的经济实力，四分五裂的中国北方复归统一也是难以想象的。在这个特定的历史条件下，屯田田租临时取代了国家赋税的地位，发挥着赋税的功能，是一种特殊的赋税政策。从理论上说，屯田收入也并不是一般意义上的地租，而是一种租税混合物，因为封建政府毕竟不是私人地主，以统治者的身份进行课征，便使屯田收入带有赋税的性质。正如马克思所说：“如果不是私有土地所有者而是像在亚洲那样，国家既作为土地所有者，同时又作为主权者而同直接生产者对立，那么，地租和赋税就会汇为一体，或者说，不会再有什么同这个地租形式不同的赋税。”[③]

实际上，曹魏屯田本身也具有向田赋制度转化的趋势。西晋后军将军应詹曾说：“魏武皇帝用韩浩、枣祗之议，广建屯田；又于征伐之中，分带甲之士，随宜开垦……（今）宜简流人，兴复农官，功劳报赏，皆如魏氏故事。一年中与百姓，二年分税，三年计赋税以使之，公私兼济，则仓盈庾亿，可计日而待也。”[④] 这段话的含义大致可以这样理解：第一年按屯田分成比例的百分之五十交纳生产物，第二年就要按规定国家法律缴纳田租，第三年则须田租户调并纳，即除田租之外，还要户纳绢二匹、绵二斤。

第三，以屯田带动整个农业生产的发展，为曹魏政权奠定坚实的赋税基础。解决军粮问题，并不是曹操的最终目的，而是要通过屯田将北方的农业经济从极度残破中得到复苏，吸引更多的流民回归土地，促使农业生产在更大的规模上和更广的范围内发展起来，从而为曹魏财政奠定稳固的基础。事实证明，曹操的这个目的达到了。过去由于关中荒残而流入荆州的十余万户流民“闻本土安宁，皆企望思归”[⑤]，结果“流人果远，关中丰实”[⑥]。战乱时到辽东避难的青州农民，也纷纷渡海回到家乡，安心生产。再如从淮南到洛阳地带，原是军阀混战的中心，城市田园数度化为废墟，而在大兴屯田

① 《三国志·魏书·赵俨传》。
② 《三国志·魏书·何夔传》。
③ 《马克思恩格斯全集》第25卷，人民出版社1974年版，第891页。
④ 《晋书·食货志》。
⑤ 《三国志·魏书·卫觊传》。
⑥ 《晋书·食货志》。

后，出现了“鸡犬之声，阡陌相属”[①] 的繁荣景象。在屯田获得成功的基础上，曹魏地方官员积极采取措施，大量招抚流民，充实郡县编户，为恢复国家财政征收赋税的正常功能创造条件。如张既为京兆尹，“招怀流民，兴复县邑，百姓怀之”[②]。苏则为金城太守，“抚循之甚谨……旬月之间，流民皆归，得数千家”[③]。吕虔为泰山太守，恩威并用，“诸山中亡匿者尽出安土业”[④]。郑浑为左冯翊太守，“遣吏民有恩信者，分布山谷告谕，出者相继……前后归附者四千余家”[⑤]。招抚流民成绩最大的当数河东太守杜畿。他平定卫固等叛乱，“其余党皆赦之，使复其居业。是时天下郡县多残破，河东最先定，少耗损。畿治之，崇宽惠，与民无为……太祖西征至蒲坂，与贼夹渭为军，军食一仰河东。及贼破，余畜二十余万斛”[⑥]。杜畿日后官拜尚书与其出色的政绩是分不开的。这些史实说明，随着屯田制的实施，充实郡县编户已成为曹魏理财的中心问题，统治者此时急需考虑的已经不再是军粮问题，而是如何对汉代的旧税制进行改革了。

屯田制虽然解决了曹操的军粮问题，但它只是一种战时的权宜之计，采用的是军事编制，依靠行政命令的强制手段组织生产，很难长久地调动农民的积极性。而且，由于北方社会比较安定，大批流民返回故里，政府急需把他们安顿下来，鼓励其发展生产，输送赋税。此外，豪强地主的门下还隐占着大批佃客，也必须设法把他们吸引出来成为国家的“编户齐民”。要解决这一系列复杂的问题，必须对汉代的赋税制度进行全面的改革。首先，由于汉末商品货币经济遭受严重破坏，市场萎缩，交易萧条，“名都空而不居，百里绝而无民者不可胜数”[⑦]。在这种形势下，如果仍然同汉代一样要求农民以钱币完纳田租以外的各种赋税，显然是行不通的。其次，是战乱造成人口锐减。曹操统一北方后面临的是“天下户口，十裁一在”[⑧] 的局面，即使是剩下的十分有限的人口，也大都流离转徙，不著本土。“田无常主，民无常居”[⑨]，政府

---

① 《三国志·魏书·武帝记》。
② 《三国志·魏书·张既传》。
③ 《三国志·魏书·苏则传》。
④ 《三国志·魏书·吕虔传》。
⑤ 《三国志·魏书·郑浑传》。
⑥ 《三国志·魏书·杜畿传》。
⑦ 《后汉书·仲长统传》附《昌言·理乱》。
⑧ 《三国志·魏书·张绣传》。
⑨ 《后汉书·仲长统传》附《昌言·损益》。

难以掌握。在这样的情况下，如果仍然按照汉代的制度，评定田亩产量，定率征收田赋和按人口数与年龄大小征收算赋、口钱，显然也是无法进行的。

建安九年（公元204年）八月，曹操发布了《收田租令》，这是中国历史上一篇著名的令文：

“有国有家者，不患寡而患不均，不患贫而患不安。袁氏之治也，使豪强擅恣，亲戚兼并，下民贫弱，代出租赋，衒鬻家财，不足应命。审配宗族，至乃藏匿罪人，为逋逃主 。欲望百姓亲附，甲兵强盛，岂可得邪？其收田租亩四升，户出绢二匹，绵二斤而已，他不得擅兴发。郡国守相明检察之，无令强民有所隐藏，而弱民兼赋也。”①

曹操制定政策，与蜀、吴不同。蜀汉自称全面继承汉制，极少改动，东吴亦大致如此，而曹操却善于依据社会政治经济的实际情况采用灵活变通的措施。鉴于上述形势，他及时作出了改革汉代旧制的决定，将定率田租制改为定额田租制，算赋、口钱的人头税制变为户调制。从租调制推行的实践来分析，曹操改制的基本宗旨似乎并非为增加眼前的财政收入，因为屯田制已解决了他的军粮问题，而是藉此调整农民的赋役负担，促进生产的发展，创造一个可长久依靠的赋税基础。我们作出这样的判断，有下述根据：

第一，在当时的历史条件下实行定额田租制，对农民是有利的。

首先，增产不增税，有益于调动农民积极性。在定率制度下，每亩私有土地交纳的税额是一个可变量，产量高则税多，产量低则税少。农民致力耕作而增收的部分，也要按照定率纳税，这势必影响农民的生产积极性。而采用定额税制，每亩田地的税额是固定不变的，增产也不增税，农民自然乐于在自己的小块私有土地上精耕细作，努力提高产量。

其次，低税率征收可有效地减轻农民负担。东汉的亩产量一般为三斛，如《后汉书·仲长统传》附《昌言·损益》篇所记：“今通肥饶之率，计稼穑之入，令亩三斛，斛取一斗，未为甚多。”按定率田租制三十税一计算，则每亩应纳税一斗，曹魏时生产条件破坏，产量有所下降，制定每亩四升的定额，较东汉的亩收一斗要低很多，比较适应农民的承受能力。

最后，可使农民免去估产时所遭受的额外盘剥。实行定率税制，必然产生一个估计亩产量的问题，这就给地方贪官污吏虚估产量、优容豪右和侵克贫弱以机会，于是西汉就出现了“农夫父子，暴露中野，不避寒暑，捽草杷

---

① 《三国志·魏书·武帝记》。

土，手足胼胝，已奉谷租，又出稿税，乡部私求，不可胜供”[①] 的景象。东汉更是“郡县每因征发，轻为奸利，诡责羸弱，先急下贫”[②]。出现这种情况。除了吏治败坏等政治因素外，税制本身不合理也是不可忽视的原因。而改为定额税制后，由于田赋量是固定不变的，自然不再需要估计亩产量，可使小农免去额外的负担。

定额税制能给小农带来上述好处，因而农民是欢迎税制改革的，曹操也就有资本大肆宣扬自己体恤民情。定额税制实行后，也确实收到了招徕流民。激励农民发展生产的效果。如泰山郡“诸山中亡匿者尽出安土业”[③]；金城郡“流民皆归”，“岁大丰收”[④]；河东郡也是“百姓勤农，家家丰足”[⑤]。东汉末年被破坏得那么厉害的北方农业经济，在很短的时间内，便获得了显著的恢复。应当说，定额税制的推行起了不可忽视的作用。

第二，曹魏田租制中还有一个重要变化，即除田租之外，免去一切刍、藁等田租附加税的征收。这个变化非同小可。因为秦汉数百年间，田赋征收除正税田租外，还按田亩多少征收刍、藁税，是为田租附加税的性质。例如云梦出土秦简中的《秦律十八种》的《田律》规定：“入顷刍、藁，以其受田之数，无垦不垦，顷入刍三石、藁二石”。此外，《淮南子·氾论训》也谓“秦之时……发谪戍，入刍、藁，头会箕赋，输于少府”；《史记·秦始皇本纪》谓二世时曾“下调郡县转输菽粟刍、藁”以供禽兽之食。汉同秦制。《汉书·萧何传》及《贡禹传》，《后汉书·光武帝纪》注引《东观汉记》及《和帝纪》、《安帝纪》，《续汉书·百官志》注引《汉官仪》等，均有关于刍、藁税的记载。特别是1973年湖北江陵凤凰山第十号汉墓出土的六号木牍，更是极详细地记载了文、景二帝时期“平里”与“上里”的民户缴纳刍、藁税的情况，说明汉代的刍、藁税已有明显加重的趋势，成为当时劳动人民的沉重负担。曹魏税制却规定除“收田租，亩四升；户出绢二匹、绵二斤”之外，“他不得擅兴发”，表明“田租”之外已无刍、藁附加税，这就免去了农民身上的一项沉重的负担。

第三，户调制也同样具有鼓励生产的意义。在我国封建社会中，民间手

---

① 《汉书·贡禹传》。

② 《后汉书·明帝纪》。

③ 《三国志·魏书·吕虔传》。

④ 《三国志·魏书·苏则传》。

⑤ 《三国志·魏书·杜畿传》。

工业分布最广和从业人数最多的，就是个体小农经营的家庭手工业。家庭手工业虽然是一种农村副业，但却是农民生活的一个重要补充，绝不是可有可无的。换言之，这种与小农经济紧密结合在一起的家庭手工业，乃是形成长期封建社会经济结构的一个重要内容。家庭手工业中的纺织业是这种工业生产的主要部门，其生产原料，随地域和客观条件的不同而有所差异，但大体上不外丝、麻、棉、毛四大类，而尤以丝、麻两种最为普遍。通过家家户户备有的机杼和老幼妇女勤于纺绩，织造出以布帛为名的大量织物，成为广大人民衣着的重要来源，也成为封建政府赋税的重要来源。

户调就是封建国家对农民家庭手工业产品按户课征的税。中国封建社会经济是农业与农民家庭手工业相结合的自然经济，是一种农工结合体。农民把衣、食即粮食与纺织这两大社会必需的生产紧紧地结合于家庭内部，实行“男耕女织”、“以织助耕”。他们不但是农产品的提供者，而且是手工业产品的主要提供者。这种小农业与家庭手工业的牢固结合，是支撑农民上缴国税、下养老幼，保证生存温饱的重要手段。秦汉时期，封建政府对土地征收田租、按人征收算赋、口钱。算赋、口赋属于人头税性质，规定以货币交纳。农民必须在市场上出售自己的产品换回货币才能纳税。这种征税方法，在商品经济相对发展、交易正常的秦汉时期当然可以，但在兵荒马乱、商品货币经济遭受严重破坏的魏晋南北朝时期就行不通了。农民如在这样的条件下出售农产品，不仅不能活跃经济，相反还将导致本来就十分脆弱的小农经济更陷于困境、趋向破产，封建政府将因此失去更多的纳税者，军国需求也将无法得到保证。因此，从三国曹魏开始，对赋税制度进行了改革：使赋税征收尽量与农民的生产结构相适合，即对农民的家庭手工业产品征收实物税：令每户农民交纳绢二匹、绵二斤，这是最早的户调，开征于建安九年（公元204年）[①]。曹魏户调这一新创的制度，不仅在很大程度上巩固了实物经济的地位，对后世产生了深远影响，而且也标志着封建统治者正式向纺织机征税。从此，封建政府不仅向人民征收大量租粟，同时也征收绢布了。

户调制的实施，不仅使财政增收，而且具有促进生产的进步意义。

首先，它比较能适合农业与家庭手工业相结合的生产形式。汉代的算赋、口钱出钱，曹魏的户调制则出绢、绵，由出钱改为交纳实物，表面上看是由汉代的货币税退回到实物税了，但这一改变适应着当时商品货币关系减弱，

---

① 见《三国志·魏书·武帝纪》“收田租令”。

自然经济比例增长的客观条件。对农民来说，交实物比交钱更有利，可使其免去以物换钱时遭受不法商人的中间盘剥，因而受到农民欢迎。同时，农民为了完纳户调，必须大力发展家庭手工业，种植桑麻、纺纱织布，这就有力地促进了桑麻种植业的发展和纺织技术的提高。左思的《魏都赋》中有“绵乡襄邑，罗绮朝歌；绵纩房子，缣总清河”的佳句，就是当时纺织业高度发达的生动写照。

其次，户调制要可农民避免因家庭人口增加而带来的增税之累。汉代算赋口钱按人口课征，人多则税重，所以出现“生子辄杀”[①] 的惨剧。而户调征收是对户不对人，增人不增税。这在当时人口锐减、劳动力奇缺的形势下有鼓励流散农民回归故土和人口自然增长的意义，归根到底有利于小农经济的发展。

曹操具有鲜明的赋税负担均平思想。他在《收田租令》开篇即强调：“有国有家者，不患寡而患不均”，指出袁绍的统治之所以不得人心，就是因为他放纵豪强兼并，转嫁赋税负担，使“下民贫弱，代出租赋”。他将税负是否均平的问题提到治国强兵的高度，认为如果人民负担过重，贫富相差悬殊。“欲望百姓亲附，甲兵强盛，岂可得邪？”因此，他明确规定，赋税的承担者不仅是“编户齐民”，一般的豪强地主也要按照土地顷亩和户口分别交纳田租户调，“无令强民有所隐藏，而弱民兼赋也。”

为了切实做到税负均平，曹魏规定在户调征收中实行计资而税的“九品相通”法。计资而税源于汉代。据西晋司马彪所著《续汉书·百官志》记载。啬夫“皆主知民善恶，为役先后；知民贫富，为赋多少，平其差品”。这说明至少东汉时就有了根据民户贫富程度确定纳税标准的办法。曹魏户调制将其制度化和法典化，实行按户计资征收。富者税重，贫者税轻，兼顾了人民的负担能力，缓解了负担轻重悬殊的状况，比较好地体现出“合理负担”的课税原则。实行“九品相通”要按户评资，将纳税户分为上下九等，据以征税。曹操对此事是极为认真的，甚至连自己的家也要结评纳税。建安年间，曹操与曹洪在“发调”时为平资问题曾发生争执。事情的经过是：“太祖为司空时，以己率下。每岁发调，使本县平赀（资）。于是谯令平（曹）洪赀财与公家等。太祖曰：我家赀那得如子廉耶”[②]。这件事说明曹魏政府“发调”即

① 《汉书·贡禹传》。

② 《三国志·魏书·曹洪传》注引《魏略》。

征收户调时要安户资高低确定等级，而且执行是相当严格的。

曹操还主张加强赋税的征收管理，规定除田租户调正额之外，“他不得擅兴发”，“国守相明检察之”，并“遣使者循行郡国，有违理掊克暴虐者，举其罪”。在曹操统治下，很少出现汉代那样的今天“调马”，明天“调赋税钱”，后天又“调缣素”，无休无止的烦杂征调，使百姓省却了杂税横生之苦。

综上所述，曹魏制定的屯田政策，不仅解决了其军粮供应问题，促进了北方经济的恢复，而且在田汉代税制向魏晋以后的新税制转变的过程中起到了某种过渡作用；而曹魏的税制改革，则标志着中国赋税史进入一个新阶段。自租调制创立后，历两晋南北朝和隋唐，沿用达500余年。虽然在隋及唐代前期曾将实物代役部分并入，谓之“调”，但其本质上仍是以租调制为主干的税制。一直到唐中期实行两税法改革，租调制才被取代而完成了历史使命。曹操的赋税均平和轻税观点与税制改革紧密结合，在实践中发挥了重要的作用。应当说，曹魏的税制改革在中国历史上是较为适应客观条件并具有一定生命力的。

三

西晋政权是依靠世族豪强的支持建立起来的，所以当他们夺取政权后所做的第一件事便是全面推行维护世族阶级利益的政策。如曹操素来“重豪强兼并之法”，而“司马懿父子，自握其柄，累有大功，除其烦苛而布其平惠”[①]。所谓“烦苛”，指的就是曹魏的抑兼并之法，所谓“布共平惠”，是说惠及豪强，这里所称的“民”，则主要指世家大族。这个问题必须这样认识。司马炎称帝后，一再下令革除烦苛，宣称施行“以无为为政”，“除旧嫌，解禁锢”，恢复“亡官失爵者”[②]官职，巩固和扩大封建统治的政治基础。对此，陈寅恪先生曾指出：

“西晋政权的出现，表明儒家贵族最终战胜了非儒家的寒族。西晋政权是

① 《三国志·孙皓传》注引《襄阳记》。
② 《晋书·武帝纪》。

儒家豪族的政权，政治社会道德思想与曹操时期不一样了，与曹操以前的东汉，则有相通之处……司马晋际魏的统治是很不相同的，原因就在统治者社会阶级的不同”[①]。

树立了这样的政治理念，司马炎在登基称帝特别是平吴统一全国之后，便对国家的政治、经济制度进行了全方位的调整与改革，把那些维护世家大族的各种规章和措施进一步法律化和制度化，创立了中国历史上著名的占课田法。这一制度继承先秦两汉以来的限田和均税思想，以法律的形式，对东汉以来土地制度的发展演变进行了总结，并结合西晋的社会实际进行了卓有成效的探索与发展。

研究占课田制，首先遇到的问题是它实施过与否。由于占课田制法令仅见于《晋书·食货志》及《通典·食货典》，而后者的依据又是前者，加之《文献通考》等史籍对它记述过简，因此，古今史学界对其实施问题一直争论不休，甚至有人认为占课田制根本就不存在，至多是一种主张或设想。固然对直接证明占课田制实施细节的史料尚有待进一步发掘考证，但根据一些基本史料以及对西晋初期社会政治、经济情况分析判断，我们仍然可以肯定地说，占课田制决非仅限于主张或设想，而是经过实践的历史事实。

从魏末晋初屯田制崩溃、新制尚未形成的形势来分析。屯田制曾经是曹魏财政的重要支柱，但它只是战争年代的一种应急措施，其存在的前提条件是战争纷繁的社会环境。由于战乱，农民离散，土地荒芜，政府据以征税的户口版籍亦荡然无存；要解决军用急需，显然不能坐等农业生产自然恢复，而只能在实行军队屯田的同时，招募流散农民、利用空荒土地兴办屯田；广大农民也渴望能较安定地生产和生活，因而屯田制可以成功。但屯田制也存在着严重的缺陷：实行准军事化管理，封建人身依附关系极强，屯田客租税负担十分沉重。随着曹操统一北方，三国鼎立局面的形成，社会条件开始发生变化：战争由内线转到外线，广大北方地区由动荡转为相对和平，个体小农有了独立生存的可能，出现了“百姓勤农，家家丰足”[②] 的景象。人们希望提高社会地位，渴望重新过上自耕农民的生活。这样，屯田制就失去了必要性，崩溃已不可避免。此外，魏末晋初封建政府对屯田农民的剥削日益加重及贵族官僚大量侵吞屯田土地，也构成破坏屯田制的因素。曹魏屯田百分之

① 《陈寅恪魏晋地北朝史讲演录》，黄山书社 1987 年版，第 23 页。

② 《三国志·魏书·杜畿传》。

五六十的剥削量[①]，本来就很重，如“江淮间十余万众，皆惊走吴”[②]；袁涣“新募民屯田，民不乐，多逃亡”[③]，而至魏末晋初，其剥削量已高达百分之七八十，如晋初傅玄所称：“今一朝减持官牛者，官得八分，士得二分；持私牛及无牛者，官得七分，士得三分。人失其所，必不安乐”[④]，致使屯田农民难以生存。贵族官僚争相侵夺屯田土地和劳动力的恶性事件更是屡屡发生，如司马芝称：“自黄初（公元220—226年）以来，听诸典农治生，各为部下之计，诚非国家大体所宜也。”[⑤] 可见，自曹魏实施屯田数年之后，身居屯田要职的官员们就开始以屯田之便发展自己的经济实力了。曹爽掌权后，“（何）晏等专政，共分割洛阳、野王典农部桑田数百顷，及坏汤沐地以为产业”[⑥]。封建政府自己也将屯田租牛和劳动力作为奖品赏赐给各级官吏，如“魏氏给公卿已下租牛、客户各有差。自后小人殚役，多乐为之。贵势之门，动有数百。又太原诸部，亦以匈奴胡人为田客，多者数千。”[⑦] 这一切都加速了屯田制的崩溃，说明伴随着军事危机的度过，原先作为应急政策的屯田制度已不适宜于农业经济发展的要求而逐步退出历史舞台了。咸熙元年（公元264年），掌权的司马氏不得不下令“罢屯田官以均政役，诸典农皆为太守，都尉皆为令长”[⑧]；泰始二年（公元266年）又重申“罢屯田为郡县”[⑨]。据史载，魏末晋初屯田制中的民屯与军屯废止的时间是不一致的。民屯部分至泰始二年已完全废止，而军屯部分则到咸宁三年（公元277年）才基本废止。

屯田制废止后，原屯田管理系统转变为普通的行政管理系统，屯田农民成为郡县的“编户齐民”（即就地转为自耕农民）。这一重大变化给西晋政府带来新的课题。首先，必须建立一种新的土地管理制度，以便解决对原屯田土地和其他空荒土地的重新分配问题，发展农业生产，确立国家的赋税基础。同时，在屯田制废除以后，旧有的租税制度已不再适用，急待建立一种与土地制度相适应的赋税制度，形成新的赋税体系，以保证国家的财政需要。正

① 《晋书·慕容德载记》。
② 《三国志·魏书·蒋济传》。
③ 《三国志·魏书·袁涣传》。
④ 《晋书·傅玄传》。
⑤ 《三国志·魏书·司马芝传》
⑥ 《三国志·魏书·曹爽传》。
⑦ 《晋书·外戚·王恂传》。
⑧ 《三国志·魏书·陈留王纪》。
⑨ 《晋书·武帝纪》。

是在这样的形势下，占课田制应运而生。

从抑制门阀世族兼并行为和强化封建中央集权制的财政需要来分析。西汉以来大土地私有制的发展造成了“富者田连阡陌，贫者亡立锥之地”[①]，两极分化，社会问题严重，必须通过新的土地制度来加以规范和解决。中国自古以来就是一个以自然经济为基础的农业国家，而土地则是农耕必不可少的先决条件，所以历代统治者无不将土地视为最重要、最可靠的财富。随着土地私有制的发展，土地兼并现象日益严重，并很快发展为中国社会的一个“顽症”，成为社会动乱的一个潜在的却是根本的因素，历代王朝的兴衰更替，无不直接与土地兼并有关。同时，中国自古以来就崇尚集权专制，所谓“普天之下，莫非王土；率土之滨，莫非王臣”的古训，一直是历代帝王向往的精神境界和立国原则。从维护最高统治阶级的利益出发，封建国家也必须对大土地私有制的过度膨胀予以一定的抑制，因为严重的土地兼并必然造成世族豪强阶级对国家财政利益的分割，而世族豪强经济实力的上升，又必然形成其对封建皇权的侵蚀和制约。不仅如此，严重的土地兼并还会使广大自耕农破产逃亡，最终酿成规模巨大的农民起义，形成政治危机，严重的将改朝换代。因此。历代知识分子（士大夫）和有所作为的帝王都极力主张限止大土地私有制的过分膨胀。如西汉大儒董仲舒曾建议汉武帝“限田”；西汉末年师丹等人也主张“限田”。复古主义者王莽则大胆地推行“王田”制，以取消土地私有制来消除土地兼并现象，这种莽撞的正面强夺地主阶级土地的做法近乎愚蠢，最后不仅土地制度改革，其他种种改制也都失败了。此后的东汉是世家大族蓬勃发展的时代，也是大土地私有制迅速发展的时代。当时的王公贵族和地方豪强普遍地建立起了地主庄园，而丧失了土地的自耕农不是沦为世家大族的隐附人口，便是沦为流民，这是促成东汉末黄巾大起义的根本原因。东汉末年以后中原地区成为军阀混战的战场，人民非死即逃，土地兼并暂时中止，出现了“民人分散，土业无主”[②]的情况。这使得国家控制了大量的空荒土地，从而有可能实行屯田制。这以后随着北方社会秩序的日渐安定，流亡人口返乡和世族豪强的“回归”，土地兼并现象又日渐严重起来。西晋建国后，土地兼并现象有增无已，所谓“今地有余羡，而不农者众”，就是当时土地兼并恶性发展的真实写照。

① 《汉书·食货志》。

② 《三国志·魏书·司马朗传》。

西晋初期政治经济的一个显著特征，是地主阶级内部的具有特殊权益的阶层——门阀世族的全面兴起。门阀世族与庶族地主的不同之处，在于其社会政治地位不完全依据经济占有而主要是由家世门第来确定，并且拥有种种政治经济的特权。他们可以依法占有大量土地和人口，而那些被荫占的人口又不承担赋税徭役。例如贵族王戎“广收八方园田水碓，周遍天下”①；石崇与王恺等以奢靡相尚，广积财富，拥有“金田四十顷”②、“水碓三十馀区，苍头八百馀人，他珍宝货贿田宅称是”③。原东吴地区到处为“势为倾于邦君，储积富于公室”、“牛羊掩原隰，田池布千里”④ 的世族所盘据着；原曹魏之区也是“大姓雄张”、“旧大族田地有馀，而小农无立锥之土”⑤。然而，世族地主并不就此满足，还依恃特权和经济实力大量侵吞官田、荒地及兼并农民土地，从而将大批农民排斥在土地之外，造成农民贫困化、生产衰退、阶级矛盾日益激化。同时，他们的兼并行为也将大量由国家控制的纳税土地、人口及财源分割走，造成国家深刻的财政危机，统治阶级内部的矛盾冲突也因此激烈起来。封建政府为了强化中央集权，决不能坐视世族地主势力无限膨胀，这就需要有一种制度，除了能够加强对人民的剥削、使财政收入更多地集中于政府手中外，还应具备协调统治阶级内部经济关系的功能；既要维护世族的既得利益，又要对他们的过分兼并行为实施一定的抑制，并采取措施与他们争夺劳动人口和财源。从这个意义上说，占课田制的出现和实施也是必然的。

显而易见，历史教训和现实问题都迫使西晋统治者“改弦更张”，实行一种新的土地制度和政策。司马氏本身即为大族代表，其三代谋位都依靠的是世族豪强的支持，其上台后不可能不对贵族官僚的兼并行为持容忍的态度，但从维护专制皇权的角度除出发，又不能不适当扼制大土地私有制的过分膨胀。西晋去汉未远，汉末农民起义的风暴不能不使他们心有余悸，这也迫使他们必须设法对土地兼并趋势予以一定的遏制。那么，采用什么办法呢？像王莽那样正面强夺地主土地肯定是行不通的，西晋统治者权衡利弊，思古量今，觉得西汉末的“限田”之议颇有可取之处，于是加以修改补充，权作补

① 《晋书·王戎传》。
② 《金晋文》卷33。
③ 《晋书·石苞附子崇传》。
④ 《抱扑子·吴失》。
⑤ 《三国志·魏书·仓慈传》。

救之策，这就是占课田制的由来。

从“太康繁荣”的出现来分析。西晋统一仅十余年，社会经济就出现了繁荣的景象。《晋书·食货志》云：“是时天下无事，赋税平均，人咸安其业而乐其事。”干宝《晋纪总论》记载：“太康之中，天下书同文、车同轨，牛马被野，馀粮栖亩，行旅草舍，外闾不闭。民相遇者如亲，其匮乏者取资于道路，故于时有天下无穷人之谚。”其中，难免有溢美之词，但西晋社会经济有所恢复上升，出现一定程度的丰足景象则是完全可以肯定的。不难想象，如果没有占课田制的实施，对土地兼并有所抑制，农民因得不到较为稳定的土地而生产积极性很低，要取得这样的成就，根本是不可能的。

太康年间人口数字的变化也很能说明问题。太康元年（公元 280 年）有 246 万户，1600 多万人[①]。到了太康三年，即“户有三百七十七万，吴蜀户口不能居半”[②]。仅两年时间，户数一下子就激增了 130 余万。另据《中国历代户口田地田赋统计》，太康元年每户平均有 6. 56 人，如果以此数同太康三年的户数相乘，计得 2500 万户，增加 860 多万人！骤然增加这样多的人口，是不能用人口自然增长来解释的，而只能是由于占课田制的实施，土地、赋税政策对农民有了吸引力，流散、隐漏人户大出的结果。《晋书·食货志》载：“河滨海岸，三丘八薮，耒耨之所不至者，人皆受焉。农祥晨正，平秩东作，荷锸赢粮，有同云布。”足以说明占田分布之广，农民得到了土地，他们在占课田制下生产积极性提高，辛勤耕作。在封建时代，土地是农民生活的根基，他们若能占有自己应得的土地，是决不会愿意为人作佃，到处流徙的。显然，如果没有占课田制的实施，人们仍然为逃避官府的苛赋重役而千方百计地隐瞒自己的人口、年龄及婚姻状况，也就不会有当时人口数字的直线上升。“古者以民之多寡为国之贫富”[③]，其中的道理显而易见。

从占课田制推行的范围来分析。曾有学者提出占课田制的普遍性问题，认为其推行仅限于长江以北，达不到江南的广大地区。这种说法也缺乏充足的根据。江南自孙吴就广行屯田，有 30 多个新立的郡，所遇到的社会问题与北方亦大同小异，西晋政府又实行了虽说短暂但却实实在在的全国统一，为什么不可以将占课田制推广到江南地区呢？除非西晋政府的政治权力还达不

① 《晋书·地理志》。

② 《三国志·魏书·陈群传》。

③ 《经进东坡文集事略·策问》。

到江南，但这是不符合实际和缺乏说服力的。上引《晋书·食货志》中“河滨海岸”之语，就不特指北方地区，而是泛指全国。晋惠帝时大臣束皙上书中说：“今天下千城，人多游食，废业占空，无田课之实，较计九州，数过万计”[①]。是时正值八王之乱前夕，社会矛盾日益尖锐，束皙在为占课田制的前途而担忧。这里应当注意的，是他明确指出了占课田制是以“九州”为范围的。古人称“九州”即指全国而言，而并非仅指北方地区，这是历史常识。

长期以来，由于史料缺佚，占课田制的许多细节确实难以理清楚。关于这一点，人们可以运用科学的方法去考察、分析、推断，并进行争论，以得出正确结论。本书正是依据关于占课田制的一些基本史料，以及当时形势需要、条件具备、效果明显的历史事实，认为它的存在和实施应是确定无疑的。

总之，西晋立国、统一之后面临着的首要问题，是在屯田制瓦解、世家大族土地兼并恶性发展、封建国家财政来源有待明确和巩固的情况下，尽快确立一种新的土地制度和赋役制度，并以此来比较合理地分割社会财富和统治阶级内部的经济利益。其宗旨是既确保世家大族、官僚豪强的政治经济特权，又要稳定和扩大自耕农阶层，从根本上巩固封建国家税源和政治秩序。

实行占课田制的前提条件是必须有田可占，必须存在一定数量的无主荒田。这个条件晋初是具备的。晋惠帝时（公元290—306年），“土狭人繁，三魏尤甚，而猪、羊、马牧布其境内，宜悉破费，以供无业、业少之人”[②]。此时距占课田制实施已经10余年，“土狭人繁”的三魏地区[③]仍有大量牧场存在，说明晋初的空荒土地只能是更多。当时地方官吏主持开荒的数字是相当大的。如王宏任汲郡太守时，“督开荒五千余顷”[④]。羊祜镇襄阳，“垦田八百余顷”[⑤]。而晋武帝司马炎时“地有余羡而不农者众，加附业之人，复有虚假”[⑥]，不仅说明晋初荒地仍大量存在，而且游离于农业之外的人也不少。对此，束皙曾说：“今天下千城，人多游食，废业占空，无田课之实，较计九

① 《晋书·束皙传》。

② 《晋书·束皙传》。

③ 地名合称。建安十八年（公元213年）曹操分魏郡置东、西部都尉；后以东部都尉立阳平郡，西部都尉立　广平郡，谓之“三魏”。

④ 《晋书·良吏·王宏传》。

⑤ 《资治通鉴·晋纪一》。

⑥ 《晋书·齐王攸传》。

州，数过万计。”[①] 太康平吴，统一南北之时（公元280年），西晋政府掌握的户数仅有245万多，比西汉后期的5900多万、东汉后期的5600多万少得多[②]，也可说明当时社会上的流民及豪强荫附人口大量存在。因此，如何把流民编制到土地上去，让农民正常地生产和纳税；如何从地主手中把荫附人口争取过来，变为国家控制下的编户齐民，稳定晋王朝的政治统治，增加赋税收入，就成为封建统治者面临的当务之急。

这是一个内容庞杂的土地与田赋制度。其中，有官吏的占田、荫客问题，纳税农民的占田与赋税、税率问题，政府与贵族、豪强地主之间的利益分配问题等，归纳起来，反映出该制度的两大基本精神：一是限制贵族官僚占田和荫客的数量；二是对农民占、课田的内容和数量作出法典式的规定。

西晋占课田法令把土地名之曰“占田”，正是沿袭了自秦汉以来称私有土地为“占田”的历史传统，也是汉末、三国以来占田以为私有历史事实的延续。因此，在国有土地已经减少到连民屯制度也无法实行的情况下提出占田，不可能是国家授田于民，而仅仅是承认屯田民占有原有公田以为私有而已。占田法令把“占田”区分为两类：一类是一般平民的占田，以人口性别为标准；二是官吏的占田，以官品高低为准。允许占田的数量，依两类对象的不同而有差别。

从占课田制有关规定及其推行实践来分析，它所包含的内容和意义是相当丰富和重要的。概括地说，有以下三个方面：

第一，抑制土地兼并势头，保障国家赋税基础。

土地兼并是封建土地私有制的必然产物。它使大批自耕农民失去土地，造成劳动力与生产资料的脱离，严重危害农业经济的发展，破坏小农经济这种封建国家的赋税基础，是社会动乱、农民起义、封建王朝更替的重要因素。面对疯狂的土地兼并活动与国家赋税基础的被严重侵蚀，西晋政权作为门阀世族利益的忠实代表，决不会像王莽那样去正面强夺地主的土地（历史也早证明那样做只能以失败告终），而只能对世族利益采取既保护、又适当限制的两手政策。占课田制即是这种政策的体现。

占课田制所反映的荫庇制度是一种特权，是封建政府以法律的形式承认

---

① 《晋书·束皙传》。

② 见路遇等：《中国人口通史》（上），山东人民出版社2000年版，第105、第138页。

这些贵族官僚有权从国家控制的编户中割取一部分作为自己的佃客、私属，有权从国家的赋税收入中割取一部分作为自己的私人地租收入。这就意味着对世族利益所作的让步和保护。但这种让步是有限度的。让步只是手段，限制才是目的。在占课田制中国家只承认其法定的土地、人口占有数字，超过这个限度就不允许。这就突出体现了它确实有限制兼并的作用。在有关西晋的史料中很难找到像两汉时期那样拥有千顷万顷良田、千人万人佃客的大地主，既使石崇、王恺那样有名的世族，也只是占田数十数百顷，佃客数十数百人而已，这种情况不能说与占课田制的推行无关。所以，占课田制所反映的抑制土地兼并势头，保障国家赋税基础的意义是甚为明显的。

第二，鼓励垦植，培养税源。

抑制土地兼并，只是给农民占有土地提供了可能性，要使小农经济真正得到恢复发展，并在此基础上确立赋税收入的稳定性，还必须使占课田制具有广泛吸引农业劳动力和调动生产积极性的功能。

首先，占课田制承认农民对土地的占有权和耕种权，规定“男子一人占田七十亩，女子三十亩”，合计一夫一妇的个体农民得占田百亩。这个数字对于长期失去土地的农民来说无异于天文数字，因此才有大批屯田客、隐民和流民乐于回归土地，也只有在这个前提条件下，才谈得上发展农业生产，增加赋税收入。

其次，占课田制还注意到运用赋税手段鼓励耕植垦荒，促进农业的发展。这主要表现在“课田”规定上。西晋思想家傅玄说过：“近魏初课田，不务多其顷亩，但务修其功力，故白田收至十馀斛，水田收数十斛。自顷以来，日增田顷亩之课，而田兵益甚，功不能修理，至亩数斛已还，或不足以偿种。”①西晋接受了这个教训，并不要求农民种好全部占有田地，而只要求丁男之户种好其中的50亩，此谓“男子一人占田七十亩”，而“丁男课田五十亩”。课有劝课、课税之意。西晋政府是要用课税之法，要求丁男“务修其功力”，种好课税之田。既保证产量，又保证赋税量，一举两得。至于能不能种好甚至能不能种到50亩，政府并不过问，但田租并不能少。因为减少田租征收，一是无法保证赋税收入，二是将失去督课耕种的作用。另外，占课田制还规定按固定亩数征税，课田以外的占田不征税，这样一来，占田数与课田数之间的差额便形成了免税土地。占田越多，则免税土地的绝对量和相对量也就相

① 《晋书·傅玄传》。

应增加。这种递增免税的办法很容易激发生产者的积极性，促进农业生产更快地发展，从而也就为政府提供更多的赋税。这里，占课田制的创设者已经不是盲目、被动地制定政策，而是比较主动地运用赋税杠杆来调节经济生活，使其朝着有利于封建国家财政经济的方向转化了。

第三，平均赋税负担，缓和阶级矛盾。

占课田制规定劳动力不仅有正丁、次丁之别，而且正、次丁还有男女之别，并明文规定按劳动力强弱确定占种土地的数量和输送赋税的标准，即“丁男课田五十亩，丁女二十亩，次丁男半之，女则不课”；“丁男之户岁输绢三匹绵三斤，女有次丁男为户者半输”；“男女年十六已上至六十为正丁，十五已下至十三、六十一已上至产十五为次丁，十二已下六十六已上为老小，不事”。在中国赋税思想史上，是西晋人首次提出了以劳动力为基础实现负担均平的原则，并将其付诸实践。

占课田制还有重近轻远的规定，将全国划分为内地、边郡、远郡三类不同的地区，根据路程远近征收数量不等的户调——内地最重，由近及远，依次递减，“其诸边郡或三分之二，远者三分之一”，并规定“极远者输算钱，人二十八文”。同样的耕地和劳动力，内地税重而边地税轻，区别对待，合理负担，可起到促进移民实边的效果。

此外，《晋故事》还提到西晋课税采用“九品相通”的制度。九品相通制曹魏已用过，但只是用在户调方面，西晋将它扩大到了田租上。占课田制中田租四斛（合每亩八升）、绢三匹、绵三斤的规定，只是中中户应交的数量，或是一个平均数，中中以上的户负担要超过这个平均数，中中以下的户则要低于此数，从而体现出均税的含义。依《张丘建算经》等史料的记载，九品相通的具体做法是：各郡县政府每年要根据中央政府责成征收的数额，在本地区实行“评资”，按民户财产的多寡将其分为上上户至下下户凡九等，并分别确定每等户的应纳税额，依等征税，完成中央政府下达的征收任务，平均计算，大致相当于田租四斛的标准。

户调则依惯例继续按照九品相通的制度征收。西晋户调征收于太康元年，也就是咸宁六年（公元280年）晋灭吴统一全国的那一年，是年颁布实行占课田制，同时颁行户调之式。

将《晋书·食货志》与《晋故事》对照起来看，可知西晋户调制有如下内容和特征：

一是户调征收绢、绵，按户征收，但在具体征收时，人丁情况仍作为计税依据。规定：丁男之户，绢三匹、绵三斤；丁女之户与次丁男之户，绢一匹二丈、绵一斤半；全无丁男、丁女、次丁男之户，免课。

二是诸侯封户每户出绢一匹为诸侯秩，所余调绢（户二匹）与全部应纳之调绵皆输入于官。诸侯食调绢三之一。

三是绵绢可用缣、布折纳、绵亦可以绢折纳。折纳有地域限制。

四是户调的定额只是一种平均数，藉以计算各州郡县乡应纳户调总额，实际征收时则采用“九品相通法”，即按民户财产的多寡将其分为上上户至下下户凡九等，分别确定每户的应纳税额，依等征税。也就是说，绢三匹、绵三斤是中中户应交的数量，或是一个平均数。中中以上户的负担要超过这个平均数，中中以下的户则要低于此数。这就是《晋故事》所说的“九品相通”。

《张邱建算经》虽成书于北魏，但九品相通办法却自汉魏之际至北魏太和十年（公元486年）以前一直沿用，所以它上列算式是符合本时期户调制的实际情况的。

上述按劳动力强弱、路程远近和贫富差别征收赋税的做法，体现出占课田制的创设者具有十分进步的赋税观念。它们的成功运用，有效地调整了封建政府、世族地主和小农三者之间的利益关系，缓和了长期激化的阶级矛盾，有力地促进了社会经济的恢复和发展。

关于占课田法中的租税分配比例等问题，涉及统治阶级内部的利益分配关系的调整和赋税征收方法的某种改变，亦标志着封建国家财政赋税管理趋向成熟，需要着重加以说明。

西晋封国与历代一样是以户计算的，而占课田法规定的中央和封国税收的分割也是按户计算的。东晋初年奉行的仍是西晋的诸侯封国“三分食一”的制度。这样一来，中央与封国税收的分割比例就变成了二比一，似乎与《初学记》的记载不符。但需要注意的是，《初学记》所载占课田法中“减租谷亩一斗，为计所减以增诸侯”的规定，即增加诸侯收入的政策，是带有赏赐性质的；而“又分民租户二斛，以为侯俸”的规定，则是带有俸禄性质的。考虑到这个因素，略去赏赐性的租税不计，丁男丁女交纳给诸侯的田租与交纳给政府的田租之比为2∶5.6，约为1∶3。

西晋的占课田制中并没有提及徭役，但这并不等于说西晋不征发徭役。时人傅玄曾说：“加以服役为兵，不得耕稼，当农者之半”；其子傅咸也主张

“并官省事，静事息役”[①]。可见，西晋的徭役不仅征发，而且还是相当繁重的。

占课田制对当时社会经济特别是农业生产的确有促进作用。它所反映出来的以必要的让步实现抑制土地兼并，运用赋税手段鼓励耕植，按劳动力强弱、贫富差别等确定占有土地和纳税数额的观点，不仅是对先秦以来丰富多彩的财政思想的一次成功的总结、继承和发展，而且也对后世产生过深远的影响。著名的北魏均田制，其指导思想和基本框架皆来源于占课田制。至唐中时的租调制，也与占课田制有一定的渊源关系。占课田制的这种承上启下的作用，确立了它在中国财政史上的重要地位。

当然，占课田制也有不少缺陷。

第一，占课田制实行后，仍存在农民占田不足和赋役过重的现象。占田法虽然规定农民一夫一妇可占田百亩，但究竟能否占到这个数额是没有人管的。也就是说，在制度上，占课田制就是不公平的。因为它在详细规定贵族官僚占田数的同时，却把耕种这些土地的基本劳动力排斥在制度的具体安排之外。事实上，普通农民，特别是经济发达区、人口集中区的农民，别说“占足”土地，就是能占到土地也是很难的。时人束皙指出：“州司十郡，土狭人繁，三魏尤甚，而猪羊马牧，布其境内，宜悉破废，以供无业。业少之人，虽颇割徙，在者犹多。”[②] 这里所说的“无业”、“业少”之人，就是无法占得土地或较少占得土地的农民。之所以出现这种情况，是由于经济发达区的大量土地都为官僚贵族占有，而且是根据国家占田法律堂而皇之地占有。封建政府除了将农民“割徙”之外，别的一点办法也没有。然而问题是，不论农民是否占足田亩，每年都必须按一夫一妇课田 70 亩的税率缴纳租税，一点也不能少。占田农民的赋税负担也呈加重的趋势，曹魏田租为每亩四升，西晋增加了一倍。沉重的赋税负担使占田不足的农民生活十分困难，以至“一岁不登，便有菜色”[③]。因此，所谓“太康盛世”，主要是对封建政府在获得大量人口和赋税后一时出现的财政形势好转而言，对广大农民来说，也只是求个温饱而已。当然，在漫长的封建时代，即便是这种免于饥谨的粗安状态，也往往是求之不得的，这就是“盛世”的真实面目。

---

① 《晋书·傅玄传》。

② 《晋书·束皙传》。

③ 《晋书·傅玄传附子咸传》。

第二，作为国家的一项基本制度，占课田制虽然规定了世族地主占田的最高限额；但却没有规定超过限额的处置办法，这实际上是默许世族地主的占有现状，不去触动他们的既得利益；加以对还田有新增人口如何分田也缺乏规定，因而占课田制是难以持久的。如果说它在初期对土地兼并还有一些抑制作用，那么由于它并未从根本上触动封建土地所有制，过了不久，兼并之风便复又盛行。特别是由于西晋统治者推行占课田制的目的在于保证税源，从农民身上榨取更多的收获物，因此在经济形势稍有好转时，赋役剥削便又不断加重，致使农民纷纷破产，造成劳动者与土地的再度分离，封建经济又被推向危机的深渊。占课田制推行十余年后爆发的“八王之乱”，便是贵族官僚政治经济势力恶性膨胀、社会矛盾又一次激化的集中反映。

四

鲜卑族拓跋氏建立的北魏政权经过数十年的战争，最终实现了中国北方的统一，结束了各民族政权相互割据和混战的状况，从历史发展的总趋势上看这是有利于民族融合进一步深化的。但也要看到，拓跋氏毕竟是鲜卑族中后起的一支力量，接触先进的汉文化比较晚。在他们刚刚进入中原地区时，竟还处于氏族部落解体向奴隶制转化的过程中，其政治、财政的制度和政策都不可避免地是粗劣的和落后的。面对中原地区的较高级的经济、文化和政治与财政制度，他们不得不加速自身的汉化和封建化进程，以求跟上历史发展的步伐。这是一个复杂的、充满对抗和冲突的过程。

在经历了漫长的等待、艰苦的斗争和痛苦的磨难之后，在公元5世纪60年代至90年代，北魏王朝进行了全面彻底的改革，汉化运动达到了高潮。这次改革不仅在北魏历史上，而且在整个中国历史上，甚至世界历史上，都是影响深远的重大事件。北魏中后期孝文帝拓跋宏主持的汉化改革是对自十六国以来北方民族大融合的一次全面总结和发展。尽管当时北部六镇仍存在一些民族矛盾问题，但只是局部现象，已不可能从根本上动摇中华民族大融合的大局面，新的统一的封建王朝正在孕育成形。经过北朝这新一轮伟大的民族融合，匈奴、羯、氐、羌、鲜卑等少数民族都不再以一个单独的民族存在了，他们接受了汉族的文化，融汇成为中华民族大家庭中的一员。由于其他民族血液的补充，中国古老的民族与文化获得了新的力量，变得更有朝气，生机勃勃。这标志着未来的时代，必将是中国历史上的又一个辉煌的盛世。

北魏孝文帝改制的重心是对土地制度和赋税制度进行全面改革，创立了均田制、三长制和新租调制。

《均田令》条文繁杂，其内容大致可以归纳为四方面：

第一，是关于土地类别与性质划分的规定。北魏均田制的性质是比较复杂的。均田制把全国土地区分为两种性质或者类型：一为国有土地，名曰“露田”；二为私有土地，名曰“桑田”。前者由国家控制，按照一定的条件授予受田者，“老免及身没则还田”，受田者无土地所有权；后者只给“初受田者”，而且不适用于“非桑之土”，这种田“不在还受之限”，“皆为世业，身终不还”，受田者的后代拥有土地继承权，所谓种桑与否只是其外部形式特征，不是其本质属性。而且桑田“盈者得卖其盈，不足者得买所不足”，可以买卖，故桑田实质上属于私有土地。但国家又规定：“诸初受田者，男夫一人给田二十亩，课莳余种桑五十树，枣五株，榆三根……限三年种毕，不毕，夺其不毕之地。”通过土地收夺干涉土地经营的规定又在一定程度上体现了土地国有权。北齐以后，这样的规定就不复存在了，永业田变成了完全的私有土地。北魏的麻田“皆从还受之法”，基本上属于国家所有，但到北齐，麻田则“如桑田法”[①]，不在还受之限，完全变成了私有土地。北魏的露田不得出卖和继承，北齐和隋的口分田则亦均有还受的规定，就法权的意义而言，这些土地是纯粹的国有土地，但就实际情况而言，这种土地的国有权并不完整。北齐时已经出现了这样的情况：“露田虽复不听卖买，卖买亦无重责。贫户因王课不济，率多货卖田业”[②]。土地买卖的出现，说明当时的口分田已经渗入了一定的私有性质。在唐代，封建国家三番五次地下令禁止买卖口分田，而实际情况却是禁者自禁，卖者自卖，根本控制不了。况且国家土地法令还有“乐迁就宽乡者并听卖口分”等规定，土地私有化的进程更是无法阻挡，于是才有了唐中期以后不得不实行的对私有土地征税的“两税法”。可见，从北魏的露田到唐代的口分田，都是国有和私有双重性质的土地所有制，只是随着社会生产力的发展，其中的土地私有性质呈逐渐增强的趋势。

---

① 《隋书·食货志》。

② 《通典·食货典》，引宋孝王《关东风俗传》。

此外，授田土地还有麻田、宅田、菜田等名目。麻田是仅次于桑田的另类种植经济作物的土地。麻田不仅授予男丁，也授予妇女，一夫一妇的农户将受麻田 15 亩。麻田与桑田不同，“皆从还受之法”，没有继承权。宅地和菜田的授受对象是“诸民有新居者”。其中或有对鲜卑人自老家平城迁居洛阳者的照顾之意。

至于北魏政府授给“诸宰民之官，各随地给公田，刺史十五顷，太守十顷，治中、别驾各八顷，县令、郡丞各六顷”的那部分土地，是各级官吏用以收租作为“行政补贴”的，在这种土地上收租的权利，与其说是属于官吏个人，不如说是属于某种职位。这种禁止买卖、“更代相付”的土地应当说毫无私有性质，实际上就是国家的职田，故杜佑在称“职分田起于此”[①]。

第二，是关于授田对象的规定。“露田”授予所有 15 岁以上的成年男女，包括男女奴隶，甚至还有丁牛；官吏则按其官位的高低授予不同数量的公田；年幼、癃残之为户者，授予相当于成年男女 50% 的露田。至于桑田，除授予初受田的成年男女以外，也授予 15 岁以上的成年男性奴隶，妇女与女奴均不授予；对于“非桑之土”，只授 15 岁以上的男子每人 1 亩“桑田”，但“别给麻田十亩、妇人五亩”，男女奴隶相同，只是要“皆从还受之法”，即麻田属于“露田”性质而不属于身终不还的“桑田”性质。

第三，关于授田数量的规定。连续耕种的“露田”，以男夫一人 40 亩、妇人 20 亩为限授予；实际上“露田”常常加倍授予，以备休耕；要三年才能轮种一次的瘠地，则按男夫一人 120 亩、妇女 60 亩计算；按耕牛计算授予的露田，则不分土质好坏，只按牛的头数的多少，凡有四头牛以内者，每头牛以 30 亩为限。至于“桑田”，则不分土地好坏，一律以成年男子一人 20 亩计算；如果是“非桑之土”，则只授成年男子一亩“桑田”。

第四，针对各种具体情况而作出的关于授田数量、授田办法、还田办法和还、授田时间等的各种规定。授田与还田法的创立是北魏均田制的精髓所在。西晋占田制从某种意义上说也是一种授田之法，但个人占田之后，所占之田在实质上便转化为私有土地，在土地兼并急遽发展的形势下，封建国家无法保证个体小农稳定地、连续性地拥有对小块土地的所有权，甚至连耕种权也难以确保；而在北魏均田制下，耕种者仅有使用权而没有所有权，土地所有权仍在封建国家手中。由于实行还、授之法，北魏可以长久地控制着一

① 《通典·食货典》。

部分国有土地用于对小农的分配，通过土地还、授过程，均田制可以使土地使用者与封建国家在经济上保持一种经常性的的联系，不仅可以使均田制度本身得以长久地贯彻实施，而且封建国家还可以土地为媒介来达到强化政治统治的目的。因此，北魏均田制较西晋的占田法的高明之处，在于还、授田上有所创造，把已丧失劳动能力或故亡者的土地重新收归国有，由政府出面组织劳动者与土地的新一轮的结合，以往的土地制度还没有做到这一点。

均田制关于还田的规定是“老免及身没则还田”。何为“老”？均田令未作明确说明。据《晋书·食货志》和《隋书·食货志》记载，两晋及北齐均以66岁以上为“老”，仅北周一度规定60岁以上为“老”。考虑到北周实行的是极为著名的“均赋役”的政策，北魏很可能也是以66岁为限。在封建统治者的心目中，农民不论年迈还是身亡，都不可能再承担国家赋税和徭役，因而也就不应该再受田。受田的前提是必须有能力为国家提供赋税，这是均田制的核心问题所在。

此外，是还田的几项特殊规定。如“奴婢、牛随有无以还受”，这项规定是针对拥有奴婢者和耕牛者的，毫无疑问，如同“桑田不在还受之限”一样，也是刺激大土地所有者极力维持和增加奴婢及耕牛数量以扩大地产的规定，是对贵族豪强地主阶级的一种政策性的照顾。“诸应还之田，不得种桑、榆、枣、果。种者以违令论，地入还分”，这既是一条保证露田数量，以确保粮食产量和政府财政收入的规定，又是以法律区分“口分”与“世业”田界限的条文。桑田的还田规定“举户老小”者，“年愈七十者不还所受”；“年愈七十者”虽已进入“老”限，但仍可不必还田，则可认为是北魏实行轻征赋税政策的反映，同时也是原始氏族公社的例行分配方式在北魏均田制中的残迹。“诸远流配谪、无子孙及户绝者，墟宅、桑榆尽为公田”，当在还田之列，但此类土地还官之后的重新分配却体现着“给其所亲”、“借其所亲”的精神，是一种基于血缘关系之上的分配优先权。至于“还受民田，恒以正月”的规定，也是由中国北方地区农业生产的特点及原始氏族公社晚期例行分配方式中的土地分配惯例遗存所决定的。

针对授田过程中可能遇到的有无土地可授的问题，北魏设计了以下三种调节方案。这些方案是对农民和大土地所有者利益关系的某种调节，其目的是为了保证均田制在实践中的顺利实施。

第一，明确“正田”与“倍田”及“再倍”之田的关系。这是对于大土地所有者的一种政策性的特殊照顾。豪族地主所占土地往往地处富饶之区，其所有土地皆可列为露田。在均田制的制度规定上，“露田”、“倍田”和“再倍”之田虽有严格的区分，但在农业生产的实践中却难以严格地把某块土堆确定为某类土地。因此，“以露田充倍（田）”的现象是极有可能发生的，这就为大土地所有者继续兼并土地留下了可乘之机。既然倍田和再倍之田处于“空荒”地区，那么，人少地多对于生产者来说也就没有多少实际意义了。但是，在地少人多的地区，正田、倍田和再倍之田的设计方案却对农业生产者受田起着某种限制作用。“桑田通入倍田之分”，“有进丁受田不乐迁者，则以其家桑田为正田分，又不足，不给倍田；又不足，家内人别减分。无桑之乡，准此为法”。“减分”的法则，使桑田、正田、倍田和再倍之田混为一谈，直接生产者在占有土地的数量上受到了严格的限制。

第二，明确“卖盈”与“买不足”的关系。北魏均田令规定：桑田“盈者得卖其盈，不足者得买所不足。不得卖其分，亦不得买过所足。”可见桑田买卖的基本要求是保证实现男丁20亩的桑田占有权。但既然土地的买卖法则可以进入桑田领域，可为世业土地的桑田归谁所有就成为一个问题了。这实际上也是为大土地私有者继续兼并土地打开了另一扇门。至隋唐时代，这个后门越开越大，均田制最终被冲垮了。

第三，明确“土广”和“地狭”的关系。所谓“土广”与“地狭”皆是相对于农业人口与可耕土地的比例而言的。正是基于这种概念，北魏均田令提倡和鼓励农民由“地狭”之处迁往“土广”之乡。在“土广民稀之处，随力所及，官借民种莳”，“其地足之处，不得无故而移”。相反，在“地狭”之乡，却一再用“桑田”、“正田”和“倍田”的折算办法来苛扣小农土地的占有量，“乐迁者听逐空荒，不限异州他郡”，而且“有新居者”还给予一定数量的宅地和菜田。这一调节方案，对于土地资源的开发利用具有一定的促进作用，表明北魏统治者比较重视农业劳动人口的适度分布，开始注意到运用政策手段调节农业人口的移动方向和移动数量了。

从以上的介绍可以看出，北魏的均田法令称得上是我国历史上第一个非常详细的土地成文法。

推行均田制，并不能解决北魏的全部经济和财政问题，还必须配套进行户籍和赋税制度改革。新租调制主要包括两个方面的内容，一是三长制，二是租调制。

实施均田制和新租调制，必须以国家掌握大量编户为前提，但北魏改制前的户调制度是混乱不堪的。两晋末年以后长时间的混乱，使中原地区原有的乡党邻里民间基层组织几乎全部陷于瘫痪，已失去分配土地，征发赋役的底账作用，北魏政府为了拉拢汉族地主集团，加强对农民的统治，曾将十六国以来的坞壁组织作为国家的基层政权，改坞主为宗主，形成“宗主督护制”。在北方长期战乱中，一些地主庄园纷纷武装起来以自卫，形成经济、军事合一的坞壁组织，在坞壁中聚集着成百上千的部曲，佃客，“或百室合户，或千丁共籍。”大量农民成为宗主豪强的荫户，“公避课役，擅为奸宄”[①]。而“魏初不立三长，故民多荫附。荫附者皆无官役，豪强征敛，倍于公赋”[②]。为什么豪强么租倍于国家赋税，而农民还要大量依附于他们呢？这一是由于豪强地主对土地的兼并，使大批农民破产，不得不为人作佃；二是由于战争环境。使小农难以自存，不得不依附豪门以求暂时安定。北魏统一后虽然暂时缓解了战乱因素，但在孝文改制前赋役征发异常沉重，加上地方的搜刮，就使许多农民宁愿依附强宗豪强，去做他们的荫户。因此，在宗主监护制下，户口的隐冒现象极为严重，当时甚至有“一宗将近万室，烟火连接，比屋而居”的情况[③]。人口大量流入宗主荫庇之下，意味着国家编户的迅速减少，亦即赋税剥削对象的减少，造成国家税源枯竭。北魏政府自然不能坐视不管，献文帝时就曾“诏均检括，出十余万户”[④]；孝文帝也于太和五年（公元481年）诏行“户籍之制”[⑤]，但这些大都是权宜之计，即使一时收效也难以维持长久，如果不从根本上解决问题，即从调整生产关系上着手，建立一整套严密而有效的地方基层组织，就无法把大量荫附人口从宗主的控制下争夺过来。

李冲针对这种情况，在均田今颁布的第二年二月，提出了建立三长制的主张：“冲以三正治民，所由来远，于是创三长之制，而上之”[⑥]。所谓三长，就是邻、里、党三长，由李冲制定其具体办法：“五家立一邻长，五邻立一里长，五里立一党长”。显然，三长制是历史上的乡亭间里制度演变而成的，但李冲的办法更加严密系统。三长皆“取乡人强谨者”充任，并给予“复征戍”的优待，“邻长复一夫，里长二，党长三”。三长的主要任务，一是校比民户，勘定户籍；二是督课赋税，征发徭役；三是推行均田，劝课农桑。三

① 《晋书·慕容德载记》。
② 《魏书·食货志》。
③ 《通典·乡党》。
④ 《魏书·韩茂传附韩均传》。
⑤ 《魏书·高祖纪》。
⑥ 《魏书·李冲传》。以下未注明出处者均引自此传。

长工作有成绩，还可以仍次迁升，即所谓“三载无愆则陟用，陟之一等”。

三长制实行后的首要任务是“定民户籍”，实际上是有组织地进行搜括隐户，以扩大政府赋税的纳税人口，因此，三长制对大地主豪强来说很不利，所谓“豪富并兼者，尤弗愿也”，说得正是这种情况，当时反对三长制的正是那些鲜卑贵族和中原的世族大地主，争论是不可避免的。李冲的意见得到了冯太后的赞同，并将其提交公卿会议讨论。“文明太后览而善之，引见公卿议之”。经过一番争论，在推行均田制的第二年——太和十年（公元486年）二月“遂立三长，公私便之”。

北魏政府推行三长制的真正原因是“课有常准，赋有恒分”，就是为了保证国家的赋税收入。实行三长制后，“宗主督护制”被迫退出历史舞台，地方政权组织和赋役征收体系基本建立起来，搜括户口的工作得以全面展开，“隐口漏丁，即听附实”；对“朋附豪势，陵抑孤弱”① 的现象，也可以及时发现和加以扼制。不仅如此，对那些被从地主豪门搜括出的农民可以有效地按照均田令授受土地，成为能够正常地生产和生活的“编户齐民”，政府的税源随之扩大了。由于承担国家赋役的人增多了，个体农户的赋税负担相对地减轻，史称，过去“州郡之民，或因年俭流移，弃卖田宅，漂居异乡，事涉数世”，而三长制实施后情况起了根本性的变化，“三长既立，始返旧墟”②。封建国家通过三长制将豪族地主手中荫附人口争夺过来，而均田制的实施，又使小农得到了一定量的土地，使逃税农户转变为承担纳税义务的编户齐民，这就为赋税制度的进一步改革和赋税负担的减轻奠定了基础。在此基础上，北魏的自耕农经济得到了迅速的发展，国家财政也有了较为稳定的基础。至少在这个时期，北魏政权确实做到了运用国家的财政经济力量把小农争取到国家户籍体系的控制之下，也同时运用国家财政经济力量战胜了豪强地主的兼并力量。

我们再来看改革租调制的问题。前已述及，北魏颁行均田制是为了保证国家的赋税收入，但是仅靠田制是不可能达到这个目的的，还必须相应地建立一种与均田制相适应的赋税制度。

北魏初，沿用魏晋旧制，户籍管理混乱，荫附者众多，农民赋役负担沉重。九品混通即魏晋的九品相通，计资定税，“贫富通拙”，本有均平负担的进步意义，但由于品级评定权操于地主官吏之手，他们大都“纵富督贫，避

① 《魏书·高祖纪》。

② 《魏书·李孝伯传附李安世传》。

强侵弱"[①]，因而弊端丛生。挣扎在饥饿与死亡线上的广大贫苦农民只有亡聚山泽，铤而走险。自北魏立国至孝文改制前不到100年时间内，见于史籍的农民起义就达80多次，封建统治面临着严重的威胁。为了缓和阶级矛盾和民族矛盾，并保证国家的赋税收入，北魏统治者不得不考虑对旧有的赋税制度进行改革。太和十年（公元486年），给事中李冲及时总结魏晋时期租调制的经验，结合北魏的社会实际，设计出一套新的赋税制度。

建议提出来后，得到了大多数官员的赞同，孝文帝随即全部采纳，诏令实施。"书奏，诸官通议，称善者众，高祖从之，于是遣使者行其事"[②]。

均田、租调与三长制先后颁布，同时并行，似为同一链条上的三个环节：通过均田将劳动力束缚在土地上进行生产，通过租调制征收农民的剩余产品，通过三长制检括户口，催督赋税。三者互为前提，互为作用，缺一不可，构成孝文财政改制的基本内容。我们根据均田制、三长制和新租调制的有关资料分析，可较深地体会到它们的内涵及历史意义。

第一，将土地分配与赋税征课紧密联系起来，说明推行均田制的根本目的在于取得赋税收入。均田制并不是赋税制度，而是一种土地管理制度，但在中国古代，田制与税制之间有着一种天然的、极为密切的联系。简单地说，田制即土地制度是赋税制度的前提条件，而赋税制度是建立在土地制度基础之上的，是土地制度的体现和保证条件。均田制规定，农民受田的前提条件是必须承担纳税义务，课税的年龄同时也就是受田的年龄，而还田的同时也就不再纳税，即"诸男夫十五以上，受露田四十亩，妇人二十亩"；"诸民年及课则受田，老免及身没则还田"。同时规定，受田农民迁徙行为要受到严格限制。"诸土广民稀之处……乐迁者听逐空荒"；"其地足之处，不得无故而移"[③]。这就强制性地把农民束缚在土地上，国家可较为稳定地征收其赋税。这些条文是均田制的要害部分，反映出均田思想的实质。均田制与新税制颁布后，授受土地、征收赋税均以"男夫"和"妇人"或"一夫一妇"为基本标准，可有效地防止过去以户为单位计征的种种弊端，同时把受田的奴婢、耕牛等也纳入计税范围内，还把麻田、桑田的征调分为绢、布两种形式，从而使新租调制完全建立在均田制的基础之上，田制和税制就这样前所未有地

① 《魏书·世祖纪》。
② 《魏书·食货志》。
③ 《魏书·食货志》。

结合起来了。在中国历史上，均田制第一次将土地分配与赋税征课如此紧密地结合在一起，反映出封建社会土地与赋税思想日趋成熟，封建国家宏观经济管理能力的提高。

第二，将赋税征课与劳动力条件紧密地结合起来。均田制下，农民受田，纳税的标准完全依据劳动能力强弱而定，如男多女少，使用耕牛者多、非牛耕者少，役使奴婢多者多，役使少者则少等等，将赋税征课与劳动力条件紧密结合起来，可使农民的纳税义务与其财产状况、承受能力更加适应，从而体现出合理负担的原则，也是北魏均田制所以成功的因素之一。李冲也有同样的思想，他主张改变过去按户征收赋税的办法，转而按丁口征税，这种变化是与均田制按丁口授田的规定相适应的，同时也是针对当时“百室合户，千丁共籍”的状况，旨在使隐漏的丁口成为国家赋税的承担者。同时他在新税制中作出这样的规定：“民年八十以上听一子不从役”，失去劳动能力者可以免去赋役负担，由“三长内迭养食之”。这些规定考虑到纳税者的负担能力，比较公平合理，其性质与均田的有关思想是一致的。另外还要指出，按丁口授田课税，亦即按劳动力条件授田纳税的思想也强烈地影响到南朝，如梁陈时期，“始去人资，计丁为布”，将田租户调改为按丁征收，即是这种影响的表现，说明它是比较适应南北朝的政治经济情况的。

第三，用经济手段限制豪强兼并，维护国家赋税来源。均田制中有“若同时俱受，先贫后富”的规定，说明它有这方面的意义。均田制并没有触及大土地私有制，不仅如此，它还对豪强占田作了优厚的照顾，如“奴婢受田”、“丁牛受田”等。使均田制抑制兼并的作用有所减弱，但这也是为减少改制阻力所必需的。授田时先贫后富，是为了保证贫弱小农占有耕地的数量，使其“力业相称”，正常地生产和输税，而对原先就广有良田的豪强地主则不再作优先考虑。这样做是从国家财政利益出发的：在保证豪强利益的同时，也要对其无休止的兼并行为给予适当的限制，以保证国家赋税基础。实行均田后，由于有法可依，官僚权贵的兼并行为的确有所收敛，但更为重要的是，北魏政府充分利用手中掌握大量无主荒地这一有利条件，确曾比较普遍地授田给农民，这在中国古代是甚为罕见的壮举。它对于封建政府纳税人口的增加、农业经济的恢复和财政状况的改善无疑具有积极的促进作用。

李冲建议推行三长制与新租调制改革，也是出于同样的考虑。如前所述，推选三长制的目的，一是强化中央集权，削弱地方豪强兼并势力，保护国家税源；二是清理整顿户籍，进行有组织的搜括荫附、流散人口，增加国家赋役的征发对象；三是为推行均田制和新租调制提供必备条件。在税制改革中，李冲为新税制设计出一种比较低的税率，使赋税征收成为一种与贵族豪强争夺劳动力的经济手段。要想把荫附、漏税人口争夺过来，仅靠三长制那样的行政手段进行“检括”是不够的，还必须发挥经济因素的作用，利用税制改革的机会，给农民以看得见的利益，将他们“引诱”过来。用李冲的话说，是“既知其事，又得其利，因民之欲，为之易行”，就是要让百姓了解轻税的好处，自愿成为国家编户。这样，豪强的荫户就可以很容易地争取过来，国家的纳税人口就会大大增加。具体说，如果按照旧制征收，粟 20 石、帛 2 匹的税额分摊于 50 家、30 家合于一户的大户中，则每户的负担固然不重，但对于三五家或五七家合户的小户来说，其负担就比新税制规定的一夫一妇的负担要重了，如果是孤门独户，那就不堪其重了。这还不包括杂调在内。而且应当看到，不论是几十家还是几家合户，虽然逃避或减少了交与官府的国税，但却要遭受宗主豪强“倍于公赋”的地租剥削。所以在新租制施行后，就会使农民们感到，与其依附于豪门，还不如做国家的编户，正常地生产和纳税。《通典·历代盛衰户口》称北魏盛时户达 500 多万，比西晋统一南北时的 214 万多增加了一倍余，这当然不能视为人口的自然增殖的数量，而是均田制和新租调制在争取小农即纳税人口的过程中发挥了巨大的效力。

新税制税率较低，会不会影响国家的赋税收入呢？不会。因为通过三长检括和新租调制的引诱，使隐户大出。纳税人口迅速增加，国家的赋税收入不但不会减少，反而大大增加，《魏书·食货志》中称孝文改制后“府藏盈积”的记载就是证明。

第四，在新制中贯彻鼓励生产的原则。这一原则在曹魏租调制和西晋占课田制改革中均曾得到一定的体现，李安世和李冲继承了这一进步的思想，并将其有机地融汇在新制的条文中。如均田制中规定的“诸土广民稀处，随力所及，官借民种莳”①，“乐迁者听逐空荒，不限异乡他郡”，是鼓励开垦生荒地；“诸远流配谪，无子孙和户绝者，墟宅桑榆尽为公田，以供授受”。是鼓励垦种熟荒地。条文中还规定桑榆果木地“限三年种毕，不毕，夺其不毕之地”②。由于北魏统治者比较自觉地运用经济手段调节经济活动，使得农业生产以比较快的速度恢复和发展起来。

① 莳，音 shi，称栽，种植之意。

② 《魏书·食货志》。

中国自汉武帝以来，如何使流民与土地重新结合起来，一直是个难以解决的问题。从汉代的“假民公田”，到曹魏的“募民屯田”，再到西晋的占田课田，无一不是企图促使农业人口与土地重新结合的政策措施。但这些政策措施仅是一种“占田垦草”式的单轨性运动，并未形成往复性的和周密性的余地制度。而北魏的均田制做到了有授有还，还田之后再授，使封建国家寻找到了一种既能有效控制国家户籍，又能不间断地授田于编户齐民的途径，不仅使小农有了可以作为世业土地的桑田，也使国家土地制度有了赖以延续的基础。这样的制度，可以使“望绝一廛”的贫苦农民多少得到一定数量的土地，促进荒地的开垦，使当时“地有遗利，民无余财”的积弊有所减轻。史载。均田制施行后，“百姓殷阜，年登俗乐，鳏寡不闻犬豕之食，茕独不见牛马之衣”，“于时国家殷富，库藏盈溢，钱绢露积于廊者，不可较数”[①]。均田后的府库充实与均田前财政困窘的局面形成鲜明的对照，其原因并非一个，但当时大规模的垦荒种植，农作物产量大幅度增长是最基本的原因。

北魏的均田制与和新租调制在中国赋税史上占有重要的地位，它们不仅在北魏孝文、宣武之际的“四方无事，国富民康”[②] 中发挥了重要作用，而且相沿实行于北齐、北周、隋、唐，一直到公元780年唐中期颁行两税法，才告废止，前后长达300年之久。其间，只是隋以后将实物代役的“庸”并入，成为“租庸调”，其基本内容并无大的变化，是中国封建社会中影响最大，实施时间最长，并且效果也最为突出的一种土地和赋税制度。它适当着当时社会生产力发展的内在要求，有效地推动着封建社会经济的恢复和发展，并为隋唐大帝国的繁荣奠定了基础。

五

西魏、北周时期的改革涉及政治、军事、经济和文化等方面，但其核心部分是财政政策的调整和财政制度的进一步改革。

① 《洛阳伽蓝记》卷4。
② 《魏书·任城王云传》附《元顺传》。

魏末长期战乱，给关陇地区的社会经济造成极大的破坏，如岐州本为一个大州，但直到公元539年前后，户口不过3000人。宇文泰注意吸收汉族人士参与决策过程，重用其代表人物苏绰，进行了一些符合关陇经济与社会发展需要的改革活动并取得了实效。苏绰为其确定了公文“条式”（即规程、法度），又创设计账户籍之法，裁减冗官、设置屯田等制度，并制定了《六条诏书》，于大统七年（公元541年）奏请施行。《六条诏书》是苏绰根据当时的实际情况，将汉人的治国经验概括为简明扼要的六条，引导鲜卑统治者治国谋求善治，这正是宇文泰所日夜渴求的“帝王之道”。六条的内容是：一治心，二敦教，三尽地利，四耀贤良，五恤狱讼，六均赋役。宇文泰对此极为重视，不仅立即颁行，还专门设立学校，挑选中下级官吏在夜间到学校学习，严格规定：“其牧守令长，非通六条及计账者，不得居官。”《六条诏书》是西魏北周施政的纲领，不少改革措施都因之而生发，其中三、六各条，更是集中说明均田、赋役问题，是当时政府及其官员处理国家财政赋税事务的指导性文件。

宇文泰、宇文邕的改革活动顺应了当时历史发展的总趋势，扼制住了鲜卑化逆流的反弹势力，避免了北齐那样严重的胡、汉冲突和亡国命运。通过府兵制的创置，北周形成了一支不断发展壮大、直属君主指挥的武装力量；通过毁佛运动，抑制了寺院经济势力的恶性膨胀，保证了均田制和府兵制的有效推行；通过大规模放免奴婢、杂户，既限止了豪强的势力，又解放了生产力，国家直接控制的劳力与兵源也扩大了。改革大大增强了北周的政治、财政和军事力量，使其由弱变强，并最终灭亡了原先地广、人众、财丰的北齐。周武帝没有就此满足，他“破齐之后，遂欲穷兵极武，平突厥，定江南，一二年间，必使天下一统”[①]，这是他的志向。应该说，西魏北周的改革和对北方的统一，基本上完成了六镇鲜卑的汉化问题，中国北方漫长的分裂割据和民族融合的历史已经结束了，而此时江南的陈朝则“日薄西山，气息奄奄”，根本无法抵御来自北方的进攻。中国的历史在经历了近三百年的分裂割据之后，正在无可阻挡地走向统一，而周武帝宇文邕很有可能成为完成统一大业的人。然而，天有不测风云。统一北方后不到两年，他在一次攻讨突厥的战争中突发重病，于宣政元年（公元578年）六月死亡，年仅36岁。不久，隋文帝杨坚夺取了北周政权，并于公元589年统一了全国，中国从此进入了新的历史阶段，一个更加强大的中央大帝国出现了。

---

① 《周书·武帝纪下》。

第六章

以户定税　归农正赋

——隋代税史论

公元581年，北周的丞相杨坚夺取了北周政权，自立为帝，建国号为隋，改元开皇，并于公元589年灭陈，统一了全国。隋的统一，结束了魏晋南北朝以来长达360年分裂割据的动荡局面。这是政治趋向稳定，经济得以发展，国力日益强盛，中国封建社会走向全盛时期的转折点。

历经360年的分裂割据，国家经济运行遭到严重摧残和毁灭性打击，国民经济几近崩溃，再生产衰退、劳动力短缺、商品经济萎缩以及财政过度拮据。面对这重重的政治经济危机，以隋文帝扬坚为首的封建统治集团励精图治，除旧布新，十几年间，成效斐然。封建经济不仅从危机中走出来，促成了开皇中期的小康局面，而且“隋富”到历代莫如的程度，特别是其赋税收入仅以租调徭役为主，基本废除了专卖、工商税、杂税以及各种各样的杂征。历经千年逐步发展的中国税制体系，在隋代有戛然而止的感觉。因此，有必要较为深入地研究“隋富”的多方面原因，以寻求其历史发展的轨迹。

一

隋代国家财政充裕为历代所不及，“隋富”究竟是一个什么概念？

史载：隋初，“时百姓承平日久，虽数遭水旱，而户口岁增。诸州调物，每岁河南自潼关，河北自蒲坂，达于京师，相属于路，昼夜不绝者数月”[①]。“人庶殷繁，帑藏充实”[②]。隋代曾修建了许多著名的大粮仓，“隋氏西京太仓、东京含嘉仓、洛口仓，华州永丰仓，陕州太原仓，储米粟多者千万石，少者不减数百万石。天下义仓又皆充满，京都及并州库布帛各数千万而锡责勋庸，并出丰原，亦魏晋以降之未有”[③]。“隋氏资储遍于天下，人俗康阜”[④]。“开皇十七年，户口滋盛，中外仓库，无不盈积”[⑤]，“计天下储积，得供五六十年”[⑥]，现代考古发掘亦证实了史载完全可靠。隋代财政之富裕确实为前代所未有。

开皇“十二年，有司上言：库藏皆满。帝曰：朕既薄赋于人，又大径赐用，何得尔也[⑦]？”文帝的意思是，我既轻税于人，没有加重赋敛，也没有特别节省支出，怎么会有如此赢余？再者，“文帝受禅之初，即营新都，徙居之。继而平陈，又继而讨江南岭表之反侧者。仅此十余年之间，营缮，征伐，未尝废也”[⑧]。可见支出规模绝对不能说小了，然而，其就是仅仅靠租调收入，不仅平衡了各方需要，而且年年有余。众人不可思议！文帝本人亦感到奇怪，后人更难以解释。马端临即曾就此提问：“按古今称国计之富者，莫如隋。然考之史传，未见其有富国之术也”，“夫既非苛赋敛以取财，且时有征以糜财，

---

① 《隋书·食货志》。
② 《隋书·高祖纪》。
③ 《通典食货典·丁中》条注文。
④ 《通典食货典·丁中》。
⑤ 《隋书·高祖纪》。
⑥ 《贞观政要》。
⑦ 《隋书·食货志》。
⑧ 《文献通考·国用考一》。

而赏赐复不吝财，财宜用度之空匮也，而何以殷富如此，史求其说而不可得”[①]。

而有司的答案是：“对曰，用处常出，纳处常入，累计每年赐用至数百万段，曾无减损”[②]。支出虽多，但收入更丰，以收抵支，自然年年有余了。

故而，没有“富国之术”是不可能的，正如顾炎武在分析隋代税收充裕的现象时指出：“必有生财之方，而后赋税可得而收也”[③]。“隋富”则有其各种行之有效之术。

详细考察隋史，其财税收入，几乎就只局限于租调收入，即为单一的土地农业税制形态。

除此之外，没有其他什么税课，即使租调之征也大为减轻。这就需要综合的考察和分析高度繁荣的财政经济与隋代政治经济改革的关系。

另外，论及隋代的财税制度，也必须面对隋代的政治经济改革，因为这一改革的深度和广度，是以往历代所不能比拟的，它涉及法制、政制、吏制、兵制、田制、户制、税制、役制等，彼此纵横交错，繁简交织，改革的目标则是发展社会经济，巩固中央集权，将中国封建社会推向辉煌和全盛的起点。

职官制度改革。“高祖既受命，改周之六官，共所制名，多依前代之法”[④]，意即隋文帝废除了北周时期的六官制度，在汉魏北齐官制的基础上，创建了三省六部制度。

三省就是尚书省、门下省和内史省，尚书省是处理日常政务的机构，长官是尚书令；门下省是审议机关，长官是纳言；内史省是决策机关，长官是内史令。三省之间互相制约，共同行使职权，由此组成中央最高的统治机构。

尚书省置左右仆射各一人，下设吏部、礼部、兵部、度支（后改为户部）、都官（后改为刑部）、工部，是为六部。

吏部掌管官吏的任调和考核，礼部主要是祭祀，接待外国使节等事务，兵部则掌握军权；刑部掌管刑狱；户部掌管国家经济；工部的职能是组织屯田和修水利工程。

六部尚书分掌全国政务，自隋定型。全国各地大小官吏都由中央任命，规定地方长官每年到中央报告工作，由吏部考核，评定考绩。中央随时派员

---

① 《文献通考·国用考一》。

② 《隋书·食货志》。

③ 顾炎武：《日知录》卷12，《财用》。

④ 《隋书·百官志下》。

去各地巡视，以强化皇权及对官吏的控制和纠察，提高行政效率，保持政务畅通。

三省之外，又有三台，即御史台，掌管稽查与监督；谒者台，掌管传达命令；司隶台，掌管巡察京城内外的情况，三者合称为三台。

隋代创设三省六部制是加强中央集权的一项极其重要的政治制度，而设置御史、谒者、司隶三台，主要是加强对官吏的控制和纠察，也即职官制度的一项重大改革。隋代政府在政府机构体制方面的改革，确实取得了较大的成效。

由于隋王朝短命而亡，这项行政体制改革的巨大优越性并没有在它统治时期充分地发挥出来。但历史的发展已经证明隋代的这项改革是彪炳我国行政管理发展史上极其辉煌的一章。

地方政制改革。隋初曾延续北朝州郡县三级地方体制，但该体制机构重叠，冗官冗吏充斥，冗费庞杂，政令不畅，办事效率低下，官僚主义盛行，财政不堪负担。又载："沙州二郡二县，湘州三郡三县，显州四郡四县，南朔、北江六郡六县。""有二郡共一县，更有设郡无县者"[①]。"百家之邑，便立州名，三户之民，空张郡目"[②]。故隋文帝受禅，杨尚希时见天下州郡过多，"上表曰：自秦并天下，罢候置守，汉、魏及晋，邦邑屡改。窃见当今郡县，倍多于古，或地无百里，数县并置，或户不满千，二郡分领。具僚以众，资费日多，吏卒人倍，租调岁减。清干良才，百分无一，动须数万，如何可觅？所谓民少官多，十羊九牧"[③]。开皇三年，隋文帝采纳了杨尚希的建议，本着"存要去闲，并小为大"的原则，下诏废除郡一级，改行卅县二级制。这是郡县制的一大改革。

并省郡县，精简机构后，彻底改变了隋初"民少官多，十羊九牧"的冗滥现象，行政体制的面貌焕然一新，县以上的行政单位比北朝时期减少了三分之一，裁减（并）地方冗官172000人，节约俸米7900万石[④]，财政负担大为减轻。机构精干，效率提高，为政治经济改革创造了一个有利的氛围和基础的条件。

兵制改革。隋文帝在军事上彻底改革北朝的府兵制，是其实行了一系列

① 《隋书·地理志》。

② 《北齐书·文宣帝纪》。

③ 《隋书·杨尚希传》。

④ 李炜光著：《中国财政史述论稿》中国财政经济出版社1999年版，第158页。

的政治措施的一个极其重要的组成部分。

府兵制源于北朝西魏时期，为宇文泰所创设。他将府兵另设军籍，不编入一般的户籍，也不向政府承担各种赋税徭役，府兵战时打仗，平时则屯田耕种。

开皇十年五月，隋文帝实行兵制改革，下诏："凡是军人，可悉属卅县，垦田藉田，一与民同"[①]。即将原来单独编制的府兵户籍划归地方管理，兵籍与民户同隶州县，使军民共籍，兵农合一，改变了过去兵民分治的现象。士兵如同民户，按照均田法令同样可以分得一份土地，从事农业生产，并享有免纳租调，免服徭役。使府兵制与均田制充分的结合起来，建立在均田制基础上的府兵制，有利于发展社会经济，有利于强化中央集权。

府兵制改革的意义在于：

第一，军民共籍，兵农合一，家庭有人入伍，则免府兵本人租调，其他成员照常纳税服役。共籍分职，制度规范，既增加国家赋税收入，又减少人口荫庇现象，可谓一举两得。

第二，府兵制的特征就是：农时生产，闲时训练，战时出征。这样不违农时，不耗劳力，不费军费。寓兵于农，既加强了军队的战斗力，又节省了大量的财政开支。所以欧阳修盛赞："畜兵府卫之制，故兵虽多而无所损"[②]。

第三，府兵制的经济机制，是国家无军费开支，士兵免征租调徭役。这在一定程度上减轻了农民的服役负担，这对于恢复农业生产和发展社会经济大有裨益。

首创科举制度。隋文帝首创的科举制度，成为此后我国封建社会延续一千余年的选官制度的最基本方法。

自曹魏起，就开始推行九品中正制，即根据家族官位的高低来评定"士"的"品第"。按规定品分为九等，即上上、上中、上下、中上、中中、中下、下上、下中、下下，这就是所谓"计资定品"。国家选官用人，就全凭品第的高低，量品第而录用。豪门士族垄断仕途，形成"上品无寒门，下品无士族"的门阀政治制度，这威胁着中央集权，也阻碍了社会的发展。

隋文帝顺应历史发展的潮流，彻底废除了九品中正制，实行科举制度，用分科考试的办法选拔官吏。科举制度，重才学，次门第，量"才"取士，

---

① 《隋书·高祖纪》。

② 《新唐书·食货志》。

这一选士制度打破了豪门士族垄断政权的局面，反映了庶族地主经济发展，要求参政的强烈愿望，同时也标志着封建王权企图集中整个地主阶级的力量来加强统治。

他求贤心切，思贤如渴，开皇二年“诏举贤良”之士①，开皇三年又下诏说：“如有文武才用，未为时知。宜以礼发遣，朕将铨擢”②。七年春命：“诸州岁贡三人诣京”③，九年平陈后又下诏“见善必进，有才必举”④。此后又下诏公卿士庶，要求“内外官各举所知”。即使他死前一年还下诏令：“州县搜扬贤哲，皆取明知今古，通识治乱，穷政教之本，达礼乐之源，不限多少，不得不举。限以三旬，咸令进路”⑤。

唐人刘秩曾说：“隋氏罢中正，举选不本乡典，故里闾无豪族，井邑无衣冠，人不士著，萃处京畿”⑥。由此可见，科举制度的实行，就是把读书、应考和任官三者结合起来，这一选官制度，一方面使封建国家从地方士族豪强手中夺回选拔人才的权力，增强王朝的控制力，以巩固中央集权；另一方面也使庶族地主也有机会登上政治舞台，施展抱负，表达政治意愿，从而扩大封建地主阶级的统治基础。

当然，科举制度存在着各种流弊，但历史唯物主义的基本要求，就是把历史问题放在特定的历史环境中去分析，那才有可能得出正确的结论。

颁布《开皇律》。开皇元年，隋文帝即位不久，便令大臣着手制定新律。两年后，《开皇律》颁布。《开皇律》以律为主，律令格式并行，计 12 篇 500 条，以“刑网简要，疏而不失”而著称。

刑罚分五种：一为死刑，二为流刑，三为徒刑，四杖刑，五为笞刑。《开皇律》正式确立“十恶”制度，明确刑律打击的重点对象。并严令犯“十恶”之条者，虽然遇大赦之机，仍要除名。《开皇律》确实是维护隋代统治阶级利益，镇压人民反抗的刑罚制度。但是，《开皇律》相比以往各朝，刑罚多少有点减轻，尤为可贵的是取消了宫刑、辕刑、枭首、鞭刑和孥戮等酷刑。史载：“蠲除前代鞭刑及枭首、辗裂之法，其流徒之罪皆减从轻”⑦。开皇律规定开皇三年（公元 583 年）更下诏重定，减去死罪 81 条，流罪 154 条，徒仗等罪 1000 余条，只留下 500 条刑律⑧。这些约法省刑的措施，大大缓和了阶

①②③④ 《隋书·高祖纪上》。

⑤ 《隋书·高祖纪下》。

⑥ 《通典·选举五食货典·杂议论中》。

⑦⑧ 《隋书食货典·刑法志》。

级矛盾，促进了社会的稳定。

另外，在诉讼程序上也有较大的改革，百姓有冤可以告之县官，也允许越级上诉，直至中央王朝。开皇二年又下诏，各地死刑犯人，不得在本地处决，必须押送大理寺（全国最高司法机关）复审，复审完毕由尚书省奏请帝皇裁决。开皇九年，又敕令犯人要历经三次奏请才能行刑。

显然，隋代的《开皇律》废除了过去的严刑苛法，强调“慎杀、少杀”，反对“酷刑折人”，完善了封建的刑律制度，这是我国古代法制史的一大进步。《开皇律》共12篇500条，以“刑网简要，疏而不失”而著称。在刑罚制度上，《开皇律》确立了封建时代比较进步的五种刑名，废去一些残酷的刑罚。《开皇律》对后世的封建法律制度产生了较大的影响。

法制整饬。整饬法制，严肃法纪，杜绝两晋北朝以来的官场腐败、颓废之风。史载，隋文帝“未及十年，平一四海。薄赋敛，轻刑罚，内修制度，外抚戎夷。每旦听朝，日晨忘倦，居处服玩，务存节俭。令行禁止，上下化之。以至自强不息，朝夕孜孜，人庶繁殷，帑藏充实”①。这是隋文帝高度重视法制建设和政治经济改革的基点，是实行“开皇之治”的重要保证。

隋文帝崇尚俭朴，对贪官污吏十分严苛，特别重视革除贪污奢侈之弊，隋文帝即位就着手制定新律，以完整的严密的法制体系，确保改革的顺利进行。

第一，诏令规定公卿以下各级官吏按品级分给职分田，作为养廉之需，但法律又明确规定豪强官吏不得侵夺民间财物，凡有贪污受贿营私舞弊者，处以极刑。史载：文帝曾在一年中“免长吏脏污不称者二百余人，州县肃然，莫不震惧”②；又“私使人钱帛遗之，得犯立斩”③。可谓有法必依，违法必究。

第二，隋政府经常派员巡视各地法制与吏治状况。隋文帝三子杨俊，生活奢侈，私造宫室，即被文帝敕令归第禁闭；太子杨勇也因奢侈好色，而被废黜。对官吏违法渎职，小罪重罚，以儆效尤。

第三，对基层官员，包括行政人员，厉行法制，严肃法纪，赏罚分明。开皇十一年，临颍县令刘旷考绩第一，被擢升营州刺史。五年后汴州刺史令

① 《隋书·高祖纪》。
② 《隋书·柳彧传》。
③ 《隋书·刑法志》。

狐熙考绩第一，赐帛 300 尺，布告天下嘉奖。开皇二十年齐州小吏王伽，执法认真，使归家罪犯自觉按期到京城报到。文帝亲自召见王伽，并布告天下嘉奖。当然对冒伪舞弊渎职行为，或流配，或重刑。

经过整饬，隋初的政治比较清明，法制健全，吏治整肃，社会风气有所改进。

实行轻徭薄赋政策。隋初不仅废除了百姓怨声载道的苛捐杂税，还“罢东京之役，除入市之税”①。国家的赋税收入几乎完全依赖于“租调役”，即对农业（租）、家庭手工业（调）和农业劳动者本身（役）的课征。《文献通考》对此评价为：“夫酒榷、盐铁、市征，乃后世以为关于邦财之大者，而隋无一所取，则所仰赋税而已”②。可以说隋代的赋税，基本是就是单一的土地农业税制形态。

轻徭薄赋的政策，还表现在多次蠲免赋税上。开皇三年（公元 583 年），将成丁年龄由 18 岁提高到 21 岁，男子服役推迟了 3 年，服役日数，由 30 天减为 20 天；调 1 匹由 4 丈减为 2 丈。

开皇七年，江陵民给复（免除徭役）10 年；开皇九年，江表给复 10 年；开皇十二年，河北、河东田租三分减一，兵减半，功调全免；开皇十三年，战亡之家给复 1 年；开皇十六年，蠲免全国赋税；开皇十八年，河南八州免其课役。总计 12 年时间，共有六次蠲免，次数之多为我国历史上所罕见。

由此，可以看出隋初的轻徭薄赋政策，既实行单一的土地农业税制，又给予租调的经常性蠲免，显然，这是促进经济发展，赋税丰足，财政富裕的重要原因。

单一的土地农业税制，有益于商品经济的发展；适时减轻租调的征课，有利于农业经济的恢复。苛敛民财，无益于国计；轻徭簿赋，却库藏皆满，经济繁荣。

隋文帝兢兢业业，励精图治，他在开皇年间改革措施，不仅促进了隋代社会生产力的发展，赢得了“开皇盛世”，而且为整个隋唐政治经济文化的繁荣奠定了坚实的基础。

---

① 《隋书·食货志》。

② 《文献通考·国用考》。

故有史书称“隋文帝杨坚是中国封建社会最杰出的改革家之一”①。

上述简单的探索了隋初在政治经济方面的改革，其带有实质性的改革措施，主要还是集中于田制、户制、税制和役制方面，考虑到文体结构，故在下面进一步展开。

二

隋承袭北魏的均田制，开皇二年（公元 582 年），隋文帝颁布了新的均田令。

均田制的主要内容是：

按照北齐田制，所授土地分为露田和永业田。露田属国有性质，不能买卖，届时依法还田；永业田包括桑田和麻田，属私有土地，可以继承，也可以买卖。按齐制规定，丁男受露田 80 亩，永业田 20 亩，妇女受露田 40 亩，故一夫一妇之家，可受田 140 亩。

按官品授予的职分田，标准如下：一品官 500 亩；二品官 450 亩；三品官 400 亩；四品官 350 亩；五品官 300 亩；六品官 250 亩；七品官 200 亩；八品官 150 亩；九品官 100 亩。职分田不同于永业田，属国有性质，解官依法还田。

高级官吏均授永业田，属私有土地。

公廨田是授于官署的，与官员个人无关，其收入为公廨钱，充作官府的行政经费。公廨钱始创于开皇十四年，拟作专项基金，既可充裕地方经费，减轻百姓负担，又可辅助或促进经济事业。

奴婢按成丁受田，但有人数限制，亲王限 300 人，一般地主限 60 人。

士兵“可悉属州县，垦田藉田，一与民同”，同等受田。

均田制的基本性质：

第一，均田制有利于封建官僚及地主阶级，官位越高，受田越多。高级

① 陈凡主编：《二十四史人物与故事丛书——隋唐五代卷》，太白文艺出版社 1994 年版，第 6 页。

官吏即自亲王至都督，皆给永业田100顷。按其占田数量计算：永业田100顷，即1万亩；职分田500亩；奴仆300人，男女各半，男仆150人为15000亩，女奴150为6000亩。总计为31500亩。也就是说：一个高级官吏的受田数等于220户农民家庭。

奴婢按成丁受田，尽管有人数限制，但受田标准过高。形成世族豪强之家畜奴婢越多，占田越广。

第二，均田制无法抑制土地兼并。均田制是在不触动地主土地私有制的前提下，将大量无主荒地或部分公有土地进行分配，这些土地属于国家所有，而帝王又是代表地主阶级利益。因此，均田制就是帝王在国家利益和地主阶级利益之间所寻求的一种脆弱的政治经济平衡。

永业田就是维持这一平衡的支点，没有永业田，也没有支点，更无所谓均田；而有了永业田即使很小很小的份额，大土地所有者随时都在觊觎这块带着血汗的土地，弱势群体与强势集团之间的均势是无维持的，土地兼并无法抑制的，这是土地私有制的运行规律。

第三，均田的优先权属于地主阶级。均田制规定民户受田的亩数，然而却无法解决农民的实受土地，国家是不可能真正按照受田额授田。这里既有狭乡农田不足，人口众多，又有“户口滋多（生），民田不赡”等原因。太常卿苏威曾建议“欲减功臣之地以给民”[①]，引起贵族地主阶级的反对，隋文帝只能就此作罢。

均田制的意义主要是：

第一，均田制对发展隋代社会经济起着巨大的促进作用。在不触动封建地主阶级土地私有制的基础上，通过均田，国家把一部分无主荒地和公有土地分给无地和少地的农民，可使无地少地的农民多少分配到一些土地，有利于检括户口，整顿户籍，从而使政府直接控制了全国劳动力资源，使大量抛荒的土地得到开垦，扩大了耕地的面积，确保了国家的赋税收入，促进了社会经济的迅猛发展。

第二，均田制在一定程度上限制士族豪强对土地的兼并。通过均田，或多或少遏制了土地兼并的恶性发展，调动了农民的生产积极性，促进了社会生产力的发展，也为国家的赋税收入开辟了更广阔的财源。

此外，均田制还废除原来丁牛授田的规定，禁止耕牛授地，是平衡土地

① 《隋书·王谊传》。

占有以及均田的有效措施，更是调节广大农民对土地依赖的重要举措。禁止耕牛受地，直接制约了拥有大量的耕牛的世族豪强额外地占有土地，有利于解决农民无地少地的现象。

第三，均田制既增加国家的赋税收入，又减轻了劳动者负担。均田制有利于检括户口，整顿户籍，大量隐漏户、庇阴户、依附及浮游人口转为国家编户，给农业生产提供了充足的劳动力资源，农民回归土地，农业劳动生产力大大提高，耕地面迅速扩大，输籍法，“定其名，轻其数”，既大幅度减轻了中下农户的负担，又确保了国家的赋税收入，自然，“隋代之盛，实由于斯”。

另外，“凡是军人，可悉属州县，垦田藉田，一与民同”，士兵如同民户，按照均田法令同样可以分得一份土地，从事农业生产，免征租调徭役。这在一定程度上减轻了农民的服役负担，这对于发展社会经济大有裨益，同时又增加了国家的赋税收入。

隋立国之初，仍然延续着南北朝时期以来封建国家与士族豪强之间对人口的争夺矛盾，其势愈演愈烈。“其时承西魏丧乱，周齐分据；暴君慢吏，赋重役勤，人不堪命，多依豪室，禁网隳紊，奸伪尤滋。”[①] “是时山东尚承齐俗，机巧奸伪，避役惰游者十六七。四方疲人，或诈老诈小，规免租赋”[②]。户籍制度是赋税制度的基础，户口疏漏严重侵蚀了国家的税源。为了加强对劳动人口的控制，进而保证政府有效集中全国财赋，进一步巩固和强化中央集权，改革的重点必须是解决官府农业劳动力之不足，于是始有“大索貌阅”和“输籍定样”之法。

史载：“开皇三年（公元583年）高祖令州县大索貌阅，户口不实者，正长远配，而又开相纠之科。大功已下，兼令析籍，各为户头，以防容隐。”[③] “大索”就是全面清查户籍，搜刮隐户，将脱离了户籍的“避役惰游者”，“避公税依豪强作佃家”者，搜刮出来重新著籍；“貌阅”主要针对诈老诈小、隐匿丁口等“户口簿记不以实”的情况，依据人的体貌外形检查年龄之实。意思是整顿户籍由州县主持，派员现场清查户口，核对户籍与本人貌龄，如有不实，里正、党长流配他乡，同时实行相互监督举报。大功（堂兄弟）以下的亲属，一律分门立户，以防隐户和依附。

---

① 《通典·食货典》。

②③ 《隋书·食货志》。

“大索貌阅”就是进行全国性的户口清查，通过这次检括，结果“计账进四十四万三千丁，新附一百六十四万一千五百口”[①]，效果斐然。

此后，有“（曹州）得户数万”[②]；“（齐州）得隐户数千”[③]；“（山东）令自归首，至者一万户”[④]。大业五年（公元609年）又进行了一次全国性貌阅，“诸郡计账，进丁二十四万三千，新附六十四万一千五百”[⑤]。史料记载不少，其制行之有效。

貌阅制，就是“阅其貌，以见老小之实”的户口检括措施，隋代的大索貌阅也是我国封建史上一次规模较大、成绩较显著的整顿户籍、核实户口的举措。“大索貌阅”有效地纠正了魏晋以来聚族成户、逃避税收之弊，解决大量隐漏户口，集中了国家财源，促进了租调制平稳实施。

隋初在实行“大索貌阅”的同时，其宰相高颎建议：“人间输课，虽有定分，年常征纳，除注恒多，长吏肆情，文账出没，复无定簿，难以推校，乃为输籍定样，请遍下诸州。每年正月五日，县令巡人，各随使近，五党三党，共为一团，依样定户上下。帝从之，自是奸无所容矣。”[⑥]意即官吏肆情或袒护作弊，户等划分不实，百姓难以接受，就会严重阻碍户口检括（大索貌阅）。

为此，拟由官府根据民户所拥有的土地、财产及人丁多寡，划为上中下三等，注册造籍；再按户等高低及各自负担能力，从轻制定出每等户的应纳税额，称为“定样”，然后将其颁发下去，州县据此执行，记录簿册，作为今后征税的依据。每年正月五日各县派员下乡巡视，以500家或300家为团，据册核实，防止吏员庇护作弊，故称“输籍法”。

隋文帝采纳了宰相高颎建议，输籍定样法颁行全国。

输籍法，谓之“定其名，轻其数”，大幅度减轻了中下农户的负担，所以“浮客悉自归于编户”，显然，通过输籍法，大量隐漏、荫附和逃亡的民户成为国家的编户，而且有效清除了世族豪强长期隐占户口、分割国家财源的弊端，从而确保政府赋税收入，加强了中央集权。同时，也为隋代的富裕奠定了坚实的基础。

史实也证明了这一政策是正确的：开皇九年前通过大索貌阅及输籍定样，使“浮客悉自归于编户”。当然，大量的避役惰游者是政府强行搜寻出来的，

---

①②③⑤⑥ 《隋书·食货志》。

④ 《隋书·令狐熙传》。

但这些人重新著籍，从而使隋初人口大增，却是无可置疑的。可见“大索貌阅”和“输籍定样”的效果显著。

开皇初年，按察曹州户口，“得户数万”；沧州户籍不市，加以晓谕，“令自归首，至者一万户”[①]。两个关东的小州，每州刮户竟以万计，可见政策的影响力。

隋代的户籍人口情况，周隋交替之际的户籍大约有430万户左右，这是隋代户籍数的起点。

史称隋文帝“爱养百姓，劝课农桑，轻徭薄赋”[②]，特别重视农业生产的发展，加以所采取的户籍政策措施，至开皇九年，户籍激增到600多万户。灭陈后，又得民户50万，总户数当在700万户左右。与时人李德林所说有户六七百万[③]基本相符。

据此可知，自开皇初至灭陈后，仅仅九年时间，户籍就骤增200多万户。自开皇九年到大业二年（公元606年）户籍达到900万左右（《隋书·地理志》记载为890万）。根据这一记载，在这28年间，户数增加了一倍，其人口年均增长率为千分之十二以上，这一增长速度是十分可观的。

隋文帝统治时期，“百姓承平日久，虽数遭水旱，而户口岁增”。至大业初年，“户口益多，府库盈溢”[④]。全国户数达到907万户，人口数达5000万，基本已恢复到东汉时的最高水平。

“古者以民之多寡为国之贫富”[⑤]，户籍人口的迅速增长，给农业生产提供了充足的劳动力资源，农民回归土地，农业劳动生产力大大提高，耕地面积迅速扩大，史载：“开皇九年（公元589年），任垦田四千九百四十万四千二百七十六顷……至大业中，天下垦田五千五百八十五万四千四十一顷”[⑥]，超过汉代最高垦田面积六倍之多。这两个数据在史学界是有争议的，然而，这里至少说明了人口的增长对封建经济发展的巨大促进作用。《通典》作者杜佑曾评说：“隋代之盛，实由于斯”，那是有一定道理的。

---

① 《隋书·令狐熙传》。
② 《资治通鉴》卷180。
③ 《隋书·李德林传》。
④ 《隋书·食货志》。
⑤ 《经进东坡文集事略·策问》。
⑥ 《文献通考·田制》。

三

隋代的田赋制度是建立在均田制基础上的，据《隋书·食货志》记载：开皇元年（公元581年）隋文帝颁发新令，规定："丁男一床，租粟三石。桑土调以绢絁，麻土以布。绢以匹（每匹长四丈），加绵三两。布以端（每端长五丈），加麻三斤。单丁及仆隶各半之。未受地者皆不课。有品爵及孝子、顺孙、义夫、节妇，并免课役"[①]。

隋代的计税单位是"床"，即一夫一妇为一床，按床纳税。

开皇三年（公元583年）又规定每丁"减调绢一匹为二丈（布亦当减为二丈五尺）"[②]。

"开皇三年（公元583年）正月，帝入新宫。初令军人以二十一成丁"[③]。成丁年龄从18岁提高到21岁，而授田年龄不变，仍是18岁，那么百姓达到授田年龄后，就有三年时间免征租调徭役。

一般来说，租调的负担不能算重，相比以往各王朝，应该是减轻了不少。这得益于均田制的推广。隋代均田制的最大特点是扩大了实施范围，按规定隋代府兵可以如同均田户那样分得土地。史载："凡是军人，可悉属州县，垦田籍账，一与民间"[④]。府兵得到土地，自然负有纳税义务，相应地减少国家的财政支出，特别是军费支出。其他，如均田制中的公廨田，也含这一作用。这对隋代实行"轻徭薄赋"或"轻税"政策，具有重要的意义。

隋仁寿四年（公元604年）隋炀帝继位时，田赋制度出现了一个大的变化。隋炀帝鉴于："户口滋多，府库盈溢，乃除妇人及奴婢、部曲之课"[⑤]。专家们认为："隋炀帝除妇人及奴婢、部曲之课，是我国古代赋役史上的一大变革。从此，妇人在法律上正式由课口变为不课口，其意义自然很深远，对民户的赋役负担影响也很大。对于无男丁的贫弱女户，这一变化显然很有利。奴婢与部曲，过去本来也是不课口，只是在北朝实行均田制这一特定环境下，

①②③⑤ 《隋书·食货志》。

④ 《隋书·高祖纪》。

为了奖励垦耕，做到‘土不旷功，民罔游力’，才将奴婢或限内奴婢定为应受田口和课口”[①]。

评述隋代的租调负担不重，还包括了当时的各种减免措施。

开皇九年（公元589年），“帝以江表初定给复十年，自余诸州，并免当年租税”[②]。

开皇十年（公元590年），“十年五月，又以宇内无事，益宽徭赋，百姓年五十者，输庸停放”[③]，免役收庸，允许以布帛代替力役。

开皇十二年（公元592年），因库藏皆满，下诏：“河北，河东今年田租三分减一，兵减半功（徭役减半），调全免”[④]。

“炀帝即位，是时户口益多，府库盈溢，乃除妇人及奴婢部曲之课，男子以二十二成丁”[⑤]。

这里就可以看出隋代的租调制，确实是通过各种途径减轻租赋，减纳调绢，宽限免征租调年限，免去妇女和奴婢的租调，包括实行大范围、长时间的蠲免等等，应该说对隋代的社会经济发展和财政充裕，具有较大的促进作用。

隋代设立义仓，是由长孙平建议的。《隋书·长孙平传》载：“开皇三年，征拜度支尚书。平见天下州县多罹水旱，百姓不给，奏令民间每秋家出粟麦一石以下，贫富差等，储之律巷，以备凶年，名曰义仓……上深嘉纳。自是州里丰衍，民多赖焉”[⑥]。

义仓设立后，对义仓的征收额及征收方法并未作出统一规定，一直到“开皇十六年（公元596年），二月，又诏社仓（即义仓），准上中下三等税，上户不过一石，中户不过七斗，下户不过四斗”[⑦]。自此，义仓粮就由自愿交纳变成了强制按户征收，具有“税”的性质。

另外尚有，充官人禄力的“计户征税”[⑧]；隋大业年间的“课天下富人，量其资产，出钱市武马”。当然，这还应仔细斟酌或探索，以正确评价隋代的税制体系。

隋代的徭役，据《隋书·食货志》记载：“男女三岁已下为黄，十岁已下（四至十岁）为小，十七岁已下（十一至十七岁）为中，十八岁以上为丁。

---

① 郑学檬：《中国赋役制度史》，上海人民出版社2000年版，第186页。

②③ 《通典·食货典》。

④⑤⑦⑧ 《隋书·食货志》。

⑥ 《隋书·长孙平传》。

丁（指男丁）从课役，六十为老，乃免”[①]。据此规定，起役年龄为18岁，免役年龄为60岁，每年服役30天。

开皇三年（公元583年）“初令军人以二十一成丁，减十二番每岁为二十日役”[②]。“初令人以二十一成丁，岁役功不过二十日，不役者收庸”。按此规定，起役年龄推迟了3年，即为21岁；每年服役日数由30天减为20天。

开皇十年（公元590年）令：“六月辛酉制，人年五十，免役收庸”[③]，即50岁以上丁男可免徭役，但须纳钱代役或纳物代役，叫做庸。

杨坚即位，就罢东京之役。隋初的徭役是以修筑长城为重点，兼有水利工程。

开皇元年（公元581年）四月，“发稽胡修筑长城，二旬而罢”[④]。

开皇二年（公元582年）六月，在长安城东、渭水南岸营建新都大兴城，至翌年年初竣工。

开皇四年（公元584年）“命宇文恺率水工凿渠，引渭水，自大兴城东至潼关，三百余里，名曰广通渠”[⑤]。

开皇六年（公元586年）二月，“发丁男十一万修筑长城，二旬而罢”[⑥]。

开皇七年（公元587年）二月，“发丁男十万余修筑长城，二旬而罢”[⑦]。

隋代立国37年，其中隋文帝在位24年，他对征发徭役，较有节制，能依法行事，也未见超期征发的记录，则农民的徭役负担大为减轻。

隋炀帝即位后，即免妇人及奴婢部曲之课，又将男子成丁年龄推迟到22岁，民户的徭役负担理应更为减轻。但事实却大相径庭，隋代的重大工程（役使），都集中于这一时期，主要有营建洛阳城，修长城，开运河，筑驰道，三征高丽。隋炀帝统治13年，年年滥发徭役，史料信手可拈，择其主要几条以说明问题：

炀帝即位，大业元年（公元605年）“始建东都（洛阳），以尚书令杨素为营作大监，每月役丁二百万人”[⑧]。“易使促迫，僵仆而死的十分之四，每月车载死丁，东至城皋，北至河阳，相望于道”[⑨]。开运河之通济渠徭役，“发河南诸郡男女百余万”[⑩]。

---

①②⑤⑧　《隋书·食货志》。

③④⑥⑦　《隋书·高祖纪》。

⑨　财政部《中国农民负担史》编委会编著：《中国农民负担史》（第一卷）中国财政经济出版社，1991年版，第263页。

⑩　《隋书·炀帝纪》。

大业四年（公元608年）春，“诏发河北诸郡男女百余万开永济渠，引沁水南达于河，北抵涿郡。自是以丁男不供，始以归人从役”[①]。

大业五年（公元609年），“自西京诸县及西北诸郡，皆转输塞外，每岁巨亿万计，经途险远及遇寇钞，人畜死亡不达者，郡县皆征破其家”[②]。

大业七年（公元611年），“帝自去岁谋讨高丽，诏山东置府，令养马以供军役。又发民夫运米，积于泸河、怀远二镇，车牛往者皆不返，士卒死亡过半，耕稼失时，田畴多荒。加之饥馑，谷价踊贵，东北边尤甚，斗米直数百钱。所运米或粗恶，令民籴而偿之。又发鹿车夫六十余万，二人共推米三石，道途险远，不足充餱粮，至镇，无可输，皆俱罪亡命。重以官吏贪残，因缘侵渔，百姓困穷，财力俱竭，安居则不胜冻馁，死期交急，剽掠则犹得延生，于是始相聚为群盗”[③]。

大业年间，隋炀帝滥用民财、滥役民力，苛役胜秦代。

大业元年之后的徭役，唐高祖李渊即位后，于武德六年（公元623年）颁布的《简徭役诏》中曾有评说：“自隋氏失驭，刑政板荡，豺狼竞起，肆行凶虐，征求无度，侵夺任已，下民困扰，各靡卿生，丧乱之余，百不存一”[④]。真可谓一针见血，可憎可恨。

大业元年的徭役特征：首先，超时延期。炀帝时频繁征发的徭役，几乎从未限定工期、役期，可知其时限远远超过二旬。其次，徭役课及妇女。他自己下诏免去妇人之课，可出尔反尔。再者，徭役苛重。炀帝时的徭役均为大型项目，劳动强度极高，生活条件极差，命官执法极严，役丁死亡率极高。例如：洛阳之役，“役使促迫，僵仆而毙者，十四五焉。每月载死丁，东至城皋，北至河阳，车相望于道”。长城之役，“死者太半”[⑤]。修船之役，“官吏督役，昼夜立水中，略不敢息，自腰以下皆生蛆，死者什三四”[⑥]。为征高丽，“发江、淮以南民夫及船运黎阳及洛口诸仓米至涿郡，舳舻相次千余里，载兵甲及攻取之具，往还在道常数十万人，填咽与道，昼夜不绝，死者相枕，臭秽盈路”[⑦]。

可见，大业年间役丁死亡率之高，为历史所罕见。

百姓视徭役为苛政，“每急徭卒赋，有所征求，县吏必先贱买之，然后宣

---

① 《隋书·食货志》。

②③ 《资治通鉴》卷181。

④⑤⑥⑦ 《唐大诏令集》卷111。

下，乃贵卖与人，旦暮之间，价盈数倍，衰刻征敛，取办一时，强者聚而为盗，弱者自卖为奴婢”①。

隋代，因徭役使“天下死于役而伤于财”②。专家评说：“中国古代历史上，因滥用民力，直接导致大规模的农民起义与朝代更迭，也只见有隋一朝”③。

“高祖既受命，改周之六官，共所制名，多依前代之法”④，意即隋文帝废除了北周时期的六官制度，确立了三省六部制度。

隋代度支部为六部之一，是尚书省领导下的最高财税管理机关，下设度支、仓部、左户、右户、金部、库部等六部。度支职掌计会、事役、粮仓等，仓部职掌全国各大粮仓出入，左户职掌天下户口、户籍。右户职掌天下公私土地的租调，金部职掌全国度量衡和珠宝物资的库藏；库部职掌兵器、仪仗等器用。

地方行政机构，由原来的州、郡、县三级，裁减为州、县两级制，州设刺史，县置县令。地方财税管理机构有户曹司户参军和仓曹司户参军。户曹司户参军职掌户籍、计账、道路、蠲符、杂徭等；仓曹司户参军职掌公廨、度量、仓库、租调征收等。

县以下基层行政组织的设置，《隋书·食货志》载：“制：人五家为保，保有长；保五为闾，闾四有族，皆有正。畿外置里正比闾正；党长比族正，以相检察焉”⑤。据此我们可知，隋初的户籍制度基本类似北魏的三长制。按规定，畿内设制为保、闾、族三级：五家为一保，保有保长；五保为一闾，闾有闾正；四闾为一族，族有族正。畿外设制为保、里、党三级：五家为一保，保有保长；五保为一里，里有里正；四里为一党，党有党长。里正等同闾正，党长等同族正。族正和党长都管辖着一百家民户，由他们亲自或选派富户负责核对户口，征收租调。

开皇三年（公元583年），度支部尚书长孙平见天下百姓因遭受水旱之灾，生活不能自给，奏令民间每秋家出粟麦一石以下，皆按贫富差等计算，储之闾巷，以备凶年，名曰义仓，也叫社仓。他说：“臣闻国以民为本，民以食为命，劝农重谷，先王令轨。古者三年耕而余一年之积，九年作而有三年

①②④⑤　《隋书·食货志》。

③　郑学檬主编：《中国赋役制度史》，上海人民出版社2000年版，第201页。

之储，虽水旱为灾，而民无菜色，皆由劝导有方，蓄积先备者也”[①]。隋文帝采纳了他的这个奏议。

义仓开始属民间备荒自救性质的组织，民户自储，官府管理，民户自救。但开皇十五年（公元595年），隋文帝指责义仓管理不善，把义仓的管理权限从乡村基层的社司转移到州仓曹手中。开皇十六年（公元596年）正月诏：“秦、叠、成、康、武、文、芳、宕、旭、洮、岷、渭、纪、河、廓、幽、陇、泾、宁、原、敷、丹、延、绥、银、扶等州社仓，并于当县安置。”二月，又诏社仓，“准上中下三等税，上户不过一石，中户不过七斗，下户不过四斗”[②]。自此，义仓粮就由自愿交纳变成了强制按户征收，近乎“税”的性质。

隋代粮仓甚多，分布较广，而且仓储盈溢，储量较大，史载：“隋氏西京太仓，东京含嘉仓、洛口仓，华州永丰仓，陕州太源仓，储米粟多者千万石，少者不减数百万石，天下义仓，又皆充满”[③]。

1969年，我国考古工作者对隋代大业年间创建的含嘉仓遗址考古中发觉，这是隋代储纳和转运租米的大型粮仓之一，粮仓周围有城墙，墙基最宽处达17米，城墙东西长612米，南北长750米，整个仓城面积达45万多平方米；有大小259座地下储粮仓窖，其中一座还保留着满仓碳化了的粮食，约有25万公斤。

这说明在1300年前，我国劳动者已经积累了极为丰富的储粮经验，仓储管理水平也极高。

漕运是王朝财政的主要内容之一，把全国各地、特别是南方的粮食通过水路运往京师，就是所谓的漕运。因河流大小、宽窄、深浅不同，粮食需要沿途中转，国家就在沿河重要地段设置粮仓，以维持漕运的正常运行，这是隋代仓储事业的不可或缺的部分。

隋文帝开皇三年（公元583年）“于卫州置黎阳仓，陕州置常平仓，华州置广通仓，转相灌注。漕关东及汾、晋之粟，以给京师”[④]。

漕运仓储与义仓、国库储备管理方式略有区别，漕运仓储具有较大的流动性，吞吐量巨大，而且流动十分频繁，除了一般管理水平外，还必须具有

---

① 《隋书·长孙平传》。

② 《隋书·食货志》。

③④ 《通典·食货典》。

较强的综合管理能力和完善的管理制度。隋代在仓储管理方面确实有较大的成绩值得称赞。

隋初的货币管理尽管困难较大，但还是日趋规范，史载“开皇元年（公元 581 年）以天下钱货轻重不等，乃更铸新钱。背面肉好，皆有周郭，文曰‘五铢’，而重如其文。每钱一千，重四斤二两。是时钱既新出，百姓或私有熔铸。三年四月，诏四面诸关，各付百钱为样。从关外来，勘样相似，然后得过。样不同者，即坏以为铜，入官。诏行新钱已后，前代旧钱，有五行大布、永通万国及齐常平，所在用以贸易不止。四年，诏仍依旧不禁者，县令夺半年禄。然百姓习用既久，尚犹不绝。五年正月，诏又严其制。自是钱货始一，所在流布，百姓便之”①。

隋代为推行“开皇五铢”，三令五申，并颁行一整套法令和管理办法，如严禁私铸、罚没入官、县令夺半年禄等，持之以恒，法制严明，令行禁止，终于打开了“开皇五铢”的通行局面，币值稳定，百姓便之。这次币制改革，在中国封建史上占有一定的地位。

“大业已后，王纲弛紊，巨奸大猾，遂多私铸，钱转薄恶。初每千犹重二斤，后渐轻至一斤。或剪铁针、裁皮、糊纸以为钱，相杂用之。货贱物贵，以至于亡”②。意即炀帝时，私铸成风，恶币充斥，甚至铁针、裁皮、糊纸都可以当作钱。隋还能不亡吗？

隋文帝的改革中包括钦定度量衡制度。

自古以来，度量衡器具不断地变化，尽管是不知不觉，然而潜移默化中剥夺了百姓的财产和血汗。

官府要把劳动者的收入变成皇家收入，官吏要攫取民脂民膏，中饱私囊，其最快的方法就是不断地随心所欲地改变度量衡制度。民间俗语，大斗进小斗出，短斤缺两，胡作非为，就是这个意思。

度量衡总是由小变大，东晋至南北朝时变化尤为急剧，“以古度量衡（王莽时期定）为标准，南朝尺增大不到一寸，北朝增大二寸到三寸。南朝，齐一斗等于古一斗五升，一斤等于古一斤八两。梁、陈两朝恢复古斗秤。北朝，魏、齐一斗等于古二斗，一斤等于古二斤；北周一斗比古斗仅大百分之六，一斤比古秤仅多二两”③。

---

①② 《隋书·食货志》。

③ 范文澜：《中国通史简编》，第三编第一册，人民出版社 1965 年版，第 14 页。

统一度量衡，平抑物价，发展经济，繁荣市场；有利于国家赋税收支，隋文帝于开皇年间对度量衡进行了改革，规定：1 尺等于古 1 尺 2 寸 8 分，1 斗等于古 3 斗，1 斤等于古 3 斤。虽标准放大，但混乱了几百年后复归统一，还是有意义的。顾炎武说："三代以来权量之制，自隋文帝一变"[①]。当时，这个变革没有引起百姓反对，是因为当时的赋役减轻以及南北统一后的经济繁荣，度量衡剧增也不感到负担过重，就这么悄然而过了。

开皇元年（公元 581 年）隋文帝即位后就令高颎、郑译、杨素、常明、韩浚等人着手制定新律，二年后就颁布了《开皇律》。

《开皇律》以律、令、格、式并行，以律为主，律、诏和令构成严密的法制体系。

《开皇律》分为 12 篇，涉及财税的有户婚篇、擅兴篇和厩库篇。刑罚分为三种：一是死刑，分为斩首、绞刑；二是流刑，分为 1000 里、1500 里、2000 里共三等；三是徒刑，分为 1 年、1 年半、两年、两年半、3 年共 5 等。

《开皇律》比较前代的法律，其进步性表现在：其一，刑罚的人道化，取消了宫刑、辕刑、枭刑、鞭刑等极其野蛮残酷的刑罚。其二，缩小处罚范围，废除死罪 81 条，流罪 154 条，徒罪若干条。其三，重视刑罚对象，除去孥戮、连坐等危害他人的酷刑。其四，尽可能保持判决的公正性，在诉讼程序上，允许百姓越级上诉，直至朝廷。其五，死刑犯，要经大理寺复审，异地处决。

在财税法律制度上，首先是强调财税法制的统一性，其在官制、政制、吏制、兵制、田制、户制、税制、役制、币制、俸禄制、科举制、貌阅制、输籍制等方方面面一丝不苟，尽可能完善财税法制建设，有法必依，违法必究，以达到生产发展、财力充裕、国家富强之目的。其次是强调财税立法要"取适于时"，简单易行，负担适度。就此，隋代租调较之前代为轻，同时又取消了几乎所有的工商杂税，立法和执法还是比较一致的。故专家评述："开皇律"的颁布是我国古代法制史上的一大进步[②]。当然，这是一部封建统治阶级所颁布的法律，其阶级局限性和阶级倾向性是不言而喻的。否则，怎么会是一个短命的王朝，37 年而亡呢？

---

① 顾炎武：《日知录》。

② 陈凡主编：《二十四史人物与故事丛书——隋唐五代卷》，太白文艺出版社 1994 年版，第 16 页。

四

隋文帝立国后，即以富国为首要目标，执行“薄赋敛，轻刑罚，内修制度，外抚戎夷”的治国方针。为了巩固政权，稳定民生，他勤于听政，对于“吏治得失，人间疾苦，无不留意”[①]，“当朝执政将二十年，朝野推服，物无异议”[②]。

隋代倡导“躬节俭，平徭赋，仓库实，法令行”，“轻赋役”就是隋文帝时代的财政原则，其包括“薄赋”与“节俭”两个训条。

隋文帝因崇尚俭朴而闻名，他个人生活，“躬履俭约，六宫咸服浣濯之衣。乘舆供御有故敝者，随令补用，皆不改作。非享燕之事，所食不过一肉而已”[③]；他儿子秦王杨俊、蜀王杨秀、太子杨勇皆因生活奢侈而遭废黜。他节俭治国之策影响了社会风气，以至“令行禁止，上下化之。开皇仁寿之间，丈夫不衣绫绮，而无金玉之饰，常服率多布帛，装带不过以铜铁骨角而已。”[④]他倡导节俭，以致他的一系列的改革措施，节省了大量的国家财政开支。特别是简化行政体制和职官制度是减少财政开支的一个非常重要的因素。据统计，隋初中央政府开支减省三分之二，地方政府开支减省四分之三，全国的行政经费开支，仅相当于南北朝的三分一而已。

至于“薄赋”，隋代筹划各项赋役制度时，力图贯彻“务以轻典”[⑤]的宗旨，以体现“轻赋役”的基本精神。

隋代是中华民族5000年历史上唯一实行单一的土地农业税制形态（租调制）的王朝。隋初就废除了百姓怨声载道的苛捐杂税，“罢东京之役，除入市之税”[⑥]；“罢酒坊，通盐池盐井，与百姓共之”[⑦]，取消了前代酒和盐的国家专卖制度。隋代均田制能顺利推行，对其经济发展的收益是起着决定性的作用。随着农民负担逐渐减轻和稳定，农民的生产积极性有了大幅度提高，

①④ 《隋书·高祖纪》。
② 《隋书·高颎传》。
③⑤⑥⑦ 《隋书·食货志》。

其经济发展的持续性是可以想象的。

《文献通考》高度评价隋代的服役制度："夫酒榷、盐铁、市征，乃后世以为关于邦财之大者，而隋无一所取，则所仰赋税而已"①。可以说隋代的赋税，基本就是单一的土地农业税制形态。国家的赋税收入几乎完全依赖于"租调役"，即对农业（租）、家庭手工业（调）和农业劳动者本身（役）的课征。除此之外，没有其他什么税课，即使租调之征也大为减轻，这是许多盛世王朝所望尘莫及的。即使租调还有多次实质性蠲免，这些举措也都是为我国赋役史上所罕见的。

隋文帝兢兢业业，励精图治，他在开皇年间实施的一系列改革措施（行政体制改革、职官制度改革、兵役制度改革、科举制度创新、法律制度改革、户籍制度改革、赋役制度改革等），其改革的深度和广度都是历代王朝所不能比拟的，正因为隋代的改革促进了隋代社会生产力的发展，赢得了"开皇盛世"的美称。其经济繁荣，赋税丰足，财政富裕，库藏皆满，国力迅速增强，所以隋代才能实行单一的土地农业税制，而又能给予经常性租调蠲免。不仅如此，隋代的改革为整个隋唐政治经济文化的高度繁荣奠定了坚实的物质基础。

隋文帝立国时全国人口 400 万户，隋炀帝即位已达 890 万户，以一户 6 口计，全国人口数不下 5000 万。唐代人口数，直到唐太宗过世，只有 380 万户。到唐玄宗时，全国户籍 760 万户，人口约 4100 万。至于垦殖面积，隋开皇九年已垦田地 1944 万顷，大业中期已垦田地 5585 万顷。而唐代到天宝十四年才达到垦田地 1430 万顷面积。可见其国力差距之大。这就是隋文帝的"开皇之治"。史载："七德既敷，九歌已洽，要荒咸暨，尉候无警。于是躬节俭，平徭赋，仓廪实，法令行，君子咸乐其生，小人各安其业，强无凌弱，众不暴寡，人物殷阜，朝野欢娱。二十年间，天下无事，区宇之内晏如也。考之先王，足以参踪盛烈。"②

这就是隋代赋役制度改革的独到和成功之处。

隋文帝非常重视仓储问题，隋代定都长安，但关中产粮远不能满足京城消费，漕运又有砥柱（河南三门峡）的险阻，一遇荒年，关中军民便无法得食。

公元 583 年，国家在卫州置黎阳仓，在陕州置常平仓，在华州置广通仓，

---

① 《文献通考·国用考》。

② 《隋书·高祖纪》。

三仓逐次转运，以解决京师食粮的供应问题。公元603年置含嘉仓、予罗仓，公元606年又置洛口仓、回洛仓等，随着大运河的开凿，国家的仓廪建设也得到大规模发展。

尤为值得关注的是，自隋代起，除了官仓之外，又创设了一种由民间设置的粮仓，其储备的粮源完全出自民间自愿，专供当地备荒赈恤之用。这就是公元585年，隋文帝采纳度支尚书长孙平的建议，所创设的“义仓”[①]。

东汉时曾有“命丰富之家各出义谷，助官廪贷”[②]。那时就用“义谷”表示民间赈灾活动。北齐时又有所谓的“义租”，以“义”来注释租税性质的做法，可能为隋代创立义仓提供了某种启示。

但将义仓作为一种固定的制度，却为隋代长孙平所创设。他建议“义仓”由各州军民共同设置，出粟方式为自愿，亦称“劝课”，公元596年，又令诸州百姓及军人收获时，按贫富分三等出粮若干，最多不过一石，即按“贫富差等”[③]法交纳。所出粮食种类“随其所得”，没有一定要求；仓窖营造于当地，委托乡官管理，所储仓谷全部用于饥荒赈给。

义仓思想源远流长，而隋代长孙平对于农村社会保障体系的重要性有了进一步的认识，他能够充分利用各地基层村社组织，创行一套与传统官府赈济形式完全不同的民间自助自救的义仓制度，这是仓储制度的首创，可谓贡献不小。这种民间积谷防灾的方法，其用意是非常积极可取的。

义仓设在当地，完全由里社劝课、管理和实行赈济，故义仓也称社仓。但是义仓的出现，也为封建官府搜括民财提供了一种新的榨取手段。起初是官府合法地将义仓存谷挪作官用，其后是官府非法侵吞义仓存谷。

到了唐代，就径直仿隋制设义仓，亩纳二升，其后又改为按户交纳，无田商户亦按等征收，这就变成一种强制性捐税[④]，这就与隋代创设义仓的初衷背道而驰了。

长孙平创立义仓制度后，仓储制度遂成我国封建财税制度的组成部分。

隋代于开皇九年（公元589年）设置了“公廨钱”，国家拨付京中及诸州官府一部分经费，作为官府经营商业和高利贷的资本，其所得利息专供补贴官费或官俸之不足。即史载“（开皇八年五月）先是京官及诸州，并给公廨

① 《隋书·长孙平传》。

② 《后汉书·黄香传》。

③ 《隋书·食货志》。

④ 《唐六典》卷3，《通典》卷6，《唐会要》卷88。

钱，回易生利，以给公用”[1]。

所谓的“回易生利”，包括三个方面内容：其一，“出举生利”，即指高利贷；其二，“诸处兴生”，即指经营质库；其三，“在市回易”，即指市场贸易。

高利贷是南朝的特色，质库是北朝的特色，至于一般贸易，南北朝都有，故而，“公廨钱”制度是经过魏晋南北朝数百年的酝酿而形成的。

那所谓“以给公用”，就是主要给政府官员个人私用，当然也包括了官府的公用经费。专家们认为，私用占了绝大部分，这也是南北朝地方官府公用经费的基本使用办法。

因此，“公廨钱”是隋代财政制度中的一个非常独特的项目。用公廨钱所牟取的利息补贴政府在行政运转投入上的不足，唐继隋后继承并发展了这一政府放贷经营政策。“公廨钱”实际上就成了官营的商业资本和高利贷资本。

“公廨钱”盘剥的主要对象是农民，而农民倾家荡产，出售土地，却给豪强兼并提供了膨胀的欲望，这与隋文帝政治经济全盘改革的目的是背道而驰的。

开皇十四年六月，工部尚书苏孝慈对此提出非议，认为这是官民争利，“以公廨钱物，出举兴生，唯利是求，烦扰百姓，败损风俗，莫斯之甚”[2]，他建议罢“公廨钱”，禁止“回易取利，改用给地以营农方式以为代替[3]。于是，隋文帝“诏省府州县皆给公廨田，不得治生，与人争利”[4]。

实施公廨田的目的有两个：

其一，按官职品级，授予各级官吏相应的职分田以充作俸禄之用，对规范和统一隋代官俸制度，起到一定的促进作用。因为“公廨钱”就是用于补充官员的官俸收入，官员运作“公廨钱”，势必“唯利是求，烦扰百姓”。而公廨田是以地租以充俸禄，使封建官俸制度具有了稳定性、长期性。

其二，各级官府以公廨田取代原来的公廨钱，这是非常规范的制度性调整，公廨田是分配给各官署以其地租收入补充办公经费的公田，公廨田一般只能维持官府必要支出的范围，不得以赢利为目的[5]。

公廨田实施的目的是为了让利与民，提倡兴化之道，在客观上也保护了农

①②③ 《隋书·食货志》。

④ 《隋书·高祖下》。

⑤ 《隋书·食货志》。

民土地所有权的稳定性。

从公廨钱到公廨田，是隋代财政支出制度及其思想的一个重要发展，因为政府机关参与创收，弊端甚多[1]：

第一，政府机构有行政管理权，在经济实体运行上具有天然的特殊优势，如果政府参与经营，就不可能有公平竞争之言。

第二，政府机构有行政监督权，但监督者创收谁来监督，这样社会经济秩序就失去了约束和调整，这样社会经济就不可能持续发展。

第三，政府廉洁，官员不得经商，这是社会经济发展的前提条件，如果国家公职人员利欲熏心，时刻想充实个人私囊，那么这样的社会政治经济还有希望吗？

① 陈新元：《从“公廨钱”说开去》，《财务与会计》1988 年第 10 期。

第七章

行租庸调　推两税法

——唐代税史论

唐代是中国古代历史上一个创新较多的朝代。它创新了自拓跋珪所建立的均田制，重新颁布了唐律令，推行均田制和租庸调法。在均田制的基础上建立了整齐划一的税收制度，在唐代的最初100年内，赋役比较轻，人口不断增长，政府仓廪库藏充实，全国上下一片和谐融乐的社会景象。

唐太宗李世民是中国历史上少有的开明君主、中国古代不可多得的杰出的政治家。在他执政的23年里，唐朝社会经济空前繁荣、社会稳定、政治清明，人民安居乐业，史称“贞观之治”。唐太宗在贞观年间（公元627—649年）励精图治，“从谏如流”。他把“轻徭薄赋”的政策作为恢复和发展社会经济的有力杠杆加以运用。他制定了“去奢省费，轻徭薄赋，选用廉吏，使民衣食有余”的治国方略，提倡重农务本，务使“家给人足”，他采取了“劝课农桑”、“不夺农时”、“抚民以静”等一系列发展社会经济的政策，极大地提高了社会生产力，使国家走向了繁荣富强。

唐代的“贞观之治”是我国皇权专制时代社会经济发展的黄金时期。

唐玄宗李隆基早期也是一个作风开明，悉心图治、虚心纳谏、廉洁自律、关注民生的“好皇帝”。他强调赋税均平，采取多种措施轻徭省赋，放宽庸调的完税期限，注重兴修水利，发展农业。在他统治的前期，社会开放，经济发达，文化繁荣，科技进步，“四方丰稔，百姓殷富”，国力空前强盛。史称“开元盛世”。

一

唐代极盛时，“其地东极海，西至焉耆，南尽林州南境，北接薛延陀界。凡东西九千五百一十里，南北九千九百一十八里”①。在广袤的版图上，唐代实行州（郡）、县两级地方建制。开元二十八年（公元740年）户部统计当时全国有328个州府，1573个县。全国垦田近6亿亩。当时人口据天宝十四年户部的统计，见管人口约为5300万人。其中课口（应征纳男女丁口）为800多万人，占人口的15.5%。国家财政收入充裕，社会经济异常繁荣。年均人头税收入达200余万贯。租税收入粟2500万石，绢不少于40万匹，布1605万端，锦185万尺。到天宝八年，全国各地粮食仓储总计1.9亿石，真是名副其实的公私库禀俱丰实。唐玄宗曾自我夸耀说拥有“不涸之仓”，“无尽之库”。

唐代盛期，不仅农业发展，交通发达，商业繁荣。手工业中的纺织业特别发达，各种丝织品和绵织品，花色品种繁多，琳琅满目。如绢、绫、锦、罗、布、纱等，质量很高，精致异常。诗人李商隐曾用“万里之罗一雁飞”诗句来赞美唐代丝织品的华丽和纷纭。唐代的陶瓷业的发展也达到了新水平。唐代的巨商常与王侯权贵交往，朝中的达官贵人常出其门下。不仅朝廷重臣兼营商业，甚至诸道节度使、观察使也假借军用名义，大肆经商牟取暴利。

唐代不仅国内商业繁荣，对外贸易也非常发达。特别是与中亚、波斯（今伊朗）、大食（今阿拉伯诸国）贸易往来频繁。唐代与日本及朝鲜半岛上的百济、新罗、高句丽三国的朝贡贸易往来也十分火热。

总之，初唐、盛唐在经济、科学、文化上的巨大成就的取得，主要原因是唐初统治者深刻地吸取了隋亡的历史教训，大力推行均田制，在全国重新

① 《旧唐书·地理志》。

分配土地，使耕者有其田（主要是使耕者有永久使用权），同时，推行“重农务本”、“轻徭薄赋”的政策。主张藏富于民、市场调节经济，政府不轻率地干预市场和百姓的经营活动。唐代的统治者如李世民、武则天、早期的李隆基以隋亡为鉴，注重节俭，紧缩财政开支，不轻易加重百姓负担，农民的赋税税率低，仅为四十税一，不仅让上层富人能自由发展，发财致富，同时也鼓励下层百姓致富，不使贫弱者过于穷困，使社会利益保持基本平衡。故社会经济发展、社会稳定、国力强盛。

二

贞观间，唐太宗李世民与近臣进行了一次座谈，总结隋亡的教训。李世民认为，历史上的隋朝，曾统一了中华大地，他拥有一支强大的军队，在其统治的三十余年间，声威远播万里，威震异域，然而一旦覆亡，为他人所有。难道隋炀帝不想国家长治久安，不想他的国家得到治理，使百姓生活安宁，却故意要推行暴政来造成自己灭亡吗？不是的。他在国家走向富强后，自恃自己富足强大，不考虑后患，放纵自己的奢欲，企图迫使天下顺从自己的淫威和私欲，不惜耗尽国家所有的资财以供自己一时的淫乐，他派自己的爪牙，搜选全国之美女，征求天下的珍奇异宝。为了把皇帝的宫室庭苑装饰得华丽无比，楼台亭榭构筑得崇高峻伟，滥征民力，滥派劳役，使百姓的徭役无定时限。他还滥征兵役，屡次发动征讨异邦的战争。表面上使自己显得威严，凛然不可犯，内心却充满险恶、猜忌。朝中的小人向他献媚进谗以博取自己的高官和俸禄，那些正直的君子却遭到排斥，甚至生命难保。于是，君臣上下之间互相猜忌，不能互相信任。老百姓也不堪忍受隋的横征暴敛和暴虐，于是纷纷起来造反，从此天下大乱，四海之内分崩离析。结果身为九五之尊的隋炀帝，被一个下人杀掉，身首异处，灭子绝孙，为天下人所耻笑，这难道是他所希望和喜欢的吗？唐太宗的近臣魏征认为，凡是身居帝位，治理天下的人，没有人不希望自己的江山牢固，子孙历代为帝为王。但是，能善终的人极少，而一个接一个被灭亡的却不可胜计。唐太宗还指出：为君的要想保持帝位，让其子孙万代都能传承帝位，就得懂得为君的道理。为君的根本道理就是心里要装着百姓。要把百姓利益当成自己的利益。如果以损害老百姓的利益来满足自己的奢望，就如同割下自己大腿上的肉来填自己的肚子，肚子填饱了而自己的生命也就要完蛋了。若想天下长治久安，就要戒奢，自身就要节俭。要居安思危，不要忘了隋亡的教训。倘若君王一念之差，一味追求宫室的华丽，美女如云的淫乐，不顾百姓的劳累大兴土木，横征暴敛，迫使老百姓流离失所，卖妻鬻子，甚至走向反抗。国君不体恤民众疾苦，反而用武力去镇压，那无疑是抱薪救火，扬汤止沸，势必造成天下大乱。唐太宗和他的近臣对隋亡的教训，有着极为清醒而深刻的认识。国以民为本，民以食为天，要让百姓有温饱，国君才有安宜。“仓禀实而知礼义，衣食足而知荣辱。”《管子》的言论，李世民君臣是不陌生的。李世民曾对他的大臣说：“民之所以为盗者，由赋繁役重、官吏贪求、饥寒切身、故不暇顾廉耻耳！朕当去奢省费，轻徭薄赋，选用廉吏，使民衣食有余，则自不为盗，安用重法也。”土地是人们的衣食之源。要保证人民衣食有余，首先，就得确保人们，特别是农民的土地使用权和占有权。故唐代统治者十分重视确立和巩固自北周及隋以来的均田制和改革租调法。武德七年（公元 624 年）李渊始定均田制。此后在贞观十一年（公元 637 年）、永徽三年（公元 652 年）、开元七年（公元 719 年）、开元二十二年（公元 734 年）都有增删变动。

唐代官员占田数额巨大，因为土地是拥有权力和财产的标志。唐代最高统治者皇帝是官僚集团利益的总代表。所以，唐代的土地制度主要是体现了官僚集团的利益，上述永业、口分田的分配政策，让他们占有大量的土地，高官占地是一个平民的数十至百余倍，而且还不负担租调和赋役。除此以外，唐帝国对其各级官员还按官职大小分给职分田，给朝廷各官署以及地方各军政机构分配一定数额的公田，名曰“公廨田”。职分田是按职务分配的，官员有经营权和收益权，没有所有权。官员把职分田租给农民耕作，其租佃收入，是官员俸禄的补贴。公廨田的租金收入本供官署公用，主要是用于行政费用开支，但不少收入也入了官员的私囊。

唐代百官永业田、职分田及公廨田之制度均袭前朝。只是唐代所授田数目特大，大得惊人。唐开元末，全国京内和地方官总数为 18805 名。全国职分田总面积达 370 万亩以上，公廨田为 255 万亩。

另外，全国各地驿田（为各级官员出行提供食宿和交通工具所需费用）约有 155 万亩。全国各地和边境还有一批供驻军补充粮食、草料的屯田和营田。总之，唐前期，统治阶级的土地政策完全是为了满足官员的要求，天下大量的土地都集中于官员和官僚衙门手中。平民百姓所分得的土地极为有限，这就为唐后期，官僚政府腐败，无视民众利益，官僚权贵利用自己的大权和势力大量兼并农民的土地，激化了社会矛盾，最终为农民起义埋下伏笔。

唐代的全国土地所有权，基本上还是皇帝所有，即“国有化”，官民所占的永业田，虽然准许买卖，子孙世袭。但是，有严格的规定，庶人要卖永业田，必须是身死家贫无以供葬者。有官爵的官员的永业田，子孙可以继承，但子孙不能有继承权的规定，或官员本人犯罪，永业田照例追回入官（归国家所有）。凡官员，百姓均不得将田宅施舍及卖与寺观，违者钱物及田宅均没收入官。

唐代的官员、官署占有全国数额惊人的土地，限制和削弱了唐前期均田制的真正落实。狭乡的农民根本无法得到田令中规定数额的授田，有的仅获得四分之一授田数。就是宽乡也未足额受田。这就加剧了贫富不均，使财富独流于官员手中，造成分配严重不公，社会动荡不安。例如，史载宰相元载：城南膏腴别墅，连疆接畛。

唐代前期的赋役制度建立在均田制的基础上。唐初曾两度颁发“租调令”。武德二年（公元619年）二月，高祖李渊首次颁布租调令。到武德七年（公元624年）行《赋役令》，遂以法律形式确定赋役征收制度。

赋役之法规定：“每丁岁入租粟二石；调则随乡土所产、绫、绢、絁各二丈，布加五分之一。输绫、绢、絁者，兼调锦三两；输布者，麻三斤。凡丁岁役二旬，若不役，则收其庸，每日三尺。有事而加役者，旬有五日免其调，三旬则租、调俱免。通正役，并不过五十日。”

唐代的租庸调制是以“人丁为本”的赋税制度，其课税对象一是田，二是户，三是丁身。其基础是丁。“有田则有租，有家则有调，有身则有庸”，故称租庸调制。这是一种向农民征取的地租和服役混为一体的赋役制度。

唐代前期的赋税制度除租庸调外，还包括地税、户税和杂徭。

地税，即义仓。义仓首创于隋开元五年（公元585年），它经历了由民间的互助性质发展到官仓化，最后形成一种赋税的全过程。最初是民间自愿捐助粮食，交社司管理，一遇灾荒，用来救助灾民和困难户。后来，隋文帝下令将社仓的民间积粮，一律收归县级专仓管理，最后成为一种按田亩征取的强制性的赋税。唐贞观二年（公元618年）唐朝厘革隋制，建立赈灾专项储备仓——义仓。为确保义仓有较稳定的仓粮来源，规定：“王公已下，恳田纳二升，其粟麦粳稻之属，各依地土，储之州县，以备凶年。”[①] 这就是“据地取税”的地税。此种税以田亩为计税依据，且规定王公以下皆得负担，税基较宽大，且负担“均平”。比以丁身为征纳对象的租庸调要合理得多。至开元二十五年（公元737年）唐玄宗重新规定地税征收办法：宽乡按王公百姓的实际耕种地征收地税；对无地或田少的商贾按户等高低征收地税；只有下下户可免征。这些规定使广占田地的贵族、官僚和富豪之家不得不多交些地税，而相对的减轻部分贫苦农民的负担。商贾根据其资产分别要交纳五石到五斗不等的地税。让商人部分纳税，分担部分社会赈灾的责任，有利于保护自耕农的利益，能促进农业经济的发展，有助于社会稳定。天宝年间地税年度收入总额是1200余万石。而丁租岁收入为1640余万石。二者的比例是四比五。地税在唐代赋税收入中占着重要的地位。地税的收入，主要是用于赈灾恤荒活动。如《大唐六典》所载：“凡义仓之粟，惟荒年给粮，不得杂用。”

户税。户税是按资产定户等的一种税收，近似后世的资产税。是按户等高下配征的差额税。大约开征于武德年间。武德六年已见定为三等。武德九年改为九等。高宗永徽五年（公元654年）曾下令“天下二年一定户”[②]。唐代宗大历四年（公元769年）下令“定天下百姓及王公以下每年税钱，分为九等：上上户（一等户，以下类推）四千文，上中户三千五百文，上下户二千文；中上户二千五百文，中中户二千文，中下户一千五百文；下上户一千文，下中户七百文，下下户五百文。其见官（现任官）一品准上上户，九品准下下户，余品并准依此户等税。”在唐代大历四年（公元769年）以前户税税额并不算重。户税，王公官商都得交纳，并且采用累进的差别税率，富者多交，贫者少交以至免交，这还算较合理的。

杂徭。杂徭又称“夫役”，“丁谓正役，夫谓杂徭”。夫，一般指中男，杂徭的主要承担者，有别于正役的“丁役”。杂徭的征发原则是按丁、中人数，而不是按户征调；丁男“充夫”承担杂徭可以代替正役或租调，服杂徭两天相当于正役一天。中男服杂徭的法定义务役期为十天，逾期可折免户内的丁役。

资课。资课是一种正役和杂徭的代役钱。交纳者有身份的区别，其中有应承各种色役的庶民（色役，是正役和杂徭的一种使用形式，不是独立于正

---

① 《通典·食货典·轻重》。

② 《唐会要》卷85，《定户等策》。

役或杂徭之外的另一种徭役)，也有应服番役以获得参选仕资格的品官之子。交纳了租庸调者，不再纳资课。

附加税。附加税是一种实物税的附加，是租庸调的附加税。因为租庸调征收的绝大部分是粮食、纺织品之类的实物，实物通过水陆交通运输到指定的仓储，需要一笔运输费，这就叫“运脚”或“脚直”，这笔运脚、脚直政府要应纳者来承担，所以，增加了这项附加税。税率为一斛，加征一升，即1%。

综上所述，唐代前期的各种赋税徭役，基本上是以丁计征的。唐前期农民的赋税负担并不重。如果一对夫妇，一年的收获除交了国家赋税外，还有82石。假使每家4口人（夫妻和两个子女）每人每年需要粮食6.5石，全年需要26石。其他吃穿用途上，折合成粮食可需要30石，尚余44石。再加上生产性投资10石，剩余34石。农民的生活应该是较充裕的。因此，他们生产积极性自然会调动起来，故贞观、开元、天宝年间，社会经济发展，科技文化发达。加至太宗在贞观初年没有干大兴土木、劳民伤财之事，注意节俭。武则天执政的几十年间，重视发展农业生产，“劝农桑，薄赋徭”、“省功费力役”。唐玄宗初期也能励精图治，任用良相姚崇、宋璟等，“政先仁恕”，“不悻边功”，正赋以外无所取，“以乱天下为戒”，奖励耕织，社会经济迅速发展，出现了“太平盛世”，史称“开元盛世”。当时国家富强，百姓日子也好过了。天宝八年（公元749年）全国粮食仓储达两千余万石。

唐前期国力强盛，人民殷实，社会稳定。国家财政收入充裕，国库充盈。除了推行使人民受益的土地制度——均田制和赋税比较轻的“租庸调”的赋役制度外，重要的还是唐前期，吏治清明，赋税管理体制合理，管理措施严格而落实到位。概括起来，有如下历史经验值得后人借鉴。

一是赋役均平。做到赋役均平是落实赋税之法，确保财政收入稳定，社会安定的关键。提倡赋役均平是中国古代赋税思想的一贯传统，自先秦以来一直传承流行至今。“均平”赋役的思想核心是根据贫富状况，相对均平地征调赋役。历史经验证明：什么时候统治者能做到按贫富状况相对平均地负担赋税，什么时候社会财富就相对平衡，贫富相安，社会安宁。否则，分配不公，社会财富就为少数人所垄断，贫富悬殊，社会就出现动荡。唐代前期统治者深刻认识到隋代富足却速亡的历史教训，倍获“以古为镜，可以知兴替”之益，为了缓和社会矛盾，恢复和发展社会经济，他们制定了一系列有关赋役征纳的法规，努力贯彻“赋役均平”的原则。唐初的租庸调法，就是根据均田制而设置的。每男丁一人授田百亩，岁纳粟二石，庸调绢六丈，绵三两，体现了在“均田”前提下的“均税”思想。所以，陆贽说：“有田则有租，有家则有调，有身则有庸，天下为家，法制均一。”唐代前期地税征收也是按田亩或按户等高低征收，体现了区别贫富的相对平均思想。户税的征收正是完全按户等的高下和贫富分配差额税额。务使户税负担在贫富之间实现相对平均。玄宗严令县令要严格审查户等，考察贫富状况，并与里正核对无误，务求负税公平。唐代前期男丁具有承担正役、杂徭和兵防三大类力役的义务。丁男服兵役，要自备戎具、资粮以供军方使用。府兵每人必自备弓一、矢三十，胡禄、横刀，砺石、毡帽、毡装、行縢、麦饭九斗、米二斗等。对于贫穷的农民来说是难以承受的负担，往往是一人出征，全家就陷于穷困。为了保障府兵制能有足够的人力物力支持，同时也使“赋役均平”，唐朝制定了“挥点之法”，规定：凡差科，先富强，后贫弱；先多丁，后少丁。即应征有钱的富家，后征贫弱的，先征丁男多的，后征丁男少的。如地方官不按法令征取，违背均平的原则，要杖责六十至七十。

二是根据实际情况指定和贯彻合理的赋役减免政策。唐前期为了保护农民的生产积极性，规定丁男每年只对国家无偿服劳役 20 天。如政府有事，需要增加徭役天数，就得相应减免租调。若增加 15 天就免调，加役 30 日则租调全免。如遇水、旱、虫、霜灾，就要减免百姓赋税负担。同时，唐朝制定了明确细致的减免标准：凡歉收四成以上未到六成的免租，歉六成以上未到七成的免租、调；歉收七成以上，课役全免；若桑麻全部受损，则免调。对移民和新归附的人口也有明确的减免政策。凡从狭乡自愿迁移到宽乡去的，距离原居住地千里之外，免除租庸调 3 年，500 里之外的，免租庸调两年，三百里之外者，免租庸调一年。汉人被外族掳去为奴隶后归还原籍的，被掳去一年以上的免租庸调三年。二年以上的免租庸调四年，三年以上的免租庸调五年，对老男（年满 60 岁及以上者）、残疾人、妻妾、部曲、客女、奴婢均不课户税。对少数民族的地区的汉人和少数民族都实行租庸减免。实行优惠政策，降低纳税率。如岭南诸州汉民族的丁男上户只纳一石二斗，次户八斗，下户六斗。而对少数民族，均减一半征取。即上户六斗，次户四斗，下户三斗。

三是建立严密的赋役征管体系。唐前期的赋役征管体系可分：中史——州县——乡村（里）三级。中央由尚书省户部尚书统领下，户部、度支、金部、仓部四司主管赋税，形成全国的赋税管理中枢。地方由州、县的刺史、县令负责征收。唐代的地方基层组织是：两京（长安、洛阳）是坊，四家为邻。农村是五家为保，十家为村，百户为里，五里为乡。里设里正，乡有乡长。里正和乡长负责申登本地户籍、催交租税，登记督促服兵役和徭役的丁男。定期（一年或三年）向县里报告户籍，人口，自然灾害等情况。

尚书省户部每年负责分配当年的赋役任务至州县。州县再分配到乡村，并按赋役之法征取赋役。在规定的期限内将所征收钱、粮和其他实物解缴到国库。唐前期在地方职官系统中以州刺史、县令为首，设立专职官，上下相辖，负责赋税征取、催收和解缴中央国库一系列事物。

州府一级一般设有司户参军或户曹一职，“掌户籍、计账、道路、过所、蠲符、杂徭……”还有司仓参军或仓曹，“掌租调、公廨、庖厨、仓库、市肆”，他们手下皆有若干称为“府”、“史”的属吏。户曹和仓曹分别承办向下级催督、收缴和保管税收等具体事务。

各县设有一两个县尉，“亲理庶务，分划众曹，割断追征，收率课调”[①]。直接指挥户佐、司仓佐，义仓仓督军等各种胥吏，分承收纳，保管租税实物等具体事务。

乡长、里正其职责是调查、控制和登录本辖区的户籍、人口，审查其年龄，各户的资产，每年登记到州县，并负责催驱赋役。

四是加强对赋税徭役征调的监督和管理。唐代前期为了保障国家税源稳定，财政收入充足。特别注重对赋役征调的管理和监督。唐代无论租、庸、调的征收，还是地税、户税杂徭的征调，主要依据都是户籍和丁身。所以，上至朝廷，下至州县，对户籍、丁身的管理甚为严格、周密。尚书省户部负责全国户口、田亩的登记，总撰。一年一度编制“诸色旨符”下达各州县。为了准确掌握全国各地的户口、人口、丁身，要投入大量的人力、物力、财力检刮全国的人口，对申报不实的予以严惩。刺史、县令撤职罢官。胥吏要受杖责。唐初，太宗皇帝亲自下令：对地方官吏的政绩考核其中最重要的一条是“量准户口增多，以进考第”，“准户减少，以附殿最”。户口财政增加，可以升官，户口和财政收入减少就要降级，甚至罢官。唐玄宗在全国设十五道并建立按察使制度，监督地方官员以确保他们能有效地贯彻执行均田制和租庸调法和不滥用他们的权力，不利用手中的权力苛敛勒索，中饱私囊。如发现地方官吏徇私枉法，滥用权力，隐匿田产，任意增税和征发百姓超期服

① 《唐六典》卷30。

役（劳役、兵役），则交有司严究。按察使署没有行政权和道的实际民事司法权。唐代朝廷对各地州县户口管理不善造成人口减少、户口不实，均要严惩。

唐前期的租庸调，征收对象主要是实物，原则上是任土所宜，土地上出产什么，政府就征收什么。租，主要是粟、麦、稻之类，调有罗、绵、绫、纱、絁、麻等。对于实物，唐中央政府设有专门的部门进行审查，并制定了“样品”制度，以加强对所征税物的监测。规定地方要送三种税物种作为样品，要求按这种样品缴纳实物，不得过精以加重百姓的负担，也不得过滥不合要求，影响纳税的质量。既防止地方官苛求税物质量以邀功取赏，加重百姓税负，激化社会矛盾，又保证税物的质量，防止不法之人员以次充好，造成国家的财政损失。这种“作样颁州”的监督制度是十分合理、利国利民的。

唐前期中央对地方输纳入京的税收钱物，实行以州为单位，由州、县官员充任纲、典，督运入库的押解制度。朝廷规定州、县官吏负有轮流充任纲典督运本州的上供租税，解缴入国库之责任。纲典制度规定，对纲典失职行为，实行“陪填”。即押解输纳的税收钱物入京的官员，如有隐匿、监守自盗或作弊造成国家损失的，要依法“陪填”。对赔偿不起的官员，要追究刑事责任，或撤职，或判刑。

“纲典”制度和“陪填”制度是唐前期比较严格和科学的赋役管理和监督制度。它提高了税收的质量，增强了财税官员的责任感。特别是陪填制度，是一种行之有效的问责制。

唐前期在赋役征管上推行的“作样颁州”制度、“纲典制度”和“陪填”制度，促进了税负负担的“均平”，在一定程度上保护了农民的利益，维护了纳税人的合法权益，加强了对财税官员的监督，防止官吏利用权力鱼肉百姓、贪污腐败，造成社会的动荡和不安。唐前期由于推行了有效的赋役征管和监督制度，促进了国家财政的年年增长，社会经济发展和繁荣。据《通典》记载，天宝八年（公元749年）全国储备的粮食总计1亿石。唐代国力达到强盛顶峰①。

① 《通典·太府卿平器》。

三

天宝八年（公元749年）唐代处于极盛之时。州县殷富，官仓储积的粟帛数以万计。时年二月，唐玄宗率百官参观京城的国库，向大臣炫富。京城库藏积粟几千万担，绢帛山积，钱币不可胜数。百官无不惊异。参观毕，玄宗赐百官每人千匹绢。玄宗和大臣无不陶醉在盛世之中，他们视金帛如粪土的骄奢心理日益滋长。正当唐玄宗陶醉于府库丰溢、天下升平的盛世之时，一股享乐腐败荒淫无道的帝王兽性在这个年近70岁的老人心里疯狂地萌动和增长着。他怠于政事，把朝政全委托给一个阴险狡猾、口蜜腹剑的宰相李林甫，自己终日在宫中与杨玉环享乐。他们都爱好音乐、舞蹈，整日挥金如土，过着浮华而奢靡的生活。此时的唐玄宗不再勤于王事，而是带领数千娇媚的宫女夜以继日地歌舞，打马球、拔河，纵情声色。朝廷中围绕在李隆基周围的人不再是忠诚之士，而是一批阿谀奉承、贪污腐败的宵小之徒。李林甫之后有杨国忠、王铁之流。朝廷奸佞当道，权贵横行，皇帝昏聩无道，滥施赏赐。开元十八年（公元730年）二月，唐玄宗邀京官春月旬休，选择胜地旅游宴乐，开筵12席，水陆俱呈，美酒佳肴，宴罢各赐钱5000缗。在觥筹交错之中10万贯钱挥霍一空。由唐明皇亲自带头刮起的这股旅游宴乐风，很快就普遍流行于全国，中书省门下（宰相府）率百官宴游，赏赐朝官绢二万匹。各州县也竞相仿效，每年春末旬日休假，大小官员，游览名胜，宴乐无度，挥霍府库藏帑。唐玄宗宠幸杨贵妃姐妹，为谋取她们的欢心，每岁给韩、虢、秦三夫人脂粉费数以万贯。杨氏姐妹昆仲五家，甲第竞开，僭拟宫掖，照耀京邑，迭相夸尚。勋亲贵戚，豪强巨绅更是仰仗唐玄宗的淫威，目无王法纲纪，横行不法，大施聚敛，疯狂兼并土地，公开掠夺贫民的田地资产。有的巧取豪夺，有的恃强霸占。致使均田制下的小农大批大批失去土地，沦为佃客。支撑唐帝国的土地制度和赋役制度——均田制和租庸调制逐步瓦解和废弛，社会出现了严重的贫富悬殊现象。王公百官及富豪之家，良田美产，占了全国的十分之六七。凤翔节度使李从曮，有田千顷，竹千亩。相国韦宙，占田数千顷，他在江陵府东有一处别业，“良田美产，最号膏腴。积稻如坻，皆为滞穗”[①]，而贫苦百姓无立锥之地。由于均田制受到破坏，广大农民失去赖以生存的土地，只得流离失所，社会矛盾异常突出。

终于，到了天宝十四载（公年755年）十月，“渔阳鼙鼓动地来，惊破霓裳羽衣曲”，“安史之乱”爆发了。

“安史之乱”历时八年。这场浩劫使唐帝国曾富饶一时的黄河流域惨遭蹂躏，社会经济特别是农业生产遭到了前所未有的大破坏，百业凋残，函谷关地区和陕州一带更是萧条、凄惨。刘晏在文中描写道：“五百里中，编户千余而已，居无尺椽，人无烟爨，萧条凄惨，兽游鬼哭。”从此，强盛的唐帝国走向衰颓。唐中央的权威一落千丈，在籍户口也随之急剧下降。“安史之乱”前，唐代有在籍户891万户，约5300万余人。经过“安史之乱”后，到乾元三年（公元760年），在籍户口猛跌至293万户，约1600万人。至大历中，在籍户口只有1200万户。在安史之乱后的20年内，竟有700多万户脱籍。户籍锐减，国家财政收入就会相应锐减。至大历年间，唐代全国有大半编户不在政府户籍控制中，要想通过户籍管理来实现以丁身为计税依据的租庸调制已不可能。而此时战争军费开支和政府的其他开支急剧增加，唐帝国的财政面临严重危机。如何解决这个危机、摆脱财政困境，挽救摇摇欲坠的唐帝国的统治呢？唯一的办法是改革税制。

“安史之乱”后，社会矛盾因赋税暴敛无度而更加尖锐。正如杨炎所指出：“科敛之名凡数百，废者不削，重者不去，新旧仍积，不知其涯，百姓受命而供之，沥膏血，鬻亲爱。旬输月送无休息，吏因其苛，重食于人。”[②]当时，唐帝国为了应付浩繁的军费开支，加紧搜刮民财，原来的租庸调根本无法按旧的户籍征取，只得疯狂地开征新税，甚至横征暴敛、巧立名目，公开掠夺民财。为平定“安史之乱”，军费开支浩大，通常的租税远远不能满足需要，只得采取权宜之计，增加新税，到江南一带搜刮。肃宗还派出使者到江淮一带对富商进行“率贷”（即按其家产的总额强制征取五分之一的税收，“甚至公开卖官爵以筹集军费”。各地节度使、观察使公开派官吏于交通要道，对商贾和行人征取过桥、过路和商税，统治者不择手段地敛财，激化了社会矛盾，为了缓和社会矛盾，唐代统治者必须寻找新的敛财办法，即改革税制。“两税”法就是在这种社会背景下产生了。

---

① 《太平广记》卷499。

② 《旧唐书·杨炎传》。

四

“安史之乱”后，均田制遭到破坏，藩镇割据，人口锐减，户籍失散，赋税收入锐减，社会经济遭到严重破坏，唐朝廷再也无法按丁身征收租庸调，为了保障唐中央的财政收入，杨炎建议推行“两税”法。

杨炎（公元727—781年）字公南，凤翔（今陕西凤翔）人，以“文藻雄丽”著称，因与宰相元载同乡，关系密切，被擢为吏部侍郎、史馆修撰，成为元载为自己选定的接班人。元载秉政时，因贪污受贿，排斥残害忠良，被代宗皇帝诛杀，炎受株连贬为道州（今湖南道县）司马。大历十四年（公元779年）八月，德宗即位，任炎为宰相。

杨炎为相后，实行了两大改革：一是把国家财赋由大盈库（皇帝内库）重新移回左藏库（国库），二是以两税制取代租庸调制。

秦汉以前，国家财政与君主私人财政，没有严格划分。至汉，公私财政始分开，凡田租、算赋收入归国库，以支付吏禄和军队之用，山川、园地和市井租税收入为“人主”私藏，供君主个人及宫廷所需。国家财政为大司农管理，供君主个人及宫廷所需的租税收入归少府管理。“少府以养天子”。至唐，天下财富皆纳左藏库（即国库，属太府寺掌管），由太府寺每季上报库藏的账目，由尚书，户部复核。专供皇帝和宫廷所用的财物，则贮于大盈内库，由中官（太监）管理。当第五琦为度支、盐铁使时，京师豪将索取钱谷，无法禁止。第五琦为讨好皇帝便将天下财赋贮入大盈内库，以供天子取用，由宦官掌握。从此天下之财尽为“人君私藏”，权在皇帝，管在中官，有司“不得窥其多少”，国用无法统计盈亏，财政混乱达到极点。杨炎为相后，向唐德宗奏陈：“夫财赋邦国之大本，生人之喉命，天下理乱轻重皆由焉。”如此大政，现在却操在“五尺宦竖”之手，大臣不能过问，无法按照“天下利害”决定大计，“大计一失，则天下动摇”。他请求德宗将国家财赋重新归回左藏库，“宫中经费”则由左藏库按岁拨给。德宗皇帝采纳了他的建议。这样，一件拖延二十余年的财政之弊，满朝文武明知其弊却不敢置啄一辞，但杨炎初为宰相，敢批逆鳞，“以片言移人主意”，其改革家的胆略和智慧，不同凡响。

他第一步改革棋下得很漂亮，深得皇帝和大臣的赞赏和信任。

大历十四年（公元779年）末，杨炎奏行两税法。他分析了唐代初年，均田制推行尚好，租庸调的征收也很正常，朝廷财政收入稳定，但到了开元天宝年间，富豪之家大肆兼并农民土地，农民因失去土地无力承担赋税而纷纷逃亡，从而脱离了户籍，“天下户口，逃亡过半”。地方官府为了不流失赋税，却仍旧按照旧的户籍，上报朝廷，把逃户的赋税分摊到未逃亡的农民身上，这就大大增加了他们的负担。他指出，开元天宝时代，唐王朝财赋收入减少，而军费，俸禄以及其他开支却大幅增长，政府征收赋税，却不按变化的户口情况征纳，却按“虚存户口”征纳，甚至“旁及亲邻”，在边境戍边的兵士，身死多年，不仅不免其家属的赋税，反而逼他们缴纳数年，甚至几十年的“欠税”，人们苦不堪言。杨炎一针见血地指出了旧的租庸法在均田制变化了的情况下，存在的种种严重积弊。“安史之乱”后，骄兵悍将，割据称雄，自行征税，甚至劫掠中央财赋，纲纪大坏，国库收入无几，如不及时解决租庸调无法照常征收，国家财政面临崩溃的问题，唐王朝的政权岌岌可危，必须寻找新的税源。他建议改革租庸调法，推行两税法。

杨炎提出两税法的基本原则是：第一，量出以制入的财赋原则，即所有的收支，不管是百役之费，还是一钱之敛，都要先度其数而后向百姓征取。其目的是改变自安史之乱以来，租庸调法被破坏后，赋征多门，法纪混乱的局面，并限制权臣方镇、贪官污吏因缘为奸、任意勒索的恶习，把财赋大权收归中央。这样可以恢复因安史之乱，地方藩镇坐大而中央被削弱的那部分权力，加强中央集权，打击地方割据势力。第二，废除以人丁为计税标准，改为田亩和资产为计税标准，实行“户无主客，以见居为簿；人无丁中，以贫富为差”。两税的核心税目是地税和户税。地税按田亩征纳，占有土地多的，纳地税多。户税按资产征纳，拥有资产多的，纳户税多。资产和收入高的纳户税多。使人的赋税负担与其贫富状况，即负税能力相对应。这样可以在一定程度上实现税负的公平、公正。第三，对行商、坐商都实行征税的原则，这是正式把商税列入国税税制的开端，其税率为三十分之一。税率不高，看来，唐代对商人的利益是采取保护政策的。第四，征收时限的原则，两税均在夏秋两次征收，夏税无过六月，秋税无过十月，若有不便者正之。第五，保障两税的权威性原则，两税制规定，除两税之外，所有新旧征科一概罢除，两税外擅自征收一钱者，即以枉法论。

杨炎最大的历史功绩是实施两税法，两税法在中国经济和社会变迁史上则具有划时代的意义。杨炎两税法的确立，使持续了近千年的税人税丁的赋税体系告一段落，开始走向了建立税地税产赋税体系的道路。从此，税基定在田产，而不问丁中人口。正如马端临所指出的“随田之在民者税之，而不复问其多寡，始于商鞅；随民之有田者税之，而不复视其丁中，始于杨炎。三代井田之良法坏于鞅，唐租庸调之良法坏于炎。二人之事，君子所羞称，而后立为国者，莫不一尊其法，一或变之，则反至于烦扰无稽，而国与民俱受其病，则以古今异宜故也”[①]。马端临充分肯定杨炎两税法的巨大历史意义，指出两税法顺应了中国古代社会经济结构发展的必然趋势，田赋不再以人丁计税，而以财产多少为计税标准，使农民从人身依附关系中解放出来，推动了土地私有化的发展。自此之后，历代统治者，包括宋、明、清王朝统治者都是从两税之基础上加以损益而已。宋的田亩二税，明的“一条鞭法”，清的“摊丁入亩”都是遵循“两税”制的发展方向，以土地和资产作为赋税的基本税基。这样既扩大了纳税面，又有利于实现赋税公平原则。在一定程度上也减轻了贫困农民的赋税负担。

两税制取代租庸调制的改革，是中国数千年皇权专制社会赋税发展史上的重大历史性事件。这场改革使国家的赋税制度，乃至整个财政分配制度发生历史性转折。中央与地方、地方政府与藩镇军阀，官僚与农民之间的财政分配关系也发生了一定程度的变化。这些变化意味着财富利益在中央与地方、官僚与农民之间分配的重新调整，它对社会经济的发展必然产生重大影响。明代的“一条鞭法”和清代的“摊丁入亩”都是沿着两税法的方向前进的。

两税制提出了“量出制入”的财政原则，即先预计一年财政开支的总数，然后决定采用什么样的敛财手段向百姓征敛，以取得政府所需的财政收入。在两税法实施以前的历朝，基本上采取“量入为出”的财政收支原则，即根据一年之内可能得到的财政收入总额来制定该年度的财政开支计划。这样做是为了使财政开支平衡。这样可以防止官僚因奢侈无度造成财政开支过度膨胀，而带来赋役繁苛，聚敛无度，增加百姓负担，激化社会矛盾。“量出为入”一直是古代儒家传统思想理财的准则，《礼记·王制》说：“以三十年之通制国用，量入以为出”，《荀子·国富篇》也指出：“出入相掩，必时藏余”是一条“自天子通于庶人”的普遍适用的理财准则。但是，在皇权专制统治的国家，统治者，尤其是皇帝和高层官僚集团不受任何法律限制，也没有任

① 《文献通考》。

何社会政治力量能够监督和制约他们。他们的财政开支只受他们自身的需要和意见的支配，无限制地满足他们腐败而荒淫奢靡生活的需求。如财政开支增加了、超过了，他们随时可以以各种名目对百姓聚敛诛求。那种“量入为出”的教条，纯属一纸空文和谎言。两税法把量出制入作为国家财政收支的原则提出来，在当时赋敛无度的形势下，有助于中央控制地方势力，特别是防止藩镇在自己辖区内滥征新税，苛敛黎民，有助于缓和社会矛盾。

两税法把唐代的租、调、地税、户税和一切苛捐杂税一概合并成“两税”，以资产多少计征，这就简化了税制，有利于减轻百姓负担，防止贪吏巧立名目，苛剥百姓。所以，当两税法推行全国时，最初天下称便。

两税法只推行了两年就宣告失败了。一方面，除了诸藩镇不断叛乱，唐朝廷还与河朔藩镇之间爆发了大规模战争，战费日益失控，“两税”制度规定的“上供”朝廷的财政远远不够用，唐朝廷只得采取“两税钱每千增二百”的办法，筹措军费，使全国两税征收额一下子增加了20%。除德宗皇帝自己亲手破坏了两税法。另一方面，两税法本身也存在制度上的弊端。“两税”法规定应税者按规定缴纳缗钱，而纳税时，多以实物如粟、米、绫、绢缴纳。由于长期战乱，出现了通货紧缺，钱重物轻，以钱计数额，百姓无形中增加纳税负担。两税法虽无加税之名，而百姓已有增数倍输纳之实，这是最大的弊端。如建中六年（公元780年）初定两税时，绢1匹，值4000钱，米1斗值200钱。税户纳两税1万钱，只需绢2匹就行了。到元和十五年（公元820年），绢1匹500钱，米1斗50钱，百姓要完纳两税1万钱，就得10匹绢，负担增加5倍，两税法实行定额管理，中央和州县均以大历年间某年科率钱最多者，设州两税定额。但时间一长，中央财政不足时，德宗皇帝就想出放官债的办法来充补财政的亏损。“两税”法并未规定州使不能开征新税，特别“安史之乱”后，地方藩镇势力膨胀，中央威权江河日下，中央更无力阻止地方官长和藩镇自治权的扩张。中央所在财政支出不足时，就公开滥征新税。如藩镇和地方政府借口军费不足，“于诸道津要置吏税商货，每贯税二十文，竹、木、茶、漆皆什一税一”。把两税法所规定的“行商者在所州县税三十之一”税率由3%提高到10%。

两税法被破坏是从建中三年（公元782年）开始的。是年，河北、河南兵祸连年，军费开支每月急需百余万贯，而国库贮钱只有500余万贯，甚至支持不了半年。于是，德宗皇帝下诏增加盐税。当年可增收600余万贯。是年五月，德宗采纳宰相卢杞的建议，对富商大贾强制“借钱”，待平叛后还。

凡巨商家资超过万贯的，自留万贯为资本，其余一律“借给”国家充军资。官吏带领军士夜闯民宅，搜人财贷，鞭打不交者，公开抢夺，单京城长安“借”得288万贯。逼得不少商贾自缢而死，商人罢市，曾一时繁华的长安，变得萧条。从此，无论是唐代中央还是各地州县都纷纷不择手段地横征暴敛。暴君贪官和苛重赋役，摧毁了唐代的社会经济，促使唐王朝逐渐走向崩溃。

唐懿宗时，刘允章上言直谏，揭露唐后期政治的黑暗腐败和经济危机及社会面临全面崩溃的现实。他把这种局面概括为国有九破，民有八苦。所谓国有九破是：终年聚兵，一破也；蛮夷炽兴，二破也；权豪奢僭，三破也；大将不朝（指藩镇割据），四破也；广造佛寺，五破也；贿赂公行，六破也；长吏残暴，七破也；赋役不等（不均），八破也；食禄人多，输税人少，九破也。所谓民有八苦是：官吏苛刻，一苦也；私债征夺，二苦也；赋税繁多，三苦也；所由乞敛，四苦也；替逃人差科（摊担逃户赋役），五苦也；冤不得理，屈不得伸，六苦也；冻无衣，饥无食，七苦也；病不得医，死不得葬，八苦也。

暴政、重税、苛捐加大了晚唐贫富悬殊，分配不公，社会缺乏公平与正义，激化了社会矛盾。大乱在默默地酝酿中，万木无声待雨来，全国积满了干柴，只等待“天补平均大将军”农民起义领袖来点火了。

主要参考文献：

1. 崔瑞德（英）编：《剑桥中国隋唐史》，中国社会科学出版社1990年版。

2. 黄仁宇著：《中国大历史》，生活·读书·新知三联书店1997年版。

3. 《杜甫诗选》，人民文学出版社1980年版。

4. 杜佑《通典》卷7，《历代盛衰户口》。

5. 陈明光著：《唐代财政史新编》，中国财政经济出版社1991年版。

6. 《太平广记》卷495杂录3，《邹凤炽集》。

7. 《开元天宝遗事》。

8. 蔡次薛著：《隋唐五代财政史》，中国财政经济出版社1990年版。

9. 章僎主编：《中国航海科技史》，海洋出版社1991年版。

10. 《资治通鉴》。

12. 《旧唐书》。

第八章

民田纳税　官田征租

——宋代税史论

宋代（公元960—1276年）共316年，它在未实现全国完全统一的情况下（当时的中国分裂为宋、辽、金和后来的蒙古），将中华文明推进到了中国古代和当时世界的最高峰。宋代几朝皇帝从太祖、太宗到真宗、仁宗、神宗都以文立国，以仁义治天下，推行和平发展和对外开放的政策。他们注重保护土地私有制，并突破了古代中国自汉以来历朝重农抑商的传统，轻征商税，积极发展工商业，加速城市化进程，使宋代商品经济出现了史无前例的繁荣，成为当时世界上第一经济大国。宋真宗、仁宗、神宗重视和大力发展文化教育，大兴科举，笼络士人，切实执行太祖皇帝赵匡胤“不杀士大夫及上书言事之人”的政治原则，广开言路，从而使宋代在思想、文化、教育、科技等方面取得了空前伟大的成就。中国古代的重要科技发明有一半以上都出现在宋代，如火药、指南针、印刷术、纸币、垂线纺织等。瓷器工艺的重大改革和进步也出现在宋代，航海、造船、医药、农机制造等科技水平都达到了前所未有的高度。

宋代土地所有制结构发生了重大变化，契约租佃经济占主导地位。由于宋朝廷完全采取不抑兼并的政策，对土地私人占有采取自由放任，在土地所有制中，土地私有制占支配地位，尤其是地主的土地所有制在土地私有制中占绝对的支配地位。“天下田畴半为形势（豪强大地主）所占”，大批农民沦为佃农。租佃经济逐渐取代自耕农的小农经济。大量自由劳动力的出现，加速了城市化进程，促进了城市工商业的发展和繁荣。

宋代由于土地私有制的确立，特别是地主大土地所有制的形成，涌现了大量的自由佃农，按丁身征取田赋的赋税制度无法执行，宋王朝取消了丁身钱，采取一律按资产多寡征纳赋税的政策，富者多征，贫者少征，税负比宋代以前要公平多了。

宋代统治者注意保护自耕农和佃农的利益，出台了一系列政策，解放了客户（佃农）对户主的人身依附关系，佃户享有租赁和退佃之自由，严禁主户私刑拷掠承租佃客或任意干涉佃客妻女的婚嫁，私家地主不得任意对佃客逼催欠租。

宋代以文立国，推行和平发展和开明开放的政策，实行中央集权和以仁政治天下的政治模式，曾为中国创造了一个较为宽松的社会环境，促进了社会经济的迅猛发展，把当时的中国带进了高度文明和发达社会。但是，它毕竟是一个君主制社会，无法摆脱“一主昏暴而天下同祸”的历史宿命。当昏聩荒淫的宋徽宗赵佶登上皇位后，围绕在他周围的是一群像蔡京、童贯那样的奸臣和“六贼”、“十恶”之类的腐败官僚及宦官。朝野上下，政治黑暗，贪腐横行，卖官鬻爵，贪赃枉法，无恶不作，给人民造成了深重的苦难。最后，一时辉煌的宋王朝最终在农民起义中灭亡。

一

宋代是中国自秦始皇以来2000余年皇权专制制度时期中最为发达和繁荣的朝代，它远远超过汉唐，也是明清两代不能望其项背的。北宋时期，中国仿佛进入了现代物质文化发展时期。大宋朝创造的文明，至少要比同时代的西方文明领先200年。宋代不仅是中国文明的顶峰，也是同时代世界文明的顶峰。

北宋（公元960—1127年）168年，当时的中国是一个多民族的统一国家分为三个王朝——汉族统治的宋王朝，契丹族统治的辽王朝和羌族统治的西夏王朝。北宋王朝的疆域，北以白沟为界，与辽相接；在陕甘和山西形成的一条弧线上，与西夏毗连；西至川西，西南为广南西路，南至海南岛以及更加遥远的南沙群岛，国土广袤。全国在宋太宗至道三年（公元997年）划分为15路，宋真宗咸平四年（公元1001年）分为19路。至宋神宗元丰年间划为23路。宋代人口远远超过汉唐，据历史记载，西汉人口最高达到5000万人，唐开元、天宝年间人口增加到6000万人，而宋代徽宗年间人口就超过1亿人。几乎是唐代的两倍。宋代仁宗朝全国有耕田地面积超过了6亿亩。学者漆侠先生说，估计可能在10亿亩以上。宋代特别是北宋初的统治者奖励垦田，努力发展农业生产，社会经济发展迅猛。

宋代历时300余年，在两千余年的中国皇权专制社会中，它推行了开明、开放的政策，比中国历史上任何一个朝代都要宽松，因而，极大地激发了人们的创造精神和进取精神。所以，宋代作为中国对人类文明作出巨大贡献的时代，远远胜于汉唐。宋代在政治、经济、文化、教育、科技诸方面都取得了前所未有的巨大成就，使中国的文明出现了飞跃的进步。在中国历史上没有任何一个朝代在对人类的贡献方面，能超过宋代。

宋代创造了繁花似锦、绚丽多彩的先进文明，其主要表现在：

第一，以文立国，以仁义治天下。宋代构建了中央集权加仁政的政治模式，实行和平发展和自由开放，保护人身自由，初具现代文明的某些特征。

宋太祖赵匡胤发动陈桥兵变，黄袍加身，从后周孤儿寡母手中夺去了政权。赵匡胤用这种非正常的手段夺得江山后，他最担心的是他的武将也可能用同样的方法从自己或他的子孙手里夺取政权。为了防止历史重演，他不是采取自秦至汉唐以来，统治者以斩尽杀绝的方法对可能威胁自己政权巩固的对立势力进行斩草除根的大屠杀，或是对为自己夺取政权效过忠的有功之臣进行大清洗，从肉体上加以消灭。赵匡胤以仁义治国，他对后周皇帝成员给予优厚待遇，甚至封后周皇帝柴宗训为郑王。对后周的大臣几乎全部留用，连后周的宰相王傅、范质、魏仁浦也任用为大宋的宰相。为了防止曾追随他篡夺江山的武将叛乱、篡权，他用“杯酒释兵权”的巧妙计谋，和平地解除了一批功臣武将的兵权。解除武将的兵权后，让他们买田置产，过奢华享乐的生活，子孙数代无忧。

赵匡胤以文立国，他为自己奠定的王朝立了一个不准子孙后代违反的祖训，即不准杀害知识分子，不准株连无辜，以保障他们的人身自由和安全。他在太庙里立下铁律，以后历代皇帝本人在祭祀太庙时，必须宣誓：“柴氏子孙有罪不得加刑，纵犯谋逆，止于狱中赐尽，不得市曹行戮，亦不得杀士大夫及上书言事之人；子孙有渝此誓者，天必殛之！”宋太祖以文立国，仁义治国，推行中央集权的仁义的政治模式。他采取文人作军队的统帅主将的政策，武将副之。他大量增加科举取士的进士名额，大力推行科举考试，不断扩大取士名额，让大量的处在社会下层的知识分子能有出头之日，成为治国能臣。唐代每次科举考试只录取几十名进士，赵匡胤时增加到100名，宋太宗时增至300—400名，到宋真宗时，一次竟录取1638名。宋代300余年共有133名宰相，其中123名都是科举进士出身，占92%。范仲淹、吕蒙正、王安石这些贤相无一不是科举出身。科举考试带给中国人的是重视教育、尊重人才的良好社会风气。科举考试使社会上下阶层可以自由流动，生活在底层的人会有盼头，社会不凝固和断裂，即使你贫困潦倒，只要你不沉沦，刻苦攻读，就有出头之日。如欧阳修、范仲淹都是出身贫困的社会最底层的人，他们在逆境中不倦求学，通过科举，登上政坛，成为国家最高层的决策者和著名的政治家。宋代是一个自由开放的社会，它给人们以公平竞争和参与社会政治决策的机会。

第二，宋代贯彻执行“不杀士大夫和上书言事人”的政策，大臣在朝堂上可以与皇帝面对面地争论，大臣之间更可以就重大决策展开庭辩，可自由发表不同意见，皇帝对大臣反对的意见都能虚心听取。包拯曾与宋仁宗在朝堂上争吵，包拯唾沫横飞，把唾液溅到了仁宗皇帝脸上，仁宗皇帝不敢辱骂包拯，只得以绢拭面。包拯却只当不见，继续慷慨陈词。宋代皇帝对直谏的大臣很宽容，从不打击报复，罢官流放。如有利国家人民利益的直谏，皇帝除了采纳外，还要论功行赏，提拔升官。宋代君臣关系较和谐，不是虎羊关系。大臣之间，虽有政见不同的派别，如改革派和保守派，主战派和主和派，但无论哪一派都不对在台下的派别实行打击、陷害。他们虽互相批评，但都能互相监督。他们虽互相争执，却能互相制约。台上台下，轮流执政，从不置对方于死地。如王安石与司马光彼此政见不一，但两人私人关系却很好，常有诗词唱和。由此可见，北宋当时的官场氛围还是相当良好的。没有为了各自的集团利益，而互相倾轧、明争暗斗、攻讦、构陷，甚至暗杀。宋代的官场空气清新、自由。宋代虽然也是一个皇权专制的朝代，但宋代政治上比较自由开放，皇帝并不是“乾纲独乱”，基本上能遵法行政。如宋代在太祖朝就有一个规定，皇帝的诏敕一定要经过宰相的副署才能有效。乾德二年（公元964年）赵匡胤想任赵普为宰相，但制度规定太祖的诏书必须经宰相副署

（即宰相统一押印），但此时三个宰相已去职，一时无法找到副署宰相，太祖召集群臣会商此事。有人提出可仿唐制，由尚书仆射参知政事盖印，有人反对说，唐代那种做法是在甘露事变的乱世之中，今天下升平，不可效乱世之举。最后，大家商议统一用开封府尹副署押印，皇帝才完成对赵普宰相的任命。至道四年（公元998年）宋太宗驾崩，李皇后想让其长子为皇帝而废太子。她伙同内侍王继思和参知政事李昌龄废太子。废立之大事，不是皇帝家的私事，必经得宰相同意，但宰相吕端坚决反对，李皇后毫无办法，后来只得让太子赵恒即位，是为真宗。上朝时，真宗垂帘召见群臣，吕端不拜。他要求卷帘，见到确是赵恒真宗皇帝升殿才率群臣拜呼万岁。可见，宋代是君臣相互制衡的政治体制。

宋代的政治比较开明。坚守"不杀士大夫及上书言事之人"的铁律，朝廷用法律形式保护士大夫、知识分子的言论自由。因此，宋朝几乎没有文字狱（唐朝也没有文字狱，不以言论治人），言官都敢于说话，知识分子没有因著文写诗获罪，甚至杀头的。宋代在外交上推行和平发展的外交政策。宋王朝开国之初，面对西夏、辽国的虎视眈眈，后来又有金、蒙古的强敌压境，宋朝廷基本上是采取议和政策，以经济换军事上的平安。如景德元年（公元1001年）辽国大军进犯中原，宋真宗御驾亲征，大败辽军。但宋真宗却无意乘胜追击，在胜利的情况下与辽国签下了"檀渊之盟"，使中国北方保持了较长时间稳定。

第三，宋代由于奉行的利国利民的和平发展的国策，促进了经济、文化、科技的发展。

北宋时全国垦田6亿余亩，人口增长也比较迅猛，北宋末达1亿人。宋代垦田数额不仅是其前代未有的，就是元、明两代也未达到这个数字。这与宋初统治者奖励垦辟的政策密切相关。宋初为奖励无田的农民垦复和耕种荒地，一般免征三至五年租赋，以后也只按十分之二征租，并定为永额。由于宋初统治者奖励垦土，全国耕田面积大大扩张，尤其是江南，沿河、沿湖的淤田和湖田开垦数量惊人，如洞庭湖、太湖、浙江钱塘江一带，淤田规模更大，动辄成百上千顷田地，淤岸长达数十里，甚至上百里。南方的梯田开垦也始于北宋后期，盛于南宋。

宋代水利灌溉事业较唐代有了显著发展，大的水利工程层出不穷。宋代大兴水利工程一般采取官修、民办和官修官办的办法，注重发挥民间的资金和民办的作用。特别在神宗时，颁布了《农田利害条约》，全国从南到北，从西到东，掀起了一个前所未有的农田水利建设高潮。如疏浚河道、开凿水渠，兴建淤田，引洪淤田等。宋代水利建设所取得的成就是辉煌的，它在我国水利建设史上谱写了辉煌灿烂的篇章。其工程规模之浩大，配套效益之高，数量之众多，技术之精良，在我国历代是少有的。

宋代农田耕作技术和农具改良与发明也取得了重大成就。

总之，宋代农业生产获得了前所未有的全面发展。不仅垦田面积大幅增加，单位面积产量大大提高，而且专业化、多种经营也全面展开，逐渐走向商业化。

宋代工商业空前繁荣。

宋代是中国历史上唯一不推行“抑商”政策的专制王朝，它实行“通商惠工”的政策，推进了工商业的发展并加速了城市化的进程。宋代立国之初，宋太祖赵匡胤就公开号召其亲信悍将如石守信等“多积金，市田宅以遗子孙，歌儿舞女以终天年”。太祖皇帝如此导向，推动了宋代商业经济的勃兴。宋王朝还制定了一系列“通工惠商”的政策，支持和鼓励全国各地开矿、酿酒等手工业。各路、州、县制造加工的工厂如雨后春笋般地涌现，厂里的工人都是按月拿工资。有的工厂常年雇用工人 10 余万人。宋代的造船业十分发达，史载宋代的海船长 100 米，可载货物 500 吨，乘客 500 人，其先进的造船技术比西方领先 300 年。宋代的科学技术在当时世界上也居于领先地位。中国古代四大发明，有三大发明——指南针、活字印刷术、火药都诞生在宋代。

由于宋代农业商品化和手工业发达，促进了商业的繁荣。宋代的商业大潮汹涌澎湃，大型的商业市场遍布从京城到地方的各大中城市。在中国古代，宋代以前，可以说还没有真正现代意义上的商品市场。汉唐在长安、洛阳等大城市，其“市”的商业活动只局限于在政府规定的特定区域中进行，当时被称为“坊”或“市”，官方的商业区才叫“市”，居民住居区的商业贸易活动区叫“坊”。“市”与“坊”是隔离的，商业交易的时间也有严格规定。早上开市和晚上闭市，均由官方严格控制。宋代的商人只要交税，在国内任何城市、任何地点均可开店设摊经商，经营时间不受限制。市与坊不再被隔离，现代城市风格在宋代已初具规模，我们从《清明上河图》上可见一斑。宋代城市市民生活自由开放，“瓦子”、“勾栏”等娱乐场所彻夜不眠，技艺表演通宵达旦，不像汉唐那样晚上实行宵禁。当时全世界的城市晚上都是一片漆黑，只有宋朝的都市晚上灯火通明。

宋代大力推行对外开放政策，不遗余力发展海外贸易。以广州、泉州为中心的20余个沿海港口，与日本、高丽等60多个国家进行频繁的国际贸易，形成了繁华一时的海上丝绸之路。宋代在沿海港专设市舶司或市舶务作为对外贸易的管理机构。宋朝廷还不断派使者赴海外招商，鼓励外商来中国贸易，朝廷还制定了相关政策保护外商的合法权益，严禁市舶司官员利用职权对外商进行刁难、勒索。如有违反相关禁令要受到严厉查处，撤职直至处死。对来中国投资和经商的外国商人以礼相待，在沿海口岸由市舶司（务）对外商主办迎送宴会，举行“祈风”、“祭海”仪式，祝外商出入平安。宋代还对外商开放仕途，经商有成绩，为中国人作出贡献的，宋朝廷可以授予他们相应的官职。宋代的广州、泉州市是当时世界上最大的港口之一，史称“万国衣冠，络绎不绝”。宋代海外贸易的兴旺发达是其他朝代和当时世界任何国家都无法比拟的。

在宋代强盛的商业贸易浪潮中，诞生了当时世界上最早的资本主义经济因素的萌芽。

由于宋代工商业的蓬勃发展，极大地促进了货币和金融业的快速发展。宋代货币流量非常大，至宋神宗时的公元1080年全国铸币600多万贯。而唐朝鼎盛时的玄宗开元、天宝年间最多铸币才32.7万贯。北宋时全国流通的钱币达到2.6亿贯。铜钱和银锭是宋代的本位货币。宋代的钱币成为南海诸国的镇国之宝，流通于全世界各国，如同今天的美元一样，是世界各国的通用货币。

宋代工商业的发达和繁荣，使大量人群流入城市，大大加速了城市化的进程。宋代的大城市不少是以商业而不是以行政为中心兴起的大城市，如广州、泉州、镇江、鄂州、潮州、汉中等。

北宋全境拥有10万户，约50万人以上的城市有40多个，到宋徽宗崇宁年间又上升到50多个，而唐代则只有十多个。人口在20万户以上的有汴京（今开封）、京兆府（今西安）、临安（今杭州）、福州、泉州和潭州（今长沙），其中汴京、临安的人口常在100万上下。全国还有50多个集市镇，大都是新兴的工商业城市。这些城市俱是“市列珠玑，户盈罗绮，竟豪奢”的繁华。宋代的都市美丽、富足，人们生活丰衣足食，自由安逸。这是中国历代专制皇朝所没有的。宋代平均每个农民生产粮食4158斤，而南方发达地区如两浙、江东、成都平原和福建沿海，每个农民平均每年生产6930斤，远远超过了汉唐，甚至超过我们当代。宋代农民的生活也富裕、轻松、悠闲。

宋代还是一个言论自由、思想开放的时代。大宋王朝长达300余年的统治，几乎没有发生过由皇帝和上层统治者出于对意识形态的控制而采取镇压手段制造的文祸。“乌台诗案”只不过是一起官场倾轧，而非统治者对舆论的控制。宋代的教科书中公开宣扬“天下者，天下人之天下，非一人（皇帝）之私有也”。宋代教育事业发达，官学、私学兴盛。宋代产生了世界上最早的私立大学，如岳麓、石鼓、白鹿洞、应天四大书院。宋代皇帝十分重视发展教育事业，全国上下广泛普及教育。皇帝宋真宗亲自写诗鼓励民众读书，诗云：“富家不用买良田，书中自有千锺粟；安居不用架高樑，书中自有黄金屋；出门莫恨无人随，书中车马多如簇；娶妻莫恨无良媒，书中自有颜如玉；男儿若遂平生志，六经勤向窗前读。”因此，宋代读书风气无论朝野城乡都很浓厚。

宋代在文化教育方面取得了辉煌成就：建立了当时历史上最大的国立和私立大学，即太学和国子监及书院；广辟学田，用学田的收入免费普及初等义务教育；在全国建立了大大小小的图书馆，国家级的有昭文馆，集贤殿、史馆、崇文馆等，各地州府县均建有图书馆，对普通民众开放。宋代的文学艺术也极发达。宋词与唐诗一样成为中国文学艺术的又一个高峰。

二

安史之乱之后，中国皇权专制社会的土地所有制和赋税制度发生了深刻的变化。自唐初以来的均田制彻底崩溃，租庸调法的赋税制度也无法继续。经历五代十国的大分裂和长期战乱后，百姓大量逃亡，出现大批荒地和未垦地。宋初几朝皇帝，宋太祖、宋太宗和宋真宗对土地均采取奖励垦辟的政策。宋太祖用“杯酒释兵权”的妙计，解除了悍将的兵权，诱使他们发家致富，安于享乐。对权贵豪富的土地兼并实行自由放任政策，故宋代土地制度与其以前历代土地占有制发生了根本变化。宋代土地占有方式可以分为三种类型：

一是地主大土地占有制。宋以前的历代王朝，自秦汉至隋唐王朝均有限制土地兼并的政策。宋代“不抑兼并”，即在承认土地私有的前提下，对土地兼并不加干预，对土地买卖也自由放任。私人土地的买卖不受任何限制。只要买者和卖者双方通过正常的手续，将双方买卖土地的田契向当地官府呈报，得到官府的认可，盖上官府的印信，缴纳田契钱，将卖主所卖土地从国家版籍上过承给买主，而后由买主承担这块土地的田赋，土地所有权的转移就完成了。宋代由于土地自由买卖，放任兼并，土地日益集中于权贵大官僚和大地主手中，地主、大地主所有制便膨胀起来。所谓地主阶层，在宋代是由官户、大商人、高利贷者组成。官户，即官僚，文武官员八品以上者。这三种人共同组成大地主阶层，其人数占总户口千分之五六，但他们占有了全国总耕地面积的百分之六七十。最小的地主一家占田在四顷以上，中等的数十顷至一百顷左右。大地主、大官僚则占田无数。他们凭借手中的权力还大量隐匿田亩，以逃避田赋，根本无法统计。史称“公卿大臣之占田”，有至千顷者。他们“田产跨连郡县，岁收租课十余万石，甲第名园，几半吴郡，皆夺士庶而有之，宋令为用，莫敢谁何!”诗人刘克庄在论述宋代土地大量兼并中指出：“吞噬千家之膏腴，连亘数路之阡陌，岁入号百万斛，自开辟以来，未之有也。”孙梦观评论兼并时曾指出：“进来乘富贵之资力者，或夺人之田以为己物，阡陌绳联，弥望千里，囷仓星列，奚绵万斯。大则陵栎州县，小则武断阛闾，遂使无赖之徒蚁附绳集，以为渊数。”

在宋代土地兼并过程中，起决定作用的是两个因素，一是官僚、大地主以权势强占农民和部分国有土地，即所谓“贵者以力可以占田”。二是大商人、高利贷者用钱买，或在荒年乘人之危低价收买，即所谓“富者有资可以买田”。如王蒙正“恃章献刘太后亲，多占田嘉州”，“侵民田几至百家”。土地兼并的结果造成贫富悬殊，“富者有弥望之田，贫者无立锥之地”。

二是自耕农的土地所有制。宋代社会经济之所以超过以前任何一个时代，经济文化之所以居于当时世界的最前列，自耕农民数量之多以及占有相应的一小块土地是一个极为重要的因素，但自耕农占有的土地占全国总耕地面积之比重太少。据史书记载：自耕农民对土地的占有，北宋时最高不过百分之三四十，南宋时则下降到不足30%。在宋代，农民诸阶层依据土地的有无可以分为有地农民和无地农民两类。有地农民一般有一小块土地，即自耕农，又称主户。无地农民，靠佃租地和国有土地即官田、营民、寺院等田过日子，亦称客户。宋代由于“不抑兼并”，对土地任其自由买卖，土地所有权的转移频繁，一些自耕农由于天灾或人祸，不得不变卖自己的土地，由自耕农转为赤贫，成了佃户。某些没有土地的客户，涌入城市，靠经商发了财，又在乡下买地变成了自耕农，甚至中小地主。北宋末至南宋这种土地占有权的转移日益急剧，甚至有“千年田换八百主”的现象。“贫富无定势，田宅无定主，有钱则买，无钱则卖。”“十年财东轮流做”这就是宋代土地自由买卖，土地占有权频繁转移的真实写照。

宋代土地所有制的另一个显著特征就是契约租佃经济占主导地位。由于土地兼并大门的敞开，无数经不起自然灾害和疾病打击及其他人祸的自耕农，在生路无望时，常常卖掉自己的田宅，甚至卖妻鬻子成为无地农民，沦为佃农，又称客户。宋代无地佃农激增。北宋末至南宋末，无田农民，即所谓客户占了总户数的一半以上。从11世纪中叶到12世纪中叶的100余年中，客户比重扶摇直上，到南宋客户已占总户数的三分之二了。至此，宋代农民阶层的主体构成已经完成由中古农奴（即部曲奴婢）和中古自耕农（即均田户）向无地佃农的过渡。大量无地农民的涌现既满足了农村租佃经济对于劳动力的需求，又适应了城市工商业发展对手工业劳动者的要求。时至宋代，客户与田主（地主）的关系已经没有人身依附了，私家地主已无法实施强行的超经济剥削，佃户与田主建立了契约的租佃关系，政府的法律规定佃户享有迁徙和退佃等权利。

在宋代契约租佃经济已占据宋代农业经济中的主导地位。它不仅激发了地主的经营农业、手工业的潜能，而且使广大佃农的生产潜能得以最大限度地释放。这就是宋代社会经济发展、工商业异常繁荣的主要原因之一。

三是国有土地占有制。宋代国有土地所有制持续衰落，据史书记载：国有土地占全国总垦田数的4.3%。国有土地主要有官田、职田、学田、屯田、营田、弓箭手田、监牧地、寺院占田等。

官田。这是常见的一种国有土地形式，即“没官田”和“官庄”。它是由户绝田、抛荒田、涂田和籍没田组成。户绝田是指民间没有人继承的、无所归属的田产，即户主死，本房无子孙的田产，按律收归国有。抛荒田，是指民户因战乱、灾荒而逃亡的，而抛荒的田限期半年不返，没收为官田。涂田，是在江中或近江靠海的地方，由于江水的冲刷，或海水的冲积，在江中形成一些沙洲，近海形成一些涂田，这类土地经过农民垦辟之后，被官府检括为官田。籍没田，是指一些国家官员由于犯罪或其他种种原因而被籍没的田产，收归国有。官田在宋代国有土地中占重要地位。各地的职分田、学田往往是从官田中拨充的。职田，又称“职分田”，充作各级地方官的一部分俸禄，用以养廉。职田是按官阶高低分配数量不等的职田。

学田，宋代以“崇儒右文”作为其基本国策，对学校教育和培养人才极为重视。国家从官田中专门拨出一部分土地即所谓学田，供办教育之需，所谓“上自太学下至郡县学莫不教上养”者是也。宋代的学田在国有土地诸种形态中是占土地最多的。由此可见宋代对教育的重视，宋代的学田上的租谷收入基本上可以满足全国初等义务教育之需和资助贫困学生读书成名之需。北宋一代垦田约750万顷。而学田占总数的1.31%。宋代科学文化之所以得到前所未有的发展，居当时世界的最前列，学田功不可没。

屯田，原为了加强边防而建立的，最先发自河北，后来逐步扩展到陕西，使戍边兵士一边戍边，一边耕田，以充军需，免国家远输军粮之费。宋真宗天禧末年全国各地罢屯田4200顷。

营田，始于宋太宗端拱初年。将“河朔之间，富有膏腴之地，募民垦耕”，耕种营田的百姓向官府缴租谷。屯田以戍边兵士耕作，营田招募无地农民耕作。宋代至神宗时，全国有营田当在35000顷以上。

在宋代国有土地中，学田和寺院占田地的比例较大。

宋代的土地占有主要是私人土地占有制，而地主、大地主私有制占田最多，其比例竟达全国总耕田面积的百分之六七十。

三

北宋的赋役制度比较复杂。田赋基本上是沿袭唐代两税，北宋称“二税”，二税税率并不重，但二税之外的杂税，“折变”却繁多。其次是徭役，即差役，还有就是商税，宋代工商业蓬勃发展，远盛于汉唐，就是尔后的元、明、清历代也未超过宋代。宋代赋役征收原则基本上是按田亩多少和资产多寡按户等征取。即“因地之广狭（包括按肥瘠分等）而制赋，因赋之多少而制役”，“户无常赋，视地以为赋，人无常役，视赋以为役”。赋役主要是建立在土地多少的基准上，并按此而分户等，用以承担服役的。在经济不发达的南方少数民族地区，如广南西路（今广西壮族自治区）还残存着丁口之赋，即身丁钱米，属于一种落后的人头税。除此以外，还有各种杂变之赋，特别是到北宋末年和南宋，重赋繁役令百姓不堪重负。五花八门的税收，名目繁多。贪腐官吏，对老百姓巧取豪夺，使得民不聊生，社会极不稳定，宋王朝也处在风雨飘摇中。

宋代田赋，沿袭唐代杨炎所创立的两税法，是向有常产的主户征收的土地税，具有资产税性质，纯系田亩税。无田地的“客户”不向国家、政府缴纳田赋。他们是向地主缴纳租谷，由地主向国家和政府交纳田赋。宋代的田赋又称“二税”。宋代“二税”是分夏、秋两次征收，夏税主要征收布帛、丝绵、大小麦和钱币等物，秋税则以粮食为主。上面讲的“二税”，即为民田之赋。所谓公田之赋，就是凡佃种官田，包括职田、学田、营田、屯田的无地农民，即客户，要向政府缴田租，且与二税一并催纳。在宋代，无地农民租耕公田，即官田。一般是采用对分制缴纳田租，即各占田地收获量的一半。宋初自耕农的田赋负担不算重，一般只占总收获量的5%左右。城郭之赋，不属两税的范围，除宅税、地税之外，还有茶课、盐课等杂税。在北宋时，这些杂税的收入约占国家财政总收入的30%—40%。

丁口之赋，即为身丁钱米，属于人头税。此税目不在全国统一征取，而只在交通不便、经济不发达地区推行。广大农民不堪丁身钱负担，为了减轻丁身钱负担，他们不愿育儿，甚至忍痛将初生婴儿杀死，以减轻丁身钱重苛。宋代还有丁盐、丁绢，即按丁身征收盐税和绢。贫困农民不堪负担，不得不杀子。

杂变之赋，实际上是两税之外的附加税。“杂变之赋”又称“沿纳”、“沿征”和“杂钱”。亘古以来，从来就没有过官养民，只有民养官。统治阶级的所需一切都是从人民，特别是从农民身上榨取的，专制独裁政府所需一切取之于民，需要用牛革便通过两税向人民要牛革，需用别的什么也同样向农民伸手，比如要造箭，便向人民征箭杆、征箭翎，故两税之杂变项目十分繁琐，而两税所征之品种，也十分繁杂。在征收过程中贪官猾吏，巧立名目，中饱私囊，因而百弊丛生。其中“杂钱”一项，即是多种杂变之赋合并而成。夏税中杂钱约占夏税的85%，秋税中的杂钱约占秋税的30%。由此可见，农户两税中杂变之赋所占比重之大。宋王朝为了征收方便，政府又把两税之税物分为“正税”和“杂色”两部分。正税是指税粮和丝帛，“此乃田亩桑功之自出，是谓正税”。米谷丝帛之外所有税物是为“杂色”，因品类繁杂，往往以钱计值，故称“杂色”。杂变之赋纳入两税一并征收，大大加重了农民的税负。

宋代正税是不重，但“杂变之赋”却异常繁重。

宋代徭役基本上承袭唐代，但实际上比唐代繁苛。役重于赋是宋代一个突出问题。宋代对“命官、形势占田无限，皆得复役、衙前将吏地免里正、户长”，即各级官僚（朝廷命官）、势家（有财势豪绅）以及州县衙门任职的官吏均免徭役。宋代对民按其资产多寡划分为五等：第一、二、三等户任役，第四、五等户不负担差役。第四、五等户一般贫困小民，没有负担能力。这些人都是“粗粝不充、布褐不备，未免冻饿之忧”，没有温饱保障的贫困户。宋代役户少，而需要服役的却很多。所以，宋代百姓差役苛重，是病民之源。

徭役，简称“役”，是指编户百姓无偿充任官府的各种差役。宋代百姓的徭役主要有力役、职役和兵役三大项。

政府无偿征调农民从事修筑河堤、桥梁、道路等社会公共工程，是为力役。

政府无偿不定期地征调农民充当士卒，防守郡县、边疆，农民还得自带武器、衣服和粮食，是为兵役。

政府按照民户资产多寡，征用有一定负担能力的民户在各级政府衙门中担任极低级的小吏，如押司、录事（办理县衙门的文牍）、看管仓库，从事搬运等差使，是为职役。

商税自古有之，秦汉以来，一直是重农抑商，对商人十分歧视，推行重征商税的政策。商人阶层备受打击。中唐后，商品经济逐步发展，商税有所减轻。安史之乱后，藩镇割据，造成国库空虚，加之李唐王朝日益腐败，荒淫奢糜，财政开支浩繁，为弥补财政亏损，便加重了商税的征收。

宋初统治者以五代赋税苛重，百姓积怨太深，而推行轻征商税的政策。宋代商品经济发达，商税和田赋分开，形成了近似现代意义上的商税制度，而且从中央到地方都建立了严密的商税征收网络，商税征收的管理体系基本确立。商税收入大量增加，且成为宋朝廷财政收入中重要组成部分，出现了“州郡财计，除民租外，全赖商税”的局面。

宋代商税分为“过税”（货物流通税）和“住税”（商品交易税）两大类，“行者赍货，谓之过税，每千钱算二十；居者市鬻，谓之住税，每千钱算三十”。此外，还有“力胜钱”，商船不论载货与否，均按载重量收取之，这是水路流通税。北宋初，为了促进粮食流通，使丰歉地区能相互调剂，平抑粮价，运载粮食的“米谷船”不收取胜钱。神宗熙宁（公元 1068—1074 年）后，由于统治者日趋腐败奢靡，加之军旅之费屡增，财政开支无度，大肆增加赋税，商税额外课征也日益增多，借口以供“务”吏俸禄，对运载粮食的“米谷船”也征收“五谷力胜钱”。

宋代对“财帛、什器、香药、宝货、羊、猪、民间典卖庄田、店宅、马牛驴骡、驼及商人贩茶”等商品，称为“常税名物”，都要征收商税，而且要求各地税务机构将这些“常税名物”纳税的税率和征收多少，一律逐条抄在告示牌上，挂在官府的墙壁和门前，过往商人按公布于众的条例纳税，税务机构中任何人不得增减，条例上没有的商人可以拒纳和上告。宋代商税一般是征收现钱，运销不利的商人如亏欠税钱，也可以折额纳货，一年之内允许备钱赎回，一年之外货物充公。商人纳税的凭证叫“税引”，税引由州府统一印制，由税务机关在税引上填写商人姓名、货物种类及税钱数量等，沿途税务可按贩易情况收税，并在引上据实填写。宋初朝廷注重保护商人利益，维护商人合法权益，严禁各级官吏任意勒索商人，不准无故搜捡和留拦商旅。

因为宋代注重积极发展商品经济，推行轻征商税政策，保护商人和消费者双方的合法利益，所以商业异常发达，商品经济繁荣，商税收入丰盈。如北宋至道年间（公元995—997年）每年税课达400万贯，至天禧末年（公元1021年）达840万贯，以后基本上商税收入稳定在800万贯左右。

宋代的海外贸易远比汉唐兴盛。宋初的统治者继承了汉唐以来对外开放的贸易政策，不遗余力地发展海外贸易。宋代中央政府经常派遣使节远赴重洋，招徕外商，而且还鼓励地方政府官员出国招商，并明文规定地方官员有“招诱舶商”的任务。如“诸市舶纲能招诱舶舟、抽解货物，累价及五万贯，十万贯者，补官有差”，即按招商的税收多少，分等提拔官职。宋廷还公开对外商人开放仕途，以奖励他们在扩大海外贸易中对宋朝廷的贡献。如大食（伊朗）商人蒲罗辛，因贩运乳香，每年缴纳税额30万贯，被授予“承信郎”的官职。宋廷对来往外国大商人，由市舶司（管理外商的机构）设宴款待，在他们出入海港时，举行“祈风”“祭海”仪式，祝他们出入平安。宋代中央政府对往来外商征收的商税也比较轻。征收对外贸易税叫市舶课，市舶课分“抽解”和“抽买”。税率一般是十分之一，最高时达到十分之三四。

宋代由于统治者实行不抑兼并的政策，土地兼并日趋严重。至宋真宗时，天下良田几乎全为权贵、豪门和富商巨贾所占有。豪强地主占有上百顷甚至上千顷的土地，但他们却利用自己在朝廷和地方政府的影响力隐田漏税，把大量土地隐匿起来，不负担国家税收，造成“富民买田而不收税款，谓之有产无税；贫民卖田而不推税额，谓之产去税存”。不少豪强的土地“赋租所不加者十居其七”。豪强大地主占有的土地十有七八没有承担赋税，这就使得宋朝廷的田赋收入锐减。特别是到宋仁宗时，朝廷“三冗”日趋严重。所谓“三冗”，就是“冗官”、“冗兵”、“冗费”。何谓“冗官”？“冗官”即宋初内外官（中央和地方官）不过三五千员，到景德年间（公元1004—1007年）增至1万员，至宋仁宗皇佑年间（公元1049—1052年）仅30年，京官和地方官激增到两万多员。此后，几乎每隔30年，官僚群就要翻一番。庆元二年（公元1196年）官员高达4200余员。宋代的官员的俸禄特别优厚，几乎高到前无古人后无来者的程度。宋代官员俸禄大体上可分为正俸、加俸、职田及公供钱等变相的收入。宋代官员待遇十分优厚，收入惊人。宋代的“冗兵”甚为惊人，宋太祖时养兵22万人，仁宗庆历年间增至125万人，当时全国人口为5000万左右，宋专制皇朝养了如此庞大的军队，军费开支占全国总财政收入的三分之一。战乱频繁时军队开支总额为4800余万贯，占全国总财政收入的六分之五。宋廷每年祭祀还要花费1200万贯。统治阶级大官僚、权贵奢侈荒淫的生活，开支也相当浩大。北宋末，宋廷加重对人民的搜刮，在“二税”外实施苛征重敛，杂税之多是中国古代杂税之最。

宋代名义上是官府给钱和买帛绢，实际上往往不给钱而强夺之，此现象在北宋后屡见不鲜，后来，和买竟随“二税”输纳成为地地道道的田赋附加。

北宋末杂税无穷，除上述常见的数种外，还有上供钱、免行钱、河渡钱、房屋税、枯骨税、竹木税等等，宋初“有额上供四百万，无额上供两百万”的说法。无额上供，是没有名称的上供，即为额外摊派、免行钱，是商人购买特许权所纳之钱。如行商向官府缴纳一定数额的钱，以取得不再承担和买义务之权利。河渡钱是在场坊津关之外，向过路行旅征收的钱。房屋税，是按屋每间输绢一丈三尺，绢之屋税。

宋代的诸色差役俱是广大人民的无偿劳役，成为应役者的沉重负担。在宋代的诸色差役中，以衙前役最为复杂，给人民带来了极大的痛苦。许多农民因应役而被弄得家破人亡。农民为了减少丁口，免去衙前役，在京东则父亲吊死，在江南则祖母改嫁，此等惨状，遍及南北。

四

宋代税制改革，不能忽略王安石变法。

王安石（公元1021—1086年）字介甫，号半山，抚州临川人，中国历史上杰出的政治家、思想家、文学家和经济改革家、理财家。

王安石一反既往儒者为官“耻言理财”的旧传统，公开宣扬“政事所以理财，理财乃所谓义也，一部《周礼》理财居其中，周公岂为利哉”，“均节财用，所以为义也”，把“利”看作是“义之和”，义就是为了利。因此，他特别重视理财，把理财放在治国的首位。他说：“盖因天下之力以生之天下公利也，患在制财无其道耳”，他提出：“夫聚天下之众者莫如财，治天下之财者莫如法，守天下之法者莫如吏”。王安石认为应该把国家财政建立在社会生产发展的基础上，没有社会经济的发展就没有国家财政。只有通过发展社会经济，增加社会财富，才能充实国家财政，并合理运用财政以组织生产和均节财用，提出了理财重在生聚之道，治财重在严肃法制，执法重在整顿吏治的三大理财原则。

王安石生活在北宋末年，当时社会危机四伏。由于宋代长期采取不抑兼并的政策，到宋神宗时，社会经济经历了100余年的恢复和发展，皇亲国戚、达官权贵、富商大贾形成了强大的利益集团。他们互相勾结，攫取了当时国家的绝大部分资源，他们大肆兼并土地，垄断全国的商业市场，侵吞老百姓的利益，造成全社会政治黑暗，吏治腐败，财政危机。当时，达官权贵凭借自己的政治特权，富商巨贾利用自己雄厚财力，官商勾结，大肆侵吞掠夺和购置大量良田，富者跨州轶县，所占者莫非膏腴，而赋调反轻，贫者所存无几，又且瘠薄，赋调反重。形势豪右，本性贪婪，他们凭借权势，勾结胥吏，舞文变易，隐匿田产，逃避赋税，甚至转嫁重赋于贫民百姓。不仅使宋朝廷失去了大量的税源，财政更加困难，也加剧了贫富分化，激化了社会矛盾。针对这种情况，王安石提出了“取天下之财以供天下之费”，即赋税负担应由全社会共同负担，命官形势之家也必须与普通百姓一样负担法定的赋税。熙宁三年（公元1070年），他在宋神宗的支持下推行变法。

熙宁五年（公元1072年），王安石重修方田均税法，即以东南西北各千步为一方，作为大量单位，每年九月，县令派人下乡丈量土地，先在方田四角堆土植树作为标记，再把方内各户田产面积登记到方账、庄账和甲贴、户贴上去，然后根据土地肥瘠分成五等，一次均定税额高低，到次年三月丈量结束后，再把登记该户田产面积的户贴、庄贴发给民户，作为地契凭证。方田均税法的推行，成就显著，查清楚了形势豪右隐田漏税，转嫁税收的不法行为；有利于赋役均平，减轻了农户的赋役，有一定的积极作用，顺乎民心。除推行方田均税法外，王安石特别重视对差役法的变革。

免役法，又称“募役法”。北宋末，由于高度集中的封建专制政权，使各级地方政权承担中央及本身的例行事务越来越多，这种繁重事务都得通过差役去执行。这种繁重的差役负担，几乎全部落在自耕农和中小地主头上，应役人常被弄得倾家荡产。特别是衙前和里正这种差役，往往弄得应役人一年两年不能归家，如失落官物，除依值赔偿，还要受刑责。为了减轻农民的衙役负担，实现衙役均平，王安石提出“计产定赋，募民代役”的原则。熙宁四年（公元1071年）全国推行“免役法”，以募役代替差役，规定对原来的应役人户，按资产贫富分等，照等第交纳代役钱，每年夏秋两季向官府纳钱，称为免役钱。由官府雇人代役，这对原来的重役户，减轻了应役负担，对原来的不应役户（包括官户、城镇户、寺观户、未成丁户、军户、女户等）则按充役户免役钱减半征收助役钱。助役钱也分夏秋两季交纳，实施免役新法为中小地主和自耕农减轻了徭役负担，也抑制了豪强之家乘差役繁重进行土地兼并。免役法给中下层地主和上层农民，即一等户中的大部分，二等户和三等户中的一部分居民，带来的好处最多。

熙宁二年（公元1069年）王安石颁行青苗法。所谓青苗法，是挪用诸路常平仓和广惠仓的钱谷1400万贯、石，充作青苗本钱，在青黄不接时，由民户自愿请贷。借贷对象是城乡居民，但乡民优先，有剩余时，可贷与坊部户。王安石颁行青苗法，本意是打击私人高利者，趁农民之危实行盘剥，以“使农人又以赴时趋事”，即有一定的财力物力，不违农时从事生产劳动，政府亦可从中收取利息增加财政收入。

市易法是针对达官贵人、豪富巨贾，互相勾结，垄断市场，谋取暴利的一项改革措施。熙宁五年（公元1072年）王安石在开封设市易务，颁行市易法。首先在京师设市易务，内藏库拨款100万贯现钱为资本。市易务设监官二人，提举官和勾当公事官各一人。京师各行铺户的牙人，均得申请为市易务的行人和牙人。外地行商运销货物到京卖不出去，愿入官者，许至务中投卖由行人、牙人与客商共同评议物价，由市易务先支官钱购买。在京各行商贩，可以用金银或地产抵押，向市易务赊购货物进行售卖，半年付清者认息一分，一年付清者认息二分。客商所卖货物非行人所需，而实际上又是可以收储转卖的，可由市易务收买并随时价出售；如若客商所卖货物折合市易务其他物品，亦听其便。以上各办法均不许强迫从事。官府所需物资，如核计较向外地采购为便宜时，也可由市易务在京就地采买。市易务提举官由三司户部判官吕嘉向充任，市易务勾当官也可由商人充任。开封市易务创立后，又陆续在杭州、广州、真州、扬州、成都、越州、西安等较大城市成立市易务。熙宁七年（公元1074年）冬，开封市易务改为都提举市易务，统管各路市易业务。

市易法的推行，在一定程度上限制了大商人，特别是权贵和富商狼狈为奸进行垄断市场的投机活动，稳定了市场，缓和了价格的波动，减轻了外来商人由于权贵和富商大贾操纵市场，压低价格所带来的严重损失。这样就促进了商业的繁荣，也大大增加了国家的商税收入。

行均输法目的是限制豪商操纵商利，国家运用商业贸易手段，实现了民不加赋而国用充足的一项改革措施。北宋中盛期，汴京是当时全国最大的消费城市。这里聚居着大量的皇族、贵戚、官僚士绅以及保卫皇宫安全的几十万大军。为了供给这些人的衣食和享用，北宋政府除征收赋税之外，还要向各地人民征收各种生活和军需物资。设在东南的江、浙、荆、淮等六路转运使，在征收物资时往往不考虑这些物资是不是当地产品或当今产品，一有需要，就取办仓促。地方政府亦不了解开封各仓贮存情况，只知按定额勒索。他们控制和垄断市场，抬高物价，牟取暴利，国家财政收入多被富商大贾所夺取。为了消除这些弊病，王安石于熙宁二年（公元1069年）七月推行均输法。此法规定："专设发运使总管东南六路赋入和茶、盐、酒、矾的税收；朝廷拨内藏银五百万缗，上供米三百万石"，作为发运使收购物资的"籴本"。根据京师对各种物资的需要，不论征收或籴实取得的物资，都要根据"徙贵就贱，用近易远"的原则征收和购买，以供京师。政府需用品，可就地"从便变易"以存储备用，歉收地区则不再令其输纳各类实物，可折成货币，以此代纳货币到丰收地区收购实物，填补库存。推行"均输法"后，限制富商大贾对市场的操纵，将轻重敛散之权收归国家掌握。谷贱时官府收购，不至伤农；饥歉之年，则改为纳钱，百姓方便。这样既打击了豪商富贾操纵市场牟取暴利的行为，又减轻了农民的负担，可达到"国用可近，民财不匮"的目的。

王安石非常重视农田水利，他认为水利实是农业生产之命脉。熙宁二年（公元1069年）刚任参知政事时，他就派专员考察全国农田水利与农业生产及徭役的情况，并制定了《农田水利法》，颁行全国。其法规定：各州县须将本管区内荒田数目及需要浚导兴修的水利工程进行调查，绘制成图，送报上级，并说明兴修办法及"计度用工料多少"，由官府组织实施，费用由受益户摊付。如果是工程浩大，民办不能给者，官府可以贷款，县官还可劝喻富户借贷，按常例付息。该法提出凡官民懂得农业和水利者，均可向官府提出建议，工程完成后，论功授奖，兴利至大者，量才录用，即按功利大小给予建议人以奖励，功利特大者，可量才授予官职。凡“创修兴复农田水利，经久便民”的，不管是商人还是各色百姓，皆可入仕赐官，加快晋级升迁速度，州县官展期连任或转迁升官以及量赐金帛等应相奖励。农田水利法推行后，“四方争言农田水利，古陂废堰，急务复兴”。农田的产量大为提高，每亩产量达三到四石，比唐代翻了一番。

王安石的改革是北宋承平历经百余年，社会经济和商品市场发展到高峰后，慢慢滑向低谷，由盛转衰的历史时期。这一时期社会经济虽然表面还呈现一种繁荣景象，但“内囊”已经空虚。首先，统治阶级在经济繁荣表象的掩盖下，日益滋生着贪婪和腐败，生活奢华、糜烂。他们疯狂地兼并农民的土地，大刮抢地圈地风潮，权贵巨宦占田上百至数千顷，跨州连县，且尽为膏腴之地。贫困农民在天灾和疾病的打击下，被迫把仅有的维持生命的田地廉价出卖给权贵和富商。有的大官权贵还依仗自己的权势公然抢夺和圈占农民的土地。农民失去了土地却还承担着赋税，权贵富商占有大量土地，却勾结胥吏隐田漏税，国家不仅流失了大量税源，而且加剧了社会分化，贫者愈来愈穷，富者愈来愈富，社会矛盾空前尖锐。其次，在朝廷田赋收入日益减少之时，而国家的财政支出却与日俱增，“冗官”、“冗兵”和“冗费”，即所谓“三冗”，使得宋王朝财政年年是巨额赤字，府库空虚。宋仁宗时的财政陷于极其艰难的境地。最后，百余年之承平，孕育了一个强大的盘根错节的既得利益集团，他们是达官权贵与富商巨贾相互勾结，上下串通凝结而成。上至朝廷的中央大员，下至州县官吏和富商大贾，他们控制着全国的矿山、盐、茶和手工大作坊，圈占着全国百分之六七十的良田沃土；垄断全国的商品市场和运输渠道，蚕食或鲸吞国家的资财，有的富可敌国，有的威慑朝廷。他们为了保护自己的既得利益串通一气，反对任何有损于他们既得利益的改革。王安石的改革目的就是要打破既得利益集团的独霸和垄断，现实赋税公平和社会正义，为国家增加财政收入，从根本上扭转中央财政的困局。他的方田均税法推行后，清丈占全国税田的土地，为国家增加了巨额税源。他的免役法的推行既减轻了农民的徭役负担，又为朝廷增加了数千万贯的财政收入。王安石的新法，为国家创造了极大的财政盈余，年收入6000余万贯。从根本上扭转了宋廷财政长期入不敷出的困难局面，也减轻了农民的徭役负担。

王安石的经济和赋税改革是进步的，积极的，应该予以肯定。王安石的变革触犯了权贵大臣和先富起来的富商大贾的利益，因此，他们坚决反对变法。保守派和反对改革派攻击王安石是聚敛之臣，其目的是为了维护自己的既得利益，而不顾国家的安危和老百姓的生死存亡。例如，宋初行差役法，达官权贵享有免役特权。实施免役法后，拥有大量田产的豪强权贵之家便不得不负担一些助役钱，百顷之巨宦一年当出助役钱数十千贯。如此他们怎能不反对新法呢？权贵、豪强、暴富户他们反对免役法要求恢复差役法，完全是维护自己的既得利益和特权，在他们的“领地”中不容别人涉足！

元丰八年（公元1085年）宋神宗病死，仅十岁的幼儿赵煦继位，是为哲宗。宣仁太后高氏垂帘听政，政局遽变，以司马光为首的反变法派登上政治舞台，排挤变法派，王安石被罢相，废除新政，恢复旧制。王安石的改革宣告失败。反对新法的顽固派变本加厉地对广大农民进行横征暴敛，肆无忌惮地圈占农民的土地，地价日趋暴涨，农民纷纷破产。北宋末年，社会经济面临崩溃，无法生存的农民铤而走险，终于爆发了宋江、方腊领导的农民起义，招来了金兵的大举南侵。北宋由于内政的腐败，在外族强兵的攻击和农民起义的双重打击下，走向了灭亡。钦宗和徽宗两个昏庸的皇帝也为金兵所俘虏，悲惨地客死他乡。

北宋末年，宋王朝政治走向全面腐败。无论是朝臣还是地方官僚，结党营私互相倾轧，吏治日益腐败。到宋徽宗时，已达极点。徽宗赵佶荒淫无度，任用蔡京为相。蔡京是一个典型的投机政客，他任宰相后，独揽朝纲，排斥异己，残酷迫害正直的有才华的朝臣。而昏庸的徽宗则迷信道教，自称“道君皇帝”。在宫中装乞丐，丑态百出，政事全委以蔡京。蔡京为满足徽宗荒淫腐朽的生活，大兴土木，广建宫廷，派奸臣童贯、朱偭搜寻奇花异石，十船为一纲，运至京城汴京，耗费国家资财无数，弄得江南无数居民倾家荡产。这就是历史上有名的“花石纲”。花石纲逼得无数农户家破人亡，群起为盗。

宋高宗也是一个荒淫腐朽的昏君。他苟且偷生于江左，终日沉浸在灯红酒绿骄奢淫逸的享乐之中，根本不思抗金和收复失地。一个名叫张戒的士大夫曾进言批评他说：“作为一个有所作为的皇帝，应该居安思危，而你却居危思安。”从宋高宗、理宗至以下几代皇帝，无不昏庸腐败。吏治越来越黑暗。朝廷大大小小的官员和地方的州县官、无不贪污腐败，生活糜烂。宋理宗公然率权臣狎妓淫乐。其他朝官和地方官自然效法。南宋大大小小的官吏腐化到了极点，廉耻丧尽。

宋代官吏的贪腐，自开国皇帝宋太祖赵匡胤就为其大开了方便之门，历史上“杯酒释兵权”的故事，就是明证。赵匡胤公开怂恿他的亲信大臣石宗信，（在帮助赵匡胤打天下时，立下了汗马功劳的功臣）等开国元勋去贪腐，要他放弃兵权，多积金银，多置田地舞女，厚自娱乐，为子孙立长久之业，好好享乐腐化。所以，宋代官僚的贪腐远胜于汉唐。由于宋代不抑兼并的政策，官僚的贪腐活动主要是疯狂聚敛钱财，兼并土地，极尽奢华。蔡京集团利用花石纲在东南两浙地区大肆搜刮民财，强购和掠夺民田和美女，招权鬻爵，贿赂公行，门庭若市。南宋时，以高宗为首的统治集团，腐败透顶，他们偏安东南，对外屈膝投降女真贵族，对内血腥镇压农民的反抗，大肆掠夺民众财产。宋高宗赵构带头兼并士庶土地。他为了在临安建立自己的享乐“御庄”，大刮兼并土地的黑风。由于皇帝赵构带头刮起兼并风，从宫廷到民间，从首都到地方，到处兴起，一时圈地、夺地之风席卷南宋小朝廷全国各地，凌夺百姓田宅，甚于盗寇。一些地方官僚豪绅，纵兵追捕小民，焚其室庐，逼写献契，强夺其良田。权臣秦桧、韩侂胄、贾似道公开用暴力劫夺民田、民女。在金、元兵大举南侵时，他们大发国难财。绍兴十年（公元1140年）秦桧以为宋金战争中立功的将士预备犒赏为名，向百姓什库征钱，这批巨款全都入了他的私囊。秦桧每逢生日，必然要各州县贡献财物为他祝寿，这笔钱每年多达几十万贯。他还公开卖官鬻爵，连监司帅府守军大员进见时，都要送钱送物，没有几万贯是得不到新差事的。韩侂胄、贾似道当道时，各地运送贡献的黄金、白璧、明珠、大贝、象犀、锦缎等珍奇物品的车子，塞满街巷。在这些奸相的带领下，南宋末年，官僚豪绅兼并民田之风达到白热化。天下土地大半为权贵所占，小民无立锥之地，却还得负担田赋和劳役。富者愈富，贫者愈贫，社会矛盾日趋激化。土地高度集中于达官贵人和品贵形势之家，百姓食糟糠之不可得。

吏治的腐败，使得天下田土悉归兼并之家，百姓无地可以容身，卖妻鬻子，无以为生。

南宋是在兵荒马乱中建立起来的，历经160余年。先受金人南侵之苦，后为蒙古累犯，终为元所灭。兵连祸接，未有尽时。南宋统治集团和自朝廷至地方大大小小官僚，奢靡腐败，穷奢极欲，财政开支之泛滥为历代皇朝所罕见。钱从何来？国家的财政每分每厘都来源于百姓。自古至今，任何政府本身都不能产生财富，南宋统治者只有无止境地榨挤人民的血汗，年复一年地猛增赋税，正如赵瓯北所说的“取民无艺”，即敲诈民脂民膏不择手段。旧有的和新创的剥削方法层出不穷，当时的苛捐杂敛的名目有70余种，仅“二税”一项就比唐代农民的负担重八倍。

南宋农民负担的苛重，由秦桧首开其祸端。“二税”虽然正税没有增加多少，但其附加税高得惊人。其中加耗，正税之外加税七斗。湖南农民在繁重的赋税压榨下，无以为生，愤而起义，钟相、杨幺领导的农民起义就是在这种情况下（公元1130年）爆发的。除加耗外还有和籴，南宋统治者借口供应军需，以低价征购农民的粮食，征购办法按户等高低，家业大小摊派，往往是税粮一石，征购和籴一石，征购的价格极低。有的地方就根本不付钱。和买，在北宋时是付钱的。到了南宋，就成了强行摊派，后转为折帛钱。绍兴二年折帛推广到全国，折钱由2000增至3000。到绍兴四年（公元1134年）增至到6000。绍兴九年（公元1139年）增至9000，甚至10000。折帛钱成为南宋人民的巨大祸害。到宋庆宗时，统治者在东南诸路就榨取人民折帛钱1700余万缗。

和籴、和买和折帛等巧立名目的剥削方式，还是不能满足南宋统治者荒淫无耻的生活耗费和浩繁的军费开支的需要，他们又“创造”了寅吃卯粮的所谓“预借”。预借，就是当赋税收入不足，向纳税农民和商人预征一两年甚至五六年后的赋税。名为预借，实为抢夺。州县官吏预借民户租税，甚至不开条据，纵使胥吏舞弊，人户如缴纳稍慢，便加以严刑。“预借”之苛税，弄得十家有九家农户家破人亡，剩下一家因“借”不起而逃亡了。南宋的苛捐杂税多于牛毛，除上述几种外，还有经制钱、总制钱、月桩钱、板账钱，有名的、无名的，不一而足。如地方官离任，地方上敛钱赆送叫赆钱。另外，还有所谓麴引钱、纳醋钱、卖纸钱、户长甲帖钱、保正牌限钱、折纳牛皮筋骨钱等。

总之，南宋吏治隳坏、土地兼并的激化和赋役的苛重，下层民众生活日益穷困，饥寒交迫，流离失所，社会动荡不安，国势萎靡不振。偏安东南的南宋小朝廷在风雨飘摇中面临全面崩溃。

南宋末年，官府和地主加紧对农民进行剥削。北宋初，朝廷一年赋税收入的钱是1600余万贯，北宋末赋税钱高达6000多万贯。南宋高宗绍兴二十七年（公元1157年）赋税钱达6000余万贯，而此时南宋朝廷所统治的地区和人力仅是北宋的三分之二。至南宋末宋孝宗淳熙十四年（公元1187年），赋税钱猛增到8000万贯。

农民除承受地主的繁重地租剥削外，还要受官僚、地主、大商人高利贷者剥削。许多农民常因天灾和疾病或者青黄不接时需要借贷，地主和高利贷者就乘机盘剥农民。他们“邀其假立文约领钱，以为羁縻之术”，利用借高利贷来敲剥农民，在高利贷“倍称之息”的盘剥下，佃客债务丛集。春借秋还，秋借春还，旧欠新债，日积月累，永远没有还清的日子。到时候，地主和高利贷者就强夺佃客和房屋、农具、口粮和种子，甚至夺佃客的妻女为妾为奴。农民在苛捐、重税、繁重地租的压榨下，终年是以糟糠度日。一旦遇到凶年饥岁，农民就要卖儿鬻女，或逃荒行乞，冻馁而死。

南宋时，由于皇帝昏庸（高宗、理宗、度宗）政治黑暗、吏治腐败、重税繁役、滥发纸币，物价翔踊，农业萧条，民命如线，外敌入侵。特别是南宋末年，贾似道独揽朝政，排斥异己，卖官鬻爵，培植党羽，任用奸佞，奢靡挥霍，纵情声色，不顾国家存亡，民生疾苦，一味苟且偷安，坐享富贵。宋室天下就这样一天天地烂下去。宋理宗、度宗和贾似道等为宋代的最后灭亡准备了充足条件。民穷、兵弱、财匮、官僚士大夫无耻，加速了宋朝廷的覆灭。公元 1276 年，在强大而野蛮的元军攻击下，临安陷落，南宋宣告灭亡。

吏治腐败，税重役繁，民不堪命是宋代灭亡的主要原因。这个历史教训，后人不可不吸取。

主要参考文献：

1. 肖建生著：《中国文明的反思》，新世纪出版社 2009 年版。
2. （元）脱脱等撰：《宋史》，中华书局 1985 年版。
3. 《宋会要辑稿》，中华书局。
4. 《欧阳修全集》，中国书店 1986 年版。
5. 赵德馨主编：《中国经济通史》，湖南人民出版社 2002 年版。
6. 司马光著：《资治通鉴》，中华书局。
7. 《续资治通鉴长编》。
8. 马端临著：《文献通考》。
9. （唐）杜佑著：《通典》，岳麓书社 1995 年版。
10. 漆侠著：《宋代经济史》，上海人民出版社 1987 年版。
11. 《十三经注疏》，中华书局 1985 年版。
12. 《中国历代食货典》，江苏广陵刻印社 1989 年版。

13. 周道生著：《先秦两汉赋税思想史论》，中南工业大学出版社 1996 年版。

14. 巫宝三主编：《先秦经济思想史》，中国财政经济出版社 1996 年版。

15. 丁祯彦、吾敬东著：《春秋战国时期观念和思维方式变革》，湖南出版社 1993 年版。

第九章

南北异制　赋税征钞

——元代税史论

蒙古族建国之初，税制不备，在早期的征服战争中全靠奴隶的供给和掳掠搜刮，到世祖忽必烈时，逐渐形成了一整套的封建赋税制度。元代的赋税制度同国家的政治经济体制一样，是中国封建社会赋税制度的继承，但又有许多独特之处，并对元代的社会经济和政治有着重要的影响，对当今的税制改革和建设有着诸多启示。

一

元朝是由蒙古族建立的统一的封建王朝。元朝统一全国后，农业生产受到重视。忽必烈在位时，逐渐放弃了原有的游牧生产方式，采取了以“农桑为急务”的农业政策，严禁将农田改为牧地，禁止杀掠，多次颁布放奴为民的诏令；鼓励垦辟荒田，提倡兴修水利，推广农业生产技术，颁发《农桑辑要》，以恢复遭到破坏的农业生产。元代手工业在宋代的基础上有一定的发展。元朝开始推广棉花种植业，新兴的棉织物普遍受到社会的重视。松江人黄道婆把从黎族那里学习到的先进棉纺技术带回家乡加以推广，促进了民间纺织业的进步。另外，元代的印刷业、矿冶业、瓷器业、酿酒业和火炮制造业等都采用了新的生产技术。元朝的统治者非常重视交通运输，并在全国范围内建立了四通八达的交通网络。元代的商业发展迅速。在全国范围内普遍使用纸币；受西域人和宋代商品经济发展的影响，商业活动表现为各种经济形态同时并存，既有奴隶买卖，又经营高利贷，更利用富商大贾参与政治生活，并重视国际交通与贸易。元政府重视海外贸易，泉州、广州、上海、温州、杭州等大海港当时都闻名中外，政府在泉州、杭州等地设市舶转运司负责管理海外贸易。总之，全国的统一，农业和手工业的恢复与发展，交通的发达，纸币的发行，再加上政府对商业的重视，都直接促进了元代国内商业和对外贸易的发展，使元代商业日益繁荣。

元代在沿袭辽、金和南宋旧制的基础上，保存了经过改革后的某些蒙古旧制，形成了独具特色的政治制度。元代多民族统一国家的建立，加强了各族人民之间的联系，但元朝统治者为适应和强化对各民族的统治，公开地把各民族按照族别和征服地区先后划分为四个等级，即蒙古、色目、汉人、南人。不同等级的民族在政治上、法律上和赋税负担上的待遇不平等，从而形成了以蒙古贵族为中心、由各族地主阶级参加的、对各族人民进行残酷的民族压迫和阶级压迫的封建王朝。在管理体制上，元朝实行的是种族统治基础上的中央集权政治。在中央设中书省、枢密院、御史台，分掌行政、军事和监察大权。行省的设立，奠定了以后各代行省制的基础，是中国行政区划和政治制度沿革上的重要事件。

二

元代税收的主要特征：

一是南北异制。与其种族统治相适应，元代赋税的特点是南北异制。元代对各族、各地人民实行分而治之的封建专制，其强烈的种族统治色彩带来了赋税上的南北异制：不仅在田赋上南北异制，其他赋税也是南北各异。具体情况是：

元太宗初年，窝阔台对蒙古本部和华北地区都有赋役征发规定，分别有草地差发和汉地差发的名称。元太宗八年丙申更定税制。丙申税制奠定了有元一代在北方的赋税体制，但还不完善。忽必烈即位后使之进一步完善，严格了送纳之期、收受之式、封完之禁、会计之法。元朝北方税粮、科差等赋役差发制度主要是在中统至元间定制和进一步完善的。北方税粮、科差情况如下：税粮分为丁税和地税两种。丁税每丁粟2石，地税每亩粟3升。诸色户计按照各种规定分别交纳地税和丁税中的一种。儒、僧道户种地纳地税，不纳丁税。军、站户也不纳丁税，并且可免四顷的地税，其余按亩课征。对河西中兴路（今宁夏银川）、西宁州（今青海西宁）等三处人户也征地税。就计丁课税的原则而言，元代北方的税粮制度与唐代租庸调制有相似之处。由于诸色户计之间相互买卖土地以及其他一些原因，在征收税粮时经常出现混乱和纠纷，往往有一户并纳二税的现象发生。中统元年，统治者将天下人户分为元管户（过去业已登入户籍而在政府重新括户时情况没有变化的人户）、交参户（过去括户时曾入籍，后来迁移他乡因而在当地重新登录著籍的人户）、协济户（没有成年人丁的人户）、漏籍户（过去从未著籍的人户）等几类。这几类人户交纳丁税数额有区别。科差包括丝料和包银两项。科差的征收对象，主要是一般民户。民户所得丝料大部分归政府所有。分拨给诸王、贵戚、勋臣的民户所完纳丝料中，也有一部分经政府转交给封主，其数额以每五户二斤为率。这部分丝料称为五户丝，这部分民户也被称为系官五户丝户，以别于其他系官户，科差征收按元管、交参、漏籍、协济四类户别而不同。包银在蒙哥时代定为四两，其中二两输银，二两折收丝绢等物。到中统四年，全部以钞输纳。至元四年五月，又下令按缴纳包银的数额，每四两增纳一两，以给诸路官吏俸禄，是为俸钞。

元代江南赋税，与南宋相同，即继续征收秋税和夏税。两税之中以秋税为主。征科江南夏税之制，定于成宗元贞二年。但在成宗以前也征江南夏税。江南征夏税的地区，实际上分为两类。一类是世祖年间开始科取的地区，即江东和浙西。另一类地区包括浙东、福建和湖广行省北部。江西行省（包括今广东省部分地区）和湖广行省南部在此之前向未征收夏税。夏税的征收办法和数额，一般也以南宋旧例为根据，各地不尽统一。有的地方以土地等级摊派实物，或者再折收价钞。大部分地区以秋税征粮额为基数，再按一定比率折收实物和钞币。凡秋税1石者，输夏税1贯或1贯半，或1贯700文，或2贯、3贯乃至3贯以上。其基本办法是因其地利之宜、人民之众，酌其中数而取之。至于江南的秋税征取，主要是征粮。个别地区也有以部分税米折钞征收的。秋税高的地方，每亩苗米达3斗3升多，一般每亩课4升5合或5升，低的在2升左右。总之，江南没有统一的标准。江南也有科差：一是户钞，相当于北方的五户丝；二是包银。江南征收包银的范围有限，时间也相当短。

另外，无论南、北方，除了正额税粮外，元廷还要征收附加税粮，其名目繁多，如鼠耗、分例等。这类追加剥削数量惊人，有时超过正额。

二是普遍盛行包税制。大规模、长时间地实行包税制，是元代赋税的又一特点。包税，元代称为扑买或买扑。中国的包税制发端于南北朝时期，宋、金时期颇为流行。元朝开始大规模、长时期实行包税制，包税的数额、范围等均为历代所不及，包税制达到极盛时代。元代之大兴包税，不仅大包商税和杂课，连素称正课的田赋也实行包税。元代包税制以元初最盛，但中后期犹有余毒。包税制的出现，既和农业、手工业的发展以及集市贸易的繁荣有着密切联系，又与官府的赋税征收工作不适应商品经济发展直接相关。在宋朝，集市贸易相关活跃，遍及南北的“墟市”、“草市”，是国家商税的重要来源，但由于这些集市比较分散，征管难度较大，于是国家让商人出钱承包上缴，以便以最少的费用取得更多的税收收入。同样，元初实行的包税制，也与官府征管工作机制不健全有关。赋税征管力量的薄弱，自然给商人承包税课提供了契机。商人与权贵的相互勾结，为获得最大的盈利而企图承包某项税款，在某一时期也迎合了统治者的要求，这是元代包税制盛行的重要原因。

由此可见，包税制有因时因地制宜的一面，作为对某些小税征收的权宜之计似无不可。从长远观点看，包税制既不利于税收收入的提高，也不利于减轻百姓的负担。从前者看，国家税收收入不能随着经济发展而提高；从后者看，豪强之家承包赋税，则往往依仗官府的权势，肆意扩大征税范围或提高税额，恣意刁难和勒索百姓以弥补他们包缴的税款，加重了百姓的负担，而财富则集中到豪强手中。这对国家正常赋税制度的破坏作用是巨大的。因此，元代以后的明清时期，包税制逐渐衰落，只存在于较少地区和较小税种的征收上。

三是用钞票救税收。元代统治者，为了挽救长达百年的税收危机，也进行过多次改革。特别是元世祖时改革了三次，元顺帝时改革了二次。其中，除了元世祖时改革有些成效外，其余改革都没有什么明显的作用，始终没能改变元代税收赤字日益加大、危机不断加重的趋势。于是元廷把希望寄托在货币的投放上。元世祖时期，在至元十二年（公元1275年）阿合马改革中，首次运用增加货币发行量来弥补税收赤字。不过，开始发行的不多，每年发行中统钞保持在40万锭左右。随后增加到140万锭，其余年份大致在80万—100万锭，没有明显的通货膨胀。到至元十九年（公元1282年）卢世荣主持改革时，由于税收状况恶化，至元二十三年（公元1286年），发行中统钞多达300万锭，以平衡税收收支，结果钞值大贬，一贯当往日百文，物价腾贵达10倍。至元二十四年（公元1287年）桑哥主持改革时，税收状况日趋恶化，物价高涨，于是每年又发行至元钞50万锭，与中统钞并行，在一定程度上减轻了通货膨胀。至大元年（公元1308年）元武宗即位后，为了摆脱税收更加入不敷出的困境，下令变更钞法，发行“至大银钞”，致使钞币大幅度贬值，至元钞大抵是中统钞的五倍，至大钞又是至元钞的五倍。由于这种手段并不能解决问题，至大银钞仅发行20天就无法实行了。因为当时支出需要中统钞500万锭，税收已借支钞本1060万余锭，只好罢中统钞。之后，又拨至元钞本百万锭以给国用，至元钞难以再流通。可见，税收赤字挖空了中统钞本，又接着挖至元钞本，这时税收赤字创下了元代前所未有的最高纪录。

元仁宗时期，税收更加恶化，鉴于货币的混乱，只好废止了至大银钞，专用至元和中统钞。通过压低纸币发行量来抽紧银根、控制物价的意图本来是正确的，但后来迫于税收恶化，一反常态，突然加大货币量的发行额来弥补税收亏损。结果税收困境非但没有得到解决，而且又一次引起通货膨胀，物价上涨的风潮达到了无法制止的程度。

元代末年，由于税收到了山穷水尽的地步，用钞票救税收的办法仍然改变不了。至顺四年（公元1333年），13岁的元顺帝即位，到30岁的时候越发感到税收危机的严重，于是以元脱脱为丞相进行了两次改革。第二次改革主要是实行变钞弥补税收赤字，开始推行“至正交钞”，同时发行“至正通宝钱”。“每日印造，不可数计，舟车装运，轴轳相接，交料之散满人间者，无处无之”。改革后很快出现了通货膨胀，物价腾贵，价逾十倍，货币贬值，形同废纸。民间“皆以物货相贸易，公私所积之钞，遂俱不行”。看来发行货币也没有发挥什么积极作用，反而加速了国家税收的彻底崩溃。

四是工商税收迅速增长且税收地位重要。元朝赋税的另一个特点是轻课工商业的政策。元朝对军户、匠户、站户实行优待，有一定限度的免税权，工商业税率较低。这就促成了元代商业的繁盛，使商税无论是品类还是数额都有明显增加，元代的工商税收中，尤以盐税、茶税、商税的增长最为显著。

自世祖至元至文宗天历的70年间，盐课增加20余倍，茶课增加240余倍，商税也增加近10倍，成为元代财政收入的主要形式之一。

五是赋税征钞。以往各代，赋税一般以实物缴纳，虽然也有征钱的情况，但不普遍也不占主要地位。随着元代商品货币经济的发展，国家以钞为法定通货，与之相应就是赋税大部分征钞。元代中后期钞币的贬值，致使赋税不断加重，人民也深受其害。

三

元代在军事上是非常强盛的。从公元1135年开始，元相继灭掉西夏、金朝和宋朝，又分兵四路西征，踏遍中亚西亚，所统版图之大在中国历史上空前绝后。因此，元代闻名中外，威震欧亚，超越秦汉，不亚唐宋，是中国社会发展史上辉煌的一页。但是，善于在马背上打天下的元代统治者，却不善于下马治天下，近百年，国家一直处于贫困之中。

元代政权自忽必烈于至元八年（公元1271年）建立至元顺帝至正二十八年（公元1368年）灭亡，共经历了97年，税制改革可分为三个阶段：

第一阶段，元世祖至成宗时期（公元1271—1307年）。元世祖时期，虽然是元代国家税收比较好的时期，但税收亏空的现象经常出现。中统元年（公元1260年），由于南下巴蜀作战，“府库已竭”。元世祖即位后，为了改变“财不赡费”的状况，进行了三次税收改革，才使国家税收处于相对平稳的状态。但好景不长，从元世祖末年开始，税收进一步出现亏空。至元二十九年（公元1292年），税收应收入297万锭，入库的才189万锭，但“自春至今”，支出已多达363万锭，赤字达到66万锭。

第二阶段，武宗至文宗时期（公元1307—1332年）。这一时期，国家税收始终处于困难状态。武宗至大二年（公元1309年），税收收入按正常的年份来说为400万锭，因歉收收入总额不到400万锭，上年支出1000万锭，粮食300万石，但当年粮食支出比上年又多出30万石，为330万石。仅以钞来计，就超支收入的2.5倍。至大四年（公元1311年），每年支出钞600余万锭，土木营缮计用数百万锭，赏赐复用300余万锭，北边军需六七百万锭，但库藏只有11万余锭，这实际上已达到枯竭的程度。元仁宗延佑七年（公元1320年），由于国库枯竭，停发对诸王的供给。英宗登基，次年出现了“国用匮竭”的困境。元泰帝即位，“以国用不足，请减厩马，汰卫士”，可知税收困竭到何种地步。至文宗天历时期，日子更无法维持，只好加重赋税，除税粮、科差以外，其他课税日增月益，比至元、大德时期增加了20倍，但“朝廷未尝有一日之蓄”。

第三阶段是元顺帝时期（公元1333—1368年），这一时期税收情况更加恶化，元顺帝毫无回天之力，索性深居后宫，不理朝政，“国用不足”成为司空见惯的事。只能是无可奈何花落去，使元代税收走向崩溃。

分析元代多次税收改革，可以发现几个特点：一是改革次数多，这是中国历史上任何朝代都不曾出现过的，说明元代税收问题和危机长期存在；二是改革成功少失败多，对后世影响甚微。元代多次改革救不了税收危机，发行钞票反而加剧了税收危机。

那么，造成元代税收长期亏空的主要原因是什么呢？

首先是财政支出不断增加。元代的战争之多，统治者靡费之巨，土木营建费用之大，赏赐开支之厚，是历代无与伦比的，这样无节制的支出税收是无法满足的。

其次是税收管理混乱。从税收体制上看，在中央税收之外，中央各中枢机构和专门机构，都有自己的财权、财源和仓库，而又互不相属，以至政出多门，财分多途。

最后是税制混乱，南北各异，征收办法不统一，户口划分呈多样，致使赋役不均，矛盾百出，这在一定程度上弱化了税收的效率。

针对存在的问题革故鼎新，本来是解决税收危机的唯一出路，但元代却把税收改革的重点放在增加各种赋税上。如元世祖时期的改革，急于敛财，先后重用阿合马、卢世荣、桑哥三人主持税收，增加盐课、理算钱谷、整治钞法、厉行钩考、杜绝漏洞，每项措施都是为了敛财。因此，阿合马、卢世荣和桑哥在历史上留下了“暴敛无艺”的骂名。之后的历次税收改革仍然把眼光盯在单纯的增加赋税上。如元宗时增加盐引，提高盐价；增加烟酒税率；开征富户收入税；追征赋税拖欠，与元世祖时期的改革没有什么区别。所以，元代的赋税越来越重。《新元史》指出：“元中叶以后，课税收入，比元世宗时增二十余倍。包银之赋，亦增至十余倍。其取于民者可谓悉矣。”这样的改革，无非是杀鸡取卵，竭泽而渔，终有一天鸡死鱼灭，国家失去了税源，造成更大的税收危机。

四

元代税制沿革的主要历史经验与启示是：

第一，改革不能只抓表面矛盾，要标本兼治。元代多次税收改革的特点是只抓表面矛盾，如改革中实行专卖制度、实行南粮北调、裁减机构和官吏、削减赏赐、加强吏治、实行节俭等，这些措施也是必要的，能够减少国家开支，减缓税收危机，但大都是治标不治本，只能解决税收的一时困难，不能产生长久的效果。如果税收收入持续减少，即使再节支减员国家机器也难以维持。这种治标的措施只有与治本的措施结合起来才能发挥作用。至于说把发行货币作为国家税收主要增收手段也不是不可，但要谨慎，使用合理，而且还要控制在一定的数量之内。我国的纸币在唐代出现了飞钱，宋代有了交子，但都是不完善的纸币，真正的纸币从元代开始。元代纸币不仅达到了完善，而且成为国家唯一的法定通货。与别的朝代相比，这本来是一个有利的条件，如果合理使用，解决税收的一时困难，是无可厚非的，也能够发挥货币的积极作用，但元代的统治者却把发行货币作为国家增加税收收入的主要手段，并将此作为弥补税收赤字的灵丹妙药。税收一旦发生困难，就发行大量货币，这种做法在以往的朝代也是绝无仅有的。结果不但不能解决税收困难，反而火上浇油，引起了通货膨胀，更加剧了国家的困难。

第二，发展经济与壮大财政并行，减轻民负与稳固财源并重才是解决一国税收困难的有效之道。解决税收危机的根本办法有什么？古今中外的历史证明：一是发展经济，二是减轻赋税。元朝的统治者是蒙古族，善于狩猎与征战，很少重视发展经济。元代统一国家建立之前，还属于奴隶社会向封建社会过渡阶段，在皇室集团内实行分封制，在税收上无固定的制度，各部酋长的开支靠本部族奴隶的产品（主要是牲畜）和臣服部落的贡献。成吉思汗即位后，仍然靠掠夺维持统治，他曾标榜：“天下土地宽广，河水众多，全靠自己去占领，掠夺别人的一切是男子最大的快乐之事。”蒙古军队进入中原以后，大肆杀戮和掠夺。太宗说：“虽得汉人，亦无所用，不若尽去之，使草木畅茂，以为牧地。”元蒙帝国的铁蹄，无情地扫荡和摧残了中原和江南的社会经济，北方农业遭到致命的破坏。圈地运动风卷中原，华北平原变为牧场，汉民几乎沦为奴隶，使农业经济雪上加霜。直到公元1252年，忽必烈才逐渐开始对农业重视起来，但他只是对原有经济进行恢复，并没有大力发展农业。所以，元代历次税收改革措施中，几乎没有发展经济的内容，把壮大税收的根本丢掉了。

另外，元代改革不注意减轻农民的负担，这也是关键的一项改革措施。元仁宗改革中实行经理法，元英宗改革中实行助役法、改革赋役制度，目的都在于平均税负，而不是减免赋税。事实上，元代的租税呈越来越重的趋势，平均税负也没有使人民的负担减轻。从历史上看，轻徭薄赋是壮大税收的重要途径，因为它能提高农民的生产积极性，使社会经济得到发展繁荣，为税收创造牢固而丰厚的税源。重税政策是削股饱腹，迫使农民破产流亡，不仅毁灭了税源，而且点燃了农民起义的导火线。因此，发展经济与壮大税收，减轻赋税与稳固财源的问题是必须要高度重视的，元代的税收改革之所以挽救不了其税收危机就是放弃了这两条。

第三，大规模长时期实行包税制，最终于国于民均为不利，也是导致腐败的根源。

元朝实行包税制，由商人以较低的数额在规定时间内，一次向国家包缴某一项税款，承包者再按较高数额向百姓征收，从中获取差额利益。包税制对国家说减少财政收入，对百姓说加重负担，是一种既有害于国又有害于民的税制。商人大肆贿赂官员，以在包税中得以中标，因此官员腐败横行，根本无视国家税收的流失。

第四，一国的税收文化应是兼容并包的，扼杀无视排斥先进民族文化只会导致更加落后。

文化是政治经济的灵魂。蒙古的屠杀在中国的传统史籍以及地方志上都有记载。比如，在四川成都蒙古人就屠杀了约100万平民。虽然有人会说在战争中杀人是不可避免的，但是我们应当明了的是虽然在战场上不可避免地要杀人，屠杀平民则是为文明所唾弃的一种行为。多桑在《蒙古史》第二卷第二章中引用元太宗窝阔台的话说：“成吉思汗法令，杀一回教徒者罚黄金四十巴里失，而杀一汉人者其偿价仅与一驴相等。”① 当时汉人的地位和奴隶相

① 据冯承钧译文。

等。因此，蒙古族的统治对于中国最大的损害并不在于政治和经济，而在于对于文明的摧残。朱元璋虽是汉人出身，但由于受蒙古人价值观的影响，也导致了其对汉人价值的极大蔑视。原本的儒家价值观在蒙元将近一个世纪的统治之后的分裂解体蜕变，也是导致其后中华文明衰落的重要原因。因此，明末思想家黄宗羲曾言："夫古今之变，至秦而一尽，至元而又一尽。经此二尽之后，古圣王之所恻隐爱人而经营者荡然无具。"国家存在的经济体现是捐税，因此一国的税收文化应该是包容并蓄的，而不是排斥扼杀的。

第五，财力与事权要相互匹配，否则国家财政体制会导致失衡。元代的财政体制体现在集权与失衡并重，行省主要充当朝廷控制财权的工具。行省除了上供中央和地方留用七三分成的悬殊比例和严格控制路府州县的财政支出，还有义务遵照朝廷的命令额外提供钱谷，以弥补中央财政支出的不足。以路府州县为主体的地方政府所掌握的财力非常拮据，其地方财政缺口达三分之二，主要原因在于元代路府州县官府经费由朝廷规定，数额甚少，公帑钱谷不得擅自动用，财赋出纳不得留有羡余，还实行严格的岁终上计和不定期的钩考理算等，所有这些均将路府州县的财政支出置于朝廷的严格管制之下。路府州县官府在财赋占有和使用方面的权力，与他们承担的征收赋税的繁重义务相比，实在是少得可怜。似乎可以说，元代路府州县的财政职能已很不完整，它们的财赋占有和使用数量很少，而且使用之际又常常秉命于朝廷或行省，无甚自主性。在这方面，元代沿着两宋"外权始削，而利归公上"的路子，走得相当远了。由于地方财政支出权甚小，导致各地水利交通及官衙公廨等兴修费用筹措成为难事，于是地方政府对百姓的摊派和骚扰无疑等于税外加征。

主要参考文献：

1. 赵云旗："用钞票堆砌起来的元代财政"，《经济参考报》，2009 年 2 月 13 日。

2. 孙翊刚、陈光焱：《中国赋税史》，中国税务出版社 2003 年版。

3. 《元史》。

4. 《新元史》。

5. 《多桑蒙古史》。

第十章

赋役合一　官收官解

——明代税史论

一

在元末农民大起义中，朱元璋借助红巾军的力量，在地主阶级的支持下，于公元1368年推翻元朝的统治，建立统一的汉族地主阶级政权，国号明。自朱元璋称帝建明，至公元1644年李自成攻占明代都城，传16世，建国277年。

明代处于中国封建社会后期，社会生产力有了显著的发展。明中叶以后，资本主义在手工业部门中开始萌芽，但明朝政治却日趋黑暗，不但严重束缚了经济的发展，而且其生产关系也成为生产力发展的桎梏。经济与政治的尖锐矛盾，决定了该时期经济和政治的特点，也决定了这个时期的税收思想和税收制度。

明代初期，由于元末的农民起义给封建统治以沉重的打击，也给明代的统治者提供了深刻的教训，“弦急则断，民急则乱”①。因此，明初采取了一系列调整阶级关系、缓和阶级矛盾、发展社会生产的措施，以巩固明代的统治。

经济方面的政策主要有：鼓励移民，发展农业生产；大兴屯田，减轻人民负担；发展经济作物的生产；大力兴修水利工程；发展工商业。

政治方面的政策主要有：专制主义的中央集权有了进一步的发展；以猛治吏，严惩贪官；对人民的控制有所加强；大批奴隶得到解放。

上述政策措施的实施，使农业经济得到了恢复和发展，垦田数量不断增加，到洪武二十六年（公元1393年），全国耕地包括官田、民田、旧额新垦，共达850余万顷，比元末增长四倍。户口显著增加，到洪武二十六年，有1605万户，6054万余口；在普查户口、田产的基础上，各种册籍的编制、保甲法等的实施，把人民牢固地束缚在土地上。明代手工业也得到迅速发展，官营手工业，如采铁、铸铜、造船、制瓷、织染、军器火药的制作等，在规模与质量上都超过前代，民间手工业也得到广泛发展。在农业、手工业发展的基础上，低商税政策的推行，使商业更加繁荣。北京是全国的政治经济中心，也是全国最大的商业都会，而淮安、济宁、东昌、临清、德州等城市，永乐年间成为商贩集聚的重要商业城市。在对外贸易方面，因西、北有蒙古所阻，明初陆路贸易受到影响，但郑和七下西洋，加强了中国与亚洲、非洲等沿海国家的联系，广州、泉州、宁波成为沿海大都会。这一系列政策措施的推行，有助于社会进步和发展，因而出现了明初的“洪武之治”和“宣德之治”。

经过明初70余年的休养生息，经济得到恢复。英宗以后，进入高度发展阶段。农具的制造、生产技术等都有了新的发展，闽、浙一带出现了双季稻，岭南则有三季稻，北方也推广了水稻种植。农业产量有所增加，经济作物品种增加、产量提高，桑蚕业比以前更加发达。农业的发展，为手工业以及商业的发展奠定了良好的基础。

手工业得到进一步的发展。全国产铁地区达100余处，冶铁、铸铁规模扩大；纺织业、棉纺业进一步发展。在一些手工业中，出现了较大的作坊，雇主与雇工的关系是一种新型的资本主义雇佣关系，而不再是封建的人身依附或宗法关系。无论是从生产规模还是生产关系上看，资本主义在这一阶段都已萌芽并缓慢发展着。

---

① 《明太祖实录》卷38，“洪武二年正月”条。

农业、手工业的发展，为商品货币经济的发展创造了机会。首先，商品品种、数量显著增加，粮、棉、生丝、蔗糖、烟草、绸缎、棉布、纸张、燃料、油料、木材、铜器、瓷器等，都成为重要的商品投入市场，很多产品行销海外。其次，商业资本逐渐活跃，商人、商业牙行"[①] 比元朝大有增加，商业活动更为频繁，有些商业资本又投资手工业作坊。在此，工商业城镇逐渐兴起，除了南北两京外，东南沿海、运河两岸和江南都有工商业城市兴起，而江南苏、松、杭、嘉、湖五府更是工商业荟萃之地。白银成为通货，钱庄出现并成为独立的行业。商品经济的发展，为资本主义的萌芽创造了良好的条件，但封建统治更加腐朽，生产力与生产关系的矛盾更加尖锐化。

明中叶社会矛盾日益尖锐，特别是在英宗的"土木之变"后，国家政治更加昏暗，土地兼并日趋激烈，皇庄迅速增加，王公、勋戚、宦官的庄田远超过前代。富豪地主兼并土地现象严重，屯田也多被宦官兼并，百姓丧失土地，到处流亡。在统治集团内部，矛盾也日益尖锐。英宗后，宦官专权，残害百姓；嘉靖时，宦官势力受到排斥，又出现了阁臣之争，官僚之间联结朋党，互相倾轧，朝廷一片混乱。

边境上未得太平。自英宗后，北有蒙古瓦剌、鞑靼部的侵扰，南部沿海一带有倭寇骚扰，东北兴起的女真族也成为明政权的严重威胁。

穆宗隆庆，特别是神宗万历（公元1573年）后，社会矛盾更加尖锐。首辅张居正对经济、政治进行了一系列的整顿，试图扭转明代政治腐败、军备废弛、民穷财竭的状况，缓和社会矛盾，挽救明代统治危机。整顿虽然取得了一定的成效，但这些措施充其量只是补偏救弊而已，没有也不可能彻底根除经济政治弊端，封建的生产关系已严重阻碍生产力的发展。

张居正死后，潜伏的社会危机开始爆发：土地达到了空前的集中，王公、勋戚和地主几乎侵占了北京、直隶、山东、山西、河南、陕西、湖广的全部肥田沃土，农民则失去自己的土地，成为佃农或流民、饥民；而国家对农民的剥夺反而日益加重，有田者不负担或少负担赋役，无田者或少田者却要承担绝大部分赋役；统治者日益奢靡，财政状况每况愈下；北边战事吃紧，军费日增，这些负担又以各种加饷形式加在百姓身上。除了国家的层层剥夺，

---

① 中国古代和近代市场中为买卖双方介绍交易、评定商品质量、价格的居间行商。汉代称驵、驵侩，唐、五代称牙、牙郎、牙侩，宋、元、明又有引领百姓、经纪、行老等称呼。牙行一词始见于明代。他们以经营牲畜、农产品和丝绸布匹等手工业品为主，也有居间包揽水运雇船的，称埠头。

地主剥削也日益残酷，各种盘剥使得农民终岁辛勤，但仍不免冻馁。

二

明代的赋役征收，主要以田土和人丁为依据，洪武元年曾推行“均工夫”政策，洪武三年曾推行“户帖制度”，洪武十四年在户帖制度基础上推行《赋役黄册》和《鱼鳞图册》政策，对全国的人口与土地严加控制和管理，以迅速恢复生产，组织收入。

田赋是明代主要的收入来源，其征收依据是《鱼鳞图册》，征收对象是土地。明初的土地按所有权性质，可分作国有的官田、屯田和私有民田两大类。

“明土田之制，凡二等：曰官田，曰民田。初，官田皆宋、元时入官田地。厥后有还官田，没官田，断入官田。学田，皇庄，牧马草场，城土壖苜宿地，牲地，园陵坟地，公占隙地，诸王、公主、勋戚、大臣、内监、寺观赐乞庄田，百官职田，边臣养廉田，军、民、商屯田，通谓之官田。其余为民田。”[①] 明代建立过程中籍没张士诚、陈友谅等敌对集团中权贵之家的土地和抄没明初获罪官民之家的土地，为籍没田或称抄没田；明初大量功臣获罪，原封赏之田土还官称为还官田。

民田则是属于地主和自耕农的私有土地，有祖传的，有购买的，也有自耕农垦荒所得，“州郡人民，困兵乱逃避他方，田产已归于有力之家，其耕垦成熟者，听为己业”[②]。不同类别的土地，田赋征额不同。

以“地”为重点的《鱼鳞图册》系田地之图，其编制程序为：由朝廷派人或由地方官主持，逐田度量，核实田亩，然后分区分段绘画出区内的田地形状、四至以及田地种类和肥瘦等，并记下其主人姓名及买卖情况，再按照一定的规律编列字号，订成一册。绘出的田亩形若鱼鳞，因而这些小册子被称之为《鱼鳞图册》，又被称为《流水册》。

《鱼鳞图册》，就其所登记的项目而言，已是相当完备的土地登记册。它

---

① 《明会要》卷51，《民政二》。

② 万历《四川总志》卷21，《经略志一·财赋》(27卷本)。

的编制，使赋役的征收具备了确实根据，在一定程度上防止了产去税存或有产无税的弊端，使政府税收有了保证，耕地及税额也有所增长。据洪武十四年统计，全国土地面积是3667700多顷。到洪武二十四年，全国土地增至3874700多顷；赋税收入仅米麦一项，也由洪武十四年的2610余石，增至洪武二十四年的3227万余石。《鱼鳞图册》的编制，对于巩固高度专制主义中央集权国家的经济基础，曾发挥了较大的作用。

《赋役黄册》十年编造一次，以户为主，详载各户的人丁与产业结合状况，凡属同一业户的坐落不同的土地皆登载于黄册中，官方即以此定户等，以户等征派徭役。可以看出，黄册制度的重点在“人”。

《鱼鳞图册》是维护封建土地所有制，组织国家赋税收入的主要依据，同时也是官府管理土地、清查隐占田产的重要工具；黄册制度是明代政府征收赋役、监督认定、控制户籍的管理制度，也是一种相当严密的君主专制的社会组织制度。《黄册》以户为主，逐列原有人数、新增人数、死亡人数、迁徙人数以及年终人口变动情况；《鱼鳞图册》则以土田为主，登记土地的肥瘠、面积的大小、地势高低干湿及田产变动情况。政府通过《黄册》管理户籍，派发赋役；通过《鱼鳞图册》管理土地，控制应税田亩，从而形成一整套严密而有效的户籍和地籍管理制度，为组织财政收入奠定基础。明代中叶后，《鱼鳞图册》与实际逐渐不符合，流为具文。

明初期，为了恢复生产，休养生息，总体而言，田赋制度趋向减税。

明初田赋沿袭两税法，分夏、秋两季征收，即“夏税”和“秋粮”，“夏税无过八月，秋税无过明年二月”[①]。夏税、秋粮分别以麦、米为主，称“本色”；麦米之外，农桑丝、棉花绒、绢、丝、苎布、麻布等物随各地情形征收，称“折色”。明初也曾以钱、钞、金、银等折纳田赋，但明前期货币田赋所占比重甚少。

明初的田赋，原先由郡县官吏负责督收，后来为了革除贪官污吏的额外勒索和小民逃税，于洪武四年（公元1371年）实行粮长收解制，即由里甲催督，粮长征收，并解送官府。

明初田赋征收总额比较稳定。整体而言，明初的田赋改革与开荒、治水等配合起来，对于经济恢复的作用不可忽视。同时，朝廷相应采取了一些辅助措施，如临时发钱粮救灾等，从而形成了一套较为完整的社会保障体系。

---

① 《明史·食货志》。

特别是田赋减免与田赋“折色”相结合，并行不悖，对于稳定生产秩序，促进农业、手工业、商业的发展都具有积极意义。

明初田赋还有三个问题，尚需一说：

其一，明代田赋税是沿袭唐宋两税，但唐代的两税法内，已包括了庸税（即代役钱），五代时期又增加了丁役负担，宋代王安石改革役法，又设置了雇役费、免役钱，故此时两税法已构成劳动者的超额负担。明初田赋正是在此基础上实行按亩课税，按丁征役的。

其二，明代两税（即夏税秋粮）所包含的税目繁杂琐细，洪武时税目已有6项；弘治时竟达41项之多，其中夏税24项，秋粮17项；万历时税目增加到50多项。这里不排除因司制宜，因物定税的合理因素，但更多的是把一些与土地毫不相干的杂课杂敛，并入了两税税目，如牛租米谷，即民户借用官牛的费用。两税正课的不断延伸，百姓负担自然就日趋加重了。

其三，明代田赋税率千差万别，税负畸轻畸重。其最大的特点就是民田税轻，官田税重。民田税轻，而民田绝大部分为大地主大官僚所有，税轻固然有利于地主阶级；官田税重，而官田恰恰为少数无地农民所租种，税重自然增加农民负担，其田赋制度的阶级倾向性一目了然。

明初实行的“与民休息”政策，促进了经济的发展。明中叶以后，各种社会矛盾日益突出，为了巩固封建政权，发展经济，朝廷又进行了税赋改革。

明中期全国土地失额几近一半，湖广、河南等行省失额大大超过存额，这种状况最终导致了“赋入则日损，支费则日加”。赋役制度的破坏，严重影响了国家财政收入。财政支出逐年增加，为了补充财政亏空，明政府广开敛财之门，课征杂敛不断增加。

明初较好的赋役制度，至明中期遭到了破坏，国家财政亦因之陷入危机之中。有识之士为确保赋役征收，安定社会，在嘉靖、隆庆和万历初试行了一些赋役征收的整顿与变革，如“一串铃”、“纲银”、“一条鞭”之类。这些措施，均可以简化征收项目与手续，便利于民。正是这些改良，为万历年间张居正“一条鞭法”改革在全国的推行长鸣先声，铺垫基础。“一条鞭法”推行后，各地的田赋征收确有所减轻，折色、征银都大便于民，便于征收与解运。

明代的田赋，正课之外，常有加派。加派始于武宗正德九年（公元1514年），即为建造乾清宫，加赋100万两。万历初，“一条鞭法”的推行，加派稍有收敛。万历十年（公元1582年）张居正过世。万历中期财政又陷入困境，加上边疆危机的出现，财政缺口加大，于是，明政府的各种加派接踵而来，田赋加派、地方私派、官吏暗派，层出不穷。这种于正赋之外借口各种名义的临时性加派，实为明代赋税之恶政。

明末加征的三种军费——“三饷”，即辽饷、剿饷、练饷，数额巨大，不仅将“一条鞭法”的改革成果否定，而且给人民带来沉重负担，驱赶大批劳动力投入战争，致使土地荒芜，经济衰退，阶级矛盾激化，最终导致了农民大起义的爆发。

明初的徭役分为里甲、均徭与杂役三种，16 岁以上到 60 岁以下的男子，都是丁夫，均须支差，以《黄册》记录为准，逐个派定徭役。里甲之役以户计，每年由里长一人和里首一人应役，十年之中里长、里首皆轮流一次。值役称“见年”或“当年”，其余九里长及九甲人户在此后九年内轮流应役，称“排年”。均徭之役以丁为主，验丁粮多寡、产业厚薄以均其力，由里甲编造等第，均输徭役，故称“均徭”。“一岁中诸色杂目应役者，编第均之，银、力差从便，曰均徭。”[①] 均徭是官府征发的一种经常性差役，由里按户等派遣。后因里长徇私作弊，徭役负担不均。明代中期，因朝政腐败，官吏里胥因缘为奸，均徭遭到破坏。万历九年（公元 1581 年）行一条鞭法，均徭并入田赋征收。

杂役，或称杂泛、杂差，即无一定名目，临时编签的徭役。杂役是按户佥派，州县官府把佥派杂役下达给里长，由里长斟酌各役轻重，并依据《黄册》所载的上、中、下三等人户分别佥定，重役一般由上等户充任，如果一户不够可由几户上等户充当。

明代除了三大役制之外，还有军役和匠役，“凡军、匠、灶户，役皆永充”[②]。这是军、匠之役最大的特征。

促进商品流通的商税，明初实行宽松的政策。但到洪武末年已渐露弊端，税率虽为三十分之一，但“既税于所产之地，又税于所过之津”[③]，而且对货物的品目却无任何规定，税吏可以任意征收，导致无物不税，无市不税，商民深受其害。

明代的税收制度具有自己鲜明的特征。

第一，征课形态：赋役分离转向赋役合一。

---

①② 《明史·食货志》。

③ 《明史·解缙传》。

赋在封建社会首先是指土地税，其次是对户口、人丁、房屋、资产等向农民征课的一切税赋，通常征课实物。役则是封建国家无偿占有并役使劳动人民，要他们提供劳务和兵役以及向力役负担人征课的代役钱物。我国古代赋税长期以来实行赋役并行征收制，田亩征赋，人丁课役，劳动者既按亩纳税赋，又按丁服役，田赋负担沉重，徭役杂色繁多，扰民不堪，影响生产。自宋元以来，土地兼并日甚一日，至明中叶，土地兼并已无法遏制。另外，有大量土地的官僚、地主往往以各种手段逃避赋役，百姓的赋役日益严重。这不断激化阶级矛盾，而且课税田的减少，严重影响国家的财政收入。为了缓和阶级矛盾、增加财政收入，明中叶不少地区先后进行税制改革。万历九年（公元1581年），张居正推行“一条鞭法”，将赋和役并为一条，计亩征银，丁役转变为丁税随田征收，不再课及人丁。从此，赋役分离的赋役制度逐渐让位于赋役合一的租税制。这使成为农民沉重负担的徭役（古代，凡国家无偿征调各阶层人民所从事的劳务活动，皆称为徭役）制度逐渐消失，大大利于劳动力的解放和社会生产的发展。

第二，征课对象：对人课税转向以对物课税为主。

中国历史上课税对象一般有三个，即田（包括资产）、户、丁。田为物，而户与丁则为人。在中唐两税法以前，赋役制度以人为征课对象主体，而两税法后则以物为主体课税对象，但这只是根据课税比重所做的相对划分，事实上，对人课税和对物课税的选择是个缓慢的过程，这一过程是由经济关系的变化过程促进的。在封建社会初期，社会存在着广阔的生产空间，只要有人就能够创造出财富，所以，传统的对人剥削是最直接的，也是最行之有效的财政剥削形式。当土地兼并威胁了广大赋役负担者的生产空间时，统治阶级为了保证对人课税的实现，采取了抑制兼并和分配土地的措施。到封建社会中期，土地兼并集中，积重难返，并形成了社会的主体经济形式，加上商品经济的逐渐发展，这种以田、户、丁为课征对象的税收制度已不适应社会发展。封建统治阶级对没有劳动对象的劳动人民无法再剥削到财政收入时，将财政剥削的重点转向了土地和资产。明初已开始趋向对物征税，但《黄册》仍以田、户、丁为构成赋役之三因子，以丁、产到户，户为纳税之主体。“一条鞭法”实行后，大部分改为按田征税。这时丁税虽然存在，但随田带纳，而且丁税远不及田税重要。

第三，征课内容：货币税逐渐取代实物税和劳役。

赋税形态的发展，依赖于社会经济的发展。封建社会初期，商品经济水平低，封建国家只能剥削实物和劳动力，所以，我国历代赋税课征，皆以实物形态支纳。唐中期实行两税法，以钱计税，实际征收时，又折成实物；宋代开始有赋税征银，元代征钞，虽有较大的发展，但在赋税征收总额中所占比重仍然不大。到了明代，随着商品经济的日趋发展，商品种类和数量不断增多，并有一定数量的劳动力可以被雇用，封建政权占有货币就等于占有物质财富和劳动力，赋税和徭役征调的品种必然向货币剥削的方向转化。另外，随着农业商品化水平的提高，货币流通越来越广泛，这为货币税的征收提供了条件。明英宗实行“金花银”后，遂以银为正赋，张居正推行“一条鞭法”亦“计亩征银”，自此，货币税占据了主要地位。

第四，征课方式：民收民解转为官收官解。

明初税粮的征收承袭前制，由里甲催征、粮长收解，所以称为“民收民解”，也称为“粮长征收制”。这是因为赋税缴纳的是实物，官府征解不便。这种征课方法对保证国家田赋按时足额收缴入库起到一定的作用，但随着商品货币经济的发展，在“一条鞭法”后，实物之征变成了货币之征，银的征解较实物要方便得多，易于运输和保管，于是渐废民收民解，实行官收官解，即百姓直接将银送至官府，再由官府委人上解。这时，粮长仅负监督之责，而无征收之职。明末，官收官解普及全国。

第五，税负结构：地区税负拉大。

明初虽然制定图籍，但役重于赋始终存在，而且田赋的征收没有具体的规定，各地执行情况差异加大。比如苏、松、杭、嘉、湖等江南地区，课额特别苛重，因为远自五代，越王钱氏时，课税已重，宋代沿而未改。至元末，张士诚兴兵于此地称吴王时，愈益增重；张为明所亡后，太祖怒人民为张士诚守城而叛明，特重其税。南昌素州和瑞州，也因为陈友谅的缘故，与苏、松、常等遭遇到同样的命运。凤阳以帝乡而特轻，青田亦以刘基（伯温）故乡而半其赋。

第六，税种结构：工商税比重加大。

田赋是明代财政收入的大宗。随着商品货币经济逐渐发展，工商税在税收总额中的比重逐步上升，在元代就已经占据重要的地位。明初对商业采取轻税的政策，促进了商业的发展，为工商税的征收开辟了税源，所以，田赋虽然仍是明代财政收入的主要项目，但由于工商业的发展，工商税在整个税制体系中的比重提升。

三

明代税史论，不能忽略张居正变法。

张居正（公元1525—1582年），字叔大，少名白圭，号太岳，谥号“文忠”，湖广江陵（今属湖北）人，又称张江陵。张居正是我国明代著名的政治家和理财家。他于公元1572年任首辅，以推行“一条鞭法”的赋税制度改革而闻名。黄仁宇先生曾发出“世间已无张居正”[①] 的感叹，说明了张居正对明王朝的重要性。

张居正一生经历了明朝中、后期的嘉靖、隆庆、万历三个朝代。当时，明王朝统治的中国社会已走过了封建主义的巅峰，封建统治已经不适应生产力的发展，社会又陷入了有如唐代后期和北宋时期的严重的社会矛盾之中。其政治上的表现主要为皇帝昏庸、宦官专权、奸臣当道；在经济上的表现主要是政府面临严重的财政危机，每年财政亏空多时有四百万两白银，少时也有百余万两白银。另外，商品、货币经济已有长足进展，资本主义经济的某些特征开始出现。面对上述问题，立志改革，振兴明王朝实力的张居正，以税法改革为中心，坚定地推行了一系列的政治经济改革，提出了不少值得称道的见解和观点。改革暂时缓和了社会矛盾，促进了经济的发展，也巩固了明王朝的封建统治，同时也顺应了资本主义经济萌芽的潮流。

万历初年，明王朝内部民穷财尽，外部边患不断。张居正对当时的社会经济情况有着清楚的认识，他看到了土地兼并的剧烈，宗藩的衍盛，致使田赋不均，税法怠行。尤其是正统之后，全国的赋税几乎都要农民来承担，有的田无一亩，却要出80亩的税，户只一丁，却要出一百七八十丁的差，造成农民破产，起义不断发生。这说明税收的混乱不仅影响到明代政府的财政收入，而且已由财政危机导致了政治危机。这些已经危及明王朝的生存。要从根本上解决问题，就是要让人民有生存的条件，人民有饭吃，政府才有税收。政府有税收，经济危机才能缓和，明王朝才能支撑下去。

---

① 黄仁宇：《万历十五年》。

张居正认为，直接导致税收混乱、税法束之高阁的原因是最棘手的土地兼并问题。土地集中于私人的规模愈来愈大，皇亲国戚争先恐后地吞并土地，一旦占为己有，就利用特权瞒田逃税。土地被兼并愈多，国家的税收愈少，税源逐渐枯竭。隆庆五年，全年财政的总收入只有250万两，而支出却达到四百多万两，赤字超过三分之一。政府累年的收入每况愈下，而皇室的庞大开支却有增无减，官员的贪污、浪费和浩大的军费开支更加重了财政的拮据，国穷财尽已到了触目惊心的地步。

理清社会经济现状后，张居正针对现实问题，提出了经济、政治改革的方针。经济上，清丈土地，调整赋税，简化原来的征收方法和程序，全面推行“一条鞭法”，再采取“考成法”考核官员，利用法制监督，使税法改革行之有效。

张居正在理清了明王朝财政危机原因后，把矛头直接指向豪强地主和贪官污吏。“今为侵欺隐占者，权豪也，非细民也，而吾法之所施者奸人也，非良民也。清隐占，则小民包赔之累，而得守其本业；惩贪墨，则闾阎无剥削之扰，而得以安其田里。”[①]

张居正对豪强兼并的危害性是有深刻认识的。首先，他认为豪强兼并土地是农民大量流亡的重要原因。他指出，“夫民亡且乱者，咸以贪吏剥下，而上不加恤，豪强兼并，而民贫失所故也”[②]。他已经觉察到农民大量逃亡和起来造反的原因，就在于贪官污吏敲剥、豪强地主兼并土地，使农民失去生活资料的来源和居住条件。其次，他认为豪强地主采用涂改图册、飞洒、诡寄等办法隐瞒田产，偷税漏税，隐田隐户，使实征赋税的土地与人口急剧减少，是导致财政危机的主要原因。他说：“以成兼并之私，私家日富，公室日贫，国匮民穷，病实在此。”[③]最后，他认为豪强兼并造成田赋不均，以及官吏对民侵扰，是社会致乱致亡之源。他说：“究观古今治乱兴亡之故，曾有官清民安，田赋均平而至乱者乎？”[④]他把以上问题提到国家兴亡的高度来认识。正因为如此，张居正对这些豪强权贵痛心疾首，称之为“民蠹”，认为“此最大患也”[⑤]。

作为一名杰出的理财家，张居正深知只顾节流尚不足以解决问题。要彻底改善国家财政状况，还需要进一步开辟财源，增加收入。开辟财源也就必

①②③④　张居正：《张文忠公全集·答应天巡抚宋阳山论均粮足民》。

⑤　张居正：《张文忠公全集·赠袁太守入觐奏绩序》。

须整理税源。对于土地关系的变动和征解方法的改变引起的土地兼并，张居正首先采取的是清查土地，追缴欠赋税。在实行“一条鞭法”之前，赋与役是分立的，赋税按田征收，徭役按丁派差，替国家服役。此项服役又分为两种，一种是真正以力服役，便是力差，一种是折成银数，便是银差。士大夫有田产不必负担徭役，而富豪大户兼并了大量土地，却隐匿不报，拒不纳税。一般平民并无田产，却要负担徭役。赋税征收陷于严重的混乱和不均状态。纠正这种状态是税法改革的方向。明初田赋和丁役的征调，主要依据《黄册》和《鱼鳞图册》，于是在实行“一条鞭法”之前要先了解清楚土地的占有状况，为实行一条鞭法提供依据，这就需要重新丈量全国土地，清查漏税的田产。万历六年（公元 1578 年），张居正以福建为试点，清丈田地，结果“闽人以为便”。于是在万历八年，张居正上疏并获准在全国陆续开展清丈土地，并在此基础上重绘《鱼鳞图册》。全国大部分地区根据户部颁布的《清丈条例》对田地进行了认真的清丈，查出了大量隐田隐户。清丈之后，田有定数，赋有定额，部分地改变了税粮负担不均的状况。在清丈田粮的基础上，继明初洪武年之后又一次全国大规模地绘制了《鱼鳞图册》。重造《鱼鳞图册》和《黄册》，即地籍册和户籍册，并依据地籍册和户籍册的记载，将土地归属于业主名下，注明土地形状、四至、面积、等级、性质等项，填入地亩“执照单”，发给每户，永为收执。这样就堵塞了日后侵占、洒派之弊的再生。通过重订《鱼鳞图册》，控制整理了税源。

张居正的理财并不限于一味地为朝廷公室谋利，也十分重视人民的实际生活。在清丈土地、追缴欠赋税的同时，也实行免税政策，将追欠和免赋互相结合，以严肃法纪，培养税源。明神宗登基，张居正建议下诏隆庆元年以前的税欠，一概豁免。五年以前的税欠免三征七。在遇到灾荒时，张居正也注意减免赋税，以缓和社会矛盾。在豪强肆行兼并土地，占有大量隐田的情况下，封建政府如果为了解决财政困难，而只对拖欠的赋税催征的话，势必只苦了“细民”而无损于“豪右”，同时也无助于财政困难的解决。这是因为一般农民是无力交纳欠赋的。张居正很清楚，仅靠清丈田亩还远远不能彻底改变赋役不均和胥吏盘剥问题，不进一步改革赋税制度就无法保证中央财政收入的稳定增长，还将会有更多的贫民倾家荡产，不利于社会的安定。赋役改革是一个十分棘手的事情，一旦过多触犯权宦土豪的利益，弄不好就会引起强烈的反对，使自己的所有心血前功尽弃。

在清丈工作基本完成之后，万历九年（公元 1581 年），张居正下令在全国推行“一条鞭法”。“一条鞭法者，总括一州县之赋役，量地计丁，丁粮毕输于官。一岁之役，官为佥募……凡额办、派办，京库岁需与存留供亿诸费，以及土贡方物，悉并为一条，皆计亩征银，折办于官，故谓之一条鞭。”① 其内容主要为：将各项差徭及杂税的折色部分摊入土地，统一折成银两，按粮（田）丁的不同比例摊派，四六开或三七开；田赋大部分亦征收折色银。

“一条鞭法”的精神实质在于化繁为简，从而减轻农民负担。一方面，每亩实征米麦数减少，劳动人民负担大为减轻；另一方面，由于清丈土地增加了田亩数，因而尽管亩均征粮数减少，但全国田赋征收额却未下降，反而有所上升。在减轻农民负担的同时，增加封建国家的财政收入，此法于国于民皆有利。

“一条鞭法”是中国田赋制度史上继唐代两税法之后的又一次重大改革。它简化了赋役的项目和征收手续，使赋役合一，并出现了“摊丁入亩”的趋势。后来清代的地丁合一制度就是“一条鞭法”的运用和发展。

“一条鞭法”的施行，改变了当时极端混乱、严重不均的赋役制度。它减轻了农民的不合理赋役负担，限制了胥吏的舞弊，特别是取消了苛重的力差，使农民有较多时间从事农业生产。当然，我们也应该看到，“一条鞭法”所实行的赋役没有征收总额的规定，给胥吏横征暴敛留下了可乘之机，这是它的主要不足。

张居正十分重视商业对农业生产和富国富民的作用，他主张农商互相促进。基于这一思想，他认为不能重征商税，否则会危害农业和商业的共同发展。“古之为国者，使商通有无，农力本穑。商不得通有无以利农，则农病；农不得力本穑以资商，则商病。故农商之势，常若权衡然。至于病，乃无以济也。”② 张居正认为，农与商是一种彼此依存、相互制约、互补互促的关系，因此，征收商税应经常权衡“商农之势”而为之。在分析农商关系后，他提出了农商租税原则：只有减轻赋税，农商兼顾，才能促进农商的发展。减轻农业税可以“厚农”，“厚农”又可以“资商”；减轻商业税可以“厚商”，“厚商”又可以“利农”，二者之间不能偏废。在反对重征商税的同时，张居正仍肯定征收商税的必要性。从张居正不跟随传统抑制商人的态度也可以看出，他对商业的税收政策是宽容的。他的这种思想是适应时代发展的，对发

---

① 《明史·食货志》。

② 张居正：《张文忠公全集·赠水部周汉浦榷竣还朝序》。

展资本主义是有利的。

张居正认为要真正改变“豪民有田不赋，贫民曲输为累，民穷逃亡，故额顿减”[①]的状况，就要改革税制，实行“一条鞭法”。因为一般而论，税制愈繁，官吏就愈容易巧立名目加征赋役，使税收收不到政府手中，而使贪官豪强口袋满满，所以以清理土地后制定的《黄册》为依据，按照推行“一条鞭法”后的简化的税收原则和手续收税，就达到了限制明代中期以来出现地主官僚勾结飞洒、隐瞒、诡寄税粮、加派赋役的弊病，抑制豪强漏税的弊病的目的，同时实行工商互相促进发展的政策，确保财政收入，缓和阶级矛盾。尤其是在对待商业税收的态度上，利用商业推进农业的发展，而不是为了所谓的农业社会的稳定而抑制商业的发展，很有进步意义，这也是张居正税法思想不同于前人之处。

“一条鞭法”改变了明代中叶以来入不敷出的财政状况，促进了社会的发展，但从其内容本身看，还存在以下不足。

“一条鞭法”无征收总额的规定。“一条鞭法”“不论仓口，不开石数，止开每亩该银若干，吏书因缘为奸，增减洒派，弊端百出。”[②]“无复仓口升斗之数。且岁岁不同，小民茫不知何谓。该多该少，无以诘究。书手愚弄，出口为是。”[③]

改革没有触动明代的封建秩序和生产关系。改革虽然取消了大地主、大官僚的免税免役特权，但大土地所有者仍可凭借政治上和经济上的特权，想方设法将自己的负担转嫁给农民，而且他们由于利益受损，还千方百计阻挠改革的推进。

“一条鞭法”的目的在于增加财政收入而不是减税。为了缓解财政危机推行的“一条鞭法”，不是减税政策，没有从制度上保证封建国家不再加重人民负担。事实上，赋役合并后，杂役仍有征调，名为“一条鞭”，但实际上“鞭外有鞭，条外有条”，农民的负担又加重了。

合并征收模糊了征收对象。把赋役合并征收，虽然简化了税制，但纳税人无从知晓所纳何税，胥吏便可洒派增减，弊病百出，而且“一条鞭法”没有废除丁银，“如有丁无粮者，编为下户，仍纳丁银”。

---

① 谷应泰：《明史纪事本末》。

② 《明穆宗隆庆实录》卷7。

③ 葛守礼：《葛端肃公文集与沈对阳方岳论田赋》。

“一条鞭法”的不足，突出表现为额外增派。“一条鞭法”原以征银入官、取用于官，但“一条鞭法”施行后，旧的摊派并没有完全消除。“一条鞭法”的施行还滋生了另一个以后影响非常久远的问题，即火耗问题。因税法规定纳银，而银两熔铸过程中会出现损耗，因此地方政府在征收赋税时会多收一定数量的白银以补耗，谓之火耗。还有一个显然的事实，地方上征收上来的白银不能自达京师，运输途中需要物力、人力，还会出现各种损耗，各项所需费用最后一并归于火耗征收。地方政府在赋税征收中采用加耗的办法，无异于给赋税征收者增加了许多渔利其中的机会和空间。火耗成为地方聚敛的一个巧妙的手段，也成为纳税人沉重的负担。火耗归公直到清朝才得到基本解决。

“一条鞭法”推行以后，在一定时期内确实起到了杜绝苛捐杂税的作用，明王朝政治衰落的危局也看似有所缓解。然而，新法实行不到 40 年，因辽东有了战事，各种额外加派的田赋又纷至沓来，所谓“鞭外有鞭，条外有条”。天启、崇祯年间先后加派辽饷 500 万两，剿饷 900 万两和练饷 730 万两，这就是“三饷加派”。明末户部尚书倪元璐想再来一次“一条鞭法”救国，又把三饷归并为一，人民不堪重负，国事风雨飘摇。明代最终在严重的财政危机、社会危机下走向了灭亡。

特定的历史条件注定“一条鞭法”是难以彻底的税制改革。

首先，“一条鞭法”并不科学。和改制前的明代税收制度相比，“一条鞭法”并没有改变税负总额，其目的也不是为了“减税”，它改变的只是征税的方式以及不同纳税人对税负承担的多少。明初，赋役沿用的是唐宋的两税法，以每户占有土地顷亩、资产多少为收税依据，赋役分开，诸役编派都与丁粮有关，丁多粮多之户相应役也重。这意味着，“一条鞭法”之前的明代赋税制度采用的是累进制的征税标准，奉行的是有力者多承担的规则，因此财力、人力占优的人户相应也承受着较高的税负。这种累进税制从某种意义上说，它比之后实行的“一条鞭法”更具有科学性，但当时实行的累进制征税制度，由于遭到经济优势阶层的反对和抵制，积弊已久。宦官、权贵、大小官僚和豪强地主在无忌惮地兼并土地的同时，却凭借特权不纳税，或者通过各种途径偷税漏税，致使当时的国家收入减少了一半之多。在此背景下，“一条鞭法”放弃了过去的累进税制，采取了近乎于“一刀切”的比例税制，希望通过矫枉过正的措施，改变豪民逃税、小民不堪重负的状况。

其次，张居正没有从政府机构、行政管理制度上辅以各种配套改革措施，从而从根本上影响甚至制约地主豪强的各种利益。这涉及一个更深层次的制度性变革，其深远意义是"一条鞭法"难以望其项背的。万历十年（公元1582年）张居正去世后，"一条鞭法"更是逐渐沦落，名存实亡。说白了"一条鞭法"是赋税制度层面的改革，这种局部的改革不可能触动封建社会的经济基础和上层建筑，更不可能触动封建社会的生产关系。可以说，封建社会的制度环境也决定了"一条鞭法"不可能突破自身的局限。

最后，明代的改革家们都忽略了一点，即明代中后期的经济结构已经发生了变化，经济重心已经向工商业转移，然而税收结构却没有根据经济结构的变化进行相应的调整，依然主要来自于农业领域。张居正丝毫也没有触动已经和经济现实严重脱节的政府税收结构制度。税收结构严重脱节于经济结构，由此造成了什么后果呢？最显而易见的后果是造成了国家财政上的困难。

虽然由于"一条鞭法"自身存在的不足，这项改革也不彻底，当然就改变不了明王朝最终走向灭亡的命运，但在中国封建社会后期，"一条鞭法"的出现具有一定历史意义，称得上是中国赋税史上的一次重大变革：

第一，"一条鞭法"在当时作为新的赋役制度，是对原有的社会产品集中分配方式的改革。这一分配关系的改革，势必涉及封建王朝、土地所有者和广大农民的切身利益，从而引起了社会的强烈反响。"一条鞭法"简化了赋役项目，把繁琐税目逐步变成单一的农业直接税，这是中国封建赋税体制的进步。

第二，明代中后期，由于官绅地主剧烈兼并土地，各里之间的土地多寡日益悬殊，原以里甲为编审单位的徭役制使民户的负担越来越不平均，不少农民破产逃徙。改行"一条鞭法"后，役银编审单位由里甲扩大为州县，对里别之间民户负担畸轻畸重的现象有一定调节作用，这在一定程度上减轻了无地、少地农民的负担，使由赋役问题产生的阶级矛盾暂时缓解，有利于农业生产的发展。

第三，明初为保证赋役征发而制定的粮长制和里甲制，对人户实行严格控制，严重限制了人民的行动自由。"一条鞭法"的实行，使长期以来因徭役制度对农民所形成的人身奴役关系有所削弱，弱化了土地对人口流动的限制，农民获得较多的自由，能比较容易离开土地，这为城市工商业的发展提供了一定数量的劳动力。

第四，相对明初赋役制度而言，"一条鞭法"较能适应社会经济的发展，对商品生产的发展具有一定的促进作用。这是因为赋役征银制度促进了白银的流通和使用，并在一定程度上促进了地租的货币化和农产品的商品化，使较多的农村产品投入市场，促使自然经济进一步瓦解，为工商业的进一步发展创造了条件。

第十一章

摊丁入地　耗羡归公

——清代税史论

清代是中国历史上最后一个君主制王朝。清代最突出的成就是奠定了中国版图辽阔的多民族统一国家的基础，国家政治统一的加强，促进了社会经济的进步。清代粮食生产、农业和手中的商品生产、市场一体化，以及税收制度、租佃制度、雇工制度等方面的发展变革，均大大超越前代。清代社会经济是中国君主制经济发展的高峰。

一

清军入关后，为巩固其统治地位，在政治上采取了高压统治与怀柔政策。对汉族人民进行残酷的屠杀和掠夺，还实行了圈地运动，大量人民失去了基本生活资料，流离失所，背井离乡。为了能够长治久安，康熙亲政之后废除了清初带有奴隶制特点的圈地、投充及逃人法；实行更名田，仿明制改定赋役制度，并颁布了许多有利于经济发展的政策。奖励官员招民垦荒，对移居垦荒的人民实行优待，明末清初荒废的土地逐步得到了开发和利用，耕地面积逐步扩大起来。统治者对农业也比较重视，大举治河，兴修水利，粮食作物的单位面积产量逐步提高，经济作物的种植面积也不断扩大，工商业也开始繁荣发展。国家的经济发展逐步走上正轨，人民的生活水平大幅提高。

随着政权的稳定和经济的发展，清政府开始加强赋税管理，在明万历旧籍的基础上编纂《赋役全书》，分发各州县，详细记载：地亩、人丁原额；逃亡人丁及荒地亩数；开荒地亩及招募人丁数；赋税的实征、起运、存留数等。另外，还将《鱼鳞图册》与《黄册》作为《赋役全书》的附件，建立了一套比较完整的田赋征收管理制度。这些措施收到了一定的成效，但还是存在一些问题，尤其是税制不公平，百姓负担过重。康熙和雍正针对赋役负担不均实行了“人丁税摊入地亩”一起征收的改革，使赋役合一。随着摊丁入地的改革，清朝的生产力高度发展，农业的发展、人口的增长，促进了城乡经济的繁荣。18 世纪，清朝农村市镇数量大幅增加，大城市居世界之冠，中国经济实力和财政储备各达到历史巅峰。社会各业兴旺发展，手工业也有了相当程度的提高。生产规模扩大，手工作坊、手工业逐渐增多。同时，对外贸易急剧增长，商品出口大幅增加。

清朝在经历了“康乾盛世”之后，开始逐渐走向衰落。吏治腐败，官兵养尊处优，丧失积极进取的精神，国家财力也出现了严重入不敷出的困难局面。鸦片战争失败以后，西方列强通过不平等的条约占领了中国大片的土地，中国的社会性质开始发生变化，中国半殖民地半封建社会逐渐形成，自给自足的封建自然经济开始解体，中国的自然经济遭受外国商品的摧击，高利贷和商业资本对农村的剥削日益深入，许多农民由此破产，被迫背井离乡，中国民族资本主义工业开始在夹缝中求生存。

鸦片战争后，晚清经济政策开始从官为控制到开放禁令、奖励民间私人资本投资近代企业的演变，走上了一段畸形的历史道路。在自强和求富的思潮激荡下，清政府以谕令形式开始认可洋务事业，于是有“购铁舰、建理台、造枪械、制水雷、设海军、操陆军、讲求战事不遗余力”之举；于是有各种制造局、织布局、招商局等民国企业的创设。政府对民间私人资本投资设厂也开始给予一定程度的支持和鼓励。甲午战争后“设厂自救”的社会思潮推动清政府走上开放民间私人资本投资兴办近代企业之路，而奖励投资设厂法令政策的颁布，又在某种程度上保证了民间私人资本投资设厂的合法性，促成了中国有史以来第一次投资设厂高潮。

在半殖民地化的情况下，晚清也开始了一些经济变革，主要表现在：工业的近代化局限在轻工业，矿冶又局限在采掘，没有出现近代化的冶炼业；近代化的金融业没有与近代化的工业同步出现；工业近代化与商业近代化，工业近代化与农业近代化，二者之间都没有出现一种促成的关系。尽管半殖民地阻碍了中国社会经济的发展，但是中国经济也逐渐由传统小农社会的重农抑商向适应近代工业社会要求的新经济演变。这促进了中国资本主义经济的初步发展，推动了中国社会经济的近代化。

二

清代的财政收入规模体现出两种发展倾向：从绝对数额上看，它呈不断扩大之势，尤其是晚清出现了急剧膨胀；从收支关系的角度讲，鸦片战争特别是咸丰之后，由于财政支出的同时扩张，入不敷出的局面日益严重，其收入规模又相对显绌。

清代前期财政收入结构属于以田赋为主、其他收入为辅的传统型模式，田赋占财政收入总额的七成以上。排在第二位的是盐税收入，超过财政收入总额的一成，关税在当时份额还比较小，被列为其他的“杂税”。鸦片战争尤其是咸丰之后，这一结构发生了前所未有的变化。田赋在财政收入中的主体地位开始下降，厘金和关税在此时成为政府的重要财政收入来源，同时出现了公债这种收入形式。等到了公元1903年，田赋比重已经下降到财政收入总额的33.8%，盐税变化不大，而关税和厘金的比重猛增到50.9%。税收“垄断”财政收入的局面被打破，公债这一新的收入形式出现，并很快成为财政收入的重要构成部分。由此我们可以看出，清代政府的财政收入政策和财政收入结构在前期和后期有非常大的变化。

清代前期的财政收入基本全部属于税收形式。若以收入来源为标准，主要分为田赋、盐税、关税和杂赋四种经常性税目，由于当时杂赋数额非常少，所占比重也很小，故忽略不计。兹将这一时期税收收入结构情况列作表1。

表 1　　前清税收收入结构比较

年　份	地丁银		盐　课		关　税	
	岁入（万两）	比重（%）	岁入（万两）	比重（%）	岁入（万两）	比重（%）
顺治九年	2126	87	212	9	100	4
康熙二十四年	2727	88	276	9	120	4
雍正三年	3007	86	443	13	135	4
乾隆十八年	2938	72	701	17	430	11
乾隆三十一年	2991	61	574	12	540	11
嘉庆十七年	2953	74	579	14	481	12
道光二十一年	2943	71	747	18	435	11

资料来源：何本方："清代户部诸关初探"，载《南开学报》1984 年第 3 期。

从表 1 我们可以看出，前清时期地丁银一项在财政收入中所占比重非常大，基本在三分之二以上，是税收收入的重要来源，而其他诸项所占比重则较少，最多时也才在三分之一左右。表 1 中的地丁银是指"摊丁入亩"后对田亩和丁役合并征收的货币形态的收入，它是田赋的主体部分，此外田赋还包括一部分实物形式。如果再加上田赋的实物形式部分，田赋占税收收入的比重将进一步增加。表 2 是晚清税收收入结构比较。

表 2　　晚清税收收入结构比较

年　份	田赋		盐课		厘金		关税	
	岁入（两）	比重（%）	岁入（两）	比重（%）	岁入（两）	比重（%）	岁入（两）	比重（%）
1842	29575722	76	4981845	13	/	/	4130455	11
1885	32356768	48	7394228	11	12811708	19	14472766	22
1888	33243347	42	7507128	10	13600733	18	23167892	30
1894	32669086	43	6737469	9	13286816	18	22523605	30
1903	37187788	38	13050000	13	16252692	17	30530699	32
1911	48101346	27	46312355	26	43187097	24	43139287	23

资料来源：邓绍辉："晚清赋税结构的演变"，载《四川师范大学学报》1997 年第 4 期。

从表 2 我们可以看出，晚清时期，田赋在清政府税收收入中的比重大幅下降，关税收入则大幅上升，成为晚清税收收入中最具活力的一项，其占税收收入比重一直维持在二三成之间。晚清时出现的新税种——厘金也开始在税收收入中占据很大的份额，一直维持在二成左右。我们知道，田赋是很难转嫁的直接税，而关税、盐课和厘金则均为税负可以转嫁的间接税。田赋这一直接税的比重由前清时的七八成降至晚清的不足四成，而关税、盐课和厘金三者所占税收收入比重总和则由前清时的三成左右增长到晚清时的六成左右。可见，清政府的税收收入结构发生了很大的变化，税收由前清时的以直接税为主转变为后期时以间接税为主。

税收收入规模的大小和增长速度的快慢不仅受政府财经政策的影响，更重要的是受经济发展水平的制约。清代前期，税收收入总量不断上升，但增长幅度不大。相较之下，晚清税收收入规模的扩张速度比前清要快得多。从绝对数额上看，它呈不断扩大之势，尤其在晚清出现了急剧膨胀；从收支关系的角度讲，鸦片战争特别是咸丰之后，由于财政支出的同时扩张，入不敷出的局面日益严重，其收入规模又相对显绌。

这说明：到了晚清，自然经济的解体已愈来愈快，商品经济和资本主义生产方式的发展比清代前期快得多，中国财政体制开始朝着近代化方向迈步。此外，晚清的财政收入结构与清代前期相比确有巨变，但变中亦有不变。一是清代财政收入结构的嬗变是以社会经济发展为基础的，但它又在根本上服务于政治，因此，无论清代前期还是晚清，其财政收入结构都带有鲜明的政治功利目的。二是尽管田赋在财政收入中的比重呈相对下降趋势，但它的绝对数额是不断增加的，这说明它仍是政府财政收入最重要的构成部分，而且农民税收归宿的地位在整个清代并未发生明显改观。农民既要交纳农业税，又要承受各种间接税转嫁而来的无形压力及农产品与工商业产品之间的“剪刀差”剥削，他们始终是税负的最终落脚点。总之，在整个清代，农业税一直是国家财政收入的重要来源，农业经济是财政收入的基础，收入结构的变化并未超越农业国这一历史阶段。

八国联军侵华以后，尤其清末最后几年间，由于先前大量的对外赔款、外债偿付，使清政府原有的财税管理体制无法正常运转。中央财政的摊派有增无减，与地方的矛盾日益尖锐；地方督抚因财政支绌而举借外债，中央也无法控制；地方政府不向中央奏销财税收支情况，使原本不明晰的中央与地方财税关系更加混乱，中央对地方的收支情况更加无从了解，中央控制调度全国财力的权力日趋衰微。因此清末新政期间，落后的财税制度和有名无实的中央财税，远远难以适应新政局面，财税体制的改革提上日程。

面对如此严峻的财政危机，从开辟财源的角度出发，清末开始运用西方租税理论尝试创设新的税法体系。

印花税是中国仿效西方税制的第一个近代税种。自从中法战争、甲午战争以来，李鸿章、陈璧、刘坤一、张之洞，以及英国人赫德都曾提出开征印花税的建议，但由于商民和地方官员的反对，朝野又多持异议，印花税推行问题一直被搁置。公元1906年，清政府确立了禁止鸦片的政策。鸦片禁政实施后必然导致洋药税厘、土药税厘减少，为弥补洋土药税厘的短绌，1906年底内阁学士兼礼部侍郎吴郁生提出以印花税收入来抵补鸦片税收的建议，引起了度支部的重视。公元1907年9月，度支部提出要研究印花税问题，设立财政研究所主其事。1908年8月，印花税饬先在直隶试办，结果遭到天津商会的反对和抵制。1909年2月，度支部奏准将印花税章程颁发各省试办，是年6月，印花税票向各省发行，标志着清末印花税政已步入全面实施阶段。各省领回印花税票后，举措不一，基本上采取观望和攀比态度，因此，印花税未能得到切实有效的实行。度支部编制全国各省预算册中，公元1912年印花税一项预算收入为“印花税银九万三千一百八十七元”，清末推行印花税的成效由此可见一斑。

公元1910年，清政府为缓解财政压力，引进了所得税制，拟定《所得税章程草案》三十条。该草案将所得税划分为三类：第一类为公司所得、国家债及公司债票的利息所得，采用比例税率百分之二征收；第二类为工薪所得，包括俸廉公费、各局所、学堂的薪水及从事行政衙门与公共机关者的收入税，采用八级全额累进税制，起征点为五百元，税率最低为百分之一，最高为百分之六；第三类是除第一、第二类外的其他所得，税率同第二类。此项草案未及实行，清政府即已垮台。

关于遗产税，清末洋务派人士如刘坤一和张之洞都曾提出引入西方遗产税的建议，但未能引起清政府重视。

从清末筹议试办的尝试来看，政府推行新税不是以改良税制为出发点，而是以敛财为急务，立新而不废旧，这在当时中央威权下移，地方财力做大的情况下是不可能顺利推行的，但这种尝试却为民国直接税体系的创办提供可资借鉴的经验教训。

公元1908年，福建道监察御使赵炳麟上《统一财权整理国政》折，就分税制和预算制提出建议。关于分税制，他说：“一切租税，分作两项，一国税，以备中央政府之用，二地方税，以备地方行政之用。改布政使为度支使，每省一员，统司全省财政出入，征收国税和地方税，直接度支部，仍受督抚节制。遵照奕劻等所编外官制，限一年内将各州县主计官依律设立，归度支部管辖，分收各州县租税。各省地方进款若干，用款若干，责成度支使每年详细报部，其国税听部指拨，地方税即留为各省之用。租税界限分明，疆臣无拮据虑，出纳造报确实，部臣有统核之权，如是则各省财政可一。”同年12月，度支部、会议政务处依据赵炳麟的建议重新议定清厘整顿章程，在度支部奏定设清理财政处，各省设清理财政局，调查光绪三十四年（公元1908年）出入款项，编制财政说明书，为加强地方与中央的联系，度支部向各省奏派了正副监理官。其主旨在于加强中央度支部对全国财政的监督控制，改变传统的量入为出及清末量出求入的度支原则。在《度支部清理财政章程》第四章中，具体规定了调查财政的办法，调查的主要项目有“各省入款，如田赋、漕粮、盐课、茶税、关税、杂税、厘捐、受协等项，出款如廉俸、军饷、制造、工程、教育、巡警、京饷各款、洋款、杂支等项”。具体情况如何呢？

清末新政时期的分税制改革，力求通过制定国家税收和地方税收来确定国家和地方的财政权限、财政范围，以避免国家财政和地方财政的矛盾或冲突。由于太平天国起义，地方财权不断扩大，中央政府对地方财政收支变得无法控制，地方督抚常无视中央执掌财政的度支部。在实际运作中，度支部只好上奏请饬各省督抚将“何项应入国税，何项应入地方税，详拟办法，咨明度支部分别核定”。这样，就把中央与地方财权划分的标准下放到了地方，出现各省编制地方财政预算计划时，自行其是，任意增减，弄虚作假的现象。中央派往各省的监理官，常因地方督抚藩司的刁难或地方官的恶意攻击而无法开展工作，因此，清政府的中央集权的财政体制基本崩溃，分税制名存实亡，但它第一次触及带有现代性的财政划分制度，具有重要的前瞻意义和历史启示。

清前期清政府实行高度集权的中央财政管理体制，税收管理完全集中于中央。从管理机构来看，在中央设户部，主管全国财政事务，在各省设布政使司，主管一省钱粮。布政使司虽受总督或巡抚的节制，但并非其属员，唯听命于户部。从财税制度来看，清政府通过起运存留、解款协拨、奏销制度规范了中央与地方的财政分配关系。项有定制，数有常额，地方所有开支均有明确的规定。这样一种以中央集权为特征的财政关系在咸丰之前长达200

余年的时期内大体上没有变动。另外，从顺治到康熙对州县财政的存留数采取了全裁、半裁和酌裁等逐步裁减的政策。确立了“悉数解司”和严密的户部掌奏销体制，将全国财税收入高度集中于中央政府。清廷通过耗羡归公的收支两条线和实施养廉银政策，将地方官府额外征收和支配的私派火耗等拨归各省督抚，以解决“悉数解司”体制下地方官府存留太少、费用匮乏等问题。

清朝税制无中央税和地方税之划分。田赋在前期归属中央管辖，收入全部上解国库，地方无权动用。但太平天国运动爆发后，各省以预防太平军为借口，截留田赋时有发生，清政府对此毫无良策，只好听之任之，自此地方截留田赋收入，即成为变相合法。沿至光绪年间八国联军之战后，清政府赔款达四亿五千万两白银，以关税、盐税抵偿不足，就分源于各省。各省既负担分赔的义务，也就获得了自由筹款的权利。这样田赋的附加或增派便成为地方特权之一，田赋的管理便部分甚至大部分下放给地方。地方掌握自由课赋之权后，中央对地方财税渐失控制，田赋作为财政收入的主要来源，实际上成为中央和地方共享税。

在晚清镇压太平天国运动和西方列强势力侵入的特殊环境下，中央集权型的财政关系逐渐被打破。清政府的财税机构从最初依靠土地税转变为依靠商品税和关税，但这些税种不是处于中央政府的控制和管理之下，而是受省级督抚的控制，经济权力发生了由中央向地方的倾斜，主动权也从中央政府转移到地方。太平天国起义耗费了清政府大量库银，清廷不得不谕令地方就地筹饷，“无论何款，赶紧设法筹备”，就地筹饷权的下放是各省督抚扩张财政权力的契机。他们打着“就地筹饷”的旗号，不仅采取盐斤加价、发纸币、行大钱、广捐纳的办法筹款，而且还开辟厘金新税，以增加财政收入。单一的中央集权财政体制瓦解，各省督抚以厘金、捐输等自筹官款，截留和分取国税，自行支配所掌财力，进而形成了与中央并立且平行发展的较独立的地方财政。

之后，中央与地方开始对财权进行争夺，既有冲突，又有让步。清政府力图通过清理财政来削弱地方、集权中央，虽卓有成效，但始终未能恢复高度集权的中央财税管理体制。地方尽管仍然保留有较大的财政自主权，但也不再像太平天国战争时期那样肆无忌惮地控制财税。然而，由于外重内轻、积重难返的局面已成定局，清中央已很难扭转财权下移的趋势。况且，后来收复新疆、中法战争、中日战争等，使得清政府又处于财税窘乏的境地，又不得不依赖地方筹款，以前收回的部分财权又不得不再度下放。因此，清末，中央税权式微，地方税权做大，我们也就不难理解，辛亥革命一声炮响，各省纷纷独立的原因了。

三

清代赋税制度的完善，是从康熙五十一年（公元1712年）颁行“滋生人丁永不加赋”谕令开始的。作为一项影响清朝封建政府赋税收入的重要政策，清朝政府及其统治者是经过审慎考虑后才颁行的。就谕旨所述内容来看，不加丁赋政策实施的背景主要体现在三个方面。第一，“人丁虽增，地亩并未加广”，荒地开垦已尽，增加丁赋失去了新增税源的依据，从赋税征课的合理性来看，不宜在地亩不增加的情况下扩大丁赋征课额度。这一点体现了康熙皇帝对人口和财富相互关系的认识。财富来源于地亩，地亩难以增加，而人口自康熙中后期以后却以较快的速度增长，两者失去均衡，如以人丁增长数加增丁赋，必然加重民众的负担，赋税征收便偏离了以民众负担能力为基础的原则。第二，从不加丁赋政策颁行前丁赋的实际征收情况来看，并未按实际丁数编征丁银，“一户或有五六丁只一人交纳钱粮，或有九丁十丁，亦止二三人交纳钱粮”，究其原因，康熙调查所得是“蒙皇上弘恩”，实际上有更深刻的根源。在这样一种情况下，丁银加增已失去可能性。第三，从清朝政府赋税征收所实现的目标来看，“今国帑充裕，屡岁蠲免辄至千万，而国用所需并无遗误不足之虞”，所以已无加征丁赋的必要。正是从自身对丁银加征的合理性、可能性和必要性三方面的认识出发，清朝政府制定出不加丁赋的政策。“滋生人丁永不加赋”，其意义在于以政策法令的形式肯定了不增丁赋的有效性，杜绝了因追求丁银溢额在编征中虚报、浮夸而形成的负担加重和贫富偏累。为了保持人丁数的稳定，康熙五十五年（公元1716年），又由户部制定了“抵补”的办法。这样，清王朝便把历来因为变动频繁而最难掌握的丁额和丁银基本固定下来。丁银的固定为摊丁入地创造了条件，全面摊丁入地改革的序幕在这种背景下展开了。

雍正元年（公元1723年），山东巡抚黄炳、直隶巡抚李维钧先后奏请按地亩摊丁，以纾民困。经过周密的部署和规划，雍正下令自次年开始将丁银均摊到地亩之内，造册征收，在全国推行单一赋税标准的“摊丁入亩”的税制改革。指令颁布之后，福建、山东、河南、浙江、陕西、甘肃、云南、江苏、安徽、江西、湖南、广西等省陆续实行了摊丁入亩。到雍正七年（公元1729年），普及全国的绝大部分省份，基本形成全国统一的赋役征收制度。摊丁入亩的方法各地不一，有的以全省为单位，有的以州县为单位。总之是将丁银总额（即康熙五十年的丁银额）平均摊入地亩或田赋征收，从此田赋又称“地丁”、“丁粮”、“钱粮”。摊丁入地这项重大的赋役改革措施对于清朝封建国家赋税收入的影响，使康熙五十一年（公元1712年）确立的丁赋定额得以真正落实。摊丁入地通过合并课税依据，地丁赋税均出于田亩，消除丁银编征环节，进而也免除了丁银编征可能滋生的弊端，使封建官府的赋税催征更为容易。同时，它为清政府的赋税收入提供了保证。从对赋税收入长期变化趋势的影响而言，摊丁入地利用地亩变化稳定的特点，把康熙不加丁赋的基本政策贯彻到田赋征收的所有方面，使得此后清政府的赋税征收体制呈现出鲜明的定额化特点。

清代赋税中的“地丁钱粮”以银两征收，但由于各地银两形状大小不同、成色不同，需统一熔铸成大小形状一致、成色相同的银锭上缴户部，熔铸过程中会造成一定的损耗，这种损耗称为“火耗”，又称“耗羡”。为弥补这部分损失，清政府允许地方官员在征收的同时加收1%左右的耗羡附加。但是，地方官在征收耗羡附加时肆意加派，耗羡征收率从江西、浙江的5%—10%，到山东、河南的20%不等，导致百姓的税收负担沉重。尽管康熙皇帝不断下诏禁止加派，但随着吏治败坏和官员贪风的盛行，各地耗羡加征的现象愈演愈烈。

雍正皇帝对耗羡的滥征、滥派非常清楚，为了减轻老百姓的税收负担，其登基后很快宣布实行耗羡归公制度，即各省仍征收一定比例的耗羡，但要将之全部上缴中央国库，中央政府再给予地方官员一定数额的养廉银和办公经费，这在很大程度上减少了乱收费，规范了政府的税收制度。耗羡收入全部上缴中央，等于断了地方官的财路，这样容易引发地方官乱摊派，加重百姓负担，因此为防官吏借口私征，中央在各官员日常俸禄之外发给一定数额的养廉银，即从耗羡银中提取一部分，发给地方官用以养廉。除原有的俸禄外，根据地区不同，总督年可得养廉银1万至3万两，县令也可得到500—2000两不等。这样，既不增加中央财政负担，又减轻了农民的税负，同时解决了官俸偏低问题。

耗羡归公和养廉银制度的实施产生了一系列积极效果：缓解了中央财政的困窘，解决了地方政府的行政经费困难；耗羡归公以养廉银的形式提高了地方官吏的俸禄；耗羡归公赋予地方政府一定的财政自主权；耗羡归公通过建立正式经费体系取代了非正式经费的方式，改善了吏治。

第一，雍正朝摊丁入地和耗羡归公是中国历史上一次重要的赋税制度改革。摊丁入地改革完成了我国历史上的赋役合并，人头税并入田亩以后使税负与负担能力结合，田多则赋税多，而且无论豪绅富户不分等则一律负担，较之以前更为公平。同时，摊丁入地取消人丁税并入地亩征收，并将丁税确定为一个固定的数额，既有利于国家财政收入的稳定，又简化了税收的原则和手续，减少了偷税漏税的现象，增加了国家的财政收入，改善了国家的财政状况，极大地稳定了社会秩序，促进了生产发展，为清朝前中期经济的繁荣发展提供了有力保证。广大的农民也不再被强制束缚在土地之上，大量农村剩余劳力开始自由流动，从事租佃、佣工、经商、手工业等劳动，生产力得到某种程度的解放，雇佣关系有所发展，极大地推动了当时商品经济的发展和工商业的活跃。

第二，清朝政府通过从康熙“滋生人丁永不加赋”到雍正“摊丁入地”的赋役改革，建立起完备的赋税制度，并使赋税征解行为开始制度化、完善化。康熙的不加丁赋政策，首先使全国的丁银总额固定下来。雍正年间的摊丁入地，使数千年来力役之征一旦改除，丁、地并征的二元化税制最终转变为单一的土地税制，利用地亩稳定性的特点，使得业已固定的丁银总额更易征足。由于地亩本身的增长变动不大，地丁合一实际上使得清代赋税正项征收总额长期处于相对稳定的水平。从财政收入的组织功能上看，清代赋税制度呈现出鲜明的定额化特点。

第三，摊丁入亩的实施促进了税收公平。摊丁入亩原则上以土地的多寡为标准确定交纳地丁钱粮的数量，这种方式在一定程度上平衡了各阶层的赋役负担，基本上取消了地主阶级优免丁银的特权，减轻自耕农和无地贫民的赋役负担，相比之前的赋役制度更为公允。摊丁入亩在一定程度上调动了农民和手工业者的生产积极性，缓和了阶级矛盾，有利于社会经济的发展。

第四，雍正朝耗羡归公及养廉银政策推行后，耗羡按地丁银的一定比例征收，税率相对固定，扭转了康熙后期地方官私征滥派的状况，不同程度地降低了百姓负担。另外，官员养廉银和衙门办公用银也固定下来，地方政府除了上交国库的钱粮，收入和支出均固定化，基本上保持收支平衡。这具备了税收的基本特征，使清代的税收政策更加完善，给社会和经济的发展提供了很大的支持。

旧税不断加重，最为突出的表现在盐课方面：盐厘加重，盐票加价。因为食盐是人民生活的必需品，而盐税是一种间接税，所以增征比较容易。清代前期，盐课的总收入每年平均为600万—700万两，到了光绪末年，已增为每年2400万两，而至宣统三年，更增为每年4500万两，人民的负担加重了七倍。田赋在清末也出现大幅增加，一反清初永不加赋的“诺言”，新增附加税，如增加借征，另由于银价的上涨，折色增大，田赋增加2—3倍。

清政府在旧税不断增加的基础上，还开始了新税的开征，最明显的是厘金这一税种的开征。厘金原本是清政府筹措军饷的临时措施，本应在战事停止后立即裁撤，但由于其给清政府带来巨额的财政收入，清政府不舍得放弃到手的肥肉，遂将其正式确认为新商税。实行时，中央政府并未统一筹划，只议定由用兵省份的地方督抚自行“就地筹饷”，税制混乱，税率不一，因此，地方政府各自为政，厘金征课标准不一，并且到处设卡抽厘，最终泛滥成灾，给近代中国的政治经济带来种种弊害。

随着帝国主义侵略的加剧、清代后期中国殖民半殖民地性质的加深，关税的税额增加迅速，但这项作为财政收入大宗的关税却为帝国主义所把持。由于政府支出大幅增加，而财政收入增加困难，清政府借了大量的外债，关税收入便成了赔款或外债偿还的担保，大量关税收入中清政府所能得到的，仅只是微不足道的“关余”而已。随着清末外债的增多，仅关税作为抵押品已远远不够，因此清末外债抵押品从所谓关税和铁路等产权的实抵转而以内地税捐作虚抵，信用担保的色彩突出起来。外债涉及的内地税捐主要是与盐税、厘金相关。体现在一是军政外债因关税抵押殆尽而转用盐厘作抵，二是实业外债中“实抵”形式的产权抵押受到内外的抵制而以“虚抵”形式的财政抵押取代。前者主要体现在法俄借款、英德借款、英德续借款和庚子赔款中；后者则主要为铁路外债抵押方式的变化。

清政府赋税征收失控有多方面的原因，我们主要从财政收支的角度进行分析。清代在财政支出方面所确立的范围是由财政经制来体现的。“经制”是指国家每年正常的财政收支都有相对固定的额度，并由《会典》、《则例》等法典式文献予以规定。所谓“国家出入有经，用度有制”。无论社会经济情况发生怎样的变化，都不得突破经制所规定的支出范围和额度。这种经制所限定的财政支出范围和额度，并未完全为中央和地方各项事务的经常性用度提供充足的财力保证。事实上，中央和地方许多行政事务的经常性开支都被排除在经制所规定的支出范围之外。这些未列入财政支出的部分在实际开支中，只能谋求由财政之外的其他途径来解决。这种不能因事设费，在制度上即存在支出缺口的财政，可称之为“不完全财政”。不完全财政在清代支出制度方面的主要表现是官吏薪俸的低微、地方公费的缺乏和军费开支的不足。这种财政支出方面的不完全特性，根据清政府所恪守的量入为出原则，实际上是由其财政收入所决定的。清代赋税征收体制的建设方面，康熙的不加丁赋令，首先使丁银总额固定下来。雍正年间的推丁入地，利用地亩稳定性的特点使得清代赋税正项的总额长期处于相对稳定的水平。从清政府的赋税收入角度来看，它的赋税制度体现出鲜明的定额化特点。清代中央政府所掌握的实际岁入，除了定额化的赋税收入外，还有以下途径：盐商捐输、盐斤加价、摊征等。因此，不完全财政的特点是在财政支出上当支而不支，形成财政支出缺口。要按照清政府的命令完成各项缺乏经费安排的事务，便必须谋求其他的筹措经费途径。财政的不完全特性又反过来助长了加派浮收与亏空拖欠的泛滥，并使清政府在政策上对这种不合法的行为作出让步，人民的实际负担由此一层一层地累积起来，日益加重。由于各级官吏向人民私行巧取，耗尽百姓的脂膏，使百姓无力完纳国家正赋；赋税征收失控，国家财政状况一天天恶化，陷入困境。在这个因果链中，从赋税制度着眼，症结在于赋税征额的固定化，不能根据形势的变化作出有弹性的调整，最终导致法定征收外私行巧取的泛滥，官僚豪绅中饱私囊，国家政权与基层百姓交受其困。必须指出，加派浮收的泛滥，除了财政制度上的原因外，更重要的原因在于封建制度本身。在封建制度下，各级官僚都尽可能多地掠取财富，这是其制度的积弊，即使在财政支出上给予了充足的经费，也仍然避免不了贪掠巧取的泛滥。只是在这一过程中，由定额化赋税决定的不完全财政，助长和加速了封建官僚队伍的腐化，并影响到正额赋税的如数征收。

四

清代税收制度和管理的历史经验和启示主要是：

第一，处理好中央财政集权与地方财政分权的“度”的问题。纵观有清一代，中央与地方财政权力分配大体经历的过程：一是清初至康熙末，这是将全国财政收入高度集中于中央政府时期；二是雍正至咸丰朝，这是以耗羡归公为契机的督抚财政支配权的扩大，乃是对财政高度集权于中央体制的部分调整与变通；三是同治朝至清末，单一的中央集权财政体制瓦解，地方财政独立。

第二，明晰中央与地方的税权划分。清代由于税权划分不清，导致清代后期厘金泛滥，以致民怨沸腾，裁撤呼声渐高，清代洋务企业所产生的工商税，也由于税权界定不清，致使工商税大多被地方督抚截留控制，导致地方财权不断扩大。清末，中国开始仿效西制，酝酿、制定、推行国地财政划分，进行分税制改革，虽然这次尝试最终名存实亡，但将国家财政划分为中央财政与地方财政（亦称国地财政），是西方现代财政理论和实践发展的重要历史成果。正确划分中央税与地方税，确定两者的财政收支范围，明确划分中央与地方政权之间和地方上下级政权之间在财政管理上的权限和职责的主要内容，对于理顺中央与地方的财政关系，促进国民经济的健康稳定发展，均具有重大意义。

第三，预算外制度的收支，关系国家治乱兴衰，不能等闲视之。治理它必须从人民的根本利益出发，由以官为本变为以民为本，这就必须实行相关的体制改革。清代雍正年间实行火耗归公与养廉银制度，既是整饬吏治、缓解财政恶化的需要，也是雍正皇帝借改革立威，巩固统治地位的需要。从财权角度分析，耗羡归公开始初步建立起中央与地方的分权财政框架，耗羡作为田赋附加制与补助金制度的结合，成为地方财政体制形成的标志。同时，清政府以费改税的办法，将地方主要规费耗羡改为正式税种，通过“收入上缴，支出下拨”这种收入分配的调整，使得中央财权有了一定程度的加大。同时，改革将预算外的收支行为由暗变明，由各自为政转为统一规范，实质上是以“收支两条线”的方式规范了预算外收入，也表明政府对预算外收入的合法性的承认。耗羡归公与养廉银制度改革是以对官员厚禄养廉为代价实现的，民生并未有效改善。因此，养廉银制度持续了一段时间后，清政府的税收制度就发生了很大的变化，恶名远扬的厘金开始征收。厘金不仅税制混乱，而且征管也极其混乱，人民负担又变得极其沉重。

第四，廉政建设与财税改革应结合，治官与治税相结合。清初吏治清明，社会逐渐走向恢复和繁荣，收入日渐增加，出现了历史上少见的康雍乾盛世，自乾隆中期始，社会由盛转衰，官员腐败普遍化，赋税征收失控，以嘉庆中衰为契机，由于封建政治体制本身的痼疾，加以时势的变化，吏治从清明转为腐败，中央政权的统治力也由强变弱。赋税征收过程中，官员对下属和基层社会管理松弛方面，主要体现在吏役和绅衿的作弊泛滥。我们知道，清朝的正式官员只设至县一级，县的治理需靠大量的吏役并依赖乡村半官方性质的里甲、保甲组织，而吏役等是没有官方发放的俸禄的。他们从事这一行业，本为一种义务供职。但事实上，他们多利用公职敲诈勒索，或者与官员相勾结，贪污舞弊，大发不义之财。参与赋税征收，便为他们攫取钱财提供了极好的机会。而他们又往往与基层社会的地方势力绅衿豪强狼狈为奸。在州县征收赋税过程中，就作弊方式而言，一是拿征收税粮的计量单位作弊；二是重戥多收；三是银钱作价不合理，借此多征。就作弊主体而言，几乎从征之于民的经承直至解送到省藩库中的各个环节的相关人员都有。官员的多征滥派行为给民众带来无限灾难。诚然，这是由封建专制主义的官僚体制决定的。封建专制主义的政治制度，是清朝吏治败坏的根本原因，而吏治败坏与赋税征收又息息相关，因而，治税重在治官。

第五，严格征管，强化税收监督。尽管不同历史时期的税制存在较大的层次差异，但严格征管在任何时候都是合理税负的一个非常关键因素。征管混乱，必然会扭曲整个财政分配的行为。政府选定开征一个新税种，不仅涉及税收制度和财政收入问题，也涉及经济发展和社会安定，如果税种选择失误，必然造成税制的先天不足，会造成经济的萎缩和社会动荡。厘金的开征就是一个明显的例子。新税的制定应当非常谨慎，征收规定也应合情合理，不能认为开设一个新税种对财税部门来说就万事大吉了。立法不易，执法更难。历史经验表明，如果税制执行过程中，监督失控，就会出现税收混乱、乱收费、乱摊派等现象。

第六，正确认识并处理地方政府的既得利益。税收体制变革的实质是利益调整，这在清朝的税收体制改革中得以体现。由于长期以来，既得利益的概念根深蒂固，成为税收体制改革不可逾越的障碍，完善税收分权体制，地方既得利益是一个重要的考虑因素。地方政府的既得利益是指在一定的体制形式下地方政府获得的体制内收入或可支配的一般性税收资金。地方既得利益既具有客观性，也具有不合理性，既得利益与地方政府的非规范行为不无关联。但是，若要想税收体制改革推向前进，必须勇于触动既得利益。当前，由于经济发展水平的既有差异及发展潜力的差别，地区间公共服务能力差距呈加大趋势，如果听任这种局面继续下去，不仅有损公正原则，扭曲社会心理，而且还有可能出现财力充裕地区随意解释或变相改变、财力薄弱地区无力执行中央统一政策的现象，导致政令不畅，对社会经济的发展与国家统一构成隐患。在中央税收困难状况无明显改善且短期内也没有改善迹象的情况下，适度调整地方政府利益分布格局将是必然选择。

主要参考文献：

1. 中国第一历史档案馆编：《清代档案史料丛编》，中华书局 1978—1990 年版。

2. 何平：《清代赋税政策研究》，中国社会科学出版社 1998 年版。

3. 申学锋：《晚清财政支出政策研究》，中国人民大学出版社 2006 年版。

4. 陈支平：《清代赋役制度演变新探》，厦门大学出版社 1988 年版。

第十二章

西风东渐　税制转型

——民国税史论

在源远流长的中国税收史中，民国税收史只是极其短暂的篇章，但就是这极其短暂的历史篇章却奠定和完成了中国现代税收制度的转型。中国现代税制的逐步建立是晚清以来，尤其是民国时期令人瞩目的一种历史现象，民国税收现代化既有承袭晚清税收改革的一面，又有在其独特的历史条件下逐步资本主义化的一面，是传统税收体系日益瓦解和新的税收制度体系日渐形成这两种趋势的交织，也是西方公共税收理论移植、融合、渗透中国传统税收机体的过程。民国时期是中国税收的一个承前启后的过渡时代，是为中国未来税收思想起飞和制度建设而服务的“创造前提的阶段”。从某种意义上来说，我国现代比较规范的税收体制正是建立在这个时期。

一

晚清时，中国被带入半殖民地半封建社会的泥淖，民国政权的建立并没有改变这一性质。从税收角度而论，关税纳入洋员征管和监管序列之后，盐税再次成为五国银行团的囊中之物，北京国民政府只能依其恭顺程度获得一点点“关余”或“盐余”度日。南京国民政府的状况虽然好些，将关税和盐税的洋员系统锁定在财政部严格规制之下，但是，对外赔款的巨大压力仍然要求他们保留特定的机制。更何况，大量外国财政顾问的介入，对中国财政税收的正负面影响仍是断然的。半殖民地状态下的税收形势，毫无疑问地充满着各种非线性的轨迹。

民国的38年间，几乎没有一个月不处在战争状态中。这使得所谓的民国，仍然不可避免地为“战国”的特质所笼罩。而战争情势下的税收，必然是混乱不堪的，必然是负担沉重的，必然是税源破碎的。

民国从刚刚建立的那一天，就注定了是一片残破的河山。在辛亥革命中纷纷独立的各省，其向统与向独之心一直在中央政权的威逼利诱下游移不定，虽经袁世凯百般弹压而未成铁板一块。袁世凯一死，西南军阀又与有着相当数量国会议员的国民党人结合，成为抗衡北京政府的重要力量。在北方，直皖奉三系你争我斗，各系军阀浑水摸鱼。当南北双方的矛盾发展到只有战争才能解决时，北伐战争揭开了到底谁更能代表或承继法统的悬疑。

南京国民政府建立结束了旧军阀的混战局面，但又开启了蒋桂冯阎新军阀的博弈时光。抗日战争结束后，东北与我国台湾虽然收回，国共之间又进行了三年多的对决。可以说，穷民国38年始终，中国的山河一直破碎着。北京政府或南京政府的财政控制力，一直未曾覆盖全国。

从晚清开始，一次次战败和一次次战争赔款，将清政府财政迫至破产的边缘。民国继承清统，债务一应继承，且又一次次地追加着新的名目。最大项的两种税收——关税与盐税，始终作为赔款抵押而受到严格冻结，这使得民国政权的财政路径仍然在借重款和加新税（后来又加上了发巨钞）中踏上随时可能崩溃的轮盘赌。这样的财政困境注定了税收活动不可能是正常的、规范的、合情合理的，而税收事务则更是不得不为“经费”尤其是军费的巨大压力而开足马力。

纳税人的觉悟始自清末新政中商部和商会的建立。各地的商会，尤其是上海、天津等大城市的商会，代表着新兴资产阶级的利益诉求，从一开始就成为一支限制、抵制、钳制至少是制衡政府税收意志的一股强有力的力量。诸多的税收创制，从印花税、特税、统税、遗产税、营业税到所得税，都遭遇了来自纳税人本体的强烈干预。这使得民国的税收决策，在无奈中不自觉地偏向了共和体制。

二

民国建立伊始，面对沉重的外债与赔款负担，加之国内政局动荡，军费开支剧增，中央税收极度困窘，鉴于此，民国政府对税制进行了多次改革，按照现代税制结构改革中国旧式税收体系，具体做法是整顿旧税制，开办新税制，使民国的整体税制体系朝着现代化方向迈进。

北洋政府时期，税收在财政收入中占有重要地位，与举借外债一起构成了北洋政府两大收入来源。在税收制度方面，北洋政府时期基本沿袭了清末的税收制度，税收的半殖民地半封建性质更加深化，当时虽也曾设想在税制上整旧建新，但除开征少数新税种外，并未建立一套新的税收制度。为了解决税收危机，北洋政府先后提出过三次税制整理方案。第一次在 1912 年 11 月。这次主要公布了国家税及地方税税法草案，明确国家（中央）和地方两级税收的划分，并拟定将来准备新设的税种。由于当时处于地方割据状态，上述整理方案除了清朝后期原征收的税种继续沿用，并于 1912 年开征了印花税外，其余均未付诸实施。第二次在 1914 年 6 月。这次整理主要是停止第一次整理方案的实施，明令取消国家税和地方税的划分，租税仍归各省税收厅直接管理，恢复向中央解款制度。为防止地方截留，1915 年北洋政府又建立了“专款制度”，指定若干税种为中央专款。开始规定有印花税、烟酒牌照税、烟酒税（附加税）、验契税和契税等五种税收中央专款。后来又有多次变更。第三次在 1923 年 12 月。这次整理主要规定了国家税和地方税划分的内容。其划分标准是：以关税、盐税、印花税及其他消费税等全国税率应划一的税种为国家税；田赋、契税及其他各税为地方税。但是，这次整理并未付诸实施，实际仍沿用地方向中央解款制度。

北洋政府统治时期的税收具有明显半殖民地性质。首先，这一时期的主要税收，即关税和盐税收入均被外国人控制。其次，地方军阀各自为政，税收制度非常混乱，各地征收方法、税率高低都不统一。最后，苛捐杂税繁多，不但随意提高正常捐税，加征的“附加税”和其他新税就多如牛毛。另外，预征正税，硬性摊派苛捐杂税更是屡见不鲜，人民负担沉重。这一时期开征的税种主要有：田赋、盐税、关税、厘金、烟酒税、所得税、遗产税、印花税，其他杂税包括房屋税、茶税、矿税、牙税、当税、交易所税、契税、屠宰税和名目繁多的苛捐杂税。

为了巩固自己的统治基础，国民政府大力发展官僚资本，并把大地主阶级和外国资本的利益融为一体的同时，对于民族资本主义也采取了某种程度的保护政策。这一时期，国民政府还实行了关税自主和改革税收制度的努力，实施了法币政策和开展了国民经济建设运动，从而使税收收入有了增加，使中国的社会经济在曲折的道路上有了一定的发展。从 1927 年到 1937 年，国民政府财政收入的 90% 多要靠税收，而税收的 95% 左右要靠关、盐、统三税的收入。三税在 10 年间增加了 25 倍，成为国民政府税收制度的主要支柱，也称为“三大财源”。

抗战爆发后，由于东南沿海工业中心、海盐盐滩的沦陷和海关被掠夺，致使关、盐、统三税逐年短收，结果国家整个税收收入大减。于是，国民政府创办了战时新三税——货物税、食盐专卖税和直接税，并通过调整税率和改用从价税率等措施，不断提高战时新三税在税收中的地位。此外，国民政府还对战时各项财经政策进行了调整和改革。如改革田赋征收制度；田赋改征实物；实行土地增值税；增收荒地税；开征战时消费税；统一征收机关，改进税务行政；统筹税收之缉私工作，改进地方税制。

1945 年 8 月至 1949 年 5 月，是半殖民地半封建经济在国民党统治区日趋衰败乃至最后崩溃的时期，也是以四大家族为首的国民党反动派反人民活动最为猖獗的时期。为了筹措军费、弥补税收赤字，国民政府加紧赋税的搜刮，关、盐、直、货四税，成为中央赋税的支柱。由于国民政府只注重于搜刮赋税，不注重培养税源，税收最终走上了穷途末路，税收收入占每年实际岁入的百分比越来越低。从 1946 年至 1948 年上半年，国民政府的税项收入平均仅占岁入的 15.6%，主要收入被通货膨胀所替代。

国民政府统治期间，政府对税制进行了整旧建新，欲实现从封建税制向近代资本主义税制的过渡，从而在中国基本建立资本主义税制体系。整建主要包括划分中央税和地方税；宣布关税自主，公布国定关税税则；废除厘金，举办新税；整理田赋，试行土地增值税。

南京国民政府前期开征的主要税种有：田赋、盐税、关税、统税、烟酒税、所得税、遗产税、印花税、营业税。其他杂税包括：矿税、鸦片特税、煤油特税、交易所税、房屋税、契税、土地税、营业牌照税、使用牌照税、筵席税与娱乐税，以及其他苛捐杂税。

抗战期间开征的税种主要有：田赋、盐税、关税、货物统税、所得税、非常时期过分利得税、遗产税、印花税、营业税。其他杂税包括：矿税、烟酒税、契税、房屋税、土地税、屠宰税、营业牌照税、使用牌照税、筵席税与娱乐税，以及其他苛捐杂税。

抗战胜利后开征的税种主要有：盐税、关税、货物税、所得税、特种过分利得税、遗产税、印花税、营业税、证券交易税与交易所税，其他杂税税种与抗战期间开征的税种相同。

民国时期是中国社会经济发展的重要转型期。在这一转型的特殊时期，商品经济与现代产业有了突出的发展，农业商品化的扩大，工业品和手工业品商品化的扩大，以及近代工业的迅速发展，为民国税收提供了丰富的税源。民国政府在基本沿袭清朝后期税制的同时，对赋税制度进行了有力的改革，如裁厘改统，争取关税主权，在当时的特定历史条件下，这些都具有救亡图存的社会经济意义。此外，民国政府的税制体系中出现了新的活力，如盐税改革，裁撤厘金，创办统税，烟酒税的建立和改革，货物税的建立，尤其是所得税、印花税、遗产税和营业税等直接税税种的开征，标志着现代资本主义税制体系在这一时期初步确立，我国税制在民国时期开始了现代化的征程。

民国时期税制现代化的显著特征是直接税体系的创立。现代直接税主要包括所得税、遗产税、印花税等税种。直接税的创办是从所得税开始的。北洋政府时期曾于1914年公布了所得税条例，但议而未决。国民政府建立后，为弥补裁厘损失，于1928年议办所得税，至1934年第二次全国税收会议才着手创办直接税，1936年开征所得税。1939年创办过分利得税；1940年设立直接税处，并将印花税并入直接税。1940年7月开始实行遗产税法。1942年又将营业税并入直接税系统。1943年财政部设立直接税署，负责主管所得税、利得税、印花税、遗产税、营业税。自此，形成直接税体系。

直接税的地位是通过其收入规模体现的。第二次世界大战前直接税在税制中可谓毫无地位。在抗战以前，我国的中央税制一向侧重于关、盐、统等间接税，这三类税收是历年税收收入的主体，占每年预算之百分比极大，1933年竟高达80.2%。这说明，抗战前间接税在国民政府收入中之地位非常重要[①]。第二次世界大战后，直接税开办不久，就显示了它在税收中的地位。直接税系统的扩展是有目共睹的事实，自 1936 年 7 月开征所得税，继而过分利得税、遗产税的开征，接收印花税、营业税。最后，由五大类构成，每一大类又包括十分复杂的小税种。直接税开征以后，其预算数字、征收数字与年俱增，计自开征之年度起，至 1943 年止，所得税收入增至 148 倍。非常时期过分利得税增至 39 倍；遗产税增至 18000 倍，即以 1943 年度与 1941 年度比较，增加亦达 104 倍之多。印花税及遗产税由直接税处开征虽迟，但前者亦增至 39 倍，后者增至 3 倍。由此可见，直接税税务已由试办渐进为国民政府中央税之重要部门。就总的规模来说，直接税收入在国民政府中央税中的地位也是逐年上升的。“综观自开征以来税收成绩，在抗战前占国税第六位，所得税为寥寥五百万元之数字，无足轻重，至廿九年，直接税一跃而占第三位，超过统税数字，已占相当地位。”[②]这表明直接税对国民政府的税收收入作出了贡献。

关税历来与主权的关系最为密切。在民国时期特定的历史条件下，北洋政府时期、国民政府时期、抗战时期和抗战后的关税制度各有不同特征。总体来看，这一时期的关税发展经历了从“仰人鼻息”的协定关税到收回主权的自主关税历程，体现了现代关税适应经济政治发展需要、维护主权、增加收入的内在属性。除战后国民政府崩溃时期，中国关税由从量税到从价税的转变，由协定关税到关税自主运动，由税收关税到渐渐淡化税收关税，关税课征由繁到简，由对必需品课以重税、对奢侈品轻税到对必需品轻税、奢侈品重税，无一不体现了关税制度现代化的痕迹。且北洋政府、国民政府随经济社会发展需要适时调整关税税则，本身就体现了关税与经济社会发展相协调的原则。现代关税制度正是在这一时期得以确立，渐渐实现保护国内工商业，保证国内必需品供应，增加国家税收收入的职能，迈向法制化、效率化、公平化和税负合理化的进程。

盐税历来为税收收入的大宗。民国建立后，北洋政府与各省的税收关系中断，中央税收极度穷困，但为支应巨额军费，北洋政府不得不以主权作条件，换取帝国主义的支持。1912 年春，袁世凯派财政总长熊希龄与各地谈判，经议定，由中国政府以盐税为担保发行税收债券，1913 年 4 月 26 日，北洋政府财政部与英国汇丰、法国东方汇理、德国德华、俄国道胜、日本横滨正金

①② 黄达汪：“我国所得税之展望”，《直接税月报》，第 1 卷 12 期，1941 年 12 月。

等五国银行签订善后大借款合同。由此，外国势力开始控制盐税的征收。1913 年 6 月，英国人丁恩被聘任为盐务顾问、稽核总所会办。他为了保证盐款能够近期归还借款的本金和利息，针对中国盐税的紊乱状况，敦促中国当局进行盐政改革，并向财政部提出来建议，主张采用“就场征税、自由贸易”的原则，整顿盐税。在外国势力的影响下，北京政府经反复讨论，决定改革盐政，并于 1913 年 12 月颁布了《盐税条例》。《盐税条例》公布后，于实施中遇到种种困难，遭到盐商公开、激烈的抵制和一些盐官的暗中阻挠，结果《盐税条例》未能得到真正贯彻执行。1928 年南京国民政府接管盐政时，盐务的萧条达到了极点，盐务制度极端繁复。为增加税收收入，对盐务进行改革势在必行。措施之一就是恢复曾一度中止的盐务稽核制度，措施之二是统一盐税征收税率，措施之三是对盐务的整顿。通过改革，盐税成为国民政府的重要税收来源，盐税收入逐年增加，占国民政府税收收入的第二位。盐税征收和管理的权限都集中于中央，在全国基本趋于统一。1946 年，为增加国家税收收入，提高全国产盐技术，合理制定全国盐价，财政部制定了《盐政条例》，作为有计划推行就场就仓征税制度的措施。至此，中国历史上推行近 800 年的专商引岸制度宣告彻底废除，改为以民营为主、政府加以管理的盐政制度。

厘金税创办于 1853 年清朝咸丰年间，是清政府为镇压太平天国农民起义筹措经费而开设的一种商业税。1927 年 7 月 20 日，国民政府颁布了裁撤厘金并实施关税自主的布告，决定实施裁厘工作，1928 年 7 月 18 日，国民政府财政部颁布了裁厘委员会组织大纲令，决定设置裁厘委员会，讨论裁厘方案。1928 年 12 月 19 日，财政部在南京召开苏、浙、皖、赣、闽五省裁厘会议，其中心议题是裁厘和实行新税制。迫于各方面形势的压力，国民政府从 1931 年 1 月 1 日起实行裁厘改统。实施统税是国民政府一项重要的税收经济措施，是集中财权财力的一个重要步骤。为了加强对统税的征收和管理工作，国民政府于 1931 年建立统税署，统税署直属财政部，管理全国卷烟、麦粉、棉纱、火柴、水泥等类统税的一切事项。1933 年，国民政府又将熏烟税、啤酒税列入统税范围，1935 年火酒也实行统税，统税范围不断扩大与延伸。此后，国民政府一方面通过陆续颁布一些统税货品的稽征规则，完善统税法规，以利征收；另一方面又不断调整税率，以达到增加税收收入的目的。国民政府统税政策的实行，结束了在近代中国经济史上延续半个多世纪的厘金制度，有利于中央财权的统一，这不能不说是一种历史性的进步。

至抗日战争前夕，国民政府基本上建成了以关税、盐税、统税等消费税为主干的国家税体系和以田赋、营业税等收益税为主干的地方税体系，从而使整个税制结构发生了较大变化，一个资本主义税制的雏形初步展现。

民国时期，中央与地方在政治、经济、财政上表现出的微妙关系，凝结为税收上的分税制，但民国时期的分税制，却又是一波三折。

为给所谓的“自治行政”装点门面，北洋政府遂于1913年末制定了《国家税和地方税草案》，次年复加修订，公布施行。国家的主要税收，概归中央管理，集财权于中央，地方税种多属杂项税捐，均为细枝末节。自然，这与袁世凯在商得孙中山、黄兴同意后提出的八大政纲中所谓“军事、外交、财政、司法、交通，皆取中央集权主义，其余斟酌各省情形兼采地方分权主义”的思路是吻合的。

北洋政府时期分税制的经验教训是：其一，建立分税制的基础，是要培植较为广泛的税源，否则中央和地方将无税可分。北洋政府时期，虽然民族资本主义工业有了初步发展，但由于缺乏重工业方面的基础，加之铁路、矿山等控制在外国列强之手，难以建立起独立的经济体系，无法开辟出新的税源。无论如何划分，税收收入都难以满足其财政需要。其二，建立分税制的关键，是税收制度要合理规范，确保中央政府权威，防止地方任意更改，截留侵蚀国税。北洋政府时期政治上的混乱，造成财政的混乱，反映在赋税征收方面，是各自为政。各地军阀控制田赋、货物税，任意加派各种捐税，应归中央的税收也任意截留，连归入外债担保的盐税，在盐余稍有增加时，亦被各省截留。北洋政府的税收制度非常混乱，地方的税收机构名义上隶属中央，实则各行其是，各地税收机构被军阀控制，没有划一的税收制度，每征收一种税，各地的征收方法、税率高低都不统一。此期虽然有些整顿和改革，但朝令夕改，不仅未得其果，反使地方税收制度更为混乱，更加不统一。因为北洋政府无力辖制各省，所以对地方截留国税之举无可奈何，分税制没有实际意义。

1928年分税制并不是民国初年分税制的简单继续，而是在原来的基础上进行了改革。首先，加大了地方财政的收入。在税种的划分上，国民政府纠正了民国初年分税制的不合理性（即把主要税种划归国家，将零散税种划归地方），将田赋、契税、牙税、当税等都划归地方，增加了地方财政的收入，这是一个很大的进步，也是两个时期分税制的最大不同之处。其次，采取独立税制，取消附加税制。民国初年划分税收时，用的是附加税制度，国民政府采取的是独立税制，这是国民政府初期税收划分的第二大变化。民国初年北洋政府在划分税种时，把独立税划为国家税，把一些附加税划为地方税，如田赋附加是省级财政的第一大税收。采用附加税制度最容易造成税制的混乱，从而影响了分税制的贯彻实施，国民政府采购独立税，取消附加税是一个改进。

这次税收划分也存在着很大的缺陷，即只解决了中央与省级的税收划分，没有真正解决省以下政府的税收划分问题。省以下的体制并没有改变，是国民政府 1928 年实行分税制中的一个最大的缺陷。

1934 年省、县税种的划分，既有积极的作用，也遗留下了很大的缺陷。积极作用有两个方面：第一，完成了三级财政的分税制财政体制。这在中国财政发展史上具有重要意义，它标志着中国分税制财政体制第一次全面实行。第二，明确了中国历史上的县级财政的地位。中国的县级财政在中国历史上是没有独立地位的，封建社会实行财权高度集中的统收统支体制，别说县级即使省级都是国家财政的附庸，根本谈不到是一级财政。自从民国开始，孙中山和资产阶级革命党人主张实行地方自治，与之相适应进行税收划分，于是产生了省级财政。省级财政从此有了自己独立的预算和决算，由原来的附庸成为地方一级自治财政。但是，县（市）级财政的地位还没有得到承认，长期没有确立的主要税种，一直是省级财政的附庸。通过这次省、县税种的划分，县级不仅有了自己主要的税种，而且有了较大的财政收入，县级财政才真正从省级附庸变为一级财政。这次划分与 1928 年国地税收划分相比较，各自所完成的历史使命是不同的。1928 年使“地方财政亦已奠立规模”，即确立省一级财政的规模和地位。这可以说是 1928 年分税制的意义之所在。1934 年国民政府第二次全国财政会议，使“县市财政成为独立收支系统”，这次对县（市）级财政地位的奠定与 1928 年国民政府第一次全国财政会议奠定省级财政地位有着同样的意义。至此，三级分税制财政体制框架已建立健全。

这次省、县税种划分的最大缺陷，是把田赋附加作为县级税收中的一个重要部分。田赋附加是地方政府横征暴敛，残酷掠夺，搜刮百姓的主要途径，是各种苛捐杂税产生的温床，也是致使财政混乱，阶级矛盾加剧的主要原因。1928 年国地税收划分时，颁布了限制征收田赋附加办法八条，1933 年又颁布了《重订整理田赋附加办法》十一条。1934 年国民政府第二次全国财政会议专门讨论了减轻附加税、取缔摊派的问题，议定自此以后对于田赋永不再征附加税，对于以前附加的各种捐税分期减除。但是，在省、县税种划分中却把田赋附加名正言顺地列为县级土地税的一个组成部分，与两次国地税收划分的初衷都相悖。

抗日战争爆发以后，为了适应战争的需要，1942 年国民政府在第三次全国财政工作会议上，对已经建立起来的分税制财政体制进行了改动，将全国财政划分为国家财政与县自治财政两大系统，省级财政并入了国家财政。从此，原来的国家、省、县（市）三级分税制财政体制改为国家和县两级分税制财政体制。

1942 年两级分税制是在抗战期间特殊情况下实行的，而且分税只限于国家和县财政两级之间，这对于财政的运行机制产生了很大的影响。首先，省级财政的作用被取消。从此，“省之收入，即中央之收入；省之支出，即中央之支出”，省级不再有财政预决算，每年度支出的数额在各省平均发展的原则下，由国家财政拨付。其次，加强了国家财政的实力和权限。在抗日战争时期，由于原来的主干税种关税、盐税、统税比以前锐减，国家收入在总收入中所占比重急剧下降。1939 年，国税收入占总收入的比重下降到 15%，1940 年下降到 5%。国家收入的急剧下降，极不利于抗日战争中对物力财力的需求。这次分税制实行后，由于把省级所有的税收划归国家财政，也把原来属于县级财政的田赋收为国家财政，从而增强了国家财政的收入和对物资的筹集权限，适应了战时的需要。最后，巩固了县市财政的地位。1934 年县级财政的确立时间很短，两级分税制的实行使县级财政收入进一步增加，对巩固县级财政的地位起到了重要的作用。1942 年两级分税制实施的最大作用，就是适应了战时需要，保证了抗日战争的胜利，对于中华民族的发展是有积极作用的。

民国年间的历次分税制，对社会经济的推动作用甚微，但产生的借鉴作用却十分突出。主要表现在：第一，正确、合理地划分各级政府间的财政收入是完善分税制财政体制的关键。如马寅初所言，中央和地方在税收划分上，“根本问题”在于确定省究竟处在怎样的地位，而后再决定它职权的范围。究竟应该怎样，这一切需要基本关系上的调整。整个行政制度的确定，不是以财源来限制权职，乃是由权职的需要来决定财源。第二，加强县级财政税收是完善省以下分税制的重要环节。在县一级的税收划分上，民国初年分税制没有涉及，国民政府 1928 年实行分税制时虽然提出了方案，但却没有真正实施。在地方税中，省级收入是田赋、契税、牙税、当税和营业税，而县级税收只有田赋附加、契税附加和房捐，致使县级财权长期处于困境，只好征收苛杂捐税以资挹注，这是县级政府乱摊派、乱收费、乱集资的主要根源。为了防患未然，国民政府于1934年明确确定了县级财政的税收和支出，把土地税（土地税未实行前为田赋附加）、土地呈报后正附溢额、印花税的三成、营业税的三成、土地改良物税（房捐）、屠宰税等划归县级财政，使省以下分税制得到实施，改变了县级财政的附庸地位，成为一级财政。1942年，实行二级分税制财政体制后，县级财政又得到进一步的加强，土地税虽然与中央分成，但增加了遗产税分成、使用牌照税、行为取缔税、契税附加和筵席及娱乐税。三级分税制恢复后，土地税分成由以前的25%增加到50%，营业税分成也达到50%，县级财政并没有太大的影响。第三，税种划分不宜过多设置共享税。1946年国民政府在税种的划分上采取了主要的税种实行分成制，如省营业税省分享50%，县市分享50%，院辖市营业税自占70%，国家分享30%；土地税省分享20%，国家分享30%，县市分享50%；遗产税国家分享55%，县市分享30%，院辖市分享15%。这种做法使大宗税种遭受割裂，造成各级政府都缺少主体税种。第四，分税制中最好不出现附加税。民国初年分税制采用了附加税制，重要税源均归中央，地方财政收入主要靠附加税，以致横征暴敛，弊窦百出。国民政府1928年国、地收支划分虽放弃了附加制，但由于地方税并未划分省税与县税，县政府仍然以附加于省税的方式来筹款。直到1946年才取消了附加税，这不能不说是个进步，尽管如此，附加税仍不能根绝。

三

民国税制改革，既考虑了中国的历史传统及北洋时期国地税划分的经验教训，同时对国外税收收支划分标准也有参照，体现了公共税收的受益原则。美国税收专家赛里格曼对国地税收的划分曾提出效率、适合与相当三大原则。这一基本原则在当时具有相当影响。国内许多专家学者也提出了各种划分意见，关于国家与地方收入划分之标准，有人认为，一谓租税能使纳税能力人应其纳税能力之大小而完纳者，应归入国家税，凡是若租税之用途能发生特种利益使纳税人特别享受者则宜作地方税。二谓以赋税范围之广狭及总额之多少为国地收入划分之标准，范围广而数额巨者应归入国税，反是则入地方税。三谓收入是否便利为标准。上述原则和国内学者的讨论主要是从纯税收学的角度考虑的。除此之外，南京国民政府划分税收收支另一个重要依据是孙中山处理中央与地方关系的均权原则；另外也考虑到了中国的历史传统及北洋时期国地税划分的经验教训，同时对国外税收收支划分标准也有参照。这些，我们可以从1927年财政部收支划分理由的说帖中窥见梗概："盐税关税及内地常关税烟酒税卷烟税煤油特税印花税，或历史上久充国税，或性质上易统一征收，故本条例作为国家收入……商税船捐房捐屠宰税渔业税，及其他之杂税杂捐，或向为地方之财源，或应归诸地方，以期易于改良，故本条例定为地方收入。田赋向作正供，兹遵先总理遗训改归地方……东西列邦国地收入分配有采独立税目制，或附加税目制，并有同属一税，一部属诸国家，一部属诸地方，虽章制各有不同，而谋国情适合则一。我国旧案系采附加税主义，而其结果往往中央与地方互相牵制，权责既不明，税款又多混统，以致酿成利则互争，害则互卸之弊，故本条例采税目独立主义，以图补救。"从南京国民政府十年时期三次收支划分标准来看，中央税收以关税、盐税和统税三大税为主，而地方税则以田赋、契税和营业税为主，中央费以军事费、债务费、政务费为大宗，地方则以政务费、公安费、教育费等为重要，可见其税源和政费的划分基本符合上述划分原则。认真总结民国分税制税收体制的特征，理顺中央和地方税收关系，明确划分中央和地方税收收支，对于保证国家税收收入，更好地发挥政府的职能作用具有十分重要的意义，同时，民国分税制税收体制的建立，不仅对构建与当时的市场经济相适应的现代税收体制具有重要意义，也为我国当今税收体制的建设提供了宝贵的经验，是中国税收体制现代化进程中最为重要的一环，在我国税收史上具有极其重要的历史地位。

民国政权逐渐完善和成熟的税制体系，在新旧政权的转轨过程中，以一种遗产的方式被继承，其中贯穿的诸多税收原则，也得到了新生政权的借鉴。陈云有言：共和国的税制体系，是从孔祥熙的仓库中搬出来的。至少在共和国建立之初，这种来自于税制上的继承和扬弃，是明显而且果断的。有多个事例可以证明这一点：比如接管政权之初的"依照旧有税法征税"的做法，是较为直接地袭用民国税制中的合理成分；共和国建立之初的税收大法《税政实施要则》所列14项税种，全部来自国民政府税收序列；在经历了不同阶段的税制简化潮之后的恢复性税制扩张，其中的一些新增税种仍然来自当年国民政府的税收盘子，如土地增值税。很长时间以后，税收理论界鼓噪开征的多项新税种中，仍然本自国民政府税收传统，如遗产税、宴席税等；另外，国民政府的余音，即在台湾的国民党政权的一些税收制度改进，仍然对大陆的税收建设产生影响。如中国的增值税改革，受过台湾加值型营业税的影响；中国的发票有奖活动，直接的渊源便来自台湾。

民国时期对创建有中国特色的公共税收制度作的初步探索对中国当代税收制度的建设发展亦具有借鉴意义。当今中国，税收体制改革的主要目标是建立与社会主义市场经济体制相适应的公共税收体制。这场税收体制改革虽然在所有制结构方面与民国时期不同，但在许多方面有相似之处。总结、研究民国时期的税收制度不仅具有经济史研究的学术创新意义，而且对于构建当代社会主义市场经济下有中国特色的公共税收体制具有重要启示；同时，民国时期中国市场经济、税收体制和政治制度的变迁是一种典型的移植性变迁。它是在学习、借鉴西方成熟经验的基础上将西方先进制度移植、引进到中国来的，在移植过程中由于中西经济发展水平和历史文化传统的差异，移植主体对移植客体常常发生“排异”反应，如何把西方先进制度与中国实践相融合，推进中国税收制度的创新，这对当今中国税收体制改革与税收理论创新具有非常重要的借鉴意义，也对思考西方公共税收理论中国本土化问题提供了独特的视角。

主要参考文献：

1. 国家税务总局主编：《中华民国工商税收史纲》，中国财政经济出版社2001年版。

2. 孙翊刚、董庆铮：《中国赋税史》，中国财政经济出版社1987年版。

3. 李胜良：《大任斯人——中国税史人物评传》，中国税务出版社2009年版。

4. 马金华：《民国财政研究：中国财政现代化的雏形》，经济科学出版社2009年版。

5. 张生：《南京国民政府的税收（1927—1937）》，南京出版社2001年版。

6. 付志宇：《中国近代税制流变初探：民国税收问题研究》，中国财政经济出版社2007年版。

第十三章

税利分流　税制再造

——共和国税史论

经济是基础，政治是经济的集中表现。从共和国建立初期，到当代的改革开放，共和国60多年税收制度的沿革，直接受到当时国内经济形势和政治形势变化的制约和影响，并带有鲜明的时代特征。税制改革是为经济发展和经济建设服务的，税制改革实际上也是经济社会变革的有机组成部分，一直是经济体制改革的“主角戏”之一。

一

从1949年10月1日中华人民共和国成立起，到现在，我们可以把共和国经济社会发展的历史分为三个阶段。与之相对应，共和国税制演革的历史，也可以分为三个阶段。

第一阶段，从共和国成立到1956年12月，是国民经济恢复和社会主义改造时期。这 7 年，对于年轻的共和国来说，虽然时间不长，但万事开头难，百废待兴。就国内而言，恢复经济、稳定经济、稳定物价、稳定民心是首要任务。税收制度、税收政策首先必须为恢复经济、稳定经济、稳定物价、稳定民心服务。

共和国初期，全国农村实行土地改革，农民分得了土地，农业生产很快得到恢复和发展，公粮即农业税政策相对也比较稳定，广大农民安居乐业。同时，多种所有制经济成分特别是全民所有制、集体所有制与私有制和私营经济同时并存，不同的税收制度和政策对不同的所有制企业的生产、经营有直接的影响。这一阶段，值得总结历史经验的是“新税制”风波。

1950 年 1 月，政务院通过颁布《全国税收实施要则》，对当时还是很薄弱的国营经济和合作社经济给予一定的税收优惠，比如新成立的供销社宽纳 1 年所得税，新成立的手工业合作社宽纳营业税和所得税 3 年等。很显然，这种税收差别政策有利于公营企业的发展，不利于私营企业的经营，导致国家税收收入不断下降，财政十分困难，私营企业主和资本家叫苦不迭，纷纷要求实行公平税负。1952 年 9 月，中财委主持召开全国财经工作会议决定修改税制，具体方案的原则一是保税，二是简化税制，“公私一律平等纳税”。从 1953 年 1 月 1 日起，全国实行修订了的新税制。本来，实行新税制的初衷和目的是公平税负，简化税制，保税收收入增长，但出乎意料的是，新税制出台不到半个月，北京商店出现抢购狂潮，物价持续上涨，街上群众议论纷纷，市政府门口上访人员大量聚集。有人认为，新税制在全民所有制企业和私营企业之间划等号，社会主义的国营企业怎么能得到鼓励和发展？社会主义还要不要实现？还有人认为，“围绕新税制的实行，是一场尖锐的路线斗争”，因而，此事在全国引起波动。

毛泽东发现了此事后大为不满，他认为，新税制未经中央讨论，草率发表，毫无准备。究则新税制与旧税制比较利害如何？何以因税制而引起物价如此波动？现在看来，新税制改革的目的是保证税收和简化税制，这并没有错，但问题的导火线是新税制新的“公私一律”政策遭到了全民所有制企业、国营企业和地方党政机关的反对。从理论上说，“公私一律”和“变更纳税环节”也没有错，但从当时特定的历史背景看，国民经济处于恢复时期，对农业、手工业、资本主义工商业的社会主义改造在个别地区刚刚开始试行，在经济领域，全民所有制企业、国营企业和私营企业同时并存，不同所有制企业有不同的经济利益，国家税收政策只要稍有变动，必然引起不同所有制企业截然不同的反应和意见。当时新税制一公布，私营企业当然高兴，但全民所有制企业、国营企业从一开始就是在政府的怀抱中生长、壮大的，原有的税收优惠政策取消了，当然极力抵制反对。在政治思想领域，党内对新民主主义阶段的经济政策到底持续多长时间，其实意见并不一致。党内这种意见不一致的情况本来不足为奇，可以充分发扬民主，心平气和地认真讨论，但是，当初把党内这种不同意见上纲上线到“路线斗争”的高度，具体的经济政策问题就成了政治问题了。

共和国初期，这次不大不小的“税改风波”说明了什么问题呢？有哪些历史经验和教训值得汲取呢？

第一，在一定的历史阶段，税收制度和税收政策要保持相对的稳定性，不要老变动，不要老“改革”。无论对厂商企业还是城市农民个人来说，税收制度和税收政策，特别是具体的税种、税目、税率、征收环节、征收办法等一旦发生变化，涉及千家万户的切身利益。对一部分纳税人来说，政府给予税收优惠当然高兴，但没有得到税收优惠的另一部分纳税人当然不高兴。厂商企业特别是全民所有制企业、国营企业都有一种“惯性”，喜欢政府照顾，喜欢安于现状。一旦有变化，只要涉及自身的利益就抵制，甚至反对。工商企业税收政策调整包括在批发、零售商业进行课税环节调整，可能对部分商业价格带来间接影响，但不会对总体价格水平产生直接影响。当时实行新税制不到半个月即引起物价上涨和抢购狂潮，主要原因是价格心理预期和人心浮动产生的。

第二，如何发展全民所有制企业和国营企业，如何发展个体、私营企业，主要不应当靠税收政策优惠。税收优惠，包括减税负，降低税率等，只是在再分配环节短期对企业有一定的激励作用，但特别是在中长期，不会起根本性和决定性的作用。各类企业的自身的组织、管理水平，决定该企业的发展规模、质量和水平。

第三，经济决定税收，税收收入规模大小，直接决定于经济发展规模和质量水平。局部税种、税率、征收环节的调整，局部税收优惠政策的推行，对经济发展的影响有限，因而对全国税收收入总规模的影响也有限。要保税收，还是要从发展经济、繁荣市场这个基础环节的根本上下功夫。

第四，实行局部的税收优惠政策，既不要按企业的所有制形式来划分，也不要以新老企业来划分，这样划分，政府可能会两头“受气”，两头“不落好”。遗憾的是，我国几十年来的某些税收优惠政策，一直在不同企业所有制、新老企业、新老产品上“兜圈子”，花费的人力、技术、资金成本很大，意见、矛盾很多，但收效甚微。

第五，从本质上来说，税收制度、税收政策设计和税制改革都是经济问题，不是政治问题。在政策设计和税制改革过程中，出现一些问题是正常的，出现不同的意见也是必然的，应当就经济问题说经济问题，不能上纲上线，不能把经济问题说成“路线斗争”问题。

第六，财税体制改革要“抓大放小”，不应在细枝末节、技术层面上下过多功夫，费过多的时间和精力，要抓战略性、全局性、方向性的大问题。1954 年 1 月，兼任财政部部长的邓小平副总理就财政工作提出六条方针：一归口；二包干；三自留预备费，结余留用不上缴；四精减行政人员，严格控制人员编制；五动用总预备费须经中央批准；六加强财政监察。这六条方针提纲挈领，简明扼要，其主要精神至今仍有借鉴意义。

第二阶段，从 1957 年到 1978 年，这 22 年特别是 10 年“文革”动乱，基本上是以阶级斗争为纲的特殊时期。

1957 年反右，1958 年“大跃进”、“人民公社”运动，企图“跑步进入共产主义”，经济工作不按客观经济规律办事，工业企业批“利润挂帅”。在计划经济体制下，财政统收统支，税利不分，国营企业“税利合一”上缴，甚至出现了“非税论”，税收制度支离破碎，税收可有可无。“文革”期间，先后提出“综合税”、“行业税”的试点，后来又试行“工商税”，批判“繁琐哲学”，片面强调税制简化，国营企业只需缴纳工商税，集体企业只需缴纳工商税和工商所得税，农村人民公社只需缴纳农业税。后来税务机构撤并，大批税务人员或下放或改行，总的来说，在经济工作中，税收的功能无法得到正常发挥，税制改革和税收管理乏善可陈。

第三阶段，从 1979 年到现在，是拨乱反正和改革开放时期。这个时期以经济建设为中心，随着社会主义商品经济理论的提出，特别是社会主义市场经济体制的逐步建立，从一步利改税到二步利改税，再到 1994 年的分税制改革，我国现代税收制度的基本框架已经逐步建立。

二

历史是不能忘记的。为了今天和明天，历史的经验值得注意和总结。

改革开放30多年来，就税制改革而言，前后发生了不少重大历史事件，这些重大改革举措，现在看来都具有里程碑式的意义。其中，最重要的是20世纪80年代初的两步“利改税”和90年代初的“分税制”改革。

社会再生产理论告诉我们，在社会再生产的几个环节中，生产决定流通、消费和分配，生产是社会再生产的基础环节，没有物质资料的生产，就没有物质资料的流通、消费和分配。但是，流通、消费和分配对生产也有很大的反作用和影响，四者之间是相互联系、相互作用、相互影响的。

从表面看，两步“利改税”只是国家与国营企业之间收入分配关系的改革，从起初的“利润包干”，到一步“利改税”税利并存，再到两步“利改税”，取消利润包干和利润分成，实行完全的以税代利。实际上，两步“利改税”不仅是国家与国营企业之间收入分配关系的改革，而且是各级政府机构简政放权、扩大企业特别是国营企业生产经营自主权，进而搞活企业、搞活经济的重大改革步骤和措施。

20世纪80年代初，全国农村全面实行了家庭联产承包经营责任制，极大地解放了农村生产力，调动了亿万农民生产经营的积极性，走出了一条中国特色发展农业经济、让农民脱贫致富的路子。受农村“联产承包”责任制改革成功经验的启发，为了扩大企业特别是国营企业的生产经营自主权，在工业企业中实行的经济责任制主要也是从利润留成和盈亏包干入手的。1982年初，首钢决定搞经济责任制，实行上缴利润递增包干，这是全国进行改革试点的第一家实行承包的国营企业。此后，国营企业以利润包干为核心的承包经营责任制在全国曾经风行一时。

1984年，我国的城市经济体制改革在全国推开。部门和地方简政放权，扩大企业生产经营自主权，一直是我国经济体制改革的主旋律和中心环节。那么，扩大国营企业生产经营自主权到底从何入手呢？早在1979年初，中央财政经济委员会在关于经济管理体制改革总体设想的初步意见中就提出：为了扩大企业自主权，调动企业的积极性，在财务方面，企业要自负盈亏，改上缴利润为上缴税金，并要求抓紧调查研究和试点。

20世纪80年代初，两步“利改税”的经济社会背景有几个显著的历史特征：一是从理论上说，整个经济体制改革指导思想是承认社会主义计划经济存在商品生产和商品交换，进而提出发展社会主义商品经济，这是经济体制改革理论上第一次大突破和大飞跃，从而逐步明确了经济体制改革总的方向；二是经济体制改革重点从农村转向城市，以扩大企业生产经营自主权为主要特征的城市经济体制改革逐步在全国推开；三是扩大企业生产经营自主权的改革，几乎是与财税体制的改革同步进行的；四是两步“利改税”的改革，是和中央与地方“划分收支、分级包干”的财政体制改革几乎也是同时进行的；五是两步“利改税”的改革，几乎也是与各级政府简政、放权的改革同时进行的。

两步“利改税”不但有明确的改革方向和理论指导，而且从一步“利改税”到二步“利改税”，基本上都经历了提出课题、认真调查研究和反复测算，进而制订改革方案，先行试点再逐步推开的历史进程。

1982 年 11 月，在第五届全国人民代表大会第五次会议上的报告指出，今后 3 年内，在价格不进行大的调整的情况下，应该改革税制、加快以税代利的步伐。这项改革要分别不同情况，有步骤地进行。对国营大中型企业要分两步走：第一步，实行税利并存，即在企业实现的利润中，先征收一定比例的所得税和地方税，对税后利润采取多种形式在国家和企业之间合理分配；第二步，在价格体系基本趋于合理的基础上，再根据盈利多少征收累进所得税。同时，适当调整部分产品的工商税率，开征一些必要的新税种，进一步发挥税收集聚资金和调节生产、流通和分配的作用。这一段话把利改税的背景条件、时间进度、实施步骤、具体做法、目标要求和意义说得简明扼要十分清楚。

第一步“利改税”存在一些明显的弊端：一是由于税利并存，企业税后利润还要由主管部门和企业用种种形式再分配，企业还不能真正实行“独立核算、自负盈亏”；二是对企业征收的所得税和税后利润分配仍然按企业行政隶属关系划分，很难削弱部门、地方的行政干预；三是税种比较单一，很难发挥税收调节经济功能。

1984 年 4 月，国务院听取第二步“利改税”方案汇报，此后不久，决定从 1984 年 10 月 1 日起，在全国普遍进行“利改税”的第二步改革，即从税利并存逐步过渡到完全的以税代利，税后利润留给企业安排使用。同时，各地区、各部门不再批准企业实行利润递增包干办法。

国营企业第二步利改税试行办法规定，把工商税划分为产品税、增值税、盐税和营业税，增加资源税、城市维护建设税、房产税、土地使用税和车船使用税。对盈利的国营企业征收所得税。9 月，国务院发布新的 11 个税收条例（草案）。

国营企业全面实行“利改税”的第二步改革是我国经济体制改革的一项

重大突破。两步“利改税”规范了国家与企业之间的分配关系，产品税税率的调整，使当时因价格不合理的矛盾得到了缓解。资源税的开征把企业因资源结构和开发的条件差异而形成的级差收入，收归国家。同时，恢复征收几种地方税，使地方财政有一定的固定收入来源。国营大中型企业承包制开始退出历史舞台，不但从根本上扩大了国营企业的生产经营自主权，打破了企业吃国家的“大锅饭”、职工吃企业“大锅饭”的局面，同时为城市经济体制的一系列改革创造了条件。

两步“利改税”改革不但是分配制度的改革重大突破，而且对我国城市经济体制改革和国民经济的发展产生了巨大影响：

第一，企业和国家的分配关系开始用税法的形式固定下来，改变了过去政府部门与企业一对一谈判的被动局面，不会出现过去那种争利润留成基数和比例的情况，从根本上可以确保随着国民经济的发展，国家的财政收入能够稳定增长。

第二，企业有了税后利润独立自主的支配权，不但为企业自主经营和扩大再生产提供财力支撑，而且为企业财务上增加了动力和压力，促使企业改善经营管理，不断提高劳动生产率和经济效益。

第三，企业不再按照行政隶属关系上缴利润和税收，不但有利于落实企业的生产经营自主权，而且有利于合理解决“条条”与“块块”、中央与地方的经济关系和管理关系，逐步打破部门、地区分割，实行政企分开，减少不必要的行政干预，为调整企业结构，按照经济规律组织社会化大生产，为中央与地方按照税种划分财政收入的分税制和分级财政管理体制改革提供了条件。

第四，通过税收杠杆的调节作用，缓解了当时因价格双轨制不合理带来的许多矛盾，缓和了企业利润悬殊状况，从而为企业有序竞争改善了外部条件和宏观环境。

第五，两步“利改税”奠定了现代税收制度的基础，我国沿袭了几十年的工商税制度开始调整并规范为产品税、增值税、盐税和营业税，同时增加了资源税、城市维护建设税、房产税等，为1994年的分税制改革准备了税制条件。可以说，没有两步“利改税”，就没有后来的分税制改革。经过两步“利改税”，我国的税制结构发生了重大变化，现代税收制度的雏形已经形成。

随着经济体制改革的深化和国民经济的发展，两步“利改税”的不足也日益明显表现出来：一是由于过分强调保证国家财政收入，对企业利益“不挤不让”，国营企业所得税税率过高，同时又对一部分企业的税后利润征收调节税，对企业留利征收国家能源交通重点建设基金和国家预算调节基金，致使国营大中型企业税负偏重；二是由于企业税前还贷，加重了国家财政负担，加剧了企业之间税负失衡，并助长了全国固定资产投资规模的膨胀。

两步“利改税”有很多历史经验和启示值得认真研究和总结：

第一，两步利改税重新确立了税收是处理国家与企业之间分配关系的主要形式。由于城市经济和农村经济本身的区别，城市经济体制改革和农村经济体制改革相比，情况更复杂，难度更大，所以更需要有缜密的现代经济管理理论的指导，在认真调查研究的基础上，制定可以实施的具体方案，对可行性方案要反复论证，注意听取各方面的意见，特别是不同的意见，先行试点，再逐步推开。这样，才能确保改革方案能够积极稳妥地贯彻落实，并取得预期的成效。改革开放在理论上可以百家争鸣、百花齐放，但在实际工作中，在政策、措施上一定要实事求是，在步骤上要积极稳妥，既不要一哄而起，又不要举棋不定。

第二，城市经济体制改革是一项系统工程。在确定年度某项改革重点时，要兼顾相关方面其他改革措施的配合，如两步“利改税”与企业建立健全经济责任制的配合，两步“利改税”与妥善处理国家、企业、职工三者之间分配关系的配合，税制改革和银行信贷制度改革的配合，两步利改税与划分收支、分级财政体制改革配合等，各方面要统筹兼顾，不能顾此失彼。综合规划，统筹兼顾，突出重点，分步实施，是我国经济体制改革的重要经验之一。

第三，已经确定的正确的改革方向不能随意改变，以免引起经济社会震荡，加大改革的行政成本。要在理论和实践的结合上正确认识和把握“承包制”和“利改税”的本质区别，同时对二者要有科学的历史评价。

利润包干和利润承包让国营企业关心利润，较之过去计划经济条件下企业吃国家“大锅饭”是一种进步。但是，国家与企业之间的分配关系又不能用利润承包方式来解决，一味片面强调利润承包，否定“利改税”，否定税收，这是一种倒退。

为了扩大企业生产经营自主权，在对国营大中型企业进行两步“利改税”的同时，对国营小企业、集体企业等实行的各种形式的利润承包制几乎一直没有停止过。从 1987 年起，在国营企业中又开始普遍推行各种形式的承包经营责任制，用承包合同的形式确定企业向国家上缴利润的基数，企业又开始与部门和地方政府争利润承包基数、吵利润分成比例，从而又出现了企业包盈不包亏、国家税收收入下降等现象。这时候国营企业推行的各种形式的承包经营责任制，实际上是对两步“利改税”的否定，企业改革走了一条“回头路”。当时，从理论界到实际工作部门，对国营企业到底是实行“利润包干”和“承包制”，还是坚持“利改税”的改革方向，两种截然不同的改革思路和改革方案相持不下，争论非常激烈。直到1988年初，国务院才提出：“财政体制要在企业实行经营承包责任制的基础上，逐步转向税利分流，理顺国家与企业的分配关系”。

第四，为了深化经济体制特别是国有企业改革，从理论上必须坚持“税利有别”、“税利分开”、“税利分流”的方向。

两步“利改税”前的税利不分，主要指的是企业上交间接税与利润并提，间接税与利润不分；两步“利改税”后的税利不分，主要指的是企业所得税与利润并提，所得税与利润不分。

如果说利润调节税鞭打快牛，把两步“利改税”否定了一半，那么，后来出现的国营企业大面积搞承包经营责任制，就完全否定了两步“利改税”。这时，企业搞利税大包干，实际是利润大包干，这是更严重的税利不分，实际上否定了企业所得税，否定了税收和利润之间的本质差别，弱化了国家对国有企业的税收管理。

税利不分的原因，除了传统政治经济学的理论误区和误导外，在计划经济体制下，国家对国有企业的管理方式主要靠行政手段和下达指标，同时进行指标考核，这是长期以来税利不分、税利并提，并乐此不疲的制度性的根本原因。

三

20世纪80年代初期，如果说从承包制到两步“利改税”，是理顺国家与企业之间分配关系重大的改革举措，那么，从“划分收支，分级包干”，再到1994年的分税制，则是理顺中央与地方之间分配关系的重大改革举措。

在共和国税收史上，1994年实行的分税制堪称为里程碑式的重大改革。分税制改革涉及面广，其难度之大，任务之艰巨，力度之大，都是前所未有的。分税制改革为什么那么重要，整个历史进程到底有哪些经验值得回顾总结，存在哪些问题和不足，下一步分税制改革需要着重解决哪些问题，目标框架是什么，都很值得深入研究和讨论。

1993 年 11 月，中国共产党第十四届中央委员会第三次全体会议通过《中共中央关于建立社会主义市场经济体制若干问题的决定》，提出建立社会主义市场经济体制的框架，要积极推进财税体制改革：一是把现行地方财政包干制改为在合理划分中央与地方事权基础上的分税制，建立中央税收和地方税收体系。把维护国家权益和实施宏观调控所必需的税种列为中央税，同经济发展直接相关的主要税种列为共享税；充实地方税税种，增加地方税收入；二是按照统一税法、公平税负、简化税制和合理分权的原则，改革和完善税收制度，推行以增值税为主体的流转税制度，对少数商品征收消费税，对大部分非商品经营继续征收营业税，在降低国有企业所得税税率，取消国家能源交通重点建设基金和国家预算调节基金的基础上，企业依法征税，理顺国家和国有企业的利润分配关系，统一企业所得税和个人所得税、规范税率，扩大税基。开征和调整某些税种，清理税收减免，严格税收管理，预防税收流失。同年底，国务院发布的《关于实行分税制财政管理体制的决定》规定：自 1994 年 1 月 1 日起改革地方财政包干体制，对各省、自治区和直辖市以及计划单列市实行分税制财政管理体制。

分税制改革的原则和主要内容是：按照中央与地方政府的事权划分，合理确定各级财政的支出范围；根据事权与财权相结合的原则，将税种统一划分为中央税、地方税和中央地方共享税，并建立中央税收和地方税收体系，分设中央与地方两套税务机构分别征管；科学核定地方收支数额，逐步实行比较规范的中央财政对地方的税收返还和转移支付制度；建立和健全分级预算制度，硬化各级预算约束。中央固定收入包括：关税、海关代征消费税和增值税，消费税，中央企业所得税，地方银行和外资银行及非银行金融企业所得税，铁道部门、各银行总行、各保险总公司等集中缴纳的收入，中央企业上缴利润等。外贸企业出口退税，除另有规定外，全部由中央财政负担。地方固定收入包括：营业税、地方企业所得税、地方企业上缴利润、个人所得税、城镇土地使用税、固定资产投资方向调节税、城市维护建设税、房产税、车船使用税、印花税、屠宰税、农业税、牧业税、对农业特产收入征收的农业税、土地增值税、国有土地有偿使用收入等。中央与地方共享收入包括：增值税、资源税、证券交易税。增值税中央分享 75%，地方分享 25%。

资源税按照不同的资源品种划分，大部分资源税作为地方收入，海洋石油资源税作为中央收入。证券交易税，中央和地方各分享50%。同时发布增值税、营业税、企业所得税、土地增值税暂行条例，自1994年1月1日起施行，从而为分税制改革奠定了法律基础。

1994年1月1日起，全国统一实施分税制改革。这是共和国成立以来规模最大、范围最广、内容最深刻的一次税收制度大变革。

经过1994年的税制改革，我国税收收入大幅度增长，保证了中央和地方财政收入的稳步增长，为国民经济和社会发展提供了有力的资金保证，并建立了基本适应社会主义市场经济发展要求的税制框架，税收法制建设不断加强，依法治税环境初步形成。税收在保证财政收入稳定增长，发挥宏观调控功能，调节社会分配不公和维护社会稳定方面起到了应有的作用。分税制改革思路清晰，决策果断，功德无量，影响深远。

第一，1994年的税制改革是党的十四大召开以后的一次最重大的经济体制改革，也是按照社会主义市场经济理论要求进行的一次影响广泛的改革。

1994年的税制改革是党的十四大召开以后，我国经济体制改革的一次最重大的改革举措，也是一次经过长期理论实践准备、思想舆论准备和组织准备的税制改革。经过1994年的税制改革，由税务部门负责征收的工商税收由改革前的32个减少至18个，基本实现了税制改革前预定的统一税法，公平税负，简化税制，合理分权的目标。这次税制改革，较大程度地消除了旧税制对不同经济性质的纳税人区别对待的办法，取消了一些税种，剔除了税制中存在的一些用计划经济手段管理经济的做法。通过统一税法，规范了国家与企业的关系，有效解决了各地自立税收优惠政策和包税等问题，特别是实现了较规范的增值税，统一了内资企业所得税和个人所得税。所有这些改革措施，进一步巩固了改革开放以来的税制改革成果。总体上讲，新税制朝着建立社会主义市场经济体制的方向迈进了一大步，适应我国社会主义市场经济发展要求的新税制框架基本形成，奠定了各类企业公平竞争的基础，也为其他方面的改革创造了条件。

第二，1994年的税制改革是新中国成立以来前所未有的全面税制改革，实现了新老税制的平稳过渡。这次税制改革，对占全部税收总收入90%以上的税种都进行了较大的变动。在税制改革的同时，还对税务机构进行了大刀阔斧的改革，在省级以下（含省级）建立了国家税务局和地方税务局两套机构，初步建立起了分税制的财政管理体制。这次税制改革不仅涉及国家与企业和个人的分配关系调整，还涉及中央与地方利益关系的调整，可以说是一次全面的经济体改革。上述所有改革措施均在1994年全面推出，改革力度较大，步子较快，涉及面也较广。

税制改革平稳过渡，经济保持适度快速增长，没有出现经济增长的大起大落；在经济适度增长的基础上，税收收入稳步增长，没有因税制改革和税务机构的调整而下滑。分税制改革后，经济增长和税收增长，都没有较大的震动，税收收入总额与国民经济增长都保持了较快的增长势头。

第三，分税制彻底改变了税收征管改革相对滞后于税制改革的状况。

1994年新税制实行后，国家税务总局根据税制改革的要求，及时将税收工作重心转向了基层，转向了征管，加大了税收征管改革的力度，明确了“以纳税申报和优化服务为基础，以计算机网络为依托，集中征收、重点稽查”的改革目标。同时，采取了一系列针对性措施，有的加强了个人所得税的征收管理，下大力气抓了增值税和出口退税管理，强化了对涉外企业尤其是跨国纳税人偷税、避税的稽查管理。税收征管改革，取得了显著成绩，规范了税务机关的执法行为，纠正了随意变通税收政策和乱开减免税口子的现象。无论是从税收工作的重点来看，还是从税收工作的实效来看，税收征管工作得到大力加强，税收征管改革相对滞后的状况得到明显改善。

第四，1994年的税制改革是一次治税思想的大转变，同时也是一次大规模的税法宣传和税法知识培训，树立了税务机关和税务干部的良好社会形象，维护纳税人的权益被提到了前所未有的高度，社会纳税环境得到较大改善。

1994年分税制改革后，国家税务总局及时提出了“法治、公平、文明、效率”的治税新思想，明确提出税务机关应主动、热情、文明地为纳税人提供优质服务，强调全体税务干部都要树立为纳税人服务的观念，并采取了一系列措施，如建立税法公告制度，定期向纳税人提供有关税法咨询和纳税指南，在征收大厅为纳税人提供“一条龙”服务等。通过采取各种有效措施，税务机关为纳税人服务的观念增强，纳税人的权益得到了前所未有的重视，税务部门和税务干部的社会形象大有改观。

第五，税收总体负担没有增加，但税收负担在不同行业和不同地区有所变化。

第一、二、三产业之间的税收负担在改革后虽有所调整，即第三产业的税负比改革前有所下降，体现了国家对第一产业实行低税、对第三产业实行轻税、对第二产业实行适中税负的政策，但各产业之间税收负担仍不平衡，特别是第二产业与第一、三产业的税负相差依然在十个百分点以上，这表明我国税收收入仍以第二产业的收入为主。另外，税收负担在不同地区间也不平衡，一些老工业基地和中、西部发达较缓慢地区的税收总体负担偏重。

从新税制运行十多年以来的状况来看，各类税种在我国税收制度中的地位已基本确定，新的税收制度已经形成，其基本特点已较为明显。总体上看，较原来的税制有了较大的进步，特别是为纳税人创造了一个公平竞争的环境，增强了中央的宏观调控能力，促进了经济发展，但在进一步优化税制结构上仍有许多问题需要解决。

一是税收收入作为各级政府取得财政收入的主渠道地位相对削弱，政府公共分配秩序尚不规范；

二是中央税体系与地方税体系还需完善；

三是税源结构不尽合理，东西部地区经济差距进一步扩大，对社会分配不公的调节也缺乏力度；

四是流转税占绝对主导地位，所得税主体地位相对弱化；

五是对个人收入进行调节的税种体系尚不完善。我国实行新税制后，尽管加强了对个人收入的调节，但对个人收入进行调节的税种只有个人所得税一个税种，财产税、社会保障税都没有开征，有的虽已提到议事日程，但还没有颁布相应的法规，有的税种如社会保障税还处于理论探讨阶段。

四

经过将近20年的运行，现在我国的分税制体制和结构发生了很大的变化。1994年实行分税制确定中央政府固定收入是：关税，海关代征的增值税和消费税，中央企业所得税，地方银行、外资银行和非银行金融机构企业所得税，铁道部门、各银行总行、各保险总公司集中收缴的营业税，企业所得税和城市维护建设税等。地方政府固定收入是：营业税、地方企业所得税、城市维护建设税、个人所得税、城镇土地使用税、房产税、车船使用税、印花税、耕地占用税、契税、土地增值税、国有土地有偿使用收入等。中央与地方共享税是：增值税中央分享75%，地方分享25%。证券交易税中央、地方各分享50%。印花税中央、地方分享各50%，但是到2002年，中央分享改为97%，地方分享只有3%。

从1997年到2002年，金融保险业营业税税率提高，税率提高后增加的营业税收入归中央政府。从2002年起，除少数特殊行业企业缴纳的企业所得税归中央政府外，其他企业所得税和个人所得税收入实行中央与地方政府分享，2002年各为50%，但从2003年起中央政府分享60%，地方政府分享40%。从2001年起开征车辆购置税，船舶吨税纳入预算管理，其收入归中央政府。出口退税，从2004年起，以2003年出口退税实际数额为基数，超基数部分由中央政府与地方政府按照3:1的比例分别负担。但从2005年起，上述比例又改为92.5:7.5。

从1994年到2010年，我国经济一直保持高速增长，国内税收收入的规模也不断增加。但是，由于经济增长方式没有根本改变，依然主要靠各级政府投资刺激拉动经济增长，社会固定资产投资率过高，社会消费率过低，高速度、高消耗、高污染、低效益，同时出现了经济高速增长——税收收入高速增加——各级政府尤其是地方政府入不敷出，进而出现了3万亿元规模的国有土地出让金收入以及全部非税收入的膨胀，加重了厂商企业和城乡居民的负担。这种经济发展方式是不可持续的，原有的分税制财政体制已经走到了一种十分尴尬的境地。

概言之，现行分税制存在的主要问题是：

第一，从1994年至今，我国的分税制一直处于不断调整的过程中，中央税、地方税的主体税种边界已经模糊不清，而且很不规范。同一税种收入划分相互交叉：有的按企业行政隶属关系划分，如中央企业与地方企业所得税；有的按行业划分，如地方银行、外资银行和非银行金融机构企业所得税归中央，铁道部门、各银行总行、各保险总公司的营业税归中央；有的按时间段划分，如地方新办企业缴纳的企业所得税收入归中央，金融保险业营业税税率提高后增加的营业税收入归中央等。

第二，从税种结构来看，中央与地方共享税的税种和税额的比重过大。增值税、证券交易税原来就是共享税，后来部分行业如金融保险业营业税也成了共享税。除特殊行业外，企业所得税和个人所得税也成了共享税。1994

年实行分税制时，中央与地方共享税收入占全国税收收入的74%。但是到了2006年，中央与地方共享税收入占全国税收收入的比重高达83.4%。现在中央与地方共享税收入占全国税收收入的比重可能高达90%左右。共享税税种过多，比重过大，不知不觉地导致了原来实行“分例分成”的财政体制以新的形式回归。现在纯粹的中央税只剩下关税、消费税等几个少数税种，纯粹的地方税只剩下契税等几个零散的小税种。中央和地方税收收入都丧失了主体税的来源。

第三，从税收收入结构来看，自1994年分税制以来，中央税收收入在全国税收收入中的比重越来越大，地方税收收入的比重越来越小。地方政府入不敷出，正税之外的杂税、行政性规费和隐性债务大增，加之财政预算软约束，这是近年地方政府“土地财政”愈演愈烈的深层次原因和导火线之一。

第四，从财力分配结构来看，由于现行中央税与地方税的划分不尽科学合理，导致地区之间财力分配出现横向不平衡，许多经济不发达地区特别是落后地区财政捉襟见肘。同时，导致中央与地方之间财力分配出现纵向不平衡，中央财政好于省级财政，省级财政好于市、县级财政，许多地方乡镇一级财力普遍陷入僵局，挫伤了地方政府的积极性。同是政府公务员，地方税收收入多的地方，工资水平就高；反之，工资水平就低。加上各级财政支出预算软约束，各级政府特别是地方政府，一方面热衷于上固定资产投资项目，热衷于铺摊子，搞许多形象工程，普遍患上了国内生产总值“综合症”，地方国内生产总值上去了，就可以多收地方税，干部收入和待遇就可以提高。另一方面，地方政府财政赤字不断增加，包袱越来越重，便想方设法在正税之外打主意，或乱收费，乱摊派，或举债空转税收收入。这是最近十年来非税收收入包括各种行政性规费以及国有土地转让出让收入在地方财力收入中的比重越来越大的根本原因。从这个意义上来说，地方政府所谓的“土地财政”是现行分税制不合理逼出来的。

第五，从税收管理来看，中央与地方分税制的调整过于随意，中央不断改变原来的分税办法，分税政策多变，地方措手不及。与分税制密切相关的财政转移支付制度又缺少法律依据和保障，“会哭的孩子有奶吃”，“跑部钱进”，主观人为和人治因素比较大，随机性大，客观和法治因素比较小，很容易出现省际之间、地方之间最终财力分配结构的不平衡。

第六，现行分税制包括各类税种大都是国务院颁布的条例，立法层次较低，不利于税收法律化和法治化管理。

世界各国的分税制和税收管理体制因国情而异，在事权与财权的划分上，采用的标准不同，形式和方法也多种多样，但有一些共同的成功经验可供我们借鉴和参考：

第一，在中央和地方之间按税种划分税收收入，使中央和地方各自有相对独立的固定的税收来源，保证中央和地方都有稳定的财政收入。

第二，税种和税收收入的划分与事权相结合。各级政府均拥有相应的事权，管理着相应的事务，税种的划分和税收收入的分配，均以各级政府的事权和承担的职责为依据。

第三，国家主要财力集中在中央。综观发达的欧美诸国，在实行分税制后，中央政府都集中着较高比重的税收收入。中央政府保持财力上的绝对优势，既是承担国家主体职能的需要，也是其增强宏观调控能力的客观需求。

第四，建立科学、规范且又行之有效的政府间转移支付制度。凡是分税制运行良好的国家，都有一套与之相适应的完备的转移支付制度。税种和税收收入的划分只是中央与地方之间初始的财力分配，作为财政再分配的转移支付制度，能调节和平衡上下级政府纵向之间以及地区横向之间的财政关系。财政关系平衡了，中央财政才有保障，地方政府才有积极性，分税制才能正常运行。规范的财政转移支付制度是分税制体制正常运行的“助推器”。

从我国的实际情况出发，借鉴发达国家实行分税制的历史经验，我们可以清楚地看出：分税制是中央与地方之间税收收入如何划分的问题，也是分税制的“末端”问题。而中央与地方政府之间如何划分财政支出权，进而如何划分中央与地方政府之间事权即行政管理权，这是实行规范的分税制财政体制需要解决的“高端”问题。政府开支包括政府机构和人员有自我膨胀的刚性需求。作为社会公共权力，各级政府的财政支出权必须在规范、透明的基础上受到制衡。这是实行规范的分税制需要解决的根本问题。

我国是单一制国家，实行中央集权制。国体和政体的性质决定了我国的税收立法权必须集中在中央，地方政权特别是市、县级基层政权，基本上没有税收立法权。作为改革方向，应当大力推行省直管县的财政体制，逐步取消省级以下政权的行政性收费的立法权和执法权。

我国现行的各级行政机构设置按级别划分有五级，即中央政府；省级（自治区、直辖市）政府；副省级（计划单列市）和地级（州、市政府）；县级（市）政府；乡级（镇）政府。在此情况下，中央与地方政府之间是实行两级分税，还是三级分税？如果实行两级分税即中央只与各省级（直辖市、自治区）政府分税，不与地、市、州、县政府分税。这样做的理由和好处：一有利于稳定和巩固中央的税权、财权，可以有效防止“尾大不掉”和“诸侯割据”。二是中央与地方政府之间涉及财税方面的矛盾头绪较少，易于操作，省以下政府有问题找省级政府。三是即使是联邦制国家，如美国、德国等，也主要是联邦政府与州政府之间实行两级分税。我国如果实行三级分税，即中央政府既要与省级政府分税，还要与地、市、州、县级政府分税，有可能造成省级政府和省级以下政府联合起来挤占甚至排斥中央政府的税源、税权和财权。根据1994年分税制改革的历史经验，借鉴国外包括联邦制国家分税制经验，在我国，还是中央政权与省级政权实行两级分税利大于弊，因而较为适宜。

所谓分税制，实质上是中央与地方之间如何划分税权的问题。而中央与地方之间税权的划分，主要包括三个间税权方面的内容：一是税收立法权的划分，二是税收收入归属权的划分，三是税收管辖权的划分。以上“三权”的划分，起决定作用的是税收立法权。税收立法权到底分几级，由此决定了中央与地方之间是两级分税还是三级分税。因为不管税收立法权如何划分，我们国家有几级政府，就有几级税收收入归属权和税收管辖权，包括税收行政执法权。1994年的分税制改革，主要是中央政府与省级政府之间税收收入归属权的划分和税收管辖权的划分，包括设立国税、地税两套税收行政执法机构。今后实行规范的分税制，重点应放在税收立法权的划分和税收管辖权包括税收行政执法权的划分上。

目前，理论界和实际工作部门讨论分税制时，许多人主张实行三级分税制。他们自觉不自觉地把三级政府、三级税收管辖权和税收收入归属权，看成是三级分税制的主要依据。需要特别指出的是，我们这里讲的税收立法权，是指两级立法机构，即国家最高权力机关——全国人民代表大会及其常设机构，经过法定程序，研究制定通过《中华人民共和国税收法》及其相关的其他税收实体法和程序法，以明确规定中央与地方之间具体的分税法律。省（自治区、直辖市）人民代表大会及其常设机构根据法定程序，也有一定的地方性税收立法权。市、县人民代表大会及其常设机构，以及各级政府有关部门，可以参与中央与地方的税收立法和税收法律的起草、讨论工作，但税收立法权主要应当集中在国家立法机构。各级政府依据国家立法机构通过并公布的税法行使税收管辖权。

总之，有几级政府，就有几级财政，财政级次与政府级次是对称的。但有几级财政，不一定有几级分税，因为财政级次与分税制级次是不对称的。时至今日，中国的税收立法（当然包括其他领域的部门立法），仍以行政部门立法为主要形式，这与建立和完善社会主义市场经济体制的要求非常不适应，也与依法治国、依法治税的客观要求非常不适应，亟待深化改革。

深化税制改革的基本思路是：统一税法，简化税制，合理分权，规范管理。

统一税法，即全国税收立法权集中在中央，省以下地方政权有税收管辖权，但没有税收立法权，以确保全国税法统一。中央在充分吸取省级及省以下地方政权意见和建议的基础上，由全国人民代表大会及其常设机构组织专门的《中华人民共和国税收法》（草案）起草委员会，同时研究、讨论拟定中长期规范的分税制改革方案和法案（草案）。

简化税制，即税收制度包括分税制设计要简明扼要。我国现有的20个左右的税种已经覆盖了社会再生产的各个环节，基本上不需要再设计或开征新的税种。省级政权除了有税收（正税）管辖权外，还可赋予其少量规范的行政性规费的立法权。同时取消省以下地方政权行政性规费的立法权。

合理分权，即合理划分中央与地方之间的税收立法权、税收收入归属权和税收管辖权。

规范管理，即依法治税，从中央到地方，从税收立法到税收执法、税收司法，都要杜绝人为的随意性，真正逐步推行税收法律主义和税收法治化管理。

实行规范分税制的目标框架：

一是三级政府，即中央政府、省级政府、地方政府（市、县）。地、州为省、自治区政府的派出机构，乡、镇为县（市）政府的派出机构。

二是三级财政，即三级预算。

三是两级分税，即中央与省级政权两级分税。

分税制从表面上看只是中央政府与地方政府之间按税种划分税收收入即划分税权的问题，实际上背后是各级政府划分财权首先是财政支出权的问题。而要划分各级政府的财权特别是财政支出权，前提和基础性工作是划分各级政府的事权，同时要明确并规范各级政府的机构设置和公务员编制及其工资福利和社会保障制度。各级政府机构设置、人员编制及其职能和事权，决定各级政府的财政支出权及其支出规模；各级政府的财政支出权及其支出规模，决定中央与地方之间的分税权及其税收收入规模。所以，实行分税制改革工作重点，主要应当在税收体制、财政体制、行政管理体制、政治体制改革方面下功夫，即要在制度创新上下功夫，而不是中央政府与地方政府之间在税收收入基数、税收收入数字上争来争去，做加加减减的技术性工作。

借鉴法国、日本等国家的分税制经验，真正实行按照税种划分中央收入与地方之间的规范的分税制，应当把握以下几个要点：

第一，实行规范的分税制应当不分企业行政隶属关系，不分行业，不分所有制形式，应当统一以税种为依据，规范划分中央税主体税种和地方税主体税种。其中，关税和直接税（企业所得税和个人所得税）应当作为中央税主体税种，地方政府收入不要与之分享。一些地方性零散的小税种应当作为地方税主体税种，如印花税、契税、车船税、车辆购置税、船舶吨税、城市维护建设税、证券交易税、耕地占用税、城镇土地使用税、房产税等。中央政府收入不要与之分享。

第二，两个最大的间接税即增值税和营业税作为中央政府与地方政府的共享税，两个共享税的分成比例要一致，以便于管理。主要考虑从中长期看，作为改革方向，营业税与增值税要合并，以免以后税制变动引起新的中央收入与地方收入分成比例的争论与博弈。共享税的税种不宜过多，这也是简化税制的客观要求。

第三，中央税收入总规模大体要占全国税收总规模的65%—70%，地方税收入总规模大体占全国税收总规模的30%—35%。但是加上中央对地方的财政转移支付，地方政府的实际财政支出规模大体要占全国财政支出总规模的65%—70%，而中央政府的实际财政支出规模，大体要占全国财政支出总规模的30%—35%。因为大量的、经常的行政性事权和事项集中在省级政府以及各地、市、州、县地方政府身上。

第四，在设计分税制改革方案框架时，要兼顾原来中央与地方的分配格局，但更重要的是要有规范的"因素法"，即以明确事权及相应的财政支出权和支出项目、规模作依据，来确定中央与各省、自治区、直辖市政府之间的分税方法。各级政府都要缩小并严格控制社会固定资产投资规模及其总支出，社会固定资产投资主要应放在民生工程建设，如兴修水利，道路建设，环境绿化和生态保护，幼儿园、小学、中学基础教育设施建设，社区文化馆、图书馆、博物馆建设等。中央政府对地方政府的转移支付分三类：一类是经常性转移支付，即以因素法核定地方政府经常性预算支出项目和规模，确保各级地方政府经常性预算收入不留缺口。二类是专项转移支付，专项转移支付应当直接拨付到项目，同时实行规范的监督和制约。三类是临时性转移支付，如大面积突发性、传染性疾病防治和救灾支出等。

第五，古今中外，各级政府机构和“吃皇粮”的公务员人数总有一种自我膨胀的内在冲动，各级政府支出作为社会公共产品支出更是有一种自我膨胀的内在冲动。各级政府预算软约束，特别是实行公有制为基础的社会主义国家政府预算的共同的顽症。这恐怕是苏东国家解体重要的经济原因之一。因此，实行规范的分税制，最终取决于各级政府预算硬约束，特别是各级财政预算支出的硬约束。而各级财政预算支出的硬约束，直接取决于各级政府机构和公务员编制包括工资水平的硬约束，以及各级政府事权的硬约束和职能的彻底转变。

第六，中国的税收立法权应当集中统一在中央。中央的税收立法权应当集中在国家最高权力机构，即全国人民代表大会及其常设机构——全国人大常委会而不是中央政府——国务院。几十年来，我国的许多经济法特别是部门法，大都由行政主管部门负责起草，报送国务院讨论后，即公布施行，或由国务院报送全国人大讨论通过施行。综观中国几千年的税收制度、税收管理历史经验，借鉴西方发达国家的经验，始终有一个正确处理中央集权与地方分权的关系问题。中央政府要维护中央政府的权益，地方政府要维护地方政府的权益，二者怎么科学合理地结合起来呢？应当由也只能由国家最高权力机构，即全国人民代表大会及其常设机构依法组织专门的税收法起草委员会，负责调查研究，听取意见，起草文件，再由全国人大讨论、修改、通过并公布《中华人民共和国税收法》和《中华人民共和国预算法》及其他专项财税法律。各级政府预算收支要公开透明，同时接受各级立法机构监督。各级立法机构依据相关法律行使对各级行政机构的监督，包括调查、监察、听证、起诉、弹劾、罢免等。

第七，科学确定中央税和地方税主体税种，同时，科学确定中央与地方共享税的规模以及中央财政对地方财政转移支付的规模。中央与地方共享的税种要少，共享税在全部税收收入中的比重要小。如果设定中央税收收入（中央税加中央地方共享税中央分享部分）占全国税收收入的70%，地方税收收入（地方税加中央地方共享税地方分享部分）占全国税收收入的30%，中央政府实际财政支出占全国财政支出的70%，那么，中央政府对地方政府的全部财政转移支付应占全国税收收入的40%。

具体方案设计主要有两个约束指标，一是中央税收入在全国税收收入中的比重应为70%左右，二是中央主体税收收入比重高，则中央与地方政府共享税中央分享税比重就可以低一些。反之，中央主体税收收入比重低，则中央与地方政府共享税中央分享税比重就可以高一些。

下卷

专 论

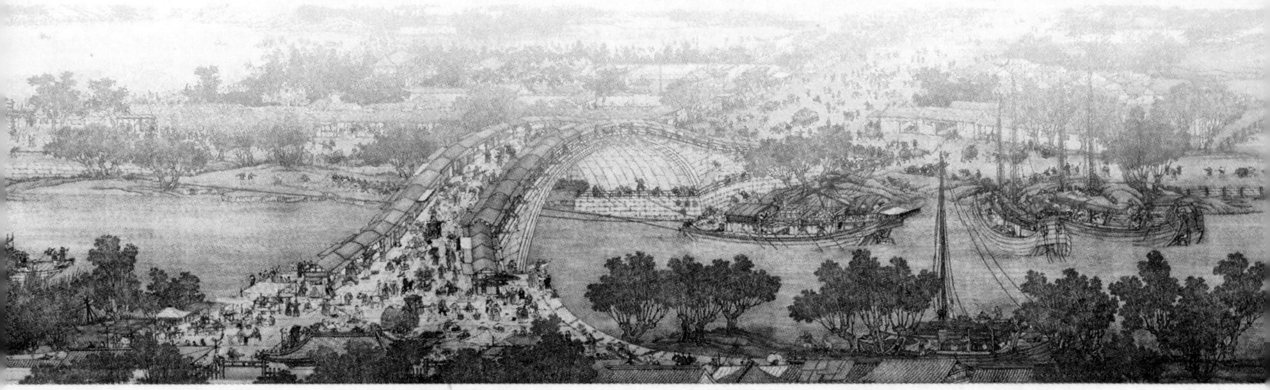

第十四章

中国土地制度与赋税史论

农业、农村和农民问题，是我国经济发展和现代化建设的根本问题。

从上古社会到共和国成立前，从社会经济结构和生产方式而言，中国一直处于农业社会，中国实际上是农业国，是农业经济国家。几千年来，历朝历代主政者，都强调“民以食为天”，以民为本。共和国建立后，国家也一直强调，农业是国民经济的基础，而粮食是基础的基础。农业要以粮为纲。改革开放三十年，中央每年的一号文件，其主题基本上都是农业问题、农民问题和农村改革发展问题。

土地是农民的命根子。西方一位哲人说过：土地是财富之母，劳动是财富之父。农民与土地血脉相连。讨论农业、农村和农民问题，根本问题是土地问题，而土地问题的本质首先是确权，其次是建立在土地基础上的土地与农民的关系，以及由土地与农民的关系，即生产方式和生产关系所派生出来的其他社会关系和经济关系，如农民负担、农民社会保障、村社自治、乡村民主等。一部中国土地制度史，实际上就是一部中国土地税即田赋制度史。

一

几千年来，我国是一个农民、农业国家，农村和农业经济一直是农民家庭、社会和国家的经济基础。土地既是农民最基本的生存资料、生活资料，也是最基本的生产资料。

我国几千年的土地制度，可以从土地所有权和所有方式、土地使用经营权和使用（经营）方式、土地收益分配权和分配方式三个方面来作比较分析，以此为基础，进而可以从土地流转制度和土地集中程度方面来进行比较分析，从而可以看出不同朝代、不同历史阶段土地制度沿革的规律本质和特征，同时又可以折射出不同朝代，不同历史阶段社会生产方式和生产关系，包括生产、流通、分配关系以及人与人之间关系的总体状况和主要特征。

作为基本生产资料的占有方式，不同朝代、不同历史阶段的土地制度决定并反映了当时的生产方式和生产关系，包括社会关系的总和。不同朝代、不同历史阶段的土地制度同时决定了当时的赋税制度。

在人类几十万年的历史演化进程中，从远古社会即原始社会，一直到母系氏族社会，社会生产力很低下，父系氏族社会出现，对偶婚姻和家庭出现，私有制出现，使人类进入了上古社会。私有制应该是从家庭生活资料的私有化起步的。人类处于群婚蒙味阶段，只知其母，不知其父。原始社会的土地是自然的、未开垦的土地，土地是大自然赐予人类的生存、生活之地，是人类共同的家园。土地是原始共同体共有制。原始人可以自由采集土地上生长的自然植物及其果实，可以自由狩猎动物，可以自由捕获河里的鱼。由于社会生产力低下，原始人和原始社会几乎没有任何剩余物品，过着茹毛饮血的生活。

大约5000—10000年前，人类进入新石器社会末期，生产工具和社会生产力发展了，人类会用麻织物或兽皮缝制衣囊，发明了舟车，能结绳记事、刻石造字。

中国的井田制可能要溯源到父系氏族社会时期。据《事物纪原·井田》引《通典》说：黄帝始经土设井，以塞争端；立步制亩，以防不足。使八家为井，井间四道，此井田之源也。井田每一方块周制为一百亩（约合今三十亩左右）作为一个耕作单位，称为一田。纵横相连的九田合为一井，如图所示：

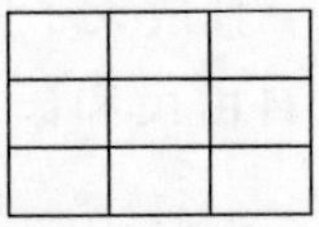

中间的一田为公田，由耕作者无偿助耕，收获归公家。其余八田为私田，由耕作者自行耕种，收获归私家。春秋时孟子所谓的井田制度是："方里而井，井九百亩，其中为公田，八家皆私百亩，同养公田；公事毕，然后敢治私事。"孟子所说的井田制与古制大致相同。《诗经》里有这样的诗句："雨我公田，遂及我私。"说明公田耕作在先私田耕作在后；公田为大为重，私田、私事为小为轻。有"天下为公"的古意。

夏商周三代，实行的是井田制。土地为国家公有，周王把土地分封给诸侯，诸侯再把封区内的土地分赐给自己的卿大夫以至于士。男子成年授田，老、死还田，土地不准买卖。实际耕作者对土地没有所有权，只有使用权。土地在一定时期、一定范围内实行平均分配。实行平均地权，"肥饶不得独乐，不得独善"。实行井田制的好处是，土地国家所有，平均分配，耕作者只有使用权而没有所有权，可以防止土地因为买卖出现社会动荡：一方面土地高度集中在大户，一方面广大失去土地的农民同时失去生存、生活之本而引起两极分化。但井田制的弊端是：各家在公田助耕，有可能不如在自家私田耕作细致认真，结果肥了私田，而误了公田，从而出现国家田赋（实物）不足，而又无其他收入来源，直接危及政权稳定。

从甲骨文田地之田写作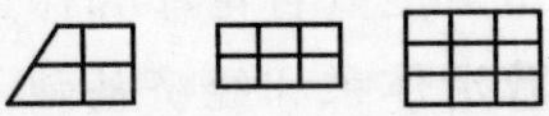等，都是说明划分为方块田地的。上古井田多在临水平原地带，平原阡陌纵横，田埂既是道路，又是田界、地界。由此可见，上古时候土地制度为井田制，不用怀疑这种制度的确存在过，因为有古文字证据和古文献证据在，有实证在。

东周时期，周王统治日渐式微，各诸侯国独自坐大，周天子日益不为封国尊崇，井田制面临土崩瓦解之势。

夏代自大禹时期开始，随着家庭、私有制的出现，我国过去以"禅让制"为主要形式的原始国家形态改为"家天下"，即王位由父传子承，真正意义上的国家出现了。

夏代“划九州”、“制五服”、“定国野”、“任土作贡”，土地制度以国王、国家所有制为主，同时保留着土地原始共同体、共有制即公有制的遗风。

商代土地制度属于国家即国王所有，国王可以在全国各地圈占土地，名为国家所有，实为国王所有，是一种放大了的土地私有制。贵族、诸侯对土地拥有使用权，并且可以世袭。自由民和氏族成员的耕地由国家定期分配，没有土地所有权。

两周土地制度以国有即王有为主体，分封制和采邑制，同样属于国有即王有制。两周同时存在授田制、井田制，无论是授田制还是井田制，百姓耕地只有使用（经营）权，而没有所有权。“三年一换土易居”，授田制实行定期分配。除此之外，还有百姓共同体土地共有制，和百姓少量土地的家庭私有制。周王分封诸侯的土地不得买卖。

春秋时期井田制逐步趋于瓦解。战国时期各国都实行授田制，定期更换百姓的土地和居住地。

秦国实行爰田制，定期将土地按上、中、下三等分配给百姓耕种，不分公田和私田，百姓将产品以“彻”的形式上缴国家。公元前359年，商鞅变法，废除了奴隶制和爰田制，开土地私有制之先河。

秦始皇统一中国，“使黔首自实田”，土地私有制包括土地地主所有制和农民自耕土地所有制，与土地国家所有制同时并存。

商鞅变法，一是开阡陌，废除井田制，承认土地私有和自由买卖，国家对土地征税；二是废除旧的爵禄制，根据军功行赏；三是禁止弃农经商，推行重农抑商改革；四是鼓励分居立户，“民有两男以上不分异者，倍其赋”；五是按土地多少征赋税，按人口抽人头税，按人丁征兵；六是实行郡县制、连坐法和严刑苛法，开中国历史上以言论罪和株连无辜的先河。商鞅变法确立了君主中央集权制国家的政治体系和经济基础，为秦吞并六国创造了历史条件。但其重农抑商政策后世王朝一直效仿，抑制了商品生产和商品交换，手工业很难向机器大工业转化，从而抑制了社会生产力的发展。这是中国虽然早就发明了火药、指南针、造纸，并有发达的冶炼技术，但一直未能在生产中得到发展并形成机器、工厂、企业和产业，这是中国工业包括军火业比西方列强落后几百年的重要经济原因和政治原因。

汉承秦制，一直到三国时期全国土地所有制几乎没有多大的变化。曹魏实行的屯田制不但扩大了屯田的范围，而且实行军屯和民屯同时并举。

随着屯田制的瓦解，西晋实行占田制，规定了一般编户百姓占有土地的限额，这就促进了百姓小土地私有制的发展，抑制了土地兼并。《桃花源记》从另外一个文学侧面反映了当时小土地私有制经济社会发展的状况，也反映了文人学士对小康社会百姓安居乐业的朦胧向往和追求，说明东晋出现了大土地私有制。

土地私有，允许买卖，官吏、豪强依仗权力强制侵占土地，弱势群体特别是广大贫苦农民势单力薄。西汉末年，土地兼并日趋严重，大地主豪强骄奢淫逸，贫富两极分化。王莽夺取政权建立新朝，推行王田制。王田制仿效商周时期的井田制，规定：一家男口不足 8 人，而拥有土地超过 900 亩（一井）者，分余田予九族邻里乡党。无田者按每夫 100 亩授田。这种王田制实际上也是均田制。王田属于国家，不得买卖。王田制仅实行了 3 年，由于大地主、豪强群体反对，不得不宣布停止。

均田制始行于北魏孝文帝太和元年（公元 485 年）至唐建中元年（公元 780 年）。均田令将土地分为露田、桑田、麻田和住宅地。露田、麻田有授有还，授田有最高限额土地，为国家所有，按劳力分配耕种。桑田和住宅地为农民占有，可以买卖。地广人稀之处，可将土地借民耕种，对抛售者则收回土地。

此后，各个朝代实行的均田制从形式到内容都有不同的规定和做法，都不是一成不变的。例如隋代授永业田为私有土地，可继承也可买卖，并按官品授职分田。均田制规定：男子 15 岁以上，授种粟谷的露田 40 亩，妇人 20 亩。奴婢同样授田。男子授桑田 20 亩，桑田世业，可传子孙，不必还给国家。桑田可卖其多余的，也可买其不足 20 亩的部分。产麻地男子授麻田 10 亩，妇人授麻田 50 亩，年老及死后还田。授田后，百姓不得随意迁徙。地方官吏按官职高低授给数额不等的职分田。职分田不得买卖，离职时交给继任者。这种均田制采取的是区别对待的政策：粮田面积按成年男、女人口分别平均确定，粮田不得买卖。桑田是永业田，可传子孙，桑田允许有控制地买卖。地方官员的职分田不得买卖。官吏田与百姓田面积标准区别对待。

唐代取消了奴婢授田的规定，不但允许永业田买卖，而且允许口分田买卖。唐代女子不授田，男子授永业田 20 亩，口分田 80 亩，狭乡减半。田地按区域实行不同的分配标准。永业田、口分田均不得买卖，但迁徙和身死无力营葬者可卖永业田。允许迁徙是一种历史的进步。从狭乡迁往宽乡可出卖口分田。均田制肯定了土地的所有权、占有权和经营权，农民成为国家编户齐民，有利于促进社会生产力发展。唐代人口增加，唐中叶以后，土地兼并又日趋严重。

宋代承认土地私有，不干预土地的买卖和兼并。土地分两类，一是官田，包括职田、寺田、学田、屯田、仓田等，二是私田。官田由农民佃种，国家收取官租，同时课税，大部分为地主占有，少部分为自耕农所有。官田、民田两大类土地，一直持续到元、明、清代。

宋仁宗时，推行千步方田法。熙宁五年（公元1072年）王安石推行方田均税法。东西南北四边各千步为一方，丈量核实各州县已垦种土地，核定农民占田实数。土地质量分五等，按实际田亩数摊派定税。此法同样伤害地主豪强的利益，必然受到他们的强力反对和抵制。12年后被迫废止。土地按质量分亩交纳田租赋税，实际上就是春秋时齐国管仲“相地而衰征”——根据土地的位置、肥瘠增减税额的思想和政策。

从中国几千年土地制度演革、运动、变化过程来看，有几个历史问题值得引发当代人的思考：

第一，农村的土地实行国有制、公有制、集体共有制，还是实行家庭所有制，农民对土地有没有所有权，还是只有使用权？怎么对农民宅基地、集体耕地、集体非耕地分类明确所有权？

第二，农村土地允许不允许买卖和流转？如果允许农村土地买卖流转，如何防止商贾大户、豪强兼并土地，造成贫者无立锥之地，富可敌国，进而引发社会动乱。

第三，如何核实全国的土地，包括耕地、宅基地、自留地、山泽之地，并实行不同的区别对待的政策，使农民有稳定的生存生活来源，同时又没有后顾之忧？在保护耕地的同时，如何平均地权，使农民对自己耕种的土地有长期经营、精心耕作的打算，保护和鼓励农民从事农业生产的积极性，以解放社会生产力，发展社会生产力？

第四，如何从理论上进而从立法上明确农民对土地的所有权、使用权和经营权，既要防止豪强、商贾大户非法强暴占有农民的土地，防止土地兼并，又要防止失地农民失业，生计无着，贫富两极分化，并造成阶级严重对立，造成社会动荡甚至动乱？

第五，如何从法律上明确城镇国有土地所有权、使用权、经营权、流转权、收益权，同时如何从法律上明确农村集体所有土地的所有权、使用权、经营权、流转权及其相应收益权？

二

民国以来，社会经济基础依然是封建地主土地占有制度。小农经济不振，小手工业者受洋商、洋货挤压，民族手工业、商业、工业凋零。

在封建地主土地占有制下，农村土地高度集中。在全国大部分地区，据典型调查，占全县人口总数不到10%的地主、富农，占有全县70%左右的土地；而占全县人口90%的农民，却只占全县30%左右的土地。广大农民租种地主富农的土地，交纳的田租大致占亩产量的四至六成。贫苦农民无法度日，不得不借高利贷，“铜钱加三谷加五”，利息之高令人咋舌。到期还不清，还要“驴打滚”，利上加利，原来借债抵押出去的房屋、田地、山林，最后归为债主，这造成许多贫苦农民失去了土地、房屋生存之本。有的人家不得不卖儿、卖女、卖妻，流离失所，最后成为游民、乞丐；有的走投无路，自杀身亡。中国农村阶级对立，社会动荡不安，而城市工人失业成为城市贫民，流落街头。中国经济停滞，文化落后，民生凋敝，政治黑暗，是旧社会的真实写照。全国各地，特别是贫穷落后地区，不断发生民变——农民暴动，社会更加动荡不安。

1928年，朱德、陈毅率南昌起义余部和湘南起义部队，与毛泽东领导秋收起义的队伍在井冈山会师。1931年，逐步建立了以瑞金为中心的中央苏区。在共产党的领导下，广大贫苦农民分得了田地，农民生产积极性高涨。期间，也曾出现了“地主不分田，富农分坏田”的左倾思想指导下的土地分配办法。总的看来，土地革命时期工农红军“打土豪、分田地”，赢得了江西苏区广大贫苦农民的拥护，解放了农村生产力。红色政权和红军获得了粮食、瓜菜生活补给，贫苦农民子弟踊跃参军，红军队伍不断扩大。

中国工农红军长征到陕北以后，陕甘宁边区实行土地改革和减租减息运动，得到了边区人民的拥护。在红军开展大生产运动的同时，边区政府实行精兵简政，同样得到了边区人民的拥护。

抗日战争胜利后，在东北、华北解放区，实行土地改革。1948年，公布《中国土地法大纲》，广大贫苦农民分得了土地，生产热情高涨。那时，曾经出现忽视中农的问题，后来慢慢纠正了这一错误。

1949 年，中华人民共和国成立。在共和国成立初期，全国逐步推行轰轰烈烈的土地改革运动。

1956 年以前，是共和国经济建设的第一个黄金时期，全国农村实行土地改革，调动了亿万农民的生产积极性，粮食产量逐年增加，人民生活不断提高，农业、手工业百废俱兴。在江浙一带的许多农村里，酒坊、油坊、染坊、豆腐坊一应俱全，人民丰衣足食。

1958 年后，我国的社会生产力被摧残，以至在“文革”中，国民经济到了崩溃的边缘。

1978 年前后，安徽农村首先开始推行农村土地承包经营责任制，土地集体所有，以户为单位承包经营，“交够国家的，留足集体的，剩下全是自己的”，调动了广大农民生产经营积极性。农村承包经营责任制，土地仍然属于集体所有，没有发生变化，改变的只是土地耕作、生产经营权。土地的使用方向也没有改变，仍作为农业耕地使用。

30 年来，农村土地承包经营责任制展现了巨大的生命力。原来规定，土地承包期一定 30 年不变，后来改为一定 60 年不变。现在改为长期不变，实际上，农民承包经营的耕地成了“永业田”。农民吃了“定心丸”，不怕土地政策多变。

2005 年年底，我国宣布废止《农业税条例》，实行了几千年的田赋就此终结，但农村“三提五统”继续存在。农民负担问题依然值得关注，根本问题还是土地问题。现在看来，《土地管理法》以及《物权法》必须进一步修改，进一步明确农民耕地的所有权、使用权、经营权和收益权，允许农村土地依法有序流转。在新的历史时期，特别要防止豪强和富商大户土地兼并，防止一部分农民失去土地。对“公司 + 农户”、“村委会 + 农户”等适度规模经营的做法，要进行深入调查研究，重新进行理论概括以指导新一轮农村“土地改革”实践，要让七亿农民自己起来保护自己的耕地、自留地、口粮地、宅基地，要让七亿农民真正成为土地的主人。土地经营和土地流转无论采取何种方式、途径和办法，都要农民自愿，遵从农民的意愿，征得农民的同意，切不可推行行政命令或行政“忽悠”，切不可一刀切。农民是讲究实际的，不能开“空头支票”，不能只是“口头承诺”。

全国现有耕地 18 亿亩，农村现在的土地分类是：集体耕地；集体非耕地即古时所说山泽之地；自留地；农民宅基地。第一，农民要有土地可耕种；

第二，农民耕种的土地以及宅基地、自留地要得到法律保护；第三，农民经营土地的收获或收入，除依法纳税外，应当归农民所有。不管以后农村土地实行什么样的制度和政策，上述三个要点应当是新一轮“土地改革”的应有之义和基本原则。

历代土地制度的沿革历史充分说明，一定的土地制度决定一定的田赋制度以及相关的力役制度。土地制度是多样的，土地制度及其田赋、田租制度要在明确土地所有权的基础上实行分类管理，即细分化管理。

我国目前的土地制度可以分两大类：全国城镇土地属于国家所有制土地；乡村土地属于集体所有制土地。国有土地的所有权是明确的，但国有土地流转（转让、买卖）制度存在的漏洞和问题很多。集体所有土地的所有权是不明确的，是哪一级集体所有？是乡镇集体、村集体、村民小组集体所有？还是三级集体混合所有？谁都说不清楚。这就造成了乡村集体所有土地的无序管理、无序流转，农村耕地不断被侵蚀，强迁强拆事件屡禁不止，无形中剥夺了农民的土地所有权和收益权。只有明确乡村土地农民的所有权，在土地确权的基础上，依照农民的意愿依法有序实行乡村土地流转，才能从根本上保护全国18亿亩耕地，才能从根本上保护农民的根本权益，才能从根本上有效制止强迁强拆等野蛮行为的出现。

我国还处于社会主义初级阶段，我国要发展社会主义市场经济，到2020年将基本实现小康社会。小康社会首先要承认城乡居民的生活资料包括住宅、交通工具等不动产以及动产属于家庭或个人所有，私人住宅依托的土地——宅基地相应也应属于家庭或私人所有。因此，乡村土地要进行细分化分类管理。

一类是乡村农民的住宅及其宅基地，应当明确为农民家庭私有，住宅和宅基地依法受法律保护，可以买卖，可以抵押，可以继承，不受任何人的侵犯。鼓励特大城市、大城市居民到乡村购房、租房养老。这样既可以缓解大城市住房、交通、医院、养老机构的拥挤状况，又可以加速资本、技术、人才等生产要素向乡村流动，加速大城市郊区乡村城镇化和二元经济转化的步伐。

二类是农户承包的耕地应当明确为村民小组（即人民公社时期的生产队）集体所有，分户经营，所有权与经营权分开。在明确村民小组成员土地集体所有即共有的基础上，原则上土地不允许自由买卖，但村民小组所有的土地可以作为生产要素入股，组织新的农村合作经济组织，实行集约化经营。

三类是城镇国有土地属国家所有，国有土地流转可以分两类。一类是社会公共设施（社会公共产品）如国办学校、图书馆、博物馆、体育场等，用地是非经营性（非营利性）的，可以采取行政划拨的方式，以降低建造成本，但要由当地立法机构依法公示、讨论、决定。如改变用途，仍应按经营性用地依法重新办理。另一类为经营性用地，依法流转（买卖），改土地出让金为政府收税。

四类是沙漠、滩涂、荒地属于国家所有，但可以租给私人（自然人）或法人经营，政府可收取租金，同时也可收取较轻的税收，以资鼓励。除了采取租赁经营方式外，也可采取行之有效的承包经营等方式。

五类是乡村集体所有的土地如果要转为国有土地，至少在和平年代，不能采取强制征用的方式，应当征得农民同意，同时与国有土地实行同地同价，以保护农民的土地收益权。

为此，应重新修订《土地管理法》及其相关法律、法规，确保各类土地所有权得到明确，各类土地流转依法进行，各类土地收益得到保护。这样，社会上因土地问题而发生的纠纷就会大幅度减少，18 亿亩耕地依靠全国农民就可以自然保护，城乡社会也会得到安宁。

三

农民工是当代中国的特殊群体。他们是“两栖人”，在城里能找到工作就在城里打工，在城里找不到工作就在农村务农。逢年过节的“民工流”，几千万农民工人口大迁徙，表面上看是一道中国特色的风景线，实际上里面隐藏着诸多的经济问题和社会问题。这不应当是中国经济社会发展的常态。2008 年，由美国次贷危机引发的全球金融危机，很快波及中国。长三角、珠三角地区约 80 万家中小企业倒闭，700 万农民工失业踏上回乡之路。有些人回乡无地可种，又不能像城镇职工一样下岗后可以享受失业保险、医疗保险和社会福利待遇。这很容易引发社会不稳定甚至动荡。

我国有 13 亿人口，其中农民和农民工有 9.4 亿人。从这个意义上说，我国二元经济结构转变，即农业经济向工业经济和后工业经济转化，关键在于农民向居民转化，农业向非农产业转化，农村向城镇转化。

改革开放30多年，大批农民工进城。其中，一部分人在大中城市经商、务工，他们大多从事简单劳动。最累、最脏的活儿是农民工干，如建筑工人，小餐馆经营人员，废品收购业者，早市卖菜、卖肉、卖农副产品人员，家政人员，环境卫生清洁工、楼梯工等。他们一年忙到头，有或多或少的相对固定的收入，有的在城乡结合部地区租房，将孩子也接到城市来，在城市中形成了新的棚户区。农民工返乡还是农民，农民工进城打工又不是正式职工。农民工成了廉价劳动力。在大城市，甚至出现了城里的正式工、固定工不干活，这些人有固定的住处，有固定的工资，还有社会保障，他们实际上成了“工头”，指挥农民工干活。农民工成了二元经济的受益者，同时又是二元经济的受害者。他们的工作带有季节性，工作不稳定，住的是工棚或地下室，吃的是馒头、土豆、白菜汤，收入菲薄，还经常不能按时领到工钱。农民工欠薪问题已成为各地普遍出现、反复出现的老大难问题。

如何解决中国二元经济结构难题？在我国，如何逐步缩小城乡差别和工农差别？如何建设社会主义新农村？这一系列问题，需要我们认真总结历史经验教训，需要我们从中国现在的实际情况出发，找出科学发展的路子。

第一，中国现在还是发展中国家，还处于社会主义初级阶段，我国有7亿农民，所以二元经济结构——农业经济与工业经济并存，农村经济与城市经济并存的状况将会长期存在，农业经济与工业经济、乡村经济与城市经济此消彼长的过程，就是二元经济结构不断运动变化的过程。在发展战略上不能操之过急，不能拔苗助长。

第二，对于任何一个国家来说，农业经济特别是粮食种植业经济永远不会消亡。因为不管社会如何进步，人们总是要吃五谷杂粮、蔬菜水果。农业生产力的提高，不但意味着粮食、蔬菜、水果单位亩产量不断提高，而且意味着农产品品质不断提高。为此，土地需要规模化经营，需要集约化经营。如何逐步实现土地和农业规模化、集约化经营，应当根据农民自愿的原则，切不能“大跃进”，切不可采取行政办法，人为地实行行政强制，搞新一轮的集体化。

第三，中国地域广阔，地形复杂，自然条件和气候条件千差万别，二元经济结构调整切不可“一刀切”。东部沿海地区与中西部地区不一样，平原与山地丘陵不一样，南方与北方不一样。在同一省，各地的土壤、气候、水利不一样，“橘生淮南则为橘，橘生淮北则为枳”。在同一个城市，城乡结合部与远郊地区也不一样。因此，需要根据实际情况，分门别类制定科学的土地政策、人口政策、就业政策、产业政策，以及配套改革财税制度、投融资制度和社会保障制度。

第四，三大差别即城乡差别、工农差别以及脑力劳动和体力劳动的差别，随着社会生产力的发展会逐步缩小。但在可以预见的历史时期，不会很快消失。现在，有些省、自治区、直辖市地方政府利用行政手段，盲目搞形象工程和项目，侵害农民的土地和权益。许多地方农民欠了一屁股债，盖上了楼房，户口也改为非农业户口了，但是其他什么也没有改变，地还是原来的那块地，庄稼还是那些庄稼，收入还是那些收入，养老保险、医疗保险还是没有着落。对于在中国西部地区广大贫穷的农村，当务之急一是解决农民的温饱问题，二是解决政府扶持农业生产问题，三是解决看病难问题即医疗保障问题，四是落实义务教育政策，解决农村儿童上学难的问题，五是医疗下乡、文化下乡、工业产品下乡、科技下乡扶贫要常态化，不能是蜻蜓点水突击式的扶贫，应该重点培养农村造血机制，而不仅仅是“短、平、快”式地输血。

第五，从地域看，在沿海地区，特别是大城市的城中村、近郊区、远郊区，这些地方有可能是最先消除工农差别、城乡差别的地方。中国城镇化建设和二元经济结构调整的道路和方式，一主要不是让农民进城。上亿农民进城，无论哪个城市都解决不了就业问题和居住问题，及其社会保障问题；二主要不是离开现有的农村，另外新建一个城镇。应当鼓励城市的资金、技术、人员下乡与农村的土地资源、劳动力、宜居环境和宜投资环境相结合，农村劳动力就地就业，就地消化，通过新农村建设，提升现代农业品质，同时就地促进农民向非农民转化，农业向非农产业转化，农村向小城镇转化。这些应是长久国策。

四

在大城市例如北京的城乡结合部，特别是城中村，是最成熟的二元经结构调整的区域。这些区域，或因为国家大型公共设施，例如体育馆、博物馆、文化馆、学校、医院、商场的建设，或因为道路等基础设施建设，需要占用农村的土地，短则一二年，长则三五年，所涉及的城中村将变为城市新社区的一部分，原来的农民将变为市民，土地上原来经营的农业产业将变为文化事业或商业、服务业产业。相对来说，城中村整体的一次性转型矛盾、纠纷和困难较少一些。

在大城市的城乡结合部，例如北京四环、五环周边地带，是二元经济结构调整次成熟的区域。在这些地方，按照城市规划，在保护自然生态环境和保障农村土地使用方向不变的前提下，根据农民自主、自愿的原则，允许农民依法按照转包、出租、互换、转让、股份合作等形式，实行土地承包经营权的流转，发展多种形式的适度规模经营，发展多种经营，增加农民收入。据报道，北京密云县蔡家洼村土地流转的做法是：村民的土地和宅基地由村委会集体承包经营，分别以资源股、宅基地股、土地股、资产股四种方式入股，并向村民分红。农民住楼房、领工资，不离开农村，成为农村的亦商、亦农、亦工的新农民，既保障了以村集体为主体的适度规模经营的总格局，又保留了农村以农户为基本生活单位和生产单位的灵活机制。农业劳动力就地消化吸收，单一的农业向多种经营、综合经营转变。“楼上楼下，电灯电话，出门坐汽车”，古代贫苦落后的农村向新农村——小城镇转变。

当然，目前我国各地农村土地流转的做法多种多样，同时还有一些未明确的理论和实际问题，需要在改革的实践中进一步探索。

第一，土地承包经营权，实际上只是土地使用权的流转，如果采取转包、出租、互换形式，因为不涉及土地所有权，理论上是说得通的，实际操作也是可行的。如果以资本形式入股，因为没有明确农民的土地所有权，土地使用权能作为资本入股吗？要不要明确农村农民的土地所有权？农村土地属于集体所有，但土地法不明确，这集体所有的土地属于哪一个集体所有？是村民小组一级的集体所有，还是村委会（自然村）一级的集体所有，还是人民公社时期的大队（行政村）一级的集体所有？

第二，当代中国，根据法律，村委会是村民自治组织，不是法人机构，村委会既不是企业法人，也不是非政府机构法人，农民作为股东、土地作为资本如何进入村委会，又根据什么原则，村委会以什么内部治理结构和程序对村民实行年终分红的。

第三，村民的土地和宅基地均由村委会集体承包经营，实际上不应叫承包经营，因为村委会集体自己不能向自己承包，而应是村委会委托经营。

第四，在全国广大农村，农民的宅基地连同住房，应该承认是农民的私有财产，把农民的宅基地以及宅基地上建造的住房作为村委会的集体财产在理论上站不住脚，因为生活资料应当属于城市居民、城乡居民私人所有，而且，实践上也不利于农民宅基地、农民住房在城乡之间的流转。在有些试点村，农民的住宅楼仍是集体产权，只允许在集体内流转，可卖给村民或集体，但不能对外出售。有的村庄拆平房盖楼房，但农民住上楼房后，没有住房产权，楼房属于集体所有，有的地方叫经济适用房（廉租房），只有使用权，没有所有权，有的地方叫"小产权房"。这种做法，实际上是以村委会、村落为单位的封闭式经济和封闭式社会，不利于二元经济结构调整与逐步转化。大中城市近郊区城乡一体化，特别是在中西部地区的新农村建设，应当注意让城市的人才、资本、技术、信息、文化等资源和生产要素，向农村流动，同时允许农村的劳动力等生产要素向城市流动，通过这种生产要素的双向流动，才能逐步促进二元经济结构的调整，才能促进中国新农村建设自然、有序、持续地发展。

第五，在有些地方，农民的口粮田收归集体承包经营，村委会每亩地在货币补偿的基础上，外加实物补偿。不知道这是每年的补偿条款，还是一次性补偿条款？以上种种措施实质是，村委会集体收回了农户一切土地承包经营权，改由村委会集体经营。此种做法，实际上强化了以村委会为单位的集体经营和发展集体经济的路子。许多地方的经验证明，搞集体经营，特别是精耕细作行业，如果树、蔬菜栽培和管理，再如特色旅游观光业等，农户、农民的生产经营积极性、主动性、认真性，不如农户自己承包经营的高。

中国上古时代实行井田制，农户在公田干活不如在私田里干活认真、细致。特别是私有制出现以后，先公后私的人越来越少了，大公无私的人几乎没有了。如何理解适度规模经营？如何组织适度规模经营，看来要分地区、分行业调查研究，不能"一刀切"，不能一哄而起、一哄而散，不能再折腾。特别是要听取农民的意见，才能有利于农村二元经济结构的转化，才有可能促进解放和发展城乡社会生产力。

第六，失地农民的就业和社会保障问题，特别是养老保障和医疗保障问题，以及子女上学问题。这些问题，都是土地流转制度改革必须同时研究、解决的重大问题，否则，农民生活、生产和农村社会就不会稳定，农业生产和农村经济就很难得到繁荣发展。

主要参考文献：

曾国祥著：《国家与税收讲堂》，上海财经大学出版社 2011 年版。
樊树志著：《中国封建土地关系发展史》，人民出版社 1988 年版。

第十五章

中国工商税史论

鸦片战争之前的工商税收是政府财政收入中仅次于农业租税的重要收入，仅有北宋时期较为特殊，工商税收超过了农业税。鸦片战争之后，工商税收在财政收入中逐渐占据了主导地位。鸦片战争之前，工商税收之所以发展缓慢，与历朝历代的统治者都在不同程度上实施重农抑商政策有关。例如，统治者反复强调农业为本业，商业为末业，强化本末意识；强化户籍管理，限制人口流动；从政治[①]、经济[②]、日常生活[③]等多方面对商人进行限制，以稳固农业生产的基础。重农抑商政策成为封建社会最基本的经济政策，使得社会上贱商之风盛行，商人的地位因此而十分卑微，一直处在四民的末位。所谓士农工商的排列顺序，似乎成为中国传统社会中凝固不变的模式。这并不是说在中国漫长的历史中，工商业就停滞不前。事实上，不同的历史时期中，工商业作为社会经济发展不可缺少的一个部门，也在随着社会的不断发展向

① 如限制商人、手工业者的政治权利，堵其仕途之路，不许其后代做官，职业世代相袭，不得改业。

② 如利用税收制度以减少其利润，对盐铁等重要行业及重要手工业采取官营，不许商人和民间工匠染指。

③ 如对其穿衣、建房、乘车的歧视性规定。

前发展。只是这种发展远不足以使工商税收成为国家财政收入的主流形式。因此，鸦片战争之前的工商税收带有一定的随意性，使得历朝历代的工商税收具有不连续性和不规范性的特点。

一

在我国古代，对工商业征税由来已久。严格意义上的工商税，是指对进入流通领域的商品课征的从价税或从量税。鸦片战争以前的工商税可归纳为三大类：一是关津之税（商品通过税）；二是市肆之税（商品交易税）；三是山泽之税。

我国古代手工业、商业发展得早，商代末年，商人贸易已经出现，但是西周以前是“工商食官”，手工业和商业都属官办，由国家经营，故不征税。“市廛而不税，关讥而不征，林麓山泽以时入而不禁”[①]，即去市场上交换的物品，在关卡上只检查是否有违禁事例，而不征税；在市场上也只对市肆收点管理费，对店铺征点税（属于租赁费性质），对货物并不课税。

历史上最早的工商税称为“关市之赋”[②]，产生于周代。到了西周后期，由于剩余的农产品和手工业产品的交换活动日益增多，在官营手工业和官营商业之外，出现了家庭副业形式的私营个体手工业和商业。商人活动的范围已不限于几十里、上百里的小范围，而是来往于各诸侯国乃至海外，出现了工商业发展和商贾繁兴的局面。周统治者一方面出于保护农业劳动力的需要，对从商之人加以抑制；另一方面也是为了满足统治阶级日益增加的财政需求，就需要对参加商品交换的物品征税了，以增加政府的财政收入。西周专设“司关”和“廛人”两种征收机关[③]，其主要职责是分别监督、课征关税和商税，税金入国家金库。

古代的“关”，又称关津，主要指陆路关卡，或设于道路要隘之处，或设

① 《礼记·王制》。

② 《周礼·天官·大宰》。

③ 《周礼·地官·司徒》。

于国境交界之要隘处。其作用首先是政治安全，主要任务是稽查行旅，进行安全检查，以及对国宾的迎送，故有“国门”之称，其次才是收税。也就是说，“关税”是指对通过国家所设关卡的行商进行课税。

可见，历史上的关津之税同现代意义上的关税又有着质的区别。历史上的关津之税包括国内关津税和国境关税。国内关津税，指同一主权国家范围内，于交通要道或津渡口岸设置关卡所征收的税收，使国内税收实现于课税对象的往来途中，属于纯国内税，即国内行商的商品通过税。国境关税才具有现代关税的性质，指专门对出入本国或本地区政治经济主权范围（国境或关境）的课税对象实行的课税，属于涉外性的国内税，课税对象是进出境商品或物品。

自西周时期开征关津之税后，在相当长的时期里，关税与津税混为一谈，所谓关税并非严格意义上的国境关税，同时还包括国内商品税在道途的征收，如唐朝的“关市税”和明朝的“钞关税”主要是在内地关卡征税。唐朝在通商口岸对外贸易的商船所课征的“下碇税”是有关税性质的。由于中国古代对外贸易时断时续，便把内地关卡征税和国境进出口关税混为一谈。

“市”，则是交易集中的场所，类似我们所说的“集市”。“市肆之税”，简称“市税”，又叫市租，是指对市肆的坐贾进行课税，属于流通领域里征收的商品交易税，即按照市场上买卖成交额所课征的税，具有交易税、营业税的性质。市税的征收，分为两种情况：一种是官府对居住在都市商业区的有市籍的商贾①，按照商品交易总额定期或不定期课税；另一种是凡到都市商业区域或集市做买卖的行商，包括各方来的商人、乡村的农民和城镇居民，出卖自己的手工业品、农副产品或是贩运来的货物，官府按照买卖的成交额即时课税。

西周时期，国家对山林、园池水泽、湖泊出产的各种物品课征税，称为“山泽税”，具有特产税性质。山林所砍伐之薪木，猎捕行兽之皮、角、齿、羽翮，河湖所捕之鱼，池海所产之盐等物均属课征对象，缴实物，交由官府。春秋战国时期，凡上山打柴、打猎、下水捕鱼均须交税。《吕氏春秋·孟冬

① 市籍，即商贾的户籍，是商贾经商的许可证，是国家向商贾征收市租的依据，是官府管理商业贸易活动的工具。市籍可以通过一定的途径转换成普通户籍，如富商大贾及其子弟们通过立军功、“入粟拜爵”、买官、“以赀为郎”等途径脱离市籍，进入统治阶级。普通中小商人通过上述途径或破产，也可脱离市籍。有市籍的人的人身自由受到一定限制，被列入贱籍。后来，市籍不仅被用来限制商贾，更被用来打击商贾。

纪》记载："令水虞、渔师收水泉池泽之赋。"《墨子·尚贤中》记载："收敛关市山林泽梁之利，以实官府。"管仲也主张对于山林出产的木材，包括薪炭林和建筑用材林，由国家控制，通过定期开放，限制采用，征收税收，从而达到增加财政收入的目的①。

为了便于理解，我们把工商税收分为国内关津通过税、市税和工商资产税三部分来简单分析。

二

周代征收关税的事例，见诸有关齐国、晋国和宋国的史料，大多征收较轻。随着工商业的发展，向工商业征收的通过税也在增加。各国在国界或交通要道设关征税。《管子·大匡》记载："弛关市之征，五十而取一"。《管子·幼官》记载："市赋百取二，关赋百取一。"秦国实行重农抑商的政策，令"重关市之赋，则农恶商，商有疑惰之心"，"贵酒肉之价，重其租，令十倍其朴"②。拟通过重征工商税的办法，驱民归农。

秦代有无关市通过税不详，但从西汉初年为恢复经济而"开关梁，弛山泽之禁"③的记载来看，秦代应有关隘之设。

汉初，在交通要道也设置关卡，但不收税，主要目的是检查来往商旅。到文帝时，索性把关也撤除了。景帝时，虽又恢复设关，但其目的并不是为了课税，而是"用传出入"④。从汉武帝太初四年（公元前101年），始征少许税，"徙弘农都尉治武关，税出入者以给关吏卒食"⑤，即以其收入供守关将士的生活费用，不入国库。武关征税，其他关亦还是全不课税。武帝以后，内地关税课征的范围不断扩大，关税收入也随之不断增加。到东汉末年，关税颇为苛重，曾有记载："关津所以通商旅……设禁重税，非所以便民；宜轻关津

① 《管子·轻重》。
② 《商君书·垦令》。
③ 《史记·货殖列传》。
④ 《汉书·景帝纪》。
⑤ 《汉书·武帝纪》。

之税，皆复什一”[①]。因此，东汉时期的关税税率较高，在十分之一以上。

东汉末年，关税混乱，无定制，税率高，税额重。曹魏统治时期，延康元年（公元220年）二月，令“轻关津之税”，改为依据物品的价格计征，“皆复什一”[②]，即十分取一。东吴建立之初，曾设关征税，但税率不详，后又废除[③]。西晋关税时征时免。东晋时，由于南方都市日渐发达，不少远方货运来市场，遂设关征税以充足国用，“其荻炭、鱼、薪之类过津者，并十分税一以入官”[④]，即税率仍为十分之一。南朝时，在境内设立关卡，对各种商品征课关税，且税吏专横，税率加重。如刘宋的关税，课税范围甚广，且随地课征，重复课税严重[⑤]。到梁武帝时，因关市之赋过重，而下令优减。陈朝时，关税不仅繁多，更成为逼商营私的工具，“旗亭关市，税敛繁多”[⑥]，“税江税市，征取百端”[⑦]。此外，还有通过税性质的牛棣税和桁渡税。可见，从东汉末到隋的四百多年时间里，长期处于乱世局面，国内关税征收是主要从增加财政收入角度进行的。

隋与唐朝开元（公元713年）以前未见关市之税。唐初设关的目的，在于检查货物出入有无违禁，即“凡关，呵而不征，司货贿之出入，其犯禁者，举其货罚其人”[⑧]。唐长安初（公元701—704年），有征关市税的建议，凤阁舍人崔融上疏谏阻，主张恢复古代的“关市讥而不征”，认为“税市则人散，税关则暴兴”，武则天采纳了他的建议，仍不征关税[⑨]。一直到唐朝中期以前，没有通过税性质的商税。从780年德宗统治时期，于诸交通要道及关津之处，设置官吏，对来往商人征收商品通过税，每贯征税20文，即2%的税率；竹、木、茶、漆税1/10，以充常平仓本钱[⑩]。唐朝后期，藩镇割据，各节度使在辖区内任意设关征税，对百姓的危害很大。

关津之征在五代十国空前发展，成为严重扰乱社会经济秩序的恶税。这一时期，商税的兴衰与商品经济发展的轨迹是不同形的。之所以出现这种状

---

①② 《三国志·魏书·文帝纪》注。

③ 《三国志·吴书·诸葛恪传》。

④ 《隋书·食货志》。

⑤ 《宋书·孝武帝纪》。

⑥ 《陈书·宣帝纪》。

⑦ 《南史·陈后主纪》。

⑧ 《唐六典·尚书刑部》。

⑨ 《旧唐书·崔融传》。

⑩ 《新唐书·食货志》。

况，主要原因在于财政需求，因为两税收入有限，而军费需求孔急，却不是出于管理工商业发展的需要。各国广设关卡，对来往商人课征通行税，几乎是逢物必税，即使过往渡口的空船也要征税，对载货的船只倍征之。关卡之多，以致商旅不通。商人为了逃避关税，多取僻路行走。各国在山谷小路严加防守，缉拿过往商人。苛重的关税影响商品流通，既影响到人民生活，也阻碍了各地经济的交流和工商业的发展。

北宋的商业十分发达，这从张择端的《清明上河图》中可以看出来。宋初对工商业实行保护政策，为此专门制定《商税则例》，规定商民凡贩运和买卖税则规定的征税物品，必须走官路，“行者赍货，谓之‘过税’”，在所经商税务或商税场按物品价值的2%缴纳，如果是官府所需物品，将被“抽税”10%。应算物资如有隐藏，为官府所抓获者，没其三分之一，贩运不走官路者，抓获者没收十分之一[①]。宋后期关卡增多，关税税率也逐渐提高。从992年起干脆实行关税预算定额制度，命令各州以公元988—992年间实际征收额最高年份的税额为“比额”（祖额）。为完成预算或超额完成预算，官吏不断增加税栏（卡）、提高税率，商税收入由真宗景德年间的450万贯增加到仁宗嘉祐时的2220万贯[②]，致使商民负担沉重，商旅不行。

榷场收入是来自汉族与少数民族交易时的特殊关税，就当时而言，是国与国之间贸易的税收，在今天看来，却主要是国内不同民族之间的贸易税收。当时金朝从榷场得到的收入多时可达年收入数十万贯，宋、辽、夏的收入也相当可观。

元代统治时间较短，对于国内贸易不征收商品通过税。

明代通过税性质的内地关税分钞关税和工关税。钞关税始于宣德四年（公元1429年），由于内地税局的收入多作为地方经费，中央为弥补收入的不足，乃于北京至南京的运河沿岸要地设关征税，后又扩展到长江重要港口及江南要地，所设的关称为钞关，所征之钞或银，称钞关税，又称船钞税。开始征收时只对受雇装货的过往船只征税，依靠估测的数量及路之远近定税，后改为量船征税，即按船的梁头座数和船身长度宽窄为率，按等征税，所以又称船料税[③]。如遮阳船头长一丈一尺，梁头16座，算作100料，每百料收

① 过税：相当于近代的商品流通税。《文献通考·征榷一》。

② 《古今图书集成》，中华书局影印本，第693册，第44页，为1975万贯。

③ 孙承泽：《春明梦余录》卷35，《钞关》。

钞百贯，后减为60贯。嘉靖时改征银，银一分折钱7文[①]。船钞税一般只税船料，但亦有兼收货物税的。钞关自北京至南京共有7处，到嘉靖四年（公元1525年）增至12处，由北京和南京的户部分别进行监督管理，收入上缴中央。关税收入不断增加，万历初，岁入钞2917万贯、钱5693万余文、银23.4万余两。万历二十五年（公元1597年），各钞关共征银40.75万两[②]。崇祯初（公元1628年），关税每两增1钱，通八关增5万两。两年后，关税每两又增两钱，后来又增定额，崇祯十三年（公元1640年），关税额又增加20万两，其增加额就相当于弘治时（公元1487—1505年）收入的154%[③]。

工关税，是由工部在各交通要道设抽分竹木局，派官对客商贩运的竹木、薪炭、柴草、藤等课税，后来扩展至民船，也叫抽分，收入主要作为工部修缮船舶、建筑所需，所以称工关税。一般征收实物，有时也折抽价银，称为折色。税率随时代不同而有高低，柴草地税率一般为三十取一，藤税率一般为三十取二，松木、松板、檀木、梨木、木竹、木炭一般为十取二，最高税率为三十取十五[④]。

总之，明代国内关卡林立，长途贩运贸易始终是在官府的控制下进行的，不仅内地关税苛重，而且还受种种额外的勒索，影响了商业资本作用的正常发挥。

清代前期的内地关税多沿用明代旧设处所[⑤]，主要在国内水陆交通要道或商品集散地设关征收，自顺治二年（公元1645年）开始由中央政府派遣的官员征税，只是钞关税改称户关税，其征收办法相同，但征税关卡不断增加。在康熙年间全国共设税关44处[⑥]，乾隆后，设关日益增多，由户部主管的户关征收。课征的对象是内地往来各种经销商品，税种主要是通过税（或流通税）和船税。另外设有工部主管的工关税，也是对通过的竹木、漆器等物品抽分实物，作为工部建造船只、修缮等费用。鸦片战争后，为了区别于新设立的海关（洋关），往往又称为常关，内地通过税也就称为常关税。

常关税税率，按雍正、乾隆年间户部则例，从价征5%，抽分实物。工关

---

① 万历《大明会典》卷35，《商税》。

② 《明万历实录》卷376。

③ 《明史·食货志》。

④ 《古今图书集成》，《食货典》卷223；《诸司职掌》卷6，《工部》。

⑤ 《清史稿·食货志》。

⑥ 《清通典》卷35，《职官》。

的竹木之征，则为10%①。但各关在执行时，一般多自定税率。为确保收入，常关税实行中央核定征收额，并分解下达于各地，若上解不足则令其常关监督负责赔偿，因此关税收入不断增长。清初顺治年间，全国关税收入仅为100余万两；康熙二十一年（公元1682年），增至200余万两②，至乾隆三十一年（公元1766年），关税收入已达540余万两。其后一直到道光年间，关税收入大体维持在这一水平。如道光二十五年（公元1845年），户部二十四关和工部五关的收入总计为5511445两，在例定岁入（不包括报效、摊征、捐纳等临时收入）中的比重不到10%③，在经济意义上及在财政收入上，不占重要地位。

三

在西周时，市税是指对市内邸列肆、守斗斛、诠衡的征收，实际上是费的性质。据史载，有絘布、总布、质布、罚布、廛布等名目④。絘布，列肆之税，指陈列商品的店铺税或商铺税；总布，指守斗斛诠衡者按出售商品总价计征的货物税，具有牙税性质；质布，公家对各种交易契约鉴证盖印而收取的税款，类似于契税，还指由质人（评定物价、保证货物质量的官）课于犯质剂者（违反契约规定者）的钱；罚布，对违反市场规定者所课征的罚款；廛布，对入市商人租用公家货栈储存货物的店铺所收的税款，具有租赁使用费的性质。西周关市之征用货币交纳，交由泉府，意味着西周时货币经济已开始发达起来。

由西周市税的征收可以看出，当时把课税与市场管理、保护自然资源有机结合起来，既保证市场正常交易，又防止奸商扰市，破坏资源，同时也反映了当时经济发展、市场活跃的状况。

---

①② 《清史稿·食货志》。

③ 王庆云：《石渠余记》卷6，《直省关税表》。

④ 布：泉也，即钱。《周礼·地官·司徒下》，“质人”及“廛人”条。

汉代的市租收入，是皇帝或封君私奉养的一个重要来源。“山川园池市肆租税之入，自天子以至封君汤沐邑，皆各为私奉养，不领于天之子经费”各收其所赋税以自供，不入国朝之仓廪府库也[①]。随着工商业的发展，收入不断增加。如西汉初年，“齐临菑十万户，市租千金，人众殷富，巨于长安”。市租征收是按商品出卖总额为标准来课税的，即“市租谓所卖之物出租”[②]。

汉的市租，在魏晋南北朝时亦征收，包括对行商所征收的入市税和对坐贾所征收的店铺税[③]。三国时，凡行商贩卖货物进入市区或坐商在市区内开设店铺，皆征市税。西晋建立之初，曾免除市税一年。东晋、南朝视市税、商税为利薮，税负加重，“淮水北有大市百余，小市十余所，税敛既重，时甚苦之”[④]。东晋祖逖镇豫州，与后赵互市，“收利十倍”，陶侃为武昌太守，也“立夷市于城东，大收其利”[⑤]。祖逖、陶侃所得的厚利，一部分可能是官府直接参加做生意，但更大的可能是收商税，如刘宋初年（公元420年），曾“以市税繁苦，优量减降”[⑥]。

东晋时还开征了估税与散估税，并在南朝广泛推行，是课于市场上买卖物品的交易行为税。估税课于立有文据的买卖奴婢、牛马、田宅等大额交易，按成交价格征收，是后世契税之起源；散估税课于不立文券的小额交易，颇具有资本主义国家商品交易税的雏形。估税规定每交易1万钱，官府征收400钱，税率为4%，买卖双方按一比三的比例分摊。散估税的税率也是4%，税额全部由卖方缴纳[⑦]。由于税负很重，虽增加了财政收入，却抑制了工商业的发展。

前代习见的“市租”，隋至唐朝前期的文献未见出现。北周实行的“入市之税”，隋初也已废止[⑧]。隋至唐前期的商人有赋役负担，其负担同于一般民户，如隋朝的社仓税与充官人禄力的要“计户征税”[⑨]，唐前期的户税、地

---

① 《汉书·食货志》。

② 《史记·齐悼惠王世家》。

③ 具有营业税性质，也许还有租用市肆店铺租金性质。史载西晋末，庐江硕儒杜夷隐居不仕，刺史刘陶令庐江郡“常以市租供给家人粮廪，勿令阙乏”。说明在这之前市已成定制，地方牧守有权支配市租。《晋书·儒林·杜夷传》。

④⑦⑧⑨ 《隋书·食货志》。

⑤ 《晋书·祖逖传》；《晋书·陶侃传》。

⑥ 《宋书·武帝纪》。

税，乃至租庸调、两税法，工商户都应承担[①]。这里商人的税，是他作为国家编户对政府承担的赋税义务，并不是他以商人的特殊身份进行贩运贸易活动而缴付的税款，不属于工商税。商贾作为国家编户缴纳赋税，自李唐政权建国之初就业已实行。

到唐朝天宝年间（公元742—756年），始征市肆之税，“税商”、“商税”、“杂税”都是唐代文献用于代表今人所谓商税的词语，后来称为“除陌钱”，为唐代对交易所得及公私支付钱物所征收的一种税，有交易税性质。

唐政府对商人所进行的商业活动，在时间、空间等方面都有很多的制约，规定：第一，交易买卖限于市内，市外不准设立商铺；第二，交易聚散由官府指令；第三，设市必须在县治所以上；第四，由朝廷或地方指派市令、承等官吏执行对两京及各州县的市场管理。入市交易的货物，都必须经过市场管理机构验定质量、确定价格，某些货物如牛马以及奴婢等，交易时还必须签立契约。管理机构是否抽交易税，文献中缺乏直接的记载，但有一条旁证材料值得注意。建中四年（公元783年），判度支、户部侍郎赵赞请行除陌法，具体措施为：

“天下公私给与贸易，率一贯旧税二十，益加算为五十。给与他物，或两换者，约钱为率算之。市牙各给印纸，人有买卖，随自署记，翌日合算之。有自贸易不用市牙者，给具私簿。无私簿者，投状自集。其有隐钱百者，没入二千，杖六十，告者赏十千，出于犯罪人家”[②]。

这里的“率一贯旧税二十”，说明在赵赞除陌法之前，贸易成交额达千钱的，管理机构要抽二十文的税。这千分之二十的“旧算”，应该是安史之乱前较普遍实行的交易税。玄宗天宝九年（公元750年）除陌钱为每贯20文，即税率为2%[③]。德宗于783年规定凡交易所得和公私支付钱物，每1000钱官抽50文钱，即将原税率提高为5%[④]。若是物物交换者，则要按物品价值计算征税。

当时交易有两种，一种通过市牙（牙商），牙商持有官府发给的印纸，遇有买卖进行登记，负责核算交税。至于牙人的斡旋职能，中国历史上自古有之，介绍买卖当事人，从中征收牙契税（交易税）等，而唐政府再按一定比

① 因为工商户分得了土地。《新唐书·食货志》。
② 《唐会要》卷84，《杂税》。
③ 《唐会要》卷66，《太府寺》。
④ 《旧唐书·食货志》。

率抽收牙钱，这种情况在唐前期当然也不会例外。第二种是由店铺直接交易，则由店铺自备私簿登记交易额，然后申报纳税。偷漏税达百文的，杖六十，罚钱两千；对告发者赏十千，由犯者承担[1]。由于牙商得专其柄，而国家收入不能得其半，一般商人却大受其苦，人民怨声载道。德宗被迫于785年将其废除。

综观唐朝时期的商税，很多时候政府在课征内容、范围、税率等方面经常变化，很不稳定，并交织着中央和藩镇的抗争。安史之乱以后，各节度使在所辖区内任意征税，对百姓的危害很大。

宋代商品经济有了进一步发展，商税也就成为财政收入中重要的一项。商税征收由全国的1800多个商税务、商税场负责。住税是主要的商税，“居者市鬻，谓之住税”，即就地出售货物时，每千钱征“住税”30钱，税率为3%[2]。宋代称工商税为“科税”，所税货物种类，各个地区不一样，法令把科税物品种类、品名榜示在税务机构的门口，以使官民共同遵守。因为商税是从价税，为了避免官吏和客商之间发生争执，以及估价的麻烦，官府还要在榜示上标明，某货物量若干、收钱若干之类，实质上成了从量税。

随着商品经济的发展，宋代商税收入逐渐增多，为搜刮到更多的财富，商税也实行预算定额制度。景德二年（公元1005年），诏令“诸州商税，年额及3万贯以上者，令选官院先亲民官监莅，仍给通判添支”[3]。可见，诸州商税均有定额。为完成预算或超额完成预算，官吏只有不断提高税率、增加税所。熙宁十年（公元1077年），全国各地（除四川省外）税务所由前几年的1600所增至1788所，年收税由503万贯增为685万贯；四川各地税务所200余所，收税167万余贯（铁钱）[4]。致使商民负担沉重，商旅不行。南宋所辖范围缩小，战事频繁，商旅难行，商税收入大减。为了满足财政需要，商税重复征收和物物皆征的现象很严重。

元代商税是一种交易税，又称住税（坐贾），采用定额制征收。对于商税，全国无统一的税率，虽然1270年（至元七年），规定了三十分取一制，但又实行定额税制，该年以银405万锭为额，“有溢额者别作增余”[5]，并规定

---

① 《文献通考·征榷考》。

② 住税相当于近代的营业税。《宋史·食货志》。

③ 《续资治通鉴长编》卷60，“景德二年”条。

④ 《宋会要辑稿·食货》。

⑤ 《元史·食货志》。

"增羡者迁赏，亏兑者降黜"，鼓励超额完成任务。至元二十六年（公元1289年）大增天下商税定额，北方为20万锭，江南为25万锭，以后又陆续增税，文宗天历年（公元1329年）间，总计商税收入，比至元初的定额几乎增加百倍[①]。元代商税征管较严，规定即使是权势之家，只要为商贾及以官银买卖之人，务令输税，否则处罚同匿税法，即物资一半没官，笞五十，将没收来的物资的一半给予告发人。商税收入主要来自全国三四十个大中城市，在元代钱钞收入中占有仅次于盐课的重要地位。

明初商税课征比较简单，大体上实行从轻从简政策，规定：商税税率为三十税一，对于农具、书籍及不售于市场的物品一律免税[②]。该税则在课税货物品目方面并无具体规定，因此各地税官，任意征敛，一车一船，一货一物，无不有税，甚至私用零物亦征税，商民倍感痛苦。明成祖永乐元年（公元1403年），明确了应税品目，对军民之嫁娶丧祭之物，染练自织的布帛，购买的已税物品，车辆船只载运自己的货物及农用具，小民挑负蔬菜，溪河小民货卖杂鱼，民间家园池塘采用杂果非贩者，以及民间常用竹木蒲草器物并常用杂物、铜锡器物、日用食物等皆免税，其他商品按时价估定出三十取一的交易税，当时估定税额的商品共二百余种[③]。明初商税实行定额制，洪武二十年（公元1387年）改为实征制[④]。

明中期以后，随着商品经济的繁荣，工商税税目、税额日渐增多，税负加重。主要如下：

塌房税：相当于近代的堆栈收费，对商人储存货物及猪羊牲畜的堆栈，按三十税一的原则课税。始于洪武初年，以商货至京师，无栈房可以贮货，皆贮货于船内或城外，极感不便，且易为中间商人所要挟。太祖乃命于水滨筑屋，名叫"塌房"，以贮商货。货主要出税钱三十分之一、免牙钱三十分之一、房钱三十分之一。此项收入均用于支付塌房看守者费用，属于规费性质，后人称之为塌房税。

门摊税：即市肆门摊税，属于营业税性质，1425年对客商塌房、库房所贮之货、售货门市、店铺、贩卖为主的蔬果园等一律征税，规定各店铺按时向都税宣课司、税课司局交纳门摊税，官府给予营业执照，每月点视查考一

① 《元史·食货志》。

② 《明史·食货志》。

③ 《古今图书集成》，《食货典》卷223。

④ 《明洪武实录》卷185。

次，如违期不交或隐瞒不报者，罚钞千贯。该税实行后，税课收入增加约五倍，此后成为经常性的商税。

明朝商税，不仅税目不断增加，税率提高，在交纳方法上也有不少弊端，如规定以钱或钞完纳。钱与钞的比值，随时都有变化，还采用从价课税，官府常提高评价，商民百姓常遭损失。

明代商税收入，弘治时（公元1487—1505年）课钞共4618万贯，合银138534两。嘉靖时（公元1522—1566年）课钞5207万贯[①]，至万历后，横征暴敛，不胜计算。由于商税在国家财政收入中占的比重不断提高，商税制度亦进一步严密、完善。其商税管理制度包括机构管理（征收商税机构有都税使、宣课局、分局，局下设所，置于全国十三布政使司之下，分管各区域的商税）、法律管理、税务监察等，但贪官污吏的舞弊、官僚集团的腐化，破坏了税务制度。

清代商品经济进一步得到发展，工商税收在财政收入中的地位越来越重要。在前代的基础上，又相应开征和完善了一系列税种，集以前各代工商税收之大成。

牙税是向牙行或牙商征收的一种营业税。牙行是为商人提供交易场所，促进买卖双方或代客人买卖货物并收取佣金的中介机构；其经纪人或中介人称为牙人或牙商。牙行及其经纪人在开业前向官府领取牙贴（营业执照或凭证），每年交纳牙贴税银，称为牙税，实际上是特种营业税。此税在清朝表现比较完备。

清初，牙贴由地方管理，与户部无关，各省均有定额，由藩司颁发给牙行，征收牙税。州县为多收牙税，往往无限制的多发牙贴。康熙初年，地方一些不良分子，自称经纪，每日成群结队到衙门领取牙贴，每纸银仅二三钱。然后，持牙贴在市场上滥做经纪，把持交易，不论是否属于牙行经纪范围、货物巨细，均强制收取口钱，害民尤甚。雍正十一年（公元1733年）十月，将已发牙贴著为定额，报户部存案，不许任意增添，以后，滥发牙贴的情况稍有减少。牙税税率，因地区和等级不同而有所差异。如湖广、汉口等镇牙税按上中下三等，上行税银2两，中行1两，下行银5钱。僻邑、村镇，上行1两，中行5钱，下行3钱；均视各地牙行资本、营业状况、负担能力而异，牙贴每五年发给新贴一次。乾隆二十三年（公元1758年），顺天府一地下属

① 《续文献通考》卷18，《征榷考》一，《征商》。

的 891 名牙行，共征得牙税银 1500 两有奇[①]。

当税，即当铺营业税，为清初所创设。顺治三年，（公元 1646 年），规定当铺每年纳税银 5 两，不许混派小铺。康熙三年（公元 1664 年），根据当铺营业规模大小分别确定税额，上等每年五两，余四两、三两、二两五钱。雍正六年（公元 1728 年），定典当引贴，凡民间开设典当，不论大小，均须请贴，按年纳税，奏销户部，其税较康熙时均提高一倍[②]。另外，当税正税之外，还有许多附加税，多为官吏中饱。

契税，始于东晋，盛行于宋，到清代时制度进一步完善。清代契税是对买卖田产房屋等不动产的契约所课征的税，又称田房契税。顺治四年（公元 1647 年）规定，凡民间买卖田地房屋者，由买主依契价每银一两输契税银 3 分（雍正时加为四分）后，于契尾加盖官印，称为红契。契尾由布政司印制，粘于契据之后，填明业主姓名及财产价值，契尾骑缝处加盖州县官印，以防止伪造文券。此种方法，官府无存据，易产生官吏作弊，不法分子易伪造等现象。雍正年间创契纸契根法，即布政使将预盖印信的契纸发到各州县，百姓验契投税后，领取契纸，官留契根。但行之既久，弊端丛生，“书吏需索之费，恒数十倍于前”[③]。乾隆十二年（公元 1747 年）制定契税则例，由布政司印发契尾。契尾前半部分登记买卖双方姓名、数量、价格及纳税数额，后半部在百姓投税后，填契价银数，并盖有布政司印。其前半部作为回执，贴于契约上。执行中一些官吏仍串通作弊，将所填契尾前半幅给民者开写实数，后半幅送给官府的开写虚数，征多报少，贪污侵蚀。后又改为民间自行立契，立契后限一年呈明纳税，如果逾期不报者，给予处罚。

清初的落地税，又称“坐税”，即货物到店发售时的课征的税。坐税一般不入国课正额，多留作地方支用，故全国无统一税制、税率，亦无征收定额，任由地方自行确定。地方不法官吏便视为利途，重复课税，十分苛扰，因此，项目十分混乱，且多舞弊现象，凡农民、小贩上市出售农副产品，无论价值高低，均需查明纳税，方可交易，“细民重受其扰矣”[④]。清廷虽多次下令禁止“坐税”的滥收现象，但效果甚微。

---

① 《清朝文献通考》卷 31，《征榷考》，“乾隆二十三年”条。

② 贴：就是许可证。《清通志》卷 90，《食货略》十，《行贴》条。

③ 《清朝文献通考》卷 31，《征榷考》六，《杂征》，“雍正十三年”条。

④ 《清朝文献通考》卷 26，《征榷考》一。

四

“关市之赋”是对市场上出卖、储存或通过关卡的商品课税，不是直接以纳税人的财产或收入作为课征对象。

汉初实行“重租税以困辱”商贾之政策，对商人及其奴婢实行“倍算”①，这属于那时推行的人头税范围，不属于工商业资产税。

征收工商资产税，肇端于汉武帝统治初期，在中国历史上是个特例，一方面它很早即在西汉产生，算缗钱、算商车是较典型的财产税，而另一方面它在以后各代却又较少再现。产生于唐的户税具有资产税的性质，但两税法后与农业税混在一起，又于明代一条鞭法归并于农业税中了。这里以汉唐两代为主，列举数例资产税。

算缗钱，又称缗钱税，是向商人和高利贷者征收的财产税。缗，是穿钱用的绳子，俗称钱贯或钱串子，一缗即一贯，相当于钱1000文。缗钱税是按贯为单位征税。算商车，是对车船主征收的财产税。

汉代征缗钱税、车船税的原因主要有两个，一是由于战争和宫廷奢侈生活的需要，使国家府库空虚，财用不足。二是由于连年遭受自然灾害，农民大量流亡破产，国家不仅不能从农民那儿搜刮到更多的财富，反而需要大量财物进行安顿。而“财或累万金”的富商大贾、高利贷者，却“不佐公家之急，黎民重困”，他们居富不仁，囤积居奇，骄横乡里，大发横财，而不急国家所急需②，所以，为解决财政困难，打击富商大贾、高利贷者的经济势力，汉武帝于元光六年（公元前129年）颁布征收商人车船税后，又于元狩四年（公元前119年），颁布了算缗和告缗的诏令，加重富商巨贾和高利贷者的赋税课征。规定：凡商人、高利贷者、放债取利及囤积货物者都是缗钱税的纳税人，按规定向官府申报钱财及货物总值，经官府查验后，按财物数值总额纳税。最初的课征对象是对商人的货币和货物，即对“储钱”征税，有收益

① 《汉书·惠帝纪》应邵注。

② 《史记·平准书》。

税的性质，后来扩大到田宅、畜产和奴婢等方面，即对全部财产进行估算，统一征税，从而具有财产税性质。每两千钱抽税一算，一算为120钱，税率为6%；手工业作坊主的财产，每四千钱抽一算，税率为3%；不是“三老”、“骑士”而有轺车的，每辆车抽取一算，商人有轺车者加倍征收，即征二算；船五丈以上者，每只船抽税一算；同时重申，禁止商人及其家属购买田地，违者没收土地及货物，并罚作农奴；纳税人必须如实申报，如隐瞒不报或自报不实者，鼓励知情者揭发，叫做“告缗”。凡揭发属实，被告者即被没收全部财产，罚戍边一年，对告发者奖给被没收财产的一半①。

“告缗令”一行，各地争相告缗，据记载，“中家以上大氐（抵）皆遇告……得民财物以亿计，奴婢以千万数，田大县数百顷，小县百余顷；宅亦如之。于是商贾中家以上大氐（抵）破”②，汉政府又发了一笔横财。

算缗、告缗虽抑制了豪商大贾的非法活动，增加了国家的财政收入，解决了当时的财政困难。可是，这实际上是一种杀鸡取卵、竭泽而渔的做法，商贾之家的大量财产被没收入官，以及“重租税以困辱之”的方法，等于巨额工商业资本、高利贷资本不正常地退出了流通领域，极大地削弱了社会再生产能力，阻碍了商品交换的继续发展。这也造成大量工商业资本、高利贷资本退出工商业，加入到土地兼并的行列，也堵塞了农业过剩人口向私人工商业流动的渠道，是造成西汉中后期人民流亡和沦为奴婢的主要原因之一。

赀税，是指按民户财产征收的一种财产税，属于直接税。

汉武帝除了对商人、高利贷者、手工业者课征财产税外，还对一般民户征收“赀算”（或算赀），又称赀税或民赀税，也属于财产税性质，是对纳税人包括货币、田、宅、车、马、牛、奴婢等一切动产、不动产在内的全部财产，甚至衣履釜鬲等日常用品也计算在内，进行估价，然后根据财产折价后的货币总额征税，总值不足万钱者不征税，万钱以上者按“赀万钱，算百二十钱”的标准征课。汉代官府登记家赀的办法先是由民户家长“各以其物自占”，“自占”后，由国家通过地方官吏对民户进行核算和“评赀”活动；如果隐瞒财产不报的话，则科以隐匿之罪③。这一税种后来被沿袭下去。其税率在西汉一代较长时间内是有赀万钱而一算，即1.2%。王莽时由于匈奴入侵，战事迭起，遂改为“赀三十取一”，可能只是暂时的权宜之计，直到东汉末赀

---

①③ 《史记·平准书》。

② 《汉书·食货志》。

算仍是统治者向人民剥削的主要税收。东汉以后的赀算率可能仍是西汉时的旧法。计赀征税虽有一定的合理性，但在具体贯彻中也存在诸多弊端。

曹魏统治时期，也曾实行过按评定资产征税的办法。晋朝以后，官府对各家各户的财产，进行核定、登记，编制赀簿，并以此来征税。南朝宋文帝时，因国用军需，下令上自王公，下至小民，均须献纳金帛私财，家赀满50万钱者，僧尼满20万钱者，缴纳资财的四分之一，后又规定不满3000钱者不征税①。北朝北齐时，民户分为九等，对六等以上的富户调令出钱，即征收财产税②。

赊贷税，亦称贳贷税，是对出贷货币或粮食收取利息所课的收益税，课征的对象是高利贷者，属于资本利息税。

西汉初年，由于经济复兴，生产和商品流通繁荣，一些商人凭借冶铁、煮盐以及巧取豪夺积累了大量金钱，以高息贷出盘剥百姓，最初政府对借贷营利未加限制，商人乘机渔利，年利率一般在20%。放出1000贯钱，一年可收息200贯，相当于一个千户侯的收入。汉武帝时，开始对高利贷收取的利息征税，即赊贷税，税率为每两千钱征收一算，即税率为6%，以限制高利贷业和高利贷者③。

隋唐及其以后，这种向高利贷商人征税的现象也时有出现。

间架税是以房屋为课征对象所征收的一种财产税，类似现代的房屋税。始于唐德宗建中四年（公元783年），以弥补军费不足为名开始的新税。由于两税法已将一切杂税都并入在内，属于两税之外的加征，并与两税法中的户税有重征之嫌。规定屋两架为一间，根据房间的大小、质量分三等征税，上等每间2000钱，中等1000钱，下等500钱④。由税吏执丈量工具及登记簿，至每家丈量登记，凡隐匿房间申报不实者，隐没一间杖六十，举报者赏钱50文，由隐匿者负担。这一税率在当时是很高的，而且不公平，对于一些没落家族来讲，房屋不少，却很少有土地或其他资财，出钱动辄须几万或几十万、上百万缗，负担是极其沉重的，对一般的老百姓也是一项沉重的负担。由于人民怨声载道，德宗被迫于785年废除该税。

五代十国时期也有征房屋税的记载，是向城市居民征收，不论房屋是否

---

① 《宋书·文帝纪》。

② 《北齐书·后主纪》。

③ 《史记·平准书》。

④ 《旧唐书·卢杞传》。

属于自己，均以居住者为纳税人，强行征收，分夏秋两季交纳。

牲畜税是对规定的家养牲畜所征的税，始于汉武帝时征收的马口钱。这一税种是在战争频繁马匹伤亡严重急需补充，国家却财政困难无以购买；而老百姓饲养马匹的数量增多，所以对马征税，按头数折价，每千钱交税二十，即税率为2%。为弥补战马损失，武帝元鼎五年（公元前112年），下诏令边境人民养马，由官府借给母马，满三年后，十马还官一驹，即税率为十分之一。这促进了牲畜繁殖，并增加了税源。对牛、羊、鸡等六畜征税，税率为所饲养牲畜价值的2%①。

北魏时除对农户实行租调制外，还对从事畜牧业生产的牧民征牛马调。如永兴五年（公元413年）规定，诸州60户出戎马一匹，421年规定，调民20户出戎马一匹，大牛一头。羊满百口出戎马一匹②。对牛马征调，当是军事所需。

元代也有畜牧税，最早见于1229年，规定蒙古民有马百者出牝马一匹，牛百者出牸牛一头，羊百者出羒一。1296年下诏民间马牛羊百取其一，羊不满百者亦取之。

唐朝向富豪商贾征收一定比率的钱财，具有临时财产税性质。虽是债的形式，实际上这是强制征课的一种，已超出商税的范围，具有勒索商人的性质。为镇压安史之乱，各地驻军用度不足，天宝末年（公元755年），向豪商富户率贷，籍其家资，所有财货畜产，五分纳一，所收巨万计③。唐肃宗于756年向江淮、蜀汉一带的富商右族赀富，十收其二。建中三年（公元782年），德宗向长安商贾借钱，计得80余万缗，商人不胜其苦④。后来诸道节度使，多率贷商贾，以作军费，名为借，实为课。有的在津口要道或市肆等地，对持钱一千以上的商人，都按率收税。率贷发展的结果，使各临时财产税转变为营业税或通过税性质的杂税，严重阻碍了商业的发展。

---

① 《汉书·西域传》。

② 《魏书·太宗纪》。

③ 《古今图书集成·食货典》卷217，《杂税部》一，《唐》一，“天宝”条。

④ 《资治通鉴》卷227，“德宗建中三年”条。

五

虽然历史上工商税收的征收制度缺乏连续性，带有一定的随意性，但还是有发展规律可循的：

一是商品经济的发展为工商税收的征收奠定了物质基础。唐朝中期以前，工商税收在财政收入中的地位无足轻重，但是安史之乱后，由于土地兼并日趋盛行，农民破产流亡加剧，均田制和租庸调法彻底崩坏，再加上朝政黑暗，整个统治阶级的骄奢腐败，战乱频繁，藩镇林立，不断截留中央税款，国家财政收入屡告困厄。另外，城市工商业和各地区商业的发达，使商品经济有了长足的发展，相当程度冲击了原来的封闭的自然经济结构，为政府征收新税奠定了物质基础。财政收入的窘迫迫使国家财政政策不能不改弦更张，日益注重工商税的收入，由此逐渐设立专门机构，管理进出口船舶，对盐、酒、茶等主要商品进行集中经营管理或实行专卖及征收商税，从而使工商税收成为国家收入的主要辅助来源。这也同时反映了随着商品生产和交换的发展，商人的数量及其经济力量迅速增长。特别是到北宋时期，商业市场的不断扩大，全国各地新兴大小不等的“市”星罗棋布，交易繁盛，钱币应用逐渐广泛，城乡相对自由贸易成分有较显著的增长，以及生产关系的组织有了一些量的变化等，为财富的积累与豪商的发达提供了条件。商业、商业资本和商贾势力的发展，促使生产越来越具有以交换价值为目的性质，促使生产规模的扩大和产品越易转化为商品，致使宋代商业得到持续的发展和繁荣。宋朝时各级政府出于财政的、社会的、政治的等多方面的利害关系，在很多情况下大都积极从事商业贸易活动，重视商税的征收，商税在国家财政上的作用日益增大，使北宋成为鸦片战争前唯一的商税超过农业税的朝代。

二是政府征收工商税收的目的不是为了引导经济发展，而是增加财政收入。

由于受到“重义轻利”、“重农抑末”等传统思想的思想，在统治阶级的舆论看来，商税课证，说到底也只能是一种财政上的补充手段，是不得已而为之，与先王先圣的训条是不符合的。从西周产生到唐代，商税的征收都没有形成一种系统、完善的制度。在唐代时，商税名义上始终是一种“杂税”，不但与所谓正税有别，而且与义仓税、青苗钱等附加税相比也是等而下之。杂税的存在，从正统的地主阶级观念的指导准则——儒家经典来看，总是一种不光彩的事，难以列入施政治国的纲领和方针。在唐代，朝廷中官员要求减少或取消课征商税者不乏其例，主张征收商税的官员，往往被视为奸佞之臣、好利之徒，受到舆论的鄙视和指责。至两宋，这种看法才有了较根本的改变。宋朝以扩大的商品流通作为财政基础，实行商税制。由于社会分工和社会生产力的发展，国家直接控制商业的方式转变为间接控制，从而为工商业的发展和商税的增加提供了一个宽松的环境。

蒙古族建立的元政权后打破了这一进程，使商品经济受到了极大摧残。一直到后来的清政府，都不重视工商业的发展，对工商业控制、压抑、打击，把工商视为“末业”，认为兴商既不合祖宗成法，也对国家无利。雍正曾经指出，“农为天下之本务，而工贾皆其末也。今若欲于器用服玩之物，争尚华巧，必将多用工匠。市肆之中多一工作之人，即田亩之中少一耕稼之人。且愚民见工匠之利，多于力田，必群趋而为工，则物之制造者必多，物多则售卖不易，必至壅滞而价贱。是逐末之人多，不但有害于农，而并有害于工也。”[①] 在这种思想指导下，政府对民间手工业和商业在经济上实行高额征税，低价收购，无偿摊派；在政治上或限制其开设，或控制其流通，或严格约束工人，或指定特许的商人，对工商业的发展千方百计地压抑阻挠，因此，政府征收工商税收的目的既增加财政收入，又限制工商业的发展，“重税阻之”。

三是工商税收的不稳定性。

工商税收虽然早在西周时期就已出现，但由于不同朝代的统治者，或者同一朝代不同的时期，当政者对工商业的态度都是不同的，其税收政策就有差异。因此，即使到了唐代前期和中期，“商税”这一名词还是较罕见，商税的概念也很不严谨。人们认为只要是对商人的征课，就可以看作税商，而对征课的性质并不加以区别。与此相适应，政府在商税的课征内容、范围和税率标准等，是经常变化、时断时续的，呈现很不稳定的状态。因此，即使在唐代，商税制度还尚处于萌芽阶段，它还需经历一个相当的发展阶段才趋于成熟。即使到鸦片战争前夕，工商税收在全国也没有统一的税法，大多由地方官随时酌收。例如，对坐商征收的落地税（即于各市集乡镇征收的“市

① 《清世宗实录》，卷57。

税”)，其收入之款交由地方留作公费，不入国税正税项目。实际上，留作地方公费不过是虚有其名，收入为官吏贪占殆尽。史载，“各地方官征收落地税银，交公者甚少，所有盈余，皆入私囊，雍正三年……广西梧州一年收税银四、五万两不等，止解正项银一万一千八百两，浔州一年收税银二万两，止解五项银二千六百两”[①]。后来，政府加以整顿，雍正十三年颁布谕令：“着通行内处各省，凡市集落地税，其在府州县城内，人烟辏集，贸易众多，且官员易于稽查者，照旧征收，但不许额外苛索，亦不许重复征收。若在乡镇村落，则全行禁革，不许贪官污吏假借各色巧取一文”[②]。经此整顿，落地税的弊端稍有减少，但变相的苛征仍然存在。

---

① 《清文献通考·征榷考》。

② 《清实录经济资料辑要》，中华书局1959年版，第766页。

第十六章

中国杂税史论

历朝历代，赋税收入构成了国家财政收入的主体。中国历史上的赋税种类颇多，如果按照课税对象来划分，大致可分为土地税（或田税）、人头税（或者在历史演变过程中与之相关的徭役、丁税、户税）和工商税收三大类。在中国古代农业社会里，田税以及与之相关的丁税、户税一直是国家的主体税种和主要赋税，在财政收入中起支柱性作用，故又被称为“正税”，即正额赋税。

夏、商、西周三代，主体经济都是农业，国家财政收入的主要来源是农业的租税、军赋和徭役。夏、商、西周三代农业采取集体耕作的方式，土地制度是土地王有制，实际上是一种类似国家主权的抽象的所有权，表示是王代表国家对于整个领土和臣民的主权，“溥天之下，莫非王土；率土之滨，莫非王臣”[①]。王通过“授民授疆土”的封爵方式分赐给诸侯、卿、大夫、士等各级奴隶主贵族。因为土地所有权的层级分割，对于土地的完整的私人所有权并不存在，所以土地不可以作为私有财产来买卖，即“田里不鬻”[②]。土地

① 《诗·小雅·北山》。

② 《礼记·王制》。

分赐单位则是“井”，各级奴隶主贵族从天子那里受封取得土地和人口，也就依制按照他所受封的土地多少和属于这块土地的居民人数负有向王尽纳租税、军赋、服徭役的义务。

一

杂税，亦称“杂征”、“杂赋”，是对正税以外的一切税捐的总称，是国家正税的补充形式。据宋代高承《事物纪原·利源调度·杂税》记载，杂税产生于西周后期，“周衰之末，诸侯以强霸相尚，兵革不息，故费博而什一不足，此杂税之法所由起也”。在夏、商二代和西周前期“工商食官”，手工业和商业都属官办，所以没有工商杂税。到了西周后期，由于剩余的农产品和手工业产品的交换活动日益增多，在官营手工业和官营商业之外，出现了家庭副业形式的私营个体手工业和商业，商人活动的范围已不是几十里、上百里的小范围，而是来往于各诸侯国乃至海外。周统治者一方面出于保护农业劳动力的需要，对从商之人加以抑制；另一方面也是为了满足统治阶级日益增加的财政需求，就需要对参加商品交换的物品征税。西周专设“司关”和“廛人”两征收机关，分别课征关税和商税。后来，西周又有针对山林、园池、水泽、湖泊出产的各种物品所课征的税，山林所砍伐之薪木，猎捕行兽之皮、角、齿、羽翮，河湖所捕之鱼，池海所产之盐等物均属课征对象，缴实物，交由玉府，称为“山泽税”。

秦汉时期作为国家主要财政收入的人头税和土地税主要用于官吏俸禄、军费等政府机构运转开支，皇帝和宗室费用则来自于杂税，主要为“关市之赋”和“山泽税”。“关市之赋”，即“市井租税”，是对通过国家所设关卡的行商征收的商品通过税（时称关税）和市肆的坐贾征收的商品交易税、店铺税（时称市租）以及针对特产所征收的盐税、酒税、矿产税（如铁税）和渔税等。另外，还有专门针对商人、高利贷者、手工作坊主征收的算缗钱、算商车（资产税性质），按民户财产价值征收的算赀（赀税），对出贷货币或粮食收取利息所课的赊贷税（资本利息税），对规定的家养牲畜所征的牲畜税等。据《汉旧仪》载：“山泽鱼盐市税，以给私用。”《史记·平准书》又曰：

"而山川园池市井租税之入，自天子以至于封君汤沐邑，皆各为私奉养焉，不领于天下之经费。""山泽鱼盐市税"与"山川园池市井租税"都是供皇室"私用"、"私奉养"的。其中，"山泽鱼盐"之税应等同于"山川园池"之税，即《汉书·百官公卿表》载少府所掌"山海池泽之税"。可见，西汉时期杂税就开始名目繁多，特别是武帝时期及之后，关市税征收的目的主要在于增加财政收入，因此出现税制混乱、无定制、课税范围广、税率高、税额重、重复课税严重等问题，严重危害和扰乱了经济发展。

三国两晋南北朝时期，由于长期处于乱世局面，政府从增加财政收入的角度使杂税繁多，如两晋时不断在国内道路、河流、桥梁等重要交通要道上广设关卡，征收商品通过税，每卡"十分税一"，南朝时税率不断加重①，成为逼商营私的工具，梁武帝时，不得不下令优减，"东境去岁不稔，宜广商货，远近贩鬻米粟者，可停道中杂税。"② 还有针对行商征收的入市税，对坐商征收的店铺税，对田宅、奴婢、牛马等大额交易按成交价格征收估税（后世契税之起源）及小额交易征收散估税（商品交易税之雏形）。名目繁多的杂税虽然增加了财政收入，却抑制了工商业的发展。

从理论上讲，徭役已折为庸并入正税，但是，制度和规定是一回事，政府执行则是另外一回事。役变成税后，税外又生役，唐朝在役折庸后征调现役的事例很多，后来发展为名目繁多的杂徭、丁役。

到唐朝中期，土地兼并加剧，土地向各类地主、官僚手中集聚，国家控制的土地越来越少，这样就难以维持对农民的授田了，均田制遭到破坏。农民丧失土地，生计无着，但只问身丁、不问财产的租庸调仍照常征收，过重的负担使农民大量破产，或者沦为豪强地主庄园里的隐户、庄客、雇农，或者背井离乡，流亡异地。再加上政府实行"摊逃"政策，即把租庸调旧额分派到没有逃亡的民户身上，这样一来，未逃亡的民户也只好逃亡，形成了一种恶性循环，导致政府失去了大量的纳税户，户籍紊乱，失去了赋役征收的依据，作为正税的租庸调"所入无几"了③。

为了维持财政收入，在正税之外出现了杂税，一是向民户征收的与租庸调制并行的户税（民户资产等级征收的货币税、资产税性质）和地税（按田

---

① 《隋书·食货志》。

② 《南史·宋纪中·武帝》。

③ 《旧唐书·杨炎传》。

亩征收的地税）；二是政府征发派科的各种形式的杂徭、色役；三是多种商税，各种繁杂的税收使纳税人“旬输月送无休息”，严重影响了社会生产。

从理论上讲，所有的正税、杂税都并在了两税中征收了，杂徭、色役（不用去服役，折纳货币）、商税等应该退出历史舞台了，但在实际执行中往往是另一回事。特别是两税法规定的“量出以制入”的财政原则，更为政府摊派各种杂赋、杂征提供了借口。据《旧唐书·食货志上》载：“大抵有唐之御天下也，有两税焉，有盐铁焉，有漕运焉，有仓廪焉，有杂税焉。”在杂税中，有针对商品的按2%的税率征收的商品通过税；有针对竹、木、茶、漆等征收的特产税；对交易所得、公私支付钱物、物物交换等都按物品价值征税；对有市籍的商人征收的市籍租；向田内有青苗的田主征收的青苗钱、地头钱，甚至出现“田园荒尽尚征苗”[①]。自北宋时期，于两税之外加征的职役在明朝时更为繁杂，有里甲役、均徭、杂泛、工匠役、工役等，以及以银代输，银差之外又加征力差。力役之外派生出五花八门的苛捐杂税。《金史》曾这样记载杂税：“物力之外又有铺马、军须、输庸、司吏、河夫、桑皮故纸等钱，名目琐细，不可殚述。”[②] 名目琐细是杂税的固有特征，故称“不可殚述”并非虚言。唐代以来，商品经济有了很大的发展，作为正税补充的杂税也被不断累积推出。宋初，曾对五代十国时期所留下的杂税进行整顿，并将其以“杂变之赋”的名称确定下来。宋初杂税之所以被称为“杂变之赋”，是因为各项杂税的征税对象都转向田亩，变成了事实上的田税附加税。正如《续资治通鉴长编》所言：“自唐以来，民计田输赋外，增取他物，复折为赋，所谓杂变之赋者也，亦谓之沿纳。”[③] 《宋史·食货志》中也进行了解释：“曰杂变之赋，牛革、蚕盐之类，随其所出，变而输之是也。”此处“变而输之”，就是把其他征税对象的杂税都改为通过田亩征收，变成了随田杂税，或者说是田税附加税。其本质上还没有形成单一性质的杂税，无论是税种、税额还是税率、税物形态都各自独立，整体上仍然处于多税种联合体状态，“名品烦细，其类不一”。陈靖在给宋真宗关于江南杂变之赋的上书中称：“且江南伪命日，于夏税正税外，有元征钱物，曰盐博绢、加耗丝绵、户口盐钱、耗脚斗面、盐博斛斗、酝酒曲钱、率分纸笔钱、析生望户钱、甲料丝、盐博绵、公用钱

① 王钦若：《册府元龟》卷488，《邦计部·赋税二》，中华书局1960年版。

② 《金史·食货志》。

③ 李焘：《续资治通鉴长编》，中华书局1992年版，第2642页。

米、铺衬、芦（竹席）、米面脚钱等凡一十四件，悉与诸路不同。”[①] 文中所列杂税名目竟有 14 种之多。张方平在《论免役札子》中也指出北方杂变之赋的繁杂名目：“自古田税，谷帛而已。今二税之外，诸色沿纳，其目曰陪钱、地钱、食盐钱、牛皮钱、蒿钱、鞋钱，如此杂料之类，大约出于五代之季急征横敛，因而着籍，遂以为常。”[②]

除了随田征收的“杂变之赋”外，还有通常意义上的工商杂税。关市之征在宋朝以后空前发展，宋朝有针对行商的“过税”，按物品价值的 2% 缴纳，如果是官府所需物品，将被抽税 10%。对坐商则征收住税，按 3% 的税率征收[③]。从 992 年起干脆实行关税、商税预算定额制度，命令各州以 988—992 年间实际征收额最高年份的税额为“比额”（祖额）。为完成预算或超额完成预算，官吏不断增加税栏（卡）、提高税率、增加税所。熙宁十年（公元 1077 年），全国各地（除四川外）税务所由前几年的 1600 余所增至 1788 所；四川各地税务所有 200 余所，收税 167 万余贯[④]，商税收入由真宗景德年间的 450 万贯增加到仁宗嘉祐时的 2220 万贯[⑤]，致使商民负担沉重，商旅不行。对进口商品的征课采取两种方式，一曰抽解（分），二曰博买，交易的品种由北宋初期的 50 余种发展到南宋的 300 余种，市舶课收入大增。

北宋商税成为财政收入中重要的一项，是晚清以前唯一的工商杂税收入超过农业正税的朝代。

明代两税法，虽然在原则上沿袭了唐宋的两税之名，但在内容上所包含的税目却是越来越繁杂琐细，附加税越来越多。如弘治十五年（公元 1502 年），夏税税目达 24 项，包括大小米麦（具体又分麦、小麦、大小麦、米、米麦、米豆 6 种）、麦菽、棉花折布、麻布、税丝、本色丝、折色丝、丝绵并荒丝、农桑零丝、绢、本色绢、改科绢、农桑丝折绢等。秋粮税目共有 17 项，包括米、枣子易米、枣株课米、鱼课米、改科丝折米、牛租米谷、课苎麻折米、地亩棉花绒、棉布等[⑥]。一些税目的制定本来是作为一种劝农政策，但执行的结果却变成了两税的正额，再如一些杂项课目，本与土地毫不相关，

---

① 赵汝愚：《宋名臣奏议》，文渊阁四库全书本，第 432 册，第 263 页。

② 张方平：《乐全集》，文渊阁四库全书本，第 1104 册，第 1913 页。

③ 《宋史·食货志》。

④ 《宋会要辑稿·食货》。

⑤ 《古今图书集成》，中华书局影印本，第 693 册，第 44 页，为 1975 万贯。

⑥ 万历《大明会典》卷 24，《税粮》一。

也并入两税税目，如专向渔户课征的“鱼课米”、“鱼课钞”，向制酒醋户课征的酒醋杂课等，亦归入两税。再如牛租，本来是官府为了鼓励垦荒生产，备办耕牛租借给农民使用，农民使用官牛所交纳的米、钞，就叫做牛租米谷或牛租钞。但是，这种临时性的租金不久也成了两税的正额，即使不使用官牛，也一率征收。其他“箕敛财贿”的名目还很多，以上正税上的各项杂税附加，加重了税户的赋税负担。

随着土地兼并的加剧，到明代中期，“小民税存而产去，大户有田而无粮”的现象非常普遍[①]。赋税不均，力役滥征，赋税制度混乱不堪，积弊丛生，农民困苦不堪，纷纷逃亡，到了非改革不可的地步了。1581 年的“一条鞭法”改革，实现了地税与徭役、丁税及由此派生出的各种杂税的合一，但大部分地方实行的不彻底，只把部分丁役、丁银摊入地亩。康熙末年（公元 1716 年）开始试点。雍正时（公元 1723—1735 年）进一步实行“摊丁入地”、“丁随地起”的办法。乾隆时期，停止户口编审，地、丁两税完全合一，完成了自唐朝中期以来人头税向资产税归并的历程，完全从法律上废除了人头税，确立了以田定税的制度，结束了我国赋役史上 2000 多年的赋、税、役分征的混乱局面。

明清时期商品经济进一步发展，在前代的基础上，又相应产生和完善了一系列税种，除了传统的盐课、茶课、商品通过税、市税外，还有牙税（向牙行或牙商征收的一种营业税）、当税（当铺营业税）、契税（对不动产的契约所征收的税）、落地税（坐税）、矿税等。

晚清时期于 1853 年开征的厘金，集以前各代市税之大成，成为一个固定的商业税。厘金从征收形式上看，有活厘（或行厘，对行商征收的通过税性质）和板厘（或坐厘，对坐商征收交易税或落地税性质）两种，值百抽一；征收范围按其课税品种划分，有盐厘、药厘、土药厘、百货厘四种，其中以百货厘课税对象最广，人民生产、生活所需的一切日用品、必需品都在抽厘之列，甚至达到无物无厘的程度，厘金收入成为晚清政府的一项重要财政收入。

民国时期杂税税目繁多，十分混乱。除了前述传统的烟酒税、矿税、契税、当税、牙税等外，还有了仿效西方征收的现代税，如印花税、所得税、遗产税、牌照税、筵席及娱乐税等，而严重扰民的则是厘金。1931 年，国民

① 《嘉靖实录》卷 204。

政府正式废止厘金而征收统税（货物税）前，有坐厘、行厘、货厘、统捐、税捐、铁路捐、货物捐、产销捐、落地税、统税等。全国厘卡重重，1924年，全国有厘卡税局784处，分局卡2500多处，几乎所有主要水陆交通要道都设有厘卡[①]。厘金征收各自为政，税率各地不一，多数省份在2.5%—10%之间，也有少数省份高达20%以上。苛繁的厘金税，严重地阻碍了社会经济的发展。

二

杂税、杂课与无名摊派，是君主中央集权制国家财政分配的重要特征，因此，历朝历代在所难免。客观地看，唐两税法实施前，这类情况并不十分突出。两税法“量出以制入”的财政原则，首开摊派定税后，杂税、杂课与无名摊派即如鱼得水，日盛一日，杂税作为国家正税的补充形式，开始不可或缺。这里仅以两税法之后的两宋为例，即可见一斑。

两宋的杂税课名目主要有：

农器耕牛税。宋初即有此税，即对农器买卖、耕牛买卖进行征税，而且牛死后，还以军需物资为理由，要人民把牛皮筋角交给国家，其后改纳物为纳钱：牛皮一张、角一对、筋四两，共纳钱1500文，后成定制——牛皮钱。

缣税、纱税等特产税。鄂州崇阳曾征收过缣税（丝织的细绢），杭州萧山县曾征收过纱税，舒州宿松等地有刍税、菰蒲税，绍兴市还有柴米税、竹木税，自北宋时一直存在。

度牒与官告。度牒是国家给僧、尼、道士、女冠出家的执照，也可说是他们的身份证。因为出家人享有一定免役和免税特权，又不从事农业生产，对国家财政有一定影响，所以须加以限制。政府便以高价出售度牒，两宋时期一遇急需，辄发大量度牒，并税僧尼。

免夫钱。宋与金合兵灭辽收复燕京时，军费耗竭，于是收免夫钱，凡是应该出力役的人，都贡金出钱，仅此一项，共获缗钱6200万。

---

① 贾士毅：《民国续财政史》（二），商务印书馆1934年版，第461页。

免行钱。凡是工商各行设肆卖东西的，都叫行铺。五代时，军人当政，他们到各个行商的店铺买东西时，不给钱或少给钱，使商人深受其害。宋初循行未改，商人为免去这种负担，情愿出钱来换得政府免除行铺免费或减价供应财物的义务，这钱即为免行钱。

钞旁定帖钱。钞旁定帖钱又称印契税钱，宋太祖开宝二年（公元 969 年）开征，对人民典卖田宅大宗货物的买卖行为，依据典卖价格课征。凡百姓典卖土地、房产等，先自立契约，称“白约”，在规定时间内到官府购买印契纸，将白契帖在钞纸上，官府盖印，视为合法契约，称“红契”。白契变红契要纳税，官府依契约载明价格征收契税，税率最初为 4%，后增为 10%，而且税目也增加了耕牛、舟车、嫁资、遗嘱及民间葬地在内等内容①。嘉祐末（公元 1062—1063 年）按户价每千钱输 40 钱；宣和末（公元 1124—1125 年）又增为 100 钱。牙契之外，曾于每年收勘合钱十文，后又增三钱。大致每百千，交十千多的税。户绝后的产业，包括部曲、奴婢、店宅、资财等，户主死绝后，要近亲转易货卖，所得的钱，除了营葬及功德等费而外，剩下的钱，如有出嫁女者，给她三之一，其余全数归公。南宋以后，契税进一步加重，以致成为按民户物力科派的弊政，名为“预借契钱”，结果致民间逃避契税的现象十分严重。

头子钱。头子钱是支付税，凡是和官家往来而发生的银钱出纳事务要缴纳。熙宁七年（公元 1074 年）规定：“役钱千，别纳头子五钱，凡修官舍作什器、夫力辇运类，皆许取以供费”②。这时头子钱只是作为地方收入，充地方经费。南宋因财政困难，于 1135 年规定头子钱增加到每贯收钱 23 文，南宋末为每贯 56 文。江西常平钱物，旧法每贯收头子钱五文足，也依各色钱事例，增为 23 文足，除 5 文依旧支用，余数输给经制司。以头子钱形式征课出纳支付税，这是中国税制史上一个特例，是腐朽政权腐朽行为的代表。

河渡钱。为国家出卖渡口行舟权利所取得的收入，宋采取包税形式，即所谓买扑，凡是愿取得渡口行舟权利的，依法先要提供一定财产抵押作担保，当承包期满后如交不上承诺的税金，即没收其财产作抵。

鬻祠庙。对在祠庙所在地占据地皮经营商业的行为，除个别有重要意义的祠庙外，都要征收税金，也采用包税制办法。

---

① 《文献通考·征榷考》。

② 《宋史·食货志》。

杂敛。以征商为主，宋代随着工商业的发展，苛征杂敛也日益加重，岁有定额的叫常课，无定额叫额外课。额外课名目有32种之多，其中历日（即历书）课、契本课（即契本税）、河泊课、山场课、窑冶课、房地租钱、蒲苇课7种，是全国性的额外征收，其余25种，均属地方性苛杂。额外课以外，又有许多无名杂敛。例如，典当税，典当之后再行卖出亦纳税；和买物品也是对百姓的剥夺，还要纳税；聘女的财礼也要纳税。

无名摊派。无名摊派一般指没有法定的征收制度、没有固定税源的临时征收。属于这种性质的苛派，在南宋时期是财政收入的一个重要内容。

经总制钱。经制、总制原为宋地方官制名。为筹措军政费用，宋创设经制钱，是多种苛捐杂税的综合体，汇集为一项上解款，方法是在卖酒、鬻漕、商税、牙税、契税、头子钱、楼店房钱等七税税额基础上，每贯增收20文，后来经制钱的范围不断推广，一岁得钱200万缗，又添酒钱、添卖糟钱、典卖田宅增牙税钱、官员等请给头子钱、楼店务增三分钱，以充经制钱，季终输送。总制钱为总制使翁彦国所创，是以总制司为名。后又施行经制、总制合而为一，名经总制钱，各商税每贯加征56文成为定制，包括卖酒鬻糟商税、牙税、头子钱、楼店钱等20多项。经总制钱成为宋代的重要财政收入来源，到乾道元年（公元1165年），经总制钱岁入由北宋末的200余万缗增加到1440余万缗，直至1700万贯[①]。无怪乎叶适大呼："经总制钱不除，一则人才日衰，二则生民日困，三则国用日乏。"[②] 经总制钱成为宋代独创的苛税，扰民虐民甚重，"宋之所以亡，自经总制钱"。

月桩钱。绍兴二年（公元1132年），韩世忠驻军建康，宰相吕颐浩、朱胜非令江东漕臣月桩发钱十万缗以赡军。当时，漕司分摊于各州县一例均科。结果，郡县横敛，铢积丝累，江东、江西受害最甚，这在当时本来是一时的应急调拨，后来却成为专项用款，定期解交的常赋了。

板账钱。板账钱亦属苛派之列。"如输米则增收耗剩，交钱则多收糜费；幸富人之犯法而重其罚，恣胥吏之受赇而课其入官，索盗赃则不偿失主，检财产则不及卑幼，亡僧、绝户，不俟核实而入官，逃户废田不与消除而抑纳，他如此类，不可遍举。州县之吏固知其非法，然其板账钱额太重，虽欲不横

① 《文献通考·征榷考》。

② 叶适：《叶适集》，中华书局1961年版，第774—776页。

取于民，不可得已”[①]。可见，上有所求，下有所法，苛派之生，是政治腐败所致。

无额上供钱。无额上供钱，有的称为无名上供，有的称为无额上供，这是五代的弊政，宋沿用未改。这种钱内容复杂，有钱、有银、有罗。宣和二年，无额上供钱达200万缗。

缺额上供钱。宋代兵士常多逃亡，造成缺额。对缺额兵饷，中央巧立名目，以“缺额上供”名义收归朝廷，这无疑是使“吃空额”合法化，兵制遭到破坏，有编制，有名额，无士卒，结果靖康之变，无兵抵抗。另外，还有上供助军钱等。

除上述各项之外，宋代还有身丁盐钱，个别地区虽然偶尔蠲免，但直至宋亡还存在。这是一种人头税，或收钱，或收绢，绢又折钱。其数额每州也是动以万计。南宋时，对僧道征免丁钱，每名纳二贯文至五贯文，职位高者，每名纳八贯至十贯文，但历年收入实数，远远低于僧道实有人数应缴之数。

民国期间的杂税更为更乱，以田赋为例，据不完全统计，全国25个省份田赋附加种类和项目共计673种，平均每省26种[②]。就其税率来说，附加额往往超过正赋数倍，比如“江苏灌云县课小粮之附加超过正赋31倍；灶田地亩捐及大粮附加超过正税三十倍。”[③] 沛县田赋，全年每百亩须纳附加税12种，共银47元7角4分，而正税只有9元1角，田赋附加超过正赋四倍以上[④]。另外，1931年裁厘后，通过税在各省仍然存在。以四川为例，从成都至重庆路途仅800里，途中关卡林立，有50多处，平均每十余里即有收税关卡一所，100元杂货须纳捐税在100元左右。征税名目有护商捐、江防捐、马路捐、自来水捐、统捐、印花捐、印红捐等，还表现为杂税杂捐，即各种对物征收的税费，名目繁多，泛滥到十分严重的程度。1937年，各省向财政部报送的材料显示，拟废除的杂税杂捐多达7000种。正如郭沫若在对联里所讽刺的：“自古未闻粪有税，而今只剩屁无捐”。

---

① 《宋史·食货志》。

② 邹枋：《中国田赋附加种类》，《东方杂志》第14号（卷34），第309—313页，1934年7月16日。

③ 陈明远：《废除苛捐杂税问题》，《东方杂志》第14号（卷34），第211—213页，1934年7月16日。

④ 许达生：《苛捐杂税问题》，《中国经济》第1卷第4期，1933年。

应该注意的是，由于杂税缺乏定制，其数额记载阙略，使人们对杂税在国家财政中所占的份额往往难以估计。尤其在战争、自然灾害等非常时期以及冗官、冗兵等弊政情况下，国家财政开支动辄成倍增长，杂税在财政收入中可能会达到很高的比例，这时亏空的部分几乎全都要靠杂税来弥补。

三

从历史发展规律看，一个王朝建立之初，总是轻徭薄赋，王朝没落之时总是苛捐杂税，即杂税作为财政收入的补充形式，在财政收入中的地位是“前轻后重”，甚至在两宋时期和民国初期，杂税比例超过正税。由于正税被法制化和规范化，其增税的空间受到限制。相反，杂税则比较灵活，具有随意性、临时性与非制度化等特征，可以实行多税种和多税率，所以若想在正税之外增加税额，杂税便成为经常性的手段。正因为如此，杂税经常游离于法律控制之外；正因为如此，若监控不力，多无常制的杂税便会成为滋生官吏巧取豪夺腐败行为的温床，加重国家的财政危机，甚至可成为封建政权覆灭的重要诱因。非法杂税的增多会导致百姓心目中政权的不合理性和非法性，这反过来促使古代政府对杂税进行整顿和规范。唐朝中期的两税法、北宋时期的方田均税法和募役法、明代中期的“一条鞭法”和清代的摊丁入亩便是将农业正税衍生出的杂税合法化使之归并到正税的一个过程。通过改革，使以往诸类杂变之赋有了一个统一的称谓，隐去那些繁杂的税种名目，更重要的还是促使它们向单一税种转化。杂税的多税种联合体和单一税种的区别在于征税对象、征税额度、征税物品和税率的差异，而通过改革将其归并到正税中，则简化了税目，减少了征税成本。

不过，当杂税被规范进农业正税而形成单一税种后，它的增税空间也受到了限制。当中央或地方财政困窘、需要在正税之外增加税额时，原来的杂税由于已经单一化，显然难以发挥作用，因而，从原有的制度土壤中再次萌生出新杂税就成为必然。尽管出现的新杂税使用了新名目，但其形成途径与产生机理却与原杂税具有相似性，甚至有些杂税仍沿用原来的名目，这一过程在杂税发展史上具有一定的规律性。明末清初的三大启蒙思想家之一黄宗羲曾经对这一规律进行过总结。黄宗羲通过研究唐“两税法”、明“一条鞭法”等赋税制度，认为“天下之赋日增，而后之为民者日困于前，使人民苦于暴税之三害：有积累莫返之害，有所税非所出之害，有田土无等第之害，主张重定天下之赋，而定赋的标准应以下下为则。”[①] 当代史学家秦晖教授以此为基础总结出“黄宗羲定律”。秦晖主要强调的是“积累莫返之害”，认为唐代的“两税法”、明朝的“一条鞭法”、康熙、雍正年间的“摊丁入地”以及民国时期的“田赋三征”等都是一种“并税式改革”，其主要特点只是把明暗正杂诸税都纳为正税，此后又加杂派加饷，导致农民的税负不断加重。此所谓“采非法之权令以为经制，总无名之暴赋以立恒规”[②]。由此他提出一个公式：$bn = a + nx$。

式中，bn 为经过 n 次改制之后的新税额，a 为原始税额，x 为摊派，n 为改制次数。

根据这个公式所表述的黄宗羲定律，农民的税负呈间歇性单边上扬的态势。实际上，杂税的历史演进过程体现了国家对杂税的法制化和规范化努力，其目的是促使杂税税种简化、税率固定，并最终实现杂税的依法管理。然而，杂税存在的前提是能够通过法外加派形式来补充正税税额的不足。当已有杂税被国家法律限定以后，其功能遂开始消失。于是，新的杂税再次衍生。由此也可以看出，中国古代社会杂税去而复返、屡禁不绝的现象，不能单纯地归咎于王朝政治的腐败，杂税本身内在机制亦发挥着重要的支配作用。

此外，杂税的演进及新杂税的衍生也涉及中央与地方政府的博弈。中央对杂变之赋整顿与合并的直接目的就是规范地方政府，使其对杂税依法征收，即便南宋时期中央增加了新杂税，也是以财政调拨名义出现的。地方政府往往借助杂税自赡，因而潜心寻找中央政府的制度漏洞。当南宋政府对地方财赋的索取额大大超出实际封桩存留份额时，地方政府征收新杂税便顺理成章了[③]。

由杂税透视秦汉社会，能得出很多有益的启示。从历史上看，每一次杂税并入正税的税制改革后又生新的杂税，农民税负显著提升。其原因可能来自四个方面：其一是土地兼并加剧所引起的税源锐减。其二是战乱不止，一

① 黄宗羲：《明夷待访录·田制三》，中华书局 1955 年版，第 26 页。

② 秦晖：“并税式改革与‘黄宗羲定律’”，《中国经济时报》，2001 年 11 月 3 日。

③ 吴树国：“宋代杂税演进考论”，《郑州大学学报（哲学社会科学版）》，2010 年第 1 期，第 140—143 页。

方面使人口逃亡，税源减少。另一方面增加了政府的财政需求。其三是意在开展农村的改革，又没有相应的财政投入。其四是政府自发的膨胀和贪腐，如北宋时期，每隔30年，官吏人数和军队规模就可增加约一倍。这一规律不仅在北宋起作用，而且在历朝历代一再发生作用。另外，包括皇室在内的官僚勋戚的奢靡、官吏的贪腐。其中第三和第四两个方面可能会延伸到近代，如民国时期的乡村自治。此外，近代还有巨额的对外赔款进一步加重了财政负担。因此，加税成为政府必然的选择。如果国家根据经济发展水平、与当时的社会状况相适应，恰当地运用杂税的征收去调节收入分配，调控经济行为，调整阶级关系，这对于缓和矛盾、稳定社会也能起到一定的积极作用。如秦汉时期利用杂税的征收去抑制发展过热的工商业，调节农、工、商各业之间的协调；把原本供皇室“私用”的税收中的一部分用于促进社会经济的恢复和发展、实行社会救济。但在当时的社会机制下，封建国家通常不可能按价值规律办事，往往只从增加财政收入考虑，以为政治权利可以随意决定经济生活的发展方向。杂税的征收往往超过百姓的一般负担能力，最终影响和制约了社会生产和发展，甚至要付出社会动荡、改朝换代的代价。巨大的社会冲击会使新朝代的统治者开始关注社会公平，减轻赋税和徭役，收敛官僚大地主的特权，整肃官吏的贪腐，精简政府的开支，使农民负担有相当的减轻，促进经济恢复和发展，开始了新的循环。

四

新中国成立后的杂税，可以将之概括为“非税收入”，是政府为实现其职能，按照一定规则采取收费、基金等非税方式，由中央和地方分别筹集用于特定专门用途的财政性资金[①]。根据对政府非税收入的界定，政府非税收入是按照收入形式来对政府财政收入进行分类的结果，而预算外资金是相对于预算内资金而言的，是按照资金管理方式对财政资金进行分类的结果。非税收入泛指除税收收入以外的其他收入形式，预算外资金一定包括在非税收入范

① 李友志：《政府非税收入管理》，人民出版社2003年版，第3—7页。

畴中，而非税收入则不仅仅包括预算外资金，它跨越了预算内与预算外两个范畴。广义的政府非税收入包括公债收入、国有资产收益、收费、专项资金、罚没收入等；狭义的政府非税收入，不包括公债收入，重点是收费、基金及其他形式。大概包含三大类：一是“附加税”，如城市建设税附加、教育费附加、堤围费、防洪费、河道建设费、地方教育附加等。征收附加税或地方附加，要以正税为依据。二是政府凭借公共权力征收的公共收费，包括行政性收费、事业性收费、经营性收费等。三是政府性基金，包括各种基金、资金、附加和专项收费等。从现有的财政统计口径上看，非税收入包括了一般预算的非税收入、基金预算收入和预算外财政专户资金收入。

新中国成立60多年来的非税收入经历了由少到多的变化过程。

新中国成立初期，国家实行高度集中的财政管理体制。当时的非税收入数量和项目极少，仅限于：机关生产收入，主要包括行政事业单位的生产收入、屯垦部队农场机关与部队的菜园收入，民政部门所属的生产单位和劳改企业收入等，用于机关的零星开支；乡自筹资金，主要是公粮附加收入，用于农村文教卫生、行政经费和农村公益事业等开支。1951年政务院颁布《关于进一步整顿城市地方财政的规定》，统一规定了各种附加的项目和比例：工商税附加，比例在5%—10%的范围内；房地产税附加，比率最高不得超过20%；公用事业附加，因地制宜，不作统一规定；农业税附加为20%。1952年，预算外资金达到了13.62亿元，相当于当年国家预算收入的7.8%。

经过三年国民经济恢复时期，国家实现了财政经济状况的根本好转，1952年国家针对地方部门预算外资金管理比较混乱的状况，决定对预算外资金进行整顿，政务院颁布了《关于统一管理机关生产》和《整顿乡自筹的决定》，取消了各部门、各单位和部队的生产收入，除民政生产事业、劳动企业等以外的一切生产单位，一律作为国营企业管理，其收入一律纳入预算；对农村的乡自筹资金，按照“包、准、禁”的原则进行整顿，“包”就是把原来乡自筹解决的开支改为国家供给，由预算包起来；“准”就是继续允许地方征收7%以下的农业税附加，以解决农村公益事业的开支；“禁”就是除上述“包”、“准”以外，禁止任何摊派。这次整顿，对于稳定经济秩序和减轻农民负担，起到了重要作用，预算外资金的数量也相对减少，1953年，全国的预算外资金只有8.91亿元，相当于国家预算收入的4.2%。

但是这种高度集中的管理办法很快暴露了统得过死的弊端，不利于灵活地、及时地、因地制宜地解决地方、部门、单位的特殊需要。为解决这一问题，以后又允许企业建立各项专用基金，由企业自行管理，同时，为了调动部门单位的积极性，决定把行政事业单位的一些零星分散收入放在预算外自收自支，如养路费、养河费、中小学杂费等。到1955年年底，预算外资金主要包括：国营企业的专用基金，如奖励基金、福利基金和大修理基金；工商税附加；养路费、养河费、养房费；农牧业税附加；育林费收入的一半；中小学杂费收入；行政事业单位的零星杂项收入。随着预算外资金的项目和范围不断扩大，预算外资金数量也有所增长，到1957年，全国预算外资金达到26.33亿元，相当于国家预算收入的8.5%。

1958年，财政体制进行了较大改革。财权大幅度下放，国家对企业实行全额利润分成和超计划利润分成。国家还将四项费用改由利润留成中抵支，四项费用由预算内转为预算外，将城市公用事业附加收入也放入预算外，专用于城市维护。一些地区和部门自筹兴办的企业，利润不上缴预算。这样，预算外资金迅速增加。当时由地区部门负责管理的预算外资金达几十种，其中有工商税附加、农业税附加、城市公用事业附加、企业利润留成、农林水利和交通方面的一部分事业收入、勤工俭学等文教事业收入、城市中的公用事业收入和机关特种资金等。到1960年预算外资金已达到117.78亿元，相当于国家预算收入的20.6%。

1961年，中央决定对经济实行“调整、巩固、充实、提高”的方针，调整体制，对预算外资金进行了清理整顿，采取了“纳、减、管”的办法，即有的纳入预算，有的要减少数额，加强管理。从1961年起，国家调低了国营企业利润留成比例，1962年以后，除个别部门以外，不再实行利润留成办法，改为企业基金制度。经过清理整顿，预算外资金的数额减少，比例下降，1963年预算外资金只有51.85亿元，相当于国家预算收入的15.1%。到1966年，预算外资金的绝对额虽有所上升，但相当于国家预算收入的比例却下降到14.5%。

在“文化大革命”期间，企业、事业单位下放很多，财权也相对下放，预算外资金的规模又逐步扩大，主要有：从1966年起，将一部分折旧基金留归企业使用；从1970年起，县办“五小企业”在两三年内将实现利润的60%纳入预算，40%留给县财政。到1976年全国预算外资金达到了275.32亿元，相当于国家预算收入的35.5%。但这一时期，各项财政制度遭到破坏，财政管理工作相当混乱，擅自设立预算外项目，乱收费，乱摊派，划预算内为预算外的现象相当普遍，也扩大了预算外资金的规模。

在1966—1976年中，国民经济积累问题很多，粉碎“四人帮”以后在经济体制上进行了一些调整。调整时期预算外资金也发生了比较大的变化，主要有：1978年1月，经国务院批准，改变了折旧基金全部留归企业和主管部门的办法，将折旧基金的一半留归企业，一半上缴国家。1979年又规定将上缴国家的50%中的20%留归地方财政统筹安排。

党的十一届三中全会以后，我国进入了贯彻开放搞活、实行经济体制改革的新时期，在财政管理体制改革方面，主要有：改进了预算管理体制，调整了中央与地方财力、财权的划分，又进而在利税分流框架的基础上进行了第一步、第二步利改税改革，推行了承包经营责任制，初步确立了国家与企业的分配关系，并改革了行政事业单位的财务管理制度等。预算外资金的数量迅速增加，规模迅速扩大：

在国营企业方面，一是恢复了企业基金制度。1978年国务院规定，凡是全面完成国家下达的产量、品种、数量、原材料和动力消耗、劳动生产率、成本、利润、流动资金占用等八项指标及供销合同的企业，可以按职工全年工资总额的5%提取企业基金；完成产量、品种、数量、利润等四项指标及供销合同的企业，可以按职工全年工资总额的3%提取企业基金。二是实行了利润留成制度。从1980年开始实行利润留成制度，建立生产发展基金、职工福利基金和职工奖励基金。1981年，对国营工、交企业和主管部门，根据不同情况实行多种形式的利润留成和盈亏包干办法。

在行政事业单位方面，主要有：改革了行政事业单位的财务管理制度，1980年起，实行了“经费包干，结余留用”的办法；增加了行政事业性收费项目，陆续开征了教育费附加、车辆购置费附加等；允许事业单位开展多种经营、有偿服务增加收入，鼓励事业单位由全额向差额，差额向自收自支过渡，对一些收入比较固定的自收自支单位实行企业化管理制度。

这些改革和调整措施的实施，使地方、部门和企事业单位的预算外资金迅速增加。1978年，全国预算外资金为347.11亿元，相当于国家预算收入的31%；到1985年，达到1530.03亿元，相当于国家预算收入的83.3%；到1992年达到2878.59亿元，相当于国家预算收入的97.7%。

1992年12月，财政部颁布《企业财务通则》和《企业会计准则》，进行了企业财务会计制度的改革，从1993年7月1日起，实行新的财务会计制度。根据《全民所有制工业企业转换经营机制条例》以及“两制”的规定，财政部相应调整了预算外资金的范围和统计口径，对原确定为企业预算外资金的部分，由企业自主支配使用，财政不再纳入预算外资金的统计范围。

1993 年，由于原来占预算外资金总量 75% 左右的国营企业及主管部门的预算外资金不再纳入预算外资金管理，由此导致预算外资金总量减少三分之二，全国预算外资金为 1432.54 亿元，相当于预算内收入的 30%。

为了取消以前中央与地方政府间的讨价还价式的财政包干制度，建立一个中央与地方明确和稳定的收入分配机制，1994 年进行了分税制改革，但是改革使地方政府并没有真正意义上的税收自主权，从上级政府获得的转移支付仅是“吃饭财政”，不能促使地方经济增长和为地方政府提供更多服务筹措资金，结果导致非税收入的超常增长。再加上我国经济体制改革的深入和政府职能的不断转变，国家财政包揽社会事务的格局逐步打破，一部分事业发展开始引入市场机制，为筹措经济建设和相关事业发展所需资金便采取政府性收费、政府性基金的办法，为促进经济发展起到了积极作用。但是，由于一些地方和部门在认识上存在偏差，管理体制不配套，政府行为不规范，加上受部门和集团利益驱动，分税制改革，并未使非税收入增长有所缓和，反而使它像脱缰野马不受控制地向前狂奔，特别是其中的预算外资金，不受正规财政管理约束而迅速增长，乱收费、乱摊派专项资金的问题非常严重。当时的非税收入呈现两大特点：

一是项目过多。据不完全统计，截止到 1998 年，全国行政事业性收费有 5000 多项。其中，属于全国性和中央部门的政府性收费有近 300 项，地方收费项目各省情况不一，最多的省有 400 多项。2004 年，全国各种政府性基金有近 500 项，其中除了 40 多项是经国务院或财政部批准设立的以外，其余基金项目均为各地区、各部门设立。根据财政部公布的《2010 政府性基金预算编制情况》，目前纳入政府性基金预算管理的基金共 43 项，其中按收入归属划分，属于中央收入的基金 9 项，属于地方收入有 20 项，中央与地方共享收入的共 14 项。

二是规模庞大。据不完全统计，1994 年，全国各类收费和基金收入为 7291 亿元，其中预算内的仅 455 亿元，占 6.24%，非税收入相当于当期全国财政收入 5218 亿元的 1.4 倍。1996 年，全国各类收费和基金收入为 10709 亿元，其中预算内的仅 836 亿元，占 7.81%，非税收入相当于当期全国财政收入 7405 亿元的 1.45 倍。

庞大的非税收入导致了一些问题：

一是收费和养人恶性循环。一些部门机构臃肿，人员冗余，没有经费来源，主要靠收费养人，以至于许多政府部门甚至一些部门中的每个职能单位都有收费项目，几乎每增加一项业务，都要以经费不足为由要求收费。

二是严重扰乱正常的国民收入分配秩序，侵蚀税基。非税收入过多，出现“三挤”，即费挤税、部门挤政府、地方挤中央。由于收费多，税费不清，混淆了纳税人法定的纳税义务和税外不合理负担的界限，使个人和企业及整个社会实际税收负担水平模糊不清，降低了税收收入的增长潜力。

三是资金使用管理不规范，滋长腐败。收费资金使用部门化的趋势日益严重，分散了财力，影响了财政对政府资源的合理配置，削弱了政府宏观调控能力；一部分收费资金没有按规定实行规范化财政管理，长期体外循环，缺乏必要的监督和控制。

四是收费膨胀为各级政府行为的非规范和随意性提供了物质条件，影响和阻碍中央政府全局性政策意图的贯彻和宏观调控的有效施行。

五是加重了纳税人的负担。收费增加了收费对象的交易费用，增加了社会成本，不利于增强企业的活力和增加居民消费，也不利于改善投资环境和吸引外资。

时任总理的朱镕基在1998年3月19日举行的记者招待会上说：目前存在的一个问题是费大于税。很多国家机关在国家规定以外征收各种费用，使老百姓不堪负担，民怨沸腾，对此必须进行改革，中央开始了清理工作，取缔了一些不合理的收费。截至1999年5月，中央部门宣布取消企业不合理收费973项，省级取消4288项，地市以下政府累计取消21410项。总计取消不合理的收费26710项，涉及金额每年985亿元。1998—2000年共取消收费、基金项目1800多个，减轻企业和人民负担700多亿元。

1998年全国各类收费规模达2175亿元，政府性基金收入规模为2392亿元，二者合计4567亿元，相当于我国同期财政收入的46.2%。2009年，全国政府性基金收入18335.04亿元，相当于同期全国财政收入的26.8%。2010年全国政府性基金收入决算数为36785.02亿元，相当于2009年全国政府性基金收入的两倍多，相当于同期全国财政收入的44.3%。

可见，非税收入在新中国成立初期，由于受高度集中的财政管理体制的影响，其规模相对较小，中共十一届三中全会后，随着分权化改革，其规模开始膨胀，非税收入涉及范围广，来源多样，数额庞大，在政府财政收入中所占比重很高，为支持特定基础设施建设和社会事业发展起了积极作用。在各国实践中，收费一直是除税收以外政府收入的主要来源，根据国际经验，在一国的全部财政收入中，非税收入（主要是收费收入）大体占15%左右，而我们国家的非税收入却远远高于这一比例，在20世纪90年代中期，非税收入甚至相当于税收的一倍多。

非税收入的膨胀在我国一直是一个严重和急需要解决的问题，它会干扰我国正常的财政秩序。仅就非税收入问题本身并不能抑制我国非税收入的膨胀。从根源上说，它受我国中央和地方政府间的财政分配模式的影响。因此，为了降低政府，尤其是地方政府对非税收入的依赖，必须从财政体制着手进行改革。要按照健全社会主义市场经济体制和完善公共财政体制的要求，通过深化改革、完善制度、健全机制。

第一，中央政府应该把更多的收入资源和收入权力让渡给地方政府。1994年的分税制改革使中央政府集中了越来越多的收入，也上收了更多的收入权力。实证研究已表明，这在一定程度上加重了地方政府对非税收入的依赖。因此，在中央和地方之间的收入分配上，应考虑增加地方政府的收入份额，增加地方政府的财政自给能力，最重要的是要培育各级地方政府的主体税种，并赋予地方政府一定的开征税收、决定税率和税基等权力。

第二，财权的分配要和事权的分配相结合。与收入分配改革要同时进行的是，要增加地方政府的支出规模，将更多的收入用于地方公共项目支出，提供更多的地方公共服务，还要增加地方政府在这些支出项目上的决定权。

第三，在赋予地方政府更多的财政自主权时，要建立好对地方政府的监督和激励机制，要约束地方政府更好地运用收入和支出的资源和权力。只有从根源上解决我国的财政体制问题，再加上把地方预算外收入逐步纳入到预算管理，加强预算外收入的法治化管理，才能根治我国非税收入问题，真正规范我国的财政秩序。

第四，进一步推进税费制度改革，“正税清费”，清理、规范非税收入，清理到期的基金项目，继续对现有收费进行清理、整合和规范，依法从严审批设立新的基金项目，严格控制基金规模。优化财政收入结构，逐步建立以税收为主、非税收入为辅的政府收入分配体系。

五

人们一谈到财税体制改革，往往总是先讲正税方面的改革，容易忽视“杂税”，即各级各类名目繁多的行政性收费改革。

1985年，我国财政体制实行大包干，调动了各级政府增加财政收入的“积极性”，从而出现了乱收费的高潮。

据抽样统计，在我国沿海各省、直辖市范围内，除了税收法律、法规明确载明的各类正税——如增值税、营业税、消费税、企业所得税等以外，由中央各部门、省、市、地、州、县各级各类行政机构规定的行政收费项目，少的不下500种，多的不下800种，其中，不包括各类半官方的事业单位和乡镇一级政府收取的各类杂税——行政性收费。20世纪八九十年代，据典型调查，有的市、区、县财政收入的构成，大体上是正税收入与杂税收入各占一半，呈平分天下之势。杂税——行政性收费与正税等量齐观，杂税挤正税，扰乱了财税秩序，加重了企业、厂商和城乡居民负担。造成这种局面的主要原因是：各级行政机构衙门过多，冗员过多，粥少僧多，“人吃马喂”经费不足，就乱开收费的口子，且大有愈演愈烈之势。

行政事业性机构单位过多，且大多超员，行政事业费不足。据典型调查，在区县乡镇一级行政机构或事业单位（例如街道办事处），其行政事业费支出的50%靠收取各种名目繁多的行政事业费过日子。拆东墙补西墙，墙墙有漏洞。这是历届政府清查整顿“三乱”——乱收费、乱罚款、乱摊派，屡整屡乱，越整费越多的根本原因，也是深层次原因。

彻底革除乱收费的弊政，首先必须整顿“衙门”——行政机构，撤销、合并、精简机构，裁减冗员，精兵简政，严格控制行政机构以及行政事业单位编制。庙少了，和尚少了，粥才够吃；庙太多，和尚太多，粥就不够吃。“皇粮国税”支撑不了开支，各级各类“衙门”以及“准衙门”才会“八仙过海各显神通”，乱收费，乱罚款，乱摊派，杂税林立，滋生了腐败，加重了厂商、企业和城乡居民的非税收负担。

为了“清费立税”，对各级各类的杂税——行政事业性收费，要进行深入具体调查，分门分类分析。

行政事业性收费——杂税，大致可分以下几类：

国务院发文（行政性法规）确定的行政性规费。

国务院有关部门发文收取的行政事业性收费。

省、自治区、直辖市政府有关部门下文收取的行政事业性收费。

计划单列市、省会城市、地级市、县级政府有关部门下文收取的行政事业性收费。此类收费应配合机构改革，或合并，或取消。

农村乡镇、城市街道办事处下文收取的行政事业性收费。此类收费应当明令禁止，立即取消。

各级各类国有事业单位——“准衙门”发文收取的行政事业性收费。此类收费应当明令禁止，立即取消。

各级各类行政机构、事业单位违反法律、法规，有令不行，有禁不止，擅自扩大收费项目、收费范围、收费标准收取的行政事业性收费等杂税。此类收费应当立即取消。

各类企业、厂商利用垄断地位或者优势地位强制向消费者收取的在商品、劳务价格之外的费用，如餐饮业包间加收10%服务费，一次性筷子、纸巾费、开瓶费等。此类收费或取消，或并入价格，厂商企业一律不允许价外收费。

为了“清费立税”，从理论上、法律上必须厘清行政性收费即杂税与正税之间的关系，而且要厘清行政性收费与价格之间的关系。合法的、规范的行政性收费——杂税以及小税种一般属于地方财政收入，而且在地方财政总收入中所占比重一般不应超过10%。此类行政性收费，应由国务院发文确定国务院各部分以及省、自治区、直辖市政府发文收取的行政性规费，应按国务院批准方可确定、施行。

行政事业性收费，如机场建设费，主体是各级各类行政机构，不是行政机构无权发文收取行政事业性收费。

各类企业、厂商的各项营销费用开支（包括利息），实际是商品、货物、劳务价格，尽量应当归并到销售成本或价格中去，企业、厂商对消费者也不应该价外收费。

各级各类行政机构和行政事业单位要精简机构，严控编制，这些机构和单位包括人员开支“吃皇粮”，预算不应留缺口，更不能“创收”，他们由纳税人供养“吃皇粮”，为纳税人和公众提供公共产品和服务。

2008年，国务院新一轮机构改革也已告罄。全国各省、自治区、直辖市机构改革也正相继进行。伴随各级行政机构改革，特别是有些行政机构或撤销，或合并，此时，正是清理、废除部分“杂税”即行政性收费的大好时机。机构撤了，合并了，原来机构征收的杂税即行政性事业收费就可以清除掉。这样阻力小，难度也不大。这是一个“顺水推舟”、“顺手牵羊”的好机会。因为“庙”拆了，“和尚”走了，部分“杂税”就可以从根子上顺便清除了。俗话说，“扬汤止沸，不如釜底抽薪”。商业性收费，实际是商品、货物、劳务价格，应由买卖双方说了算，且应明码标价。例如，社区物业公司物业费收取，应由业主管委会与物业公司协商，最后由业主说了算。业主管委会是“主人”，物业公司是“管家”，“主人”确定同意不同意，“主人”确定合适不合适。“主人”制约“管家”，而不是“管家”制约“主人”，按“霸王条款”。物业公司不能由房地产开发商或工程承包商说了算。只有这样，才能从源头上根除社区（住宅区）物业公司乱收费或者出现霸王合同收费的现象和弊端。

从成品油税费改革看“清费立税”的思路应当是：

非行政机构包括国有事业单位非法收取的各类“杂税”，随着国有事业单位体制改革和人员分流，原则上应当“一刀切”，分期分批，统一取消。

各类企业、厂商价外收费，原则上应当明码标价，并入商品、货物、劳务价格中收取，取消价外收费。

配合各级政府机构改革，各级各类行政机构如果撤销、合并，原则上原来收取的各类行政性收费应当一律取消。

根据简化税制的要求，凡需保留的各类行政性收费，大部分应当实行“费改税”。实行“费改税”，原则上应当利用现行税制和税种，不要有一样费，就新开征一样税。现有税种容纳不了，可以在原税种下增设新的税目，或调整现有税种税率也可。

同一部门或者不同部门的同一类型的行政性收费，应当尽量实行“捆绑式”改革，捆起来一并实行费改税，不要“单打一”。

确实需要保留的极少数各类行政性收费——“杂税”，从中期看，种类需要大幅度减少。结合中央税、地方税分税制和各级财政预算制度和中央财政转移支付制度改革，在中央财政预算收入中，正税收入应当保持在90%以上，“杂税”收入应当控制在10%以下。根据日本的经验，中央预算收入占全部财政收入的70%左右，但通过中央财政转移支付，地方财政实际支出可占全部财政支出的70%左右。大部分财政支出用在地方各级政府，该花的钱让地方花，财政经常性预算支出不留缺口，但宏观经济调控的重要手段包括财政转移支付必须控制在中央政府手中。

“清费立税”改革必须与各级机构改革与“吃皇粮”人员编制改革，中央政府与省级政府以及地方（市县）政府事权划分和分税制改革同步进行。各级政府应“瘦身”，走“小政府、大市场”的路子。

根治“三乱”——乱收费、乱罚款、乱摊派必须与税收立法制度改革配套进行。同时，依法推行行政追责制，以防止旧费刚除，新费又增，“摁下葫芦起来瓢”，有令不行，有禁不止。未经国务院批准的所有行政性收费应当视为非法，应当明令禁止，城乡居民、社会各界有权拒绝缴交。国务院已经明令禁止的行政性收费，各部门、各地区我行我素，依然强行收取的行政性收费也应当视为非法，城乡居民、社会各界有权拒绝缴纳。

第十七章

中国关税史论

关税，是由设在边境、沿海口岸或国家指定的其他水、陆、空国际交往通道的海关机关，依法对进出国境的货物和物品征收的一种税。关税有进口税和出口税两种。我国关税的发展史，可以追溯到公元前11世纪的西周时期，迄今大约有3000多年的历史。

一

我国的关税最早产生于周代，称为关市之征，或称关市之赋。在中国长达两千多年的封建社会历史中，历朝历代的统治者都程度不同地实施重农抑商政策，从政治、经济、日常生活等多方面对商人进行限制，以稳固农业生产的基础。关市税作为最早的工商税，还不足以成为国家财政收入的主要形式。这并不是说在中国漫长的历史中，海关及关税制度建设就停滞不前了。我国的关税形式先后历经先秦、秦汉、三国两晋南北朝、隋朝的演进，到唐朝开始征收市舶税，从而有了关税的发轫形态，后又经两宋、元、明的实践与完善，至清康熙年间开海禁，设海关，始有近代关税的建立。据此，唐之前的关税发展应为关税制度之起源，其后至清朝初期应为关税制度之发展阶段，清康熙二十三年开海禁而建立海关制度后，开始步入现代意义关税阶段。

关税是在国家出现以后，社会经济发展到一定阶段的产物。最初的关税，在很大程度上是作为保护过往客商交通安全的一种报酬而产生的。在我国直至西周才见有设关，有些是对境外少数民族设立的关，多数是周朝内部各诸侯国之间互相设立的关。当时的关不是征税机构，带有强烈的军事色彩。西周后期和进入春秋时期，随着商品社会的发展，才开始有了“关市之征”，规定货物通过边境的“关”和进入国内的“市”，要征收税赋。“关市之赋”后来通称“关市税”，也是我国最早的工商税。

“关市税”是指对通过国家所设关卡的行商和市肆的坐贾进行课税，包括关税和市税两大类。“关”，又称关津，设在国境要隘之处，主要任务是稽查行旅，进行安全检查，以及对国宾的迎送，是政治上的“把关”，故有“国门”之称。征收关税在边关工作中并不占重要地位。西周时期，关市之赋在国家税收中仅排在第七位。

历史上的关津之税同现代意义上的关税有着质的区别。最初的关津之税又包括国内关津税和国境关税。国内关津税，指同一主权国家范围内，于交通要道或津渡口岸设置关卡所征收的税收，是对课税对象在往来途中征收的税收，属于纯国内税，即国内行商的商品通过税。

国境关税才具有现代关税的性质，指专门对出入本国或本地区政治经济主权范围（国境或关境）的课税对象实行的课税，具有涉外税收的特征，课税对象是进出境商品或物品。那时的关市之赋中关税，充其量是一种通过税，尚不能说是一种完全意义上的关税。不过此后的关税正是由此而发展起来的。所以说，西周时期的关市之赋正是我国关税的起源。

从西周到春秋时期，各诸侯国对关税还未普遍认同，有的征，有的不征；到战国时期，关税之征已得到普遍认同，这时关税收入不仅是国家的重要财政来源，而且成为国家实施经济发展战略的工具。当时征关税的作用，大致有四个：第一，主要是增加财政收入，充实国库。那时的楚国将关税的征收对象分为两类。一类是由太府征收的关税，只进国君的私库，不入国库；另一类是由关征收并上缴国库的。第二，是控制贸易往来的工具。降低关税税率即为促进贸易发展。第三，通过减征关税，施惠诸侯，以强化霸主地位。

第四，也有的国家将关税作为赏赐，奖给有功之臣。

秦朝建立以后，实行高度的中央集权制，按郡县规制设关立卡。制定了专门的《关市律》，以规范关税的征收。汉代初年，国家为了恢复经济，实行休养生息的国策。“开关梁，弛山泽之禁”，消除各种障碍，为商品流通开了方便之门。对关卡的管理，视当时的国内外形势采取时严时松的政策。

秦汉时期国境设关的主要任务是出于安全考虑，而不是征税。所收的税，主要是支付守关将士的衣食开支。尽管如此，关税仍是国家财政的来源之一。武帝以后，内地关税的征收范围不断扩大，且税率不断升高。汉献帝时期，曾下令“轻关市之税，皆征十一”。可见，汉代的关税税率大多超过十分之一。

中国国境关税的开征，始于汉代。西汉自张骞出使西域，开辟“丝绸之路”以后，中西陆路联系打通。另外，海上贸易也有发展，今广州的番禺就是当时外商货物从海上进入中国及中国商人出海贸易的关口。在这些边境进出口要道，汉朝都设有关市，主要的目的是管理对外通商，有时也对往来货物征税。汉朝一直与匈奴通关征税；与南越及西南夷的关市之征时开时禁，依当时的斗争形势而定。

三国魏晋南北朝时期，虽然一度阻碍了经济的发展，但大多数国的统治者为了巩固自己的政权，一旦政局稳定，便着手经济的恢复和发展工作。这一时期的关税制度，基本沿袭了两汉时期的关税制度，但在动荡不安的政治局势和连年不断战争的环境下，关税的征收也表现出了不稳定性和非连续性，时征时停，时重时轻，时缓时急，就是这种特点的具体表现。

这个时期的税率，最低为十分之一。当时征收关税主要是满足国家财政，解决财政困难或满足最高统治者的贪婪欲望。当然，也有个别国家以关税为手段，调节国内商品的需求；个别国家甚至将关税作为外交工具，制约和打击其他国家。这时候，关税作为国家财政的一项重要收入，很受统治者重视，往往设专门的机构进行征收管理。由于各国的具体情况不同，关税管理机构的设置也不尽相同。如两晋时，中央设侍御史，侍御史下设十三曹吏，再下设库曹，掌管关、市税，后来又多次发生变动。

这个时期开始将关市之税与关津之税一分为二了。关市之税即城关税，是对进入城区的货物征收的税。陈宣帝时，因关税繁多，曾下诏对关市、关津税进行详定，以公平税负。北齐在相当长的一段时间内不征关市税。关津税即水关税，是对通过渡口的货物所征收的税。关津税的税率是十税一，因检查过严、税率过重，引起民怨，南北朝时期曾有皇帝下诏停止征税，但令行禁不止，不久又“征取百端”了。

隋朝时期，国家再次实现了统一，同时先后在政治上和经济上进行了一系列改革。在政治上，通过确立三省六部制强化了中央集权制；在经济方面，隋朝统治者注意农、工、商业的发展，又采取了一系列增加财政收入、减省财政支出的措施，国家财力始终非常雄厚。隋朝建立后不久，就相继下令免除各类关市税和商税，也无关津之税。

二

唐朝继承和发展了隋朝的封建中央集权制，进一步发展经济，使国力很快跃上一个新的高峰。唐初又停废诸关，允许商人自由运输货物。于是，从隋开皇三年（公元583年）到唐肃宗至德三年（公元758年）的175年间没有关税之征，这是中国自关税开征以来绝无仅有的。

国境关税征课形式有明确史籍记载的始于唐朝。唐朝经过百余年的治理后，生产发展，经济繁荣，对外贸易有所发展。其陆路贸易在西北设互市，由市监负责管理同边境少数民族及外国的贸易诸事。在东南沿海许多地方设置商馆招待外商，还在广州设市舶司，由市舶使用权负责管理海外各国来中国贸易的商人使者，并对其货物进行征税，即市舶税。市舶税最初是沿海城市对于贩卖商货的外国船舶所征的税，后来对于贩卖商货的本国船舶也征收这种税收。因当时的征税机构称市舶，后人就以征收机构之名称之为市舶税。市舶税的课征内容主要有三项：一是舶脚，或称下碇税，大致相当于现在的吨税，是实质意义的关税；二是进奉，即外国商人向朝廷进贡的货物；三是收市，即朝廷所要收购的货物。该税率大约是30%，即中国政府要“提取十分之三的货物”。唐王朝对外国商人采取开放政策，船主只要按规定纳税、进奉和按政府要求收市，即可进行自由贸易。中国商船出海贸易，一般也按此制度征税。

唐朝除对沿海城市征收市舶税，还对北方邻国及西域各国的贸易征收陆路关税。唐代的市舶税制度虽然比较简略，但却是我国海关税的发轫形态，所以具有重要的历史意义。唐代之后的两宋及元代对海上关税的管理一直延用了唐代的市舶制度。

对于关税，在“安史之乱”前唐朝已经强化了管理，受战乱冲击较小，所以制度尚属健全。海路关税的管理部门是市舶司，主管官员是市舶使。广州设置的提举市舶使是我国最早的海关机构。唐代的刑罚更加完善，在关税方面的刑罚规定：凡有欺诈不实，或有违禁物品，均依法处罚，商人有以欺诈入狱者。

两宋的市舶税较唐朝更为发达。原因有两个：一是宋朝经济空前发展，加之居于世界先进水平的造船和航海技术，为海外贸易发展提供了广阔的空间；二是因为市舶能给宋王朝带来丰厚的财政收入，而得到了统治者的高度重视。

宋代关税较唐进步之处，在于宋经常颁布商税则例，试图规范商税的征收。宋初颁布的《商税则例》是我国第一个较为正规、具有法律约束力的商税税则，也是关税税则。宋朝要求税务部门要随着物价的波动而调整税收幅度，这在中国商税，包括关税史上也是一大创新。两宋时期，市舶制度的发展呈现出三个特点：一是设置市舶司的城市显著增加，先后在八个城市设置了市舶司。二是有海外贸易关系的国家和贸易的商品显著增加。与东南亚诸国普遍有贸易往来，最远到达非洲东海岸的国家，贸易的品种多达100多种。三是国家获得的财政收入更加丰厚。

两宋的市舶税课征制度包括三个方面，即抽解、禁榷、博买。抽解就是课税，是由市舶司按比例对进出口货物分等无偿抽取定量实物，作为关税，征课时有“细货”（价值较高、国内珍奇之物）、“粗货”（价值较低、国内常见之物）之分，税率从10%—20%不等。禁榷就是官府专卖。由市舶司全部收购，外商只能与官府交易，民间买卖被视为违法。博买则是指国家对其他非专营禁榷的，酌情收购一部分。

另外，还有进奉。抽解、收购和进奉的货物由市舶司解运京师榷易务。我国在南宋时期出现了回买征税制度，这是我国关税史上的首创。这种回买征税制度，相当于后来的转口税。

两宋时期的陆路贸易国包括与北宋统一前的江南、辽、西夏等国。其课税制度与市舶税的课征制度大体相同，只是所课之税与内陆关税称谓不同，称“过税”。陆路关税的征收因战争原因而时断时续。因为市舶互市给宋王朝带来丰厚的收益，所以国家采取多种措施积极发展市舶互市，其中包括给予招诱外商来国贸易的人以奖励。对陆路边关的互市，两宋并不积极，一是因为经常有战事，不得不紧闭关卡；二是以互市与否来控制周边的国家。

两宋时期的关税管理较之唐朝更为严格。在市舶方面，国家对外商的船只，在哪个港口登陆，贩运来的货物如何处置；本国百姓出海贩运的手续、品种等都有明确的规定；同时规定官员亲自入船检查，有失察者都要根据有关法令处罚。两宋时期有了较系统的关税刑罚规定：对藏匿货物而私逃过税的，一经官府发现，要没收三分之一。宋朝对市舶税的处罚规定较多，处罚也较重。宋朝的关税管理机构的设置比较完备。财权归户部掌管。户部下设金部，主管市舶、榷易、商税（含过税）。金部下设市舶司，主管海舶、征榷、贸易之事。

元朝对国内商船与海外诸国的往来贸易及海外的诸国船只来华贸易，统称市舶，对进行贸易的中外船舶所载之货的抽分（相当于抽解）与课税（相当于吨税），简称之为市舶课。元朝海上贸易的基本原则是“以有余易不足”、以“无用换有用”。元朝发展海外贸易的目的，第一是从国家财政上考虑，是为了赚取财富，谋求厚利；第二是昭示国家对远方诸国的安抚之心；第三是满足国内的需求。这些原则也是国家的市舶政策。

元朝的市舶课制度，经多次变易，较前代复杂而趋于完备。第一，货分粗细，率分二等。细货抽分十取其一至其二；粗货十五分取一至其二。第二，土货、蕃货，抽分有别。对土货和蕃货的抽分，实行区别对待的政策。这种政策有鼓励土货出口，限制蕃货进口，保护本国工商业发展的意义。这是元代首创的制度，是一种进步。第三，抽分之外，量征舶税。在抽分之外，一律另征三十分之一的舶税。这种抽分加税的市舶课制度，较仅抽分更前进了一步。第四，进口抽分，转输征税。商贩在从市舶司和一般进口商处购进货物享有不同的商税和抽分，从而调控商人购货渠道。第五，抽分的程序更加严密。主管的官员在舶船到来之前先至抽分的地点，舶船一到，先将船舱的所有隔板封起来逐个仓货依次抽分。

元朝比宋代的出海贸易的规模更大，范围更广，持续时间更长。统治者采取多种方式进行管理：对外商来华贸易的船只，采取抽分、征税、转口征税等方式进行管理；对于本国商人出海贸易，或者实行管制政策，或者实行专营政策，或者实行二者同时并行的政策。国家专营是指官府准备船只和本钱，选择合适的人选出海贸易。“其所获之息，以十分为率，官取其七，所易人得其三”。

元朝的市舶课管理机构是市舶司。在实行市舶官营时，设市舶都转运司负责征管事宜；在实行商人自由贩运制度时，则设市舶提举司负责征税事宜。元朝对船舶进出海港实行到船稽查制度，以保证国家的利益。元朝的市舶法经常修订，以适应国家的政治经济需要。

宋元时期，市舶司将抽解（分）、收购和进奉的货物运解京师，国家根据需要或充内府库藏，或交官营手工作坊，供皇室官吏度用，或增价转售商人获取巨利，收入充入财政。可见，宋、元代的市舶收入在今天看来，性质较为复杂，它既有海关税收的成分，有官营外贸利润收入的成分，也有禁榷专卖收入的成分。由于宋、元两代政府重视市舶，对外贸易比前代有所发展，交易的品种由北宋初期的50余种发展到南宋的300余种。市舶课收入大增，已成为国家财政收入的重要来源。宋太宗时，在都城设置榷易署，增价出卖进口商品，一年即得钱30万缗，后又增至50万缗。南宋初年，“市舶之利最厚”，居然占全部岁入的五分之一。1289年，元朝市舶司岁输珠400斤，金3400两，仅金就占岁入总额的六分之一以上，要靠市舶收入来充国家军备支出。

明朝的陆路贸易随着元朝的崩溃而有所梗阻，但在海道方面，由于郑和七次下“西洋”，为明代开辟了航海路线，从而促进了对南洋一带的国际贸易。

明朝的海外贸易，较之元代又有了较大发展，曾先后与60余国发生海上贸易。与宋、元时期不同，明代的市舶专指在中国近海停泊的外国商船，载土产运往海外贸易的中国商船称为商舶。明代的市舶政策，可分为两个阶段：明初至隆庆初年（公元1567年）是第一阶段。这个时期国家设立市舶司的目的在于管理外国入贡船只和入贡事宜，而不在于征税。这种贸易并不是为了增加国家收入，而是对贡方的一种恩惠。这时期还实行严格的禁海制度，即对贡船以外的海上贸易予以严格禁止。隆庆元年至明末为第二阶段。这个时期实行通海政策；同时改贡舶政策为征税政策。这既是中国经济发展使然，也是弥补明王朝财政空虚的需要。

明朝的市舶制，从课税对象上看，有商舶、市舶之分；从税种上看，商舶有水饷、陆饷、加增饷三种。明朝的市舶有舶税、货税两种。商舶是指本国舶船，市舶是指外国舶船。水饷（即舶税，或吨税）是以船的大小为标准来征税；陆饷（即货物税）是以货物的多寡计值征税，其税出于铺商，税率大约是十分之二。加税饷是一种附加税，只对来往于吕宋的船只加增。舶税是对停靠港口的行为征收的税，税率一如水饷。货税对是所载的货征税，税率为十分之二。

明朝的陆路贸易主要是以日用品和茶叶换取各邻国的马匹或木材。明朝以茶易马所征之税一般都赏赐给守关官兵。

明代的市舶税由市舶提举司负责。前一阶段，市舶提举司主要负责管理朝贡贸易、禁止民间商民私自出海贸易和管理中外互市。后一阶段，市舶司的管理范围包括：对民间出海贸易和征税的管理、对外商来华贸易和征税的管理、对违禁货物的检查和打击走私。至明后期，市舶司主要负责征税和一般行政管理，不再负责外贸经营的管理，所以这时的市舶司，实际上就是海关，所征的税收，即是海关税。明代的马市、茶市、木市，一般由茶马司负责，但兴废无常。

三

清自顺治帝入关（公元1644年）至鸦片战争（公元1840年）的196年，可称清代前期。自明隆庆以后，关税制度已经发生了很大的变化，人们对海上贸易征税已改市舶之称为洋税之称。清政府对国境设置的征税关卡，始称“海关”，所征之税称海关税。清前期的关税制度不仅在形式上发生了变化，在内容上也发生了重大变化，逐渐走出封建制度下的关市之征的范畴。

清入关之初，曾沿袭明后期的市舶制度，允许商民出海贸易。后为割裂江南沿海诸岛反清势力与大陆的联系，也为避免沿海岛屿盘踞的海盗的侵扰，实行禁海政策。至康熙二十三年（公元1684年），清政府在隶清了反清势力与海盗力量后，才重新开海。这种开海贸易是在一定限度之内的开海贸易。因为清政府规定只设澳门、漳州、宁波和云台山四处为对外通商口岸与各国通商，分别设置粤海关、闽海关、浙海关和江海关征税。在政治形势发生变化时，清政府往往断绝与某国的贸易往来。非贸易口岸，一律不许涉外经商。尽管如此，开海并设立海关进行贸易管理，建立了系统的关税制度，是为我国近代关税制度的开始。

清前期的海关制度已较为健全：一是制定了海关税则例。这个则例虽属试行性质，但却奠定了清前期海关制度的基础。二是明确关税的种类和税率。清前期的海关税主要包括货税、船料和渔课三大类。货税是对进出口的货物所征之税。进口税税率为从价4%，出口税税率为从价1.6%。船料即船钞，是对进出口载货的商船所征之税，相当于现代的吨税。该税沿袭明对市舶船只所征“水饷”的课征方法。按商船梁头大小，分东洋、西洋和本省三类分别征收。渔课是对进出口的渔船所征之税。这种税包括两项：渔税和货税。其中，渔税本不属海关税，只是由海关代征。货税是对渔船进出口时所携带的米谷之类征收海关税。按渔船梁头划分征收部门。除以上各项税收外，还有若干苛杂费，如规银、税饷脚费、饭食等。三是实行海关税的减免制度。清前期较大规模的海关税减免，主要包括：对贡船免税，对暹罗国运米船免税等。

清前期的陆路国境关税，只是对与俄罗斯的贸易征税。而对有从属关系的国家，免征或减征关税。与藩部诸地区的贸易征税，一般实行优惠的税收政策，税率大约是三十分之一至二十分之一。

海关税的征收机构由户部提请皇帝派官员为监督，一年一换。各海关再分为总口与分口，均在海关监督的督办下征收关税。清初曾规定各关征收关税的定额，凡超过定额者，依据超过的比例加以奖励或晋升，称“议叙”，虽无定制，但一直到清朝末年，以税额的多寡评定税务官吏优劣的做法一直在沿用。欠额降级制度在清初已有，并长期实行。至乾隆年间，关税亏赔逐渐成为制度，征税官吏为免于降级，往往自己赔垫。乾隆五十二年规定，各关应该提前领取收税册籍。后清政府又规定海关监督和地方巡抚要查清验明，各自登记，双方按月核对。

清初，关税制度尚属严明，国家对各级官吏实行严格的考核，官吏自身也有所约束。随着国家政治制度的腐朽，吏治的日益腐败，关税制度也日渐废弛，关税的征收，更是弊窦丛生。首先，清前期关税的最大弊端莫过于溢额征收。为完成关税征收总额，官吏往往不择手段：私设关卡，私立税种；逢关必税，一物多税。如此一来，关税的溢额逐年增加，征税官吏的腰包越来越鼓，商民则越来越不堪重负了。其次，杂征繁费，苛扰商民。清前期，关税已经很重，但杂费比关税正税还要重。海关税中，除正税还有规费、支梢等名目，又有规礼、火足等各项杂费，此外还有滥征、私税等。清统治者虽多次下令禁止，但这种勒索商民的行为不仅没有被遏止，反而愈演愈烈。

殖民主义者发动鸦片战争的1840年，成为中国近代史的开端，中国逐步沦为由中国封建地主阶级直接统治、由殖民主义列强间接统治的半殖民地半封建社会。中国的关税也随着中国政治经济形态的转变而半殖民地半封建化了。从 1840 年鸦片战争开始到清帝退位（公元 1912 年），大体经历了两个时期，即自 1840 年鸦片战争到 1894 年的中日甲午战争是中国半殖民地半封建化开始阶段，自中日甲午战争以后至清帝退位，是中国半殖民地半封建化形成阶段。

在中国半殖民地半封建开始的 50 余年间，殖民主义列强还处在自由资本主义阶段，他们对中国的侵略，在经济上主要以商品输出为主，在政治上主要以割地赔款、夺取政治权益为主。他们的侵入虽然促使中国社会发生了深刻的变化，但是鉴于他们自身的经济、政治、军事力量有限，又受到中国人民的强烈抵抗，中国自给自足的自然经济还有一定的抵御能力，封建统治者虽然腐朽，却仍有一定的自卫能力，因此，殖民主义者还未能完全控制中国，中国的半殖民地半封建化尚处在开始阶段。

鸦片战争以后，殖民主义列强对中国的侵略首先表现为对中国海关的侵略，中国的半殖民地半封建化首先表现为海关的半殖民地半封建化。洋关即海关，已体现出较强的殖民地性：一是洋关设立的目的是为洋货进口服务的，二是洋关是由英国人操纵的，故而不称海关，而称洋关。而洋关之设，成为了中国社会半殖民地化的重要标志。自第一次鸦片战争以后，清政府每战败一次，就被迫签订一个或几个不平等条约，就要被迫开放一个或几个通商口岸。从五口通商口岸开始，逐年增加，到辛丑条约前的 1897 年，对外开放的通商口岸已达 31 个。而清政府所设立的洋关，无一不是在殖民主义列强的胁迫下设立的。每设立一个海关，清政府就丧失一部分权益，殖民地化的程度就深化一步。

公元 1840—1894 年，依据清政府与殖民主义列强所签订的若干条款，清政府构建了海关税收制度，主要由七项内容构成：一是协定进口税。进口税是对进口的洋货所征之税。按条约规定，英国享有片面最惠国待遇，这就是英货进口税税率为 5%。同时，按条约规定，进口税率十年不能修订，物价上涨，税率依旧。二是协定出口税。出口税是对出口国的货所征之税。按照条约规定，在出口税中，列有税目 104 种，税率仍为值百抽五，出口税的计征办法及税率均与进口税相同。这样，在出口货物中，该鼓励的得不到优惠；在进口货物中，该限制的又无法予以制约。三是协定子口税。子口税又名子口关税，因为这种税只征海关税之半即 2.5%，所以，又称子口半税。殖民主义列强迫使清政府与其签订这一条款，目的就在于避开国内层层关卡的征税。这种在进口时一次预交子口税的税种，又称抵代税。这种协定子口税的做法，明显排斥华商土货，严重地损害了清政府的经济利益。子口税的开征是清朝统治者屈服于殖民主义列强炮舰威胁的结果，是半殖民地统治的产物。四是协定复进口税。复进口税是对洋人贩运中国土货出口并完纳出口税后又运至其他通商口岸时所征之税，又称沿岸贸易税，税率为2.5%。这种税对外商及其在华代理人极为有利，因为征收复进口税后，不再抽收其他厘税，相对华商享有了更多的殊遇。这也体现了中国关税的协定性质和殖民地性质。五是协定船钞。船钞是对各通商口岸往来的船舶所征之税。船钞是按吨计算的，所以又称吨税。六是洋药税及洋药厘金。洋药即鸦片，洋药税即对鸦片所征之进口关税。在第二次鸦片战争以后，鸦片居然成为正规商品，它可以名正言顺地通过海关行销中国各地。洋药税具有明显的殖民地性质，是对中国人民的极大污辱，也是对清朝政权的极端藐视。七是土药税和土药厘金。土药是指本国生产的鸦片，土药税是指对其所征之税；土药厘金是指对本国生产的鸦片所征收的厘金。清政府对各省的土药税的税率不做统一规定，于是土药税出现轻重不一的局面。土药厘金同洋药厘金一样，随土药税一同并征。

陆路国境关税，主要是中俄边境的输入输出税。起初，中俄之间通过不平等条约的规定，明确对俄边境贸易不征关税，后又划定免税区域，日俄战争以后，清政府与俄协商，对满洲里、绥芬河的关税减税三分之一，其他各地课正税。根据中法不平等条约，法国商人在广西云南等边境的入口税率减征普通海关税率的十分之三，出口税率减十分之四，后又规定了更加详细的优惠税率。由此看出陆路关税也已成为协定的了。

清代后期，关税的管理内容已较全面，有了较明确而详细的海关税的减免与禁例规定，建立了系统的管理机构。鸦片战争后，清政府将鸦片列入有税商品之列，于是鸦片便可以明目张胆地输入中国了，唯有武器、弹药、硫磺、硝石、亚铅等军需品为禁止品，食盐也属于禁止入关的商品。

1894年中日甲午战争前后，资本主义各国相继由自由竞争发展到垄断的帝国主义阶段，他们在世界进行疯狂地瓜分与再瓜分的同时，也加紧了对中国的瓜分和再瓜分。从此，中国更成为帝国主义的盘中餐了，中国半殖民地半封建社会的格局由此形成，中国关税的半殖民地半封建化也自此形成。清政府于1901年9月被迫签订了丧权辱国的《辛丑条约》，帝国主义各国不仅迫使中国付出了空前的巨额赔款，而且在军事上、政治上、经济上进一步控制了中国，从此中国只在形式上保持着统一与独立，实际上却已沦为帝国主义各国共管的半殖民地国家。这时，不仅海关的设置、海关税的征收要听命于洋人，就连海关税收的保管、分配都要听命于洋人。清政府对于关税的支配权，只剩下了寥寥无几的“关余”。这样的关税制度的制定的唯一依据就是清政府战败后被迫与各帝国主义签订的各种不平等条约。

中日甲午战争之后，特别是在《辛丑条约》签订以后，清政府每年要向各帝国主义国家摊付“赔款”1800多万两白银，其中以海关税和盐税项下拨付1300万两至1400万两，各帝国主义国家为了保证及时足额获得这些“赔款”，海关税收已由税务司把持，各帝国主义国家以帮助清政府整顿盐务为名也已控制了中国的盐税。帝国主义对中国的经济侵略愈加肆无忌惮，割地、赔款、租借土地，还将其魔爪伸向中国的腹地，在中国内地重要的水、路要冲设置商埠。于是，中国被帝国主义各国所控制的海关，由沿海进一步向内地扩展，被洋人控制的海关数量也大幅度增加，到清末已达60余关。那是帝国主义各国趁清政府政治腐败，通过签订一系列不平等条约，迫使清政府开放海关的结果，从而使帝国主义控制的海关由沿海扩展到内地，其目的是对中国进行瓜分与再瓜分。在这种情况下，海关设置的数量越多，说明中国的殖民地化程度越深。

1894年甲午战争以后，特别是在《辛丑条约》签订以后．中国海关税的税率有所提高。因为清政府要向帝国主义各国偿付巨额赔款，并以关税、盐税、五十里常关税作为抵押，帝国主义各国深知，即使将中国所有税收尽数作抵，清政府也是无法偿付这笔天文数字的巨额赔款的，于是便同意清政府关于凡未达到值百抽五税率的货物，一律按值百抽五征税，从而使税率稍有提高。但在洋人把持下的税务司偏袒洋商的情况，洋商的进出口税率并没有真正按5%纳税，只有华商切实执行了5%的税率。即使是5%的税率，也是世界最低的税率。

甲午战争以后，清朝的海关税除包括原有的七项内容以外，又增加了机器制造货出厂税和距海关五十里内常关税二项，于是清末的海关税收便有九项内容了。甲午战争以前中国海关税收已经成为清朝财政的重要来源之一，当时，虽然协定关税和子口半税原则已经确立，海关行政管理权遭到侵夺，但是海关主权并未丧失殆尽，因为关税税款的支配权还基本上掌握在清政府手中，税款的保管权也未控制在外国银行，所以关税殖民地地位尚处在开始阶段。然而，随着关税收入的增加，也进一步刺激了殖民主义列强猎取中国关税收入的欲望。甲午战争后，帝国主义各国凭着他们在中国攫取的更多的政治经济特权，获得了支配和保管中国关税税款的权利。自此，中国关税主权完全控制在帝国主义手中，关税殖民地化全面形成。

四

纵观我国关税发展过程，有许多历史启示：

第一，关税的发展是国家发展的剪影，其发展演变与国家政治经济进程相对应。

关税有其自身的特殊发展规律。关税的产生不是偶然的，而是在一定的政治经济条件下产生的。关税之“关”是动态的，是随社会的发展不断延伸的。从最初的边关发展到内陆关卡，再到体现主权特征的口岸，关税无论体现的是军事功能还是财政功能，其征税无论为实现政治目的还是军事目的，关税的形态是与当时的社会政治经济环境相对应的，是随社会发展到一定阶段的经济环境而转变的。它是随着国家形态的成熟和扩大而经历不同的发展阶段。

关税的发展和完善不是突变的，而是经历了一个漫长的发展过程。关税发展前提是国家的建立、不同统治区域的划分，以及关的设置。从夏朝建立发展到周朝，伴随经济的发展，我国经历了由奴隶制度的建立、发展、完善，直到走向瓦解和崩溃。那时，出现了跨境的贸易需求，“关市之征”随之产生，成为关税的起源。从秦并六国，建立统一的封建王朝，到汉唐中兴，经历了近千年的封建统制时代，期间经历了秦朝的二世而亡，西汉的由贫转强、由强而衰，王莽的倒行逆施，东汉的中兴，三国两晋南北朝时期的军阀割据，隋富而至于亡。这期间，国家的经济总量和制造技术不断提高，伴随造船水平的提升，拓展了对外交流的范围；国家形态渐趋完善，“关”的内容也由纯军事作用向经济功能转变。在唐朝，出现了关税的雏形——市舶税。从那时起，到清王朝初期，又经历了五代十国的扰攘，两宋的积贫积弱，元朝的一统华夏，明朝的资本主义萌芽，清初以治施政。走过约千年的历史，中国的封建统治也开始走向衰亡。然而，经过近千年的发展，也为建立现代海关及关税制度奠定了基础。终于在康熙二十三年，伴随着开海禁、设海关，中国始有近代关税制度的实践。不幸的是，我国在清朝时未能赶上世界资本主义发展的大潮，清王朝由治而衰。政治与经济发展的迟误，让我国成为世界资本主义列强实行殖民政策的目的地。中国关税主权旁落始于1840年的鸦片战争，直至新中国建立才真正收回关税主权。这期间，中国的关税主权逐步被帝国主义各国所侵蚀。近代关税的实践活动与西方列强鲸吞蚕食中华民族财富的历程相伴。海关与关税也成为帝国主义国家掠夺我国经济资源的工具。主宰中国关税的帝国主义集团，以关税为手段无情地掠夺中国的资源，剥削中国的广大人民，践踏中国的主权，使中国人民的民族尊严丧失殆尽。中华人民共和国建立之后，中国的关税主权重新回到中国人民的掌握之中，这时，中国的关税才真正恢复了关税的本来意义：国家的财政重要收入之一，维护国家权益的重要工具之一，保护民族工商业的重要屏障，我国与世界各国发展正常贸易关系的经济机制之一。

第二，关税制度根植于政治经济环境，也反作用于政治经济发展。

在漫漫3000年的关税发展历程中，正确的关税政策与制度曾经造福于国家，也是百姓安居乐业的福祉；而有悖关税运行规律的政策和制度，也曾是百姓颠沛流离的祸根、国家衰亡的渊薮。

春秋时期，公元前667年，齐桓公在位时，在管仲的辅佐下，为鼓励商贸往来，降低关税税率，实行“五十而取一”，从而促进齐国的农业和手工业的发展，最终使齐国成了春秋时期的第一个霸主。汉高祖以“海内为一，开关梁，弛山泽之禁”消除了各种障碍，从而为商品流通开了方便之门。其后，武帝驱逐匈奴，张骞通使西域以后，中外商人往来于中国与欧洲、西亚的商路，成就了“丝绸之路”的辉煌。唐太宗即位不久，下令停废诸关，允许商人自由运输货物，致唐初也无关津之征，商人运销货物得到政府的照顾。那时，不仅以长安为中心通过丝绸之路与西域进行贸易往来，还通过沿海大城市与外洋沟通，出现了福州、泉州、广州、明州、杭州等沿海开放城市，从而极大地带动了唐朝商品经济的繁荣，也有力地推动了开元盛世的形成。可见，适时选择有利于经济发展的关税政策，是促进经济进步的强有力的政策工具。

与实行正确的关税政策来推动国家政治经济发展相对的是，采取有悖经济发展规律的关税政策也会成为国家政治稳定、经济发展的羁勒。明初时期，国家设立市舶司的目的在于管理外国入贡船只和入贡事宜，而不在于征税，即实行所谓“贡舶”制。那时明朝对海外诸国实行怀柔政策，对来华船只，只要进贡方物，便允许与民贸易，不贡方物，则不允许与民互市。这种贸易不是为了增加国家收入，而是对进贡方的一种恩惠。朝廷对所纳贡品，往往报以优厚的价值，而且对那些海舶货物与民交易，实行全部免税。不但不对其征税，还安排外商于馆驿倍加惠顾。在实行贡舶制的同时，明朝还实行了严格的禁海政策，即对贡舶以外的海上贸易予以严格禁止，特别禁止百姓私自与外国商船交易。这一政策的结果是：中国在实行贡舶制虽带来一些益处，损失却更大。第一方面是对贡品要以优厚的价格予以补偿。第二方面是中国政府对舶商的款待消耗大量资财。第三方面是这些外国舶商还经常在国内扰乱社会秩序，严重影响了中国百姓的正常生产和生活。对于没有勘合（经营许可证）的外国船只，久困近海而成盗，掠劫沿海城市。第四方面是禁海政策并没有解决走私问题，贸易走私反而愈演愈烈。明初一系列的关税政策不仅没有实现其“恩威于天下”的政治目的，还阻滞了手工业和商业的发展，给国家财政造成了巨大损失。

第三，关税的形态取决于生产力发展的进程，而关税制度也会对于生产力的发展产生影响。

从先秦的“关市之赋”到清朝的关税制度，关税发展每一步都必须有一定的经济条件为依托，并与生产力发展水平相适应：“关市之征”的前提是有剩余产品，并且商品交换的程度要达到相应的水平；海关税的出现更需要造船技术、航海技术和远距离运输能力的提高。不同社会时期的关税制度也会通过调节生产关系，对生产力的发展产生影响。

“关卡”最初是设于诸侯国的边境要隘之处，主要作用是军事防御、控制商旅行人、检查有无携带违禁物品，以及对国宾的迎送，故有“国门”之称。西周时期由于生产方式的变革、生产工具的改进和生产技术的提高，使这一时期的生产力水平出现了实质性突破，物产丰富，经济繁荣。西周也进入了奴隶制社会的全盛时期。随着国家强盛和国家政治制度的强化，土地税收已无法满足国家不断增长的庞大支出的需求，国家参与商业利润分配的要求不仅可能，而且完全必要。溶于商品流通中的“关市之征”也就自然形成。从“关市讥而不征”到“关市之征”，是社会发展的必然结果。到唐朝时期，重农但不抑商，那时的纺织业、陶瓷业、造纸业、造船业和冶铸业都得到较大发展，技术水平都超过了前代，丝绸已远销国外，唐三彩陶器、邢州白瓷等技术已达到新的高度。农业和手工业的发展，必然带来商品经济的繁荣，从而推动贸易大发展。沿海若干大城市与外洋沟通往来，迫切需要统治阶级制定政策、建立机构加以管理，也为统治阶级参与利益分配提供了保障，从而为市舶税制度的建立奠定了基础。可以说，唐朝建立市舶税制是生产力发展的必然选择。

宋朝的经济较之唐朝又有了更大的发展，尤其是商品经济比唐朝更活跃。农业新品种不断增加，种植面积得以扩大；铜、铁的产量远超过唐朝；陶瓷技术、产量都有了很大提高，被世界誉为“瓷之都”；纺织业也有较大发展，仅这一项就有 40 多个品种；印刷、造纸、造船业也都获得大发展，促进了商品交换规模不断扩大。在商品交换中出现了世界最早的纸币——交子，更加方便了商品流通范围的扩展。经济的发展，客观上促进了关税制度的发展。其后的元朝，社会经济是建立在发达的封建经济地区，幅员辽阔，民族众多，边疆得到进一步开发，中外经济联系进一步加强。随着航海技术的进步和造船业的发展，元朝的海上贸易十分发达。从而进一步推动关税制度的管理更加细化。到明朝时期，冶铁、纺织、制盐、制瓷、造船等行业的生产又都有显著进步，商业也随之繁荣。特别是资本主义萌芽的产生和发展，为对外贸易提供了丰富的物质基础，同时，外贸的巨额利润也极大地吸引着中外的商人。贸易规模进一步扩大，也推动了明朝细化关税课税对象，完善了其关税制度体系。清初，国家实现了由乱而治的局面，对外贸易的发展推动清政府放弃禁海政策而设关征税，从而开启了近代海关时代。

历史上不同时代的关税制度通过对生产关系的调节，对当时的生产力发展产生了或正或反的影响：或者推动贸易交往，增加国家实力；或者苛征抑商，造成国家衰亡；或者成为他国掠夺本国财富工具，窒碍生产力的发展。起于西周时期的“关市之赋”客观上增加了国家的财政收入，但在那个强调农业生产、突出富国强兵的时代，关市税贯彻的是重农抑商的政策。“商鞅变法”就旗帜鲜明地提出“重关市之赋”，制止百姓弃家经商。“关市之征”及其演化的关税制度在很长的历史中成为体现统治阶级重农抑商思想，调节生产关系的重要工具。唐朝的市舶税已成为唐王朝重要的财政收入之一，也成国家统治阶级参与国家财富分配，强化政治统治的手段。宋朝的市舶制度较前代有了较大发展，一条重要的原因在于，市舶收入能给宋王朝带来丰厚的财政收入而引起统治者高度重视，从而为巩固社会统治提供财力保障。元朝实行国家垄断市舶，不仅在于获得市舶厚利，同时在于调整中国物轻、蕃货反重的趋向，进而达到平抑物价，稳定土货与蕃货比价的目的。明朝的开海征税的原因之一是弥补国家财政空虚。然而，随着明王朝的衰落，其关税征收也由课务求简转变为层出不穷的苛征杂敛，严重地阻碍了商品经济的发展，也阻滞了资本主义生产关系的发展。清朝之初，为割裂反清势力与大陆的关系而长时间实行禁海政策，后虽开海设关征税，但并非全面开放，延缓经济前进的步伐。在迟疑与夜郎自大的状态中，西方一些国家先后完成了工业革命而日益强大起来，并利用发达的航海业，实施东进战略，最终敲开清王朝的“国家之关”。通过操控我国的关税管理体系，殖民者肆无忌惮地掠夺我国的财富，我国经济倍受打击，生产力发展停步不前。

第四，关税不仅具有经济功能，还是国家政治意志的体现。

设立于国境口岸的边关的开合具有截疏资源的功能，征收关税税率的高低则有抑扬贸易流通的作用。在当代，关税作为新中国三大税种之一，不在于它的收入多少，而在于它对国家经济的影响之深。通过调整关税政策可影响国内经济的发展方向、规模和速度，进而影响物价的稳定。在我国关税发展的历史中，关税不仅是国家财政收入的重要来源，更是国家借以利用的外交手段，以实现其政治目的。有时，关税的政治意义甚至远大于其经济意义。

随着经济社会的发展，边境国家之间交换剩余产品和进行资源互补将给贸易国家带来更大的收益。因此，作为资源相对丰富的中原大国，中国历代的统治者常以制定海关政策，运用关税手段节制资源相对短缺的邻国，最终意在实现本国的邦交政策。关税直接或间接地成为表达制裁或友善态度的一种工具。

春秋时期，诸侯霸主通过减征关税，施惠于诸侯，以强化统治地位。齐桓公实行“通齐国之鱼盐于东莱，使关市讥而不征，以为诸侯利”。秦汉时期，设关征税与否，是中外关系友好与恶化的重要标志。关系融洽时往往开关征税，甚至给予优惠，如对匈奴的关市之征；关系恶化时则闭关，而闭关实际上是一种惩罚，因为周边国家急需中国的商品，而因闭关无法得到；周边国家急需出口中国的商品，亦因闭关而无法进入中国，所以才有“匈奴贪，尚乐关市，耆汉财物”之说。西晋时期，也曾将关税作为外交工具，制约和打击其他国家。如西晋初，晋朝通过断绝与安南国的贸易往来，停止征收关税，截断对安南的军事供应，以达到控制甚至征服安南的目的。宋朝对陆路边关的互市一直持冷漠态度，主要是以互市与否来控制周边国家。例如茶是辽、西夏所必不可少的生活用品，而这些国家又不产茶，宋朝闭关，绝互市以示威胁，开关通互市则以示关爱。周边国家骚扰边关，宋则绝互市，这时挑衅的国家又不得不请示开关互市。同期的辽国的关税政策则更简明，对国家必需品，可以通互市，而且畅行无阻，对于敌国需要的物品，则一概禁止互市。明朝在洪武年间，曾先后在福建泉州、浙江明州、宁波、广东广州设市舶司，以通日本、琉球、占城、暹罗、西洋诸国。“不久因日本叛服无常，海禁日严，唯恐沿海居民私通取贿，并罢市舶司。清朝与有从属关系的国家贸易征税，如朝鲜、越南、缅甸等国均属于清朝的属国，其贸易征税，往往“以柔远人”为名，免征或减征关税。与朝鲜的贸易往来，只征中国人的税收，不征朝鲜人的税收；乾隆二十九年规定，外番商货至回部贸易者三十而抽一，皮货二十而抽一，回商往外番贸易者二十而抽一，皮货十而抽一。

第五，关税法规逐渐完善是其管理体系趋于健全的制度保障，关税目标的实现取决于统治阶级的政治管理。

纵观我国三千年的关税发展历程，从“关市之征”到市舶税，再到近代关税，与关税形态的改变和功能的提升相伴，我国的关税法规从无到有，由简而繁，并为关税实践活动提供法律保障和操作指导。最早的关税专门法则出现在秦统一中国以后，秦朝制定《关市律》以规范关市税的征收。其后历经千余年发展，指导关税征收的法律主要见于各种零星的规定中，但法律体系却仍在完善过程中，唐朝的刑罚较汉代完善，在关税方面规定：凡有欺诈不实，或有违禁物品，均依法处罚。商人有以欺诈入狱者。到宋朝，关税法律建设有了长足发展。宋经常颁布商税则例，以规范商税的征收，如太祖在建国之初就制定了《商税则例》，规定对所课名目、每件应税物品，都要写在板上，放在所在官署的屋壁上，以便于征纳双方共同遵守，并便于百姓监督，既保证国家取得合法收入，又兼顾商人的正当利益。这个《商税则例》是我国第一个较正规、具有法律约束力的关税税则。宋朝在专门关税法律的指导下发展了市舶制度，建立由抽解、禁榷、博买组成的市舶体系。同时，宋朝建立了回买征税制度，即相当于后来的转口税，是我国关税史上的首创。元朝的市舶制度，经多次变易，较前代复杂而更趋完善。其中，规定对土货和蕃货实行差别税率，区别对待。这种政策对鼓励土货出口，限制蕃货进口，保护本国工商业发展具有重要的意义。明朝对市舶制度做了进一步完善：对课税对象分商舶和市舶。商舶之税有水饷、陆饷和加增饷；市舶之税有舶税和货税。明代的关税罚则包含在大明律中，较之前代更为严格、缜密。清朝前期，先后在康熙二十三年制定了粤海关“海税则例”；康熙二十八年颁行了江、浙、闽、粤四海关征税则例；乾隆二十二年增定浙、闽海关税则，从而建立了清前期海关税收制度体系，也奠定了中国近代关税的法规基础。

我国关税发展历程同样表明，仅有健全的关税法规并不能保证实现设关征税的本来意义。关税法规的遵从度才是关税制度落实的关键。关税法规的遵从度主要取决于国家的政治环境及法则设计的合理性。如：宋朝虽有正规的税则规范关税征收，但由于宋朝相对前朝进行了一系列政治改革，将政权、财权和军权集中于中央，将大量地主阶段知识分子笼络到官吏队伍中来，导致官员队伍日益膨胀，造成冗员充斥、腐败严重，加之宋代的税收实行总额控制制度，中央考核官吏的标准之一就是看是否完成税收额定任务，从而为官吏开征杂敛提供了依据。这些措施最终使商税则例成为纸上谈兵，实际执行中很难贯彻到位。又如：明朝虽然通过大明律设计了缜密的罚则，但统治阶级并未严格遵守这一法律，反而利用税收工具残酷地搜刮百姓。在关税管理中出现了宦官乱税、关税苛征和牙行腐败三大弊政，百姓生活每况愈下，国家也积贫积弱，最终走向灭亡。

第六，征收关税是国家主权的体现，主权独立是实现关税本来意义的前提。

对进出口货物征收关税，表面上看似乎是与国家贸易相联系的税收问题，实际上，一国采取什么样的关税政策直接关系到国与国之间的主权和经济利益。对于主权国家来说，关税是一国政府维护本国政治、经济权益，乃至进行国际经济斗争的一个重要武器。当主权丧失，关税不仅不是维护本国权益的屏障，反而会成为受人抢掠、祸国殃民的工具。

在清朝前期，我国作为主权国家与他国进行贸易活动，无论征收关税与否，均是本国意愿的体现。征则获得收入，取得厚利，谋求财富，体现以“无用”换“有用”的思想；减征或免征，则能“以柔远人”，实现中央大国“恩威”他国的政治目的。然而在1840年鸦片战争后，我国开始沦为半殖民地半封建国家后，中国海关首先受到侵略，中国的半殖民地半封建化首先表现为海关的半殖民地半封建化。资本主义在中国的大地上掠夺了难以数计的财富，而关税正是那些掠夺者用以掠夺中国人民的重要工具。

1840年后，随着海关数量的增加，清朝的海关税收的绝对额急剧膨胀。海关税的快速增长不是由于出口税增加所致，而是进口税和洋药税、洋药厘金、土药税和土药厘金激增之故。这四种税收的急剧膨胀是中国关税主权被侵夺的结果。由于中国关税主权旁落于殖民主义列强之手，殖民主义列强便凭借他们的种种特权，加强了对中国的经济侵略，大举对中国进行商品输出，致使中国海关税收的绝对额急剧膨胀。

中国海关税主权遭到侵夺主要表现在以下三个方面：一是中国海关的设立与不平等条约的签订密切相关。第一次鸦片战争前，中国只开四处海关，从《中英江宁条约》迫使清政府新开五口通商口岸开始，清政府每签订一个不平等条约，就新开若干个海关，并由沿海发展到沿江，再扩展到全国各地。从1842年开始，至清朝灭亡，在中国境内所设海关共达60多个。中国海关税主权被侵夺表现在：一是中国海关设置权被侵夺。二是中国海关税税则制定权丧失。根据《江宁条约》规定，英国人在中国口岸进出口货物，中国方面不能任意增减关税税率，如若增减，须双方共同议定，实质是要求中国接受英国片面制定的关税税率，这就是所谓的“协定关税”原则的确立，它使中国失去了海关税税则制定的主权。以后殖民者又强迫清政府接受世界最低的关税税率（大约在5%—6%之间），比原粤海关实征税率降低了50%—80%。接着，美法等殖民主义者纷纷对清政府进行讹诈，不仅要求得到英国在中国享有的利益，而且胁迫清政府实行转口半税制度。在两次鸦片战争之际。各主权国为保护本国工商业的发展，纷纷高筑关税壁垒，控制外国商品的进口。这时，殖民主义列强却迫使清政府实行世界最低的关税税率，而且屡次压低关税税率。从此，殖民主义列强便打开了中国的门户，便利了殖民主义者对中国的商品输出和原料掠夺。中国成为世界资本主义的商品市场和原料供应地。极低的洋货进口税，相对中国商人“逢关抽税，遇卡抽厘”的税收负担明显具有竞争优势，这就严重打击了中国的农村手工业和民族工商业，使之急剧衰落和破产。三是海关行政管理权为洋人所实夺。《南京条约》签订之后，各国在通商口岸自行征收本国商人的进出口税，然后上交清政府。但当时各国征税人员多袒护本国商人，以致偷税、漏税，流弊丛集。1853年，英、美、法三国领事以保护中国关税为由提出由外国人组成关税管理委员会，并于1854年成立了由英、法、美三国参加的三人海关税委员会，称税务司。自此，上海海关的关税管理权便轻而易举地被此三国夺去了。此后，其他各国，强迫清政府将上海口岸的办法推行到其他各通商口岸，由外国人“帮办税务”。还于1865年在北京成立总税务司署，统辖全国海关，自此，各口岸的税务司亦改为口税务司。按当时的规定，口税务司隶属于海关监督之下，总税务司署隶属于总理衙门之下，他们不过帮办税务而已。但是，口税务司和总税务司署所控制的权利已远远超过原规定的范围，他们不仅控制了海关税的税务部门，有着支配中国关税分配的权利，后来又掌握了中国关税的保管权，而且控制了港务部门，控制海关管理人员的教育，甚至控制全国的邮政，干涉中国的内政。

中国关税税款支配权的丧失主要表现在海关税收成为外债的担保品方面。甲午战争前的债款、赔款绝大部分是以各关洋税为担保，那时的债款数额不大，期限较短，平均每年外债利息支出仅占海关税收的15.8%，对中国关税的控制尚有一定限度。在甲午战争前后，清政府军费激增、对日的赔款期限急迫，就清政府而言，不得不举借外债以解决燃眉之急；就帝国主义列强而言，他们要大力进行资本输出，也强烈要求借款给清政府。这些巨额借款都以关税税款为担保。特别是《辛丑条约》签订以后成立的“庚子赔款”转借款，不仅要求以海关税税收为担保，而且还规定了三种特殊的权利：第一，优先担保权利。所谓优先担保，就是在以关税抵押多项外债的情况之下，按担保的先后次序依次偿付外债的一种方式，这是外债的“债权人”唯恐中国关税收入有限，债券到期不能清偿的结果。第二，债权银行指定以某几个海关的税收偿付某种债权的权利，并可直接到某些海关直接收税。这样，作抵押用的我国关税就完全受外国“债权人”控制了。第三，发行双重债票的权利。外国侵略者为了绝对保证其利益起见，竟要求清政府给予发行双重债票的权利。双重债票，一种是“海关债票”，另一种是“金镑债票”。前者由总理衙门和户部发行，于借款收到前交给“债权人”利益代表者，保证优先担保权利；后者由承担抵押的各海关发行，交由经理募债的外国银行转交购债人。外国人把持的总税务司有权直接将税款拨付债息或赔款，这样税务司即是海关税收的征收者，又是债权国的代理人，相当于债权人自己管理偿债基金。清政府每年的海关税收绝大部分被帝国主义列强把持的税务直接划拨给相关帝国主义国家，而所得到的“关余”则微乎其微。辛亥革命爆发之际，帝国主义唯恐关税落于革命军之手，为保护他们的在华权益，竟将关税现款的保管权也一并接收过去。从这时开始，中国关税的现款保管权也被帝国主义所侵夺。

帝国主义各国先后控制了中国海关税的税则制定权、行政管理权、税款支配权、现款保管权之后，中国占财政收入四分之一的海关税收完全成为帝国主义的掌中之物了。清政府的最基本的财政经济大权已经完全旁落于帝国主义之手。可见，关税是主权国家经济自主的工具之一，主权若失，关税也就不再是本国实现政治经济目标的工具，而成为他国掠夺本国经济、控制本国政治凭借的手段。

第十八章

中国专卖史论

专卖制度，古称禁榷制度。禁，乃禁止之意；榷，为独木桥。《大唐六典》卷20《太府寺》两京诸市暑令丞职掌条注文释“榷”字之义，曰：“榷，谓专略其利。”[①] 禁榷，就是禁止私人经营，由官府垄断，利出一孔，犹如过独木桥，舍此而别无他途。中国古代专卖制度，虽然历朝的具体措施和操作手法不尽相同，且有一定的反复，但是其整体发展演变趋势却是从直接专卖到间接专卖的一个演进过程。唐朝以前的专卖制度是直接专卖制度，唐代刘晏榷盐法人实施后，专卖制度演变为间接专卖制。

专卖制度是我国古代长期实行的一项重要的经济制度。专卖制度的历史地位颇具争议，各方对其历史作用的评价亦褒贬不一。有人说它是国家对重要商品的垄断专营，排斥竞争，限制商人活动，抑制商品经济发展。亦有人说，专卖制度起到促进产品商品化和交易发展的作用。实施专卖制度最广泛的宋代社会，恰恰是中国古代商品经济最为繁荣时期。本专题立足于专卖制度的核心——盐专卖制度，主要阐述专卖制度的形成过程、产生原因，以及历代专卖制度的演进，从而对其历史作用给予客观的评价。

---

① 《大唐六典》卷20，《太府寺》，三秦出版社1991年版，第386页。

一

我国古代的禁榷多以国计民生所必需的商品为其对象，如盐、铁、酒、茶等，其中，尤以盐专卖为大项。因为盐为“食肴之将，非编户齐民所能家作，必仰于市，虽贵数倍，不得不买”①，“十口之家，十人食盐；百口之家，百人食盐”②。夏朝以前的盐业情况，因为史籍散佚，不得而知。商朝、周朝两代，实行等级分封的制度，以“贡”代税。当时，所谓的“青州厥贡盐”③的说法，也就是以“盐”作为贡品，向领主缴纳，以代赋税。史书上一般都说，当时贡税较轻，而且缴纳的是当地土税，百姓的负担就不重。对食盐的生产和运、销，听任百姓们自己经营，官府仅在产地设置虞衡之官，执掌政令，督促民众以时采煮。在我国的春秋时期，社会生产力提高迅速，社会进入巨大的变革时期，社会经济结构发生变化，工商业发展迅速，因工商业而获利兴起的新经济势力大量出现，所以各诸侯国对国境内的工商业的管理力度亦随之加强。其中，最为突出的即为地处山东地区的齐国。专卖制度即始于齐国丞相管仲的“官山海”政策。《管子·海王》记载：桓公曰：“然则吾何以为国？”管子对曰：“唯官山海为可耳。”桓公曰：“何谓官山海？”管子对曰：“海王之国，谨正盐策。”《管子·轻重甲》又记：管子对曰：“……今齐有渠展之盐，请君伐菹薪，煮沸水为盐，征而积之。”桓公曰：“诺。”十月始正，至于正月，咸盐36000钟。召管子而问曰：“安用此盐而可？”管子对曰：“孟春既至，农事且起，大夫无得缮冢墓，理宫室，立台榭，筑墙垣。北海之众无得聚庸而煮盐。若此，则盐必坐长十倍。”桓公曰：“善。行事奈何？”管子对曰：“请以令粜之梁、赵、宋、卫、濮阳。彼尽馈食之国也，无盐则肿，守圉之国用盐独甚。”桓公曰：“诺。”乃以令使粜之，得成金11000余斤④。意指可由国家控制山林川泽而获得利润。

具体而言，所谓“食湖池，管山海”，就是泛指山林川泽之利要由国家来

① 《汉书·食货志》。

②③④ 《管子·海王》。

经营管理。中国的食盐由政府官营和专卖，从春秋时代的齐国开始，以后历经各个朝代，或者专卖，或课盐税，一直沿袭至今，而且官营品种的范围也逐步扩大。从西汉到清朝，国家经营的范围，由盐铁扩大到酒、醋（北魏）、曲、茶、香料、药材和矾等，各代不完全一致，时有增减。后来，随着经济的发展，商品流通活动日趋活跃，有的专卖项目逐步转归私商自由经营，只有盐、茶两项较长时期保持着不同程度的官营性质。

“官山海”理论的产生，有其一定思想和经济渊源。在中国古代，皇权思想长时期占据主导地位，“溥天之下，莫非王土”，山川园池不仅属于天子或诸侯所有，而且也是他们的重要经济收入来源。盐，为人民必需的消费品，加工方便，本廉利丰。据《管子》称：如由国家专营，可取得数十倍于人头税的收入。类似的茶的生产专卖自唐代兴起后长盛不衰，一度成为内地同西北民族交易的重要物产，由国家管理，从政治、经济和财政上看，都有重要意义。

当然，“官山海”只是专卖制度的原始雏形，管仲国富政策的主体在于国家对盐、铁的控制，而非国家对盐业、铁业的绝对垄断。管子的“官山海”有一大特点，就是民营官卖，即生产领域由民间来完成，国家仅通过对流通领域的控制来获得巨额利润。这一特点就把管子的“官山海”与后来汉武帝时所实行的官营盐铁业相区别。管子的“官山海”政策，为齐桓公成为春秋第一霸主准备了必要的物质基础。正如郭沫若先生所云：“齐桓公之所以能够划时代地成为五霸之首，在诸侯中出人头地，在这儿可以找得出它的物质根据。煮海为盐积累了资金，铸铁为耕具提高了农业生产。所以齐桓公称霸并不是仅仅由于产生了一位杰出的政治家管仲，而是由于这位杰出的政治家找到了使国富民强的基本要素。”

战国末期，秦国统治区域里的巴蜀地区及河东一带煮盐业发达，这时，不仅有专门机构管理盐的生产，还要负责销售；盐的专卖收入，成了秦国经济收入的一项重要来源。汉初，对食盐实行征税制，属山泽税范围，是帝室收入来源之一。武帝元狩四年（公元前 119 年），因财政困难，才采纳孔仅、东郭咸阳的建议，实行专卖，归入国家收入。制定和推行一系列的新经济政策，如统一币制，盐铁和酒类官营，实行均输平准、算缗告缗等。这虽然充裕了国家的财政，为汉武帝的文治武功奠定了经济基础，但是，伴随农业生产的发展，土地兼并的现象日益尖锐，广大农民的负担愈来愈重。盐铁官营等政策的弊端，如铁器苦恶，价格不平，主管官吏废公法、谋私利，强征农民冶铁煮盐等，也直接贻害农民，加剧了农民与国家之间的矛盾，致使农民的反抗斗争日益频繁。但是，依靠盐铁官营等政策所聚敛的财货，无法维持战争的长期消耗。因此，至武帝晚年时，已是“海内虚耗，户口减半”。另外，经过汉王朝的连年出击，匈奴力量大为削弱，边患有所缓和。这些客观情况，促使武帝晚年的政策发生了重大改变。征和四年（公元前89年）武帝在诏令中指出，此后务在禁绝苛暴，不得擅兴赋役，应致力农耕。从而在一定程度上恢复了汉初的“与民休息”政策。汉武帝在政策上的转变，对于稳定汉王朝的统治是必要的，但统治集团内部意见并不一致。武帝死后，继位的昭帝年幼，大权掌握在霍光手里。为了保证“与民休息”政策的实行，昭帝始元六年（公元前81年）二月下诏命丞相田千秋、御史大夫桑弘羊召集郡国所举贤良、文学，询问民间疾苦所在。贤良、文学与桑弘羊意见不一，他们就汉王朝的内外政策进行了辩论，这就是有名的“盐铁之议”。

在盐铁会议上，双方辩论的主要内容有：第一，民间疾苦的原因。贤良、文学认为民间疾苦的根源在于国家经营盐铁等经济事业，提出废除盐铁，设酒榷，均输官。桑弘羊反对这一主张，认为兴盐铁，酒榷，置均输，扩大了财源，是抗击匈奴，消除边患的经费来源。而且，这些政策便于堵塞豪强大家的兼并之路，有益于农民。因此，他坚持推行盐铁官营等事业。第二，对匈奴的政策。贤良、文学主张偃兵休士，厚币和亲，企图依靠德政的感化维持和亲局面。桑弘羊则认为匈奴反复无信，不能采用德政感化，只有通过战争才能阻止匈奴的侵扰，保证汉王朝的安全。他强调武帝对匈奴的战争是“当世之务，后世之利”。第三，关于施政方针和治国的理论思想。贤良、文学信奉儒家的仁义学说，主张德治，认为行仁政就可以无敌于天下。他们一再引证历史教训，批判严刑峻法，指为亡国之道，把严刑峻法看做是秦王朝灭亡的原因。

桑弘羊以法家学说作为指导思想。反对德治，主张法治，认为令是教育百姓的，法是督察奸邪的，有了严刑峻法，百姓就小心谨慎，奸邪自然止息。他所坚持的经济政策和治国方法都与法家思想相联系。此外，这次会议上的辩论还涉及农业的基本政策，对社会现状的估计和伦理道德观念的理解，以及如何看待古与今关系问题。

贤良、文学是来自社会下层的地主阶级知识分子，比较体察社会实况。他们在霍光的支持下与桑弘羊展开的辩论，反映了统治阶级内部对汉武帝晚年以后经济和政治形势的不同认识。贤良、文学由此而提出了不同的治国政策。经过这次辩论，尽管没有废止盐铁官营和平准均输法，但桑弘羊在政治上受到了一定的挫折，贤良、文学活跃一时。根据贤良、文学的意见停止了酒类专卖。“与民休息”的政策进一步得到肯定，对昭帝、宣帝时期社会经济的恢复和发展起了重要的作用。

这场论辩是一场规模空前的大论战。汉宣帝时，庐江太守丞相桓宽整理编次了这次大会的“议文”，即会议记录，而且走访了当时的参加者，写成了《盐铁论》一书，使我们今天得以窥见这场由皇帝诏令举行的大辩论的盛况。在论辩中，公卿大夫一方（以桑弘羊为代表）博古通今，反复质问，击中要害；贤良、文学一方直言不讳，挖苦公卿，不畏强权。通过盐铁会议内容，我们可以看到，“盐铁会议”实际上是一场关于国富民强和国强民富的争论。

汉代的盐专卖，采用民制、官收、官运、官销的办法，即由官府招募人民煮盐，官府除供给煮盐工具之外，其他费用由人民自理。盐生产出来后，由官府收购，组织销售，获取盐利收入。

为了保证专卖事业的实行，汉王朝起用商贾为官吏，以管理食盐专卖事业。据记载，汉代在全国所有主要产盐地区，包括 28 个郡的 36 个县，都设置了盐官，以管理食盐的运销，控制食盐销价和了解销盐方向。

当时，在产铁地区设置铁官，不产铁地区设置小铁官。据统计，汉代设有铁官的地方，计有 39 个郡国的 48 个县，当时铁的开采和冶铸具有相当规模，从业人数达十万以上。

汉代从铁的生产到铁器的制造，制品的销售，都由官府负责。对私铸铁器者，不仅没收其生产器具，还要处以刑罚。

西汉盐铁专卖一个显著的特点，就是任用原制盐业者为盐官，任用大冶铁商为铁官。这样做的好处是能减少盐铁官营的阻力，有利于盐铁经营，但不可避免地是使官吏庞杂，治理水准不高，加速官吏的腐败。

汉代的盐铁专卖，也有反复，昭帝始元六年（公元前 81 年）盐铁会议之后，罢关内铁官。元帝初元五年（公元前 44 年）时，曾罢盐铁官，后因财政困难，三年后又恢复专卖。王莽统治时期，对盐铁也实行专卖。至于东汉，盐铁专卖为时不长，汉和帝章和二年（公元 88 年）废止专卖，以后仅由中央对盐、铁课税，除汉末刘备在四川对盐铁实行专卖外，盐铁专卖之事很少记载。

中国的专卖是由管仲首倡的，并为汉武帝所继承与发展，使盐业专卖为封建社会历代王朝所沿袭，从而确定了专卖制度在中华历史中的重要地位。

秦汉两代，国家专卖制度在中国正式形成，由政府直接操控的专卖方式完全建立。

魏晋南北朝是一个分裂割据、政权林立的时代，是中国历史上政权更迭最频繁的时期。在从魏至隋的360余年间，经历了30余个大小王朝的更替兴衰。中原地区经常处于战火纷飞中，天灾人祸不断，百姓流离失所，生产停滞不前。边境地区，人口增加，社会经济有一定发展。此时经济发展经历数次崩溃，又数次重立，北方和南方的经济发展基本持平，具有专卖性质的政策主要为“食盐官营”，但此时的官营相较于秦汉两朝，则具有极大不同。此时的官营，是在战乱和分裂割据的情况下采取的特殊措施，设置戎职，统率兵伍，监临产盐地区，在军事管制下进行食盐生产，其强制性更为明显。因此，这类所谓“食盐官营”，实际上应是“食盐军管”政策。南北朝时征税制复起。

二

隋至唐前期，取消盐的专税，和其他商品一样收市税。唐安史之乱后，财政困难，盐专卖又开始实行。

对食盐征税，隋唐两代，在不同时期有不同的作法。隋朝初年，依北周之制，对于盐池盐井，皆禁百姓采用。开皇三年后，对盐酒免税，史书记载：“至是罢酒坊，通盐池盐井与百姓共之。远近大悦。”唐初承继隋制，对盐池盐井不加限制，官民共采，并不征税。自隋开皇三年至唐开元元年（公元713年），前后共计130年间，盐均无税。这段时期，国家赋税收入的来源，主要是租调的收入。玄宗开元元年，随着需要的增加，开始向盐征税，但收税很轻。天宝、至德年间每斗盐征10钱。当时全国共有盐池18个，盐井640口，都隶属于度支。这些盐池、盐井所产的盐，都要课征盐税。当时安邑、解县两池之盐，岁课得盐万斛，以供京师。沿海产盐的一些地区，则以盐代租粟，以输司农；“青、楚、海、沧、棣、杭、苏等州，以盐价市轻货，亦输司农”。

安史之乱后，唐王朝的统治转危为安。这一时期封建社会内部商品经济正出现日益发展的趋势，商人势力日渐强大，国家财政收入主要依赖工商等间接税，盐利尤为一大宗。私商，尤其是盐商正是政府所要争取、拉拢并与之合作的对象。此外，官运官销体制下，开支大，弊病多，也不如利用私商为好。在这种全新的形势下，类似全面禁榷这种“战时经济政策”，就不能不加以调整了。理财家刘晏就任盐铁使后，对当时使用的第五琦盐法进行了系统改革，其核心是改官运官销为商运商销，在榷盐法中引入商人与商业机制。

刘晏的盐法改革首先是放弃第五琦的官产官销政策。在盐的生产方面，主要依赖亭户（即煮盐民户）自行生产，在盐官的监督下出售于盐商。至于是亭户按照规定价格缴纳一定的盐税以直接出售于商人，抑或是由盐官收盐户所煮之盐以转售于商人，史书上有两种不同的说法，未知孰是。刘晏为扩大盐生产量，一方面向盐户宣导生产技术以提高其劳动生产率，另一方面提供煮盐主要生产工具——牢盆以招致商贾为新增盐户。此外，某些盐场可能仍由政府自行生产，招商运销。

由上述可知，刘晏盐法改革，在内容上和性质上较之前代都有变化：从内容上看，把民制官收、官运官销变为民制官收、商运商销；就性质而言，从官府直接专卖变为官商混合的间接专卖。从成效方面来考察，刘晏榷盐法是切合当时的客观实际的，同时从长远来看，也是顺应着商品经济发展的历史潮流的，对后代的禁榷制度及商业政策产生了深远的影响，从此，我国古代的专卖政策进入一个崭新的发展阶段。

五代时期，由于战争不断，各国财力不足，对食盐的限制很严，实行食盐专卖或征税，以增加政府的财政收入。后梁时，沿袭唐制，实行民制、官收、商运、商销的办法，即就场粜商的制度。后唐时，规定盐民应纳盐税，每产一斗盐，要交纳一斗五升的米作盐税。一般居民按户等征收盐税，户分五等，每户 200 文至 1000 文不等。另外，又“散蚕盐敛民钱”，在农村，政府在二月育蚕时节，赊给民户官盐，等至五月夏收后，即蚕放丝时随田赋交纳盐钱。因盐的赊销期和育蚕期一致，故称蚕盐。官府在按户等配售食盐征税以后，允许商人自由贩运，后晋出帝时（公元 943—947 年），实行过、住两课法，重征盐商。那时规定在关津要路征课过税，每一斤 7 文；在城乡店铺征课住税，每斤 10 文。然而，人民按户等交纳的盐税依旧照征，于是人民受一盐二税之苦。政府每年可得盐税 1000 余万贯。在重税之下，盐商不再贩卖食盐，又实行食盐官卖。对私盐贩，规定处以严刑，贩盐 10 斤以上者处以死刑，刮碱煎盐者处以死刑。后汉乾中，规定青盐一石，抽税 1000 文，还要另征食盐税，一盐二税，百姓怨声载道。后周建立以后，为缓和矛盾，重新制定盐法。一方面减低盐税，另一方面对因私盐坐罪者，按其数量多少，制定不同的刑法。太祖广顺时（公元951—963年），令青盐一石，纳税由885文减为800文；白盐每石纳税由580文减为500文。世宗显德时（公元955—959年），城镇实行专卖，乡村仍许商角。因北方有辽盐倾销，于是将盐税钱均摊于田赋之中，叫做两税盐钱。

两宋时期，专卖政策的范围扩展到茶、烟、酒、矾、香药等多种产品，但多为采取不直接进行生产而是控制资源再转卖给商人销售的不完全禁榷方式。

从《宋会要》所载史料看，至少在太平兴国二年（公元977年）前，在“襄州等十四处，旧颗盐通商”。也就是说，此时宋政府是允许商人在某些地区从事盐业经营的。此后，这种局部地区的间接专卖虽屡遭取缔，却又屡次恢复，在曲折反复中维持下去，并不断发展起来。

由直接专卖部分地转为间接专卖的过程，也就是政府允许商人代官方分销的过程，这一过程的发展中最具代表意义的是“入中”、“折中”制贸易的发展。这项重大变革的首倡者是刘式。“宋太宗平定北汉之后，是时初得并州，又绝和亲，诛灵夏叛族，边费多，有司不能给，颇以扰民。叔度通轻重，以为此非长久之利，因奏曰：‘唐、虞至治，懋迁化居，所以调有余不足，便民赡国。臣前在潭州，见茶积成山，或不能泄，岁久则皆焚弃；今利丰监积盐复多，有司无术以御之，但坐守视之耳。国家据山海之源而不能用，边寇小警，搜弊补败，辄以劳民，至上下空匮，甚非计也。臣请通茶盐之利，被之河北关中，国可益赋而财用足’。上异其言，即以驿召入问计策，语合意，因留判三司都磨勘司。”宋太宗采纳了刘式的建议，“自河北用兵，切于馈饷，始令商人输刍粮塞下，酌地之远近而优为其直，执文券至京师，偿以缗钱，或移文江淮给茶盐，谓之折中”。这种官方与民间的特殊交易，当时称作“折中”和“入中”，商人持此文券，可到京师领取较粮食实价略高的缗钱。如果商人不愿领钱，可由政府通知某些茶盐榷卖地区，准许商人凭“文券”领取相应数额的榷卖品，转往指定地域出卖。

间接专卖政策实施的结果，最为显见的意义是为封建政府新辟了财源，特别是在政权危机、财用困乏之际，新财源的开辟，对朝廷政治、经济力量的恢复与增强起到了很大的作用。间接专卖制度的实施减轻了对商人的控制程度，使得宋朝商品经济得到进一步的繁荣，在两宋300多年的统治中，专卖收入一直是朝廷财政的重要支柱，特别是盐利，居朝廷岁入的首位，占到财赋来源的一半。

迫于经济规律的力量并出于本身财政利益的考虑，宋廷实行独占经营的环节逐步减少，而由商人经营的环节则日渐增多。这是商品经济空前发展的必然结果。庞大的商品流通体系，封建国家是难以完全包揽，独家经营的。

三

元代盐课是国家财政的主要支柱，财政支出的十之七八靠盐利，因而元朝统治者对盐课十分重视。太宗以前，对盐及酒醋、金银、铁冶、河泊等产品，实行定额税（或是包税制），以白银为缴纳手段。太宗时，改行盐引法，每引重400斤，价银10两（世祖中统二年减为7两）。灭南宋后，承袭南宋的盐制，并予以更张改进，强化对盐课的稽征、管理。主要有如下几种制度：

一是引岸制，其法有二，一为各地官府置局卖引，每引付盐400斤。世祖平江南之初，每引为中统钞九费，折银四两五钱，每引较中统二年减少二两五钱。嗣后每变一次盐法，就增加一次引价，元末每引盐价竟增至三锭。此即所谓官制商运商销法。二为官制运商销之法。此法行于大德四年（公元1300年），当时中书省两淮运司的奏请，在交通方便的地方设立仓库，官府设纲船攒运，贮之仓库，商贩就仓支盐贩卖。延佑七年（公元1320年），两浙之盐亦效两淮之法，改就场支给为就仓支拨。盐商向官府买引，赴指定的盐场领盐，按规定的区域贩卖。

二是入粟中盐制，此制是官府召募商人将粮食运到指定地区（边疆或军队征战之所），然后政府给以盐引赴盐场领盐贩卖。

三是计口授盐制，此制系由官府按人口或按户强制配合食盐，亦称“食盐法”。这种制度多行于产盐区或私盐盛行之地，目的在于增加盐课，以补国用之不足。

四是设局官卖制，此制系官府设局，官为发售。这种制度主要行之于大都，目的在于稳定盐价，防止奸商从中谋利。

五是常平盐制，此制系由国家将盐运于指定地点存储，待盐价上涨时，国家以平价售出，目的在于稳定盐价，打击官豪，避免奸商图利。

六是征税制，元代对自制土盐及四川井盐实行征税制。如太原自制土盐（即小盐），世祖中统三年（公元1262年）九月规定岁输7500两。至于四川的非国家所属的盐井，所民煮造，收其课十之三（公元262年），九月规定岁输7500两。至于四川的非国家所属的盐井，所民煮造，收其课十之三。

元代盐制虽然多次整顿，但仍然弊端丛生，如引商专利，官盐质量低劣，强行派散盐引等，加上附加、折征、预借等名目，致使民负沉重，有时不得不淡食。

明代盐的种类，以其生产方法划分，有海盐、池盐、井盐、土盐、硝盐、岩盐六类，以海盐、池盐、井盐为大宗。

海盐的主要产区，因其盐课收入多寡不同，在国家中的地位也有高下之别。按明人排列的次序，是两淮、两浙、长芦、上涂、福建、广东、海北以及辽东军盐。池盐仍以河东盐为主，陕西灵州次之。井盐则分布于四川、云南。此外，还有散产于陕西、河南等地的土盐和硝盐。明廷视各产区盐之地位，设有都转运盐使司和盐课提举司，其下设分司及盐课司。明廷通过这三级机构，实施对盐业生产、行销的管制。

明朝的盐专卖主要实行民制、官收、就场专卖办法。专卖制度主要有三种，即开中法、计口授盐法、商专卖法。

所谓开中法，即召募商人输粮于边，由官府给盐的办法，也称纳米中盐法。此法源于宋代的折中法和元朝的入粟中盐法，实行此法的目的在于充实边疆的粮食储备。洪武三年（公元1370年）六月，山西行省以大同所储之粮自山东陵县运至山西太和岭，路远而费用繁巨，建议令部人于大同仓输米一石、太原仓输米一石三斗，给淮盐一小引。朱元璋从其议，自此始行开中法，此后各行省边境，亦多效仿。但纳米与中盐的比例，各地不同，一般以地里远近而定等差。开中法实施之后，国家节省了大量的转运之费，边疆粮饷也得到了保障，史称“有明盐法，莫善于开中”。由于开中法行效显著，于是不仅是粮粟，凡属国家急需物资，皆令商人纳中盐，由此而衍生出许多新的制度，如纳马中盐，纳钞中盐，纳钱中盐，纳布中盐等。总之，国家需要什么，就开中什么，盐随时随地成为国家与商人交易的媒介。

在实行开中法的同时，曾实行计口授盐制度。洪武三年，令民在河南开封等处输米，以供军食，官府给盐以偿其价。每户大口给盐一斤，小口给大口之半；输米的多少，按地理远近定等差。

在计口授盐的基础上，又衍生出“户口食盐纳钞法”。洪武二十四年（公元 1391 年），曾令扬州府泰州灶户，按照温、台、处三府则例，支官盐折纳钞贯。即受盐本应纳米，而折钞上纳。

商专卖是盐专商直接与灶户进行交易。万历四十五年（公元 1617 年）在袁世振行“纲法”的基础上，又行“仓盐折价”之法，即官府不再向灶户收盐，而令灶户按引纳银，商人则直接向灶户购盐而不经官，此种专卖制度，即属商专卖。自此国家将收盐、运销之权全部交给商人，这是食盐产、销制度的一大变化。

除上述三种盐制外，在个别地区曾实行过盐票法。嘉靖十六年（公元 1537 年）两浙偏僻之地，官商不能到达，于是令土著商人纳银领票取盐，到偏僻之地贩卖，土著商人每百斤盐纳银八分。此种制度不同于官专卖，而且多侵正课。

清朝前期的经济政策以发展农业经济，恢复社会生产力为主。此时的盐业专卖办法包括其他经济手段大多沿袭明朝，稍有改变，在不同地方，不同时期有所不同。清代盐法，主要采取官督商办、官运商销、商运商销、商运民销、民运民销、官督民销、官督商销等七种形式。各省盐政，多由总督巡抚兼任，还有都转运盐使，司运使，盐道，盐课提举司等，官制比较复杂。

清前期的盐法种类虽多，但行之既广且久的是官督商销，即引岸制，也称纲法。纲法规定灶户纳税后，才允许制盐。所制之盐不能擅自销售。盐商纳税后，领得引票（政府批准贩盐的凭证），取得贩运盐的专利权。税收管理机关将运商的姓名，所销引数、销区在纲册上注册登记。盐商原非世袭，为获厚利，贿赂官吏，成为世袭，并划分地盘，垄断经营。

道光初年，两淮私盐贩越来越多，盐务日坏。每年应销纲盐 160 余万引。道光十年，淮南仅销 50 万引，亏历年课银 5700 万两，淮北销 2 万引，亏银 600 万。两江总督陶澍认为：“其原因一由成本积渐成多，一由籍官行私过甚。”陶澍巡视各盐场后，在淮北推行票盐法，定章程十条：由运司刷印三联票，一留为票根，一存分司，一给民贩行运。立限到岸，不准票盐相离及侵越引岸。每盐四百斤为一引。各州县民贩，由州县给执照赴场买盐。在各场适中地立局厂，以便灶户交盐，民贩纳税。民贩买盐出场，由卡员查验，然后分赴指销口岸。委员驻扎青口。严饬文武，查拿匪棍。防河。定运商认销法。裁陋规。此法推行后，申请运盐的人很多。不到四个月，运盐超过三十万引。史称此法成本既轻，盐质纯净，而售价又贱，私贩无利，皆改盐票。

"自改章后，非特完课有赢无绌，兼疏场河，捐义厂、修考院、百废俱兴盖惟以轻课敌私，以畅销溢额，故以一纲行两纲之盐，即以一纲收两纲之课。"

票商与引商的共同点是：都要经过批准，都要定期纳税，销盐都有划定的范围。不同的是：引商为世袭，行盐只能在官吏的驻地；票商则不管何人，经批准皆可承运，在销界以内皆可运销，并实行就场征税。因为票商比引商活动灵便自由，所以后来由淮北推行到淮南、福建、两浙等地。

咸丰四年，因江路不通，两淮盐不便运销，朝廷令拨盐引运赴军营抵饷。自实行军人提盐抵饷后，军人垄断盐务，领盐时下场自捆，夹私多带，损耗很大。1866 年，李鸿章"参纲法于票法之中，以旧商为主而不易新商。商有世业，则官有责成。"从此票法又成为变相的纲法，一直到清朝灭亡。

清代中央主管盐政的为盐政院。设盐政大臣一人主其事，下设南盐厅管理淮、浙、闽、粤盐务；北盐厅管理奉、直等地盐务，参事掌拟法制。清朝仿照明代办法，差御史巡视盐课，各省盐务则由总督或巡抚兼理。宣统元年，因盐为筹款大宗，为整顿盐务，任命度支部尚书载泽为督办盐政大臣，并设立盐政处。产盐、行盐省份，督抚兼会办盐政大臣。宣统二年十一月，又将盐政处改为院，设置专官管理盐政。

此时的盐政已经显现出一种衰落时期的特性，盐政对国家收入的比率虽然还占有重要部分，但已经出现其他可以替代盐政收入的税种了。

中国两千余年的君主中央集权制度终结在清朝一代，而随着社会制度的发展和变化而逐渐确立的国家专卖经营体系也开始解体，对后世中国经济体系的重新建立起到了深远影响。

四

纵观几千年的盐铁专卖史和历朝专卖得失，我们可以得出如下几点启示：

其一，官商合营是历史的选择。

作为中国古代杰出的理财家，刘晏针对第五琦专卖制度中食盐流通体系过于庞大、效率低下的问题，创立了"就场专卖制"，核心是官府只掌控食盐的批发环节，而生产和销售采取民营的模式。刘晏的经营理念实现了盐法的重大转折，从完全国营排挤私人资本到官商合营，适当留利于民，为后世的盐法奠定了基础。事实证明，在商品经济有了一定发展，甚至海外贸易都已相当繁荣的唐宋时期，再实行西汉那种直接专卖，很难成功。所以，官商合营是历史的必然。

其二，加强中央集权目的明确。

西汉盐铁专卖目的不仅在于增加财政收入，还兼有强化中央集权的政治目的。汉文帝在位时，曾将矿山和铸币权赐予吴王刘濞和宠臣邓通，他们依山铸钱，富甲天下，卓王孙也正是承包了邓通的矿山而富比王侯。诸侯王势力强大，威胁中央政权，景帝的削藩政策酿成“七国之乱”。汉武帝要反击匈奴，就必须强化继续削藩和抑制地方豪强，才能减轻后顾之忧。汉武帝正是通过盐铁专卖等政策，逐渐削弱了诸侯王的势力，击败了北方游牧民族，拓地千里。唐王朝在实行盐铁专卖之后，财政状况迅速好转，到宪宗时，国力有所提升，陆续削平了一些藩镇，中央政权得到强化。

其三，完全国营弊端多。

专卖制度虽然可以在短期内不直接增加百姓税负的情况下筹集大量财富，增加财政收入，但完全排斥私人的直接专卖制度作为权宜之计尚可，若长期实施，必然产生弊端。实施工商业的国营，使官僚机构膨胀，效率低下。盐铁官员贱买贵卖，盘剥百姓，也会加剧社会矛盾。新中国成立后，人民政府迅速没收了官僚资本，接收了帝国主义在华企业，并逐步掌握了国民经济命脉，确立了公有制经济。这些政策的实施，对于巩固新生政权和取得朝鲜战争的胜利，发挥了重大作用。但是，随后的赶超战略，压缩消费，扩大积累，引发了隐性通货膨胀，虽然物价并未上涨，但物资匮乏，日常生活用品供应紧张、凭票购买。完全国营还导致平均主义严重，效率低下。

其四，财政分权也是一把双刃剑。

著名经济学家布坎南等人指出，中央政府总是追求财政收入的最大化而不是制定合理的税负，而中央与地方财政分权是较好的解决途径。在中国封建社会历史上，要么是高度的中央集权，要么是地方政权坐大，诸侯割据，实行财政分权是不可能的。1994 年我国实行分税制以来，适当增加了中央财政的比重，为实施积极财政政策奠定了基础。但是，随着财权的上移和事权的下放，基层政府的财政困难也是不争的事实。新一轮的强县扩权正在许多省份试点，但数千亿元的乡、村两级负债如何消减，仍是一个不得不面对的问题。

纵观数千年来盐铁专卖制度的兴衰可以发现，专卖制度的成败，在一定程度上可以左右政权的兴衰。也不难看出，深入研究和不断改进财税制度多么重要。而制定稳定、高效、公平的财税政策，则是新时期党和政府提高执政能力和执政水平的应有之义。

主要参考文献：

1. 郭正中：《中国盐业史》古代编，人民出版社1997年版。

2. 林文勋：“中国古代专卖制度的源起与历史作用”，《盐业史研究》，2003年第3期。

3. 葛金芳：《中国经济通史（第五卷）》，湖南人民出版社2002年版。

4. 刘良群：“从盐铁官营看西汉的专卖制度及其流弊”，《赣南师范学院学报》1994年第3期。

5. 齐涛：“论榷盐法的基本内涵”，《盐业史研究》，1997年第3期。

6. 张薇：“官商合谋与经济发展——基于唐宋专卖制度的研究”，《江苏商论》2007年第1期。

7. 李晓：《关于宋代禁榷专卖制度的再认识》，中国经济史论坛。

8. 阚景阳：“盐铁专卖制度兴衰启示录”，《领导之友》，2005年第6期。

9. 吕芙蓉：“略论中国历代盐铁专卖制度及其启示”，《财经政法资讯》，2011年第2期。

第十九章

中国漕运史论

漕运事关国计民生，是关系国家生存命脉的重要政治活动、经济活动和社会活动，在中国传统社会占有重要地位，成为历代专家学者研究的重点课题。司马迁《史记》中出现了对“漕”的记载。隋唐是我国古代漕运制度基本完备的时期，宋人王溥著《唐会要》卷87有《漕运》专条。此后，对漕运的研究进一步深入。经过元代和明代的调整与建设，到了清代，漕运制度不管是从机构组织、法规制度、人事安排等各个方面，都趋于完备，成为中国古代漕运制度的总结者和实践者。

一

漕运的兴起是伴随着人类对水资源的认识、利用而产生和发展的。水是生命的起源，万物仗之以生存，文明赖之以进步。人们对水的认识和利用有一个由浅入深的发展过程。兴修水利几乎是各朝代的大事，各朝各代都有着治水定天下的历史。夏王朝是华夏民族进入文明社会的开端，传说大禹“开九州，通九道，陂九水，度九山”，顺水之性，消弭洪灾，揭开了中华文明新的一页。到春秋战国时期，人们对水有了更深的认识，也发现水能够给人类带来便利。大运河的开凿始于2500年前春秋末期吴国邗沟。当时，列国兼并，战争不断，各国诸侯都纷纷利用水源为战争服务，因此，开凿运河最初只是为战争服务。到了隋代，结束了长期分裂割据的局面，统一了全国，南北连成一体，才实现了南北大运河的贯通，而南北大运河的贯通带来了政治的稳定和经济的大发展。《贞观政要·辩兴亡》记载，文帝末年，“天下储积，得供五六十年”。大运河开通以后，“公家运漕，私行商族，舳舻相继”（《元和郡县志》卷5《河南道》），伴随着食粮由东西向南北转运，大量的江淮物资源源不断地运至关中，出现了经济繁荣的景象，隋唐时期，运河开始承担起漕运这一历史使命。隋代在中国历史长河中仅走过36年，尽管隋炀帝大兴土木，奢侈恣欲，在三幸江都和三攻高丽的过程中，耗费了大量钱财，在农民起义中又焚毁不少财富，但南北大运河的通航是中华民族历史上一次伟大的创举，不仅为隋代的社会稳定和经济发展创造了极其优越的条件，也是顺应历史潮流、德泽后世的伟大工程。唐代诗人皮日休有一首七律诗《汴河怀古》，高度概括了隋代大运河的历史功绩。他说：“尽道隋亡为此河，至今千里赖通波。若无水殿龙舟事，共禹论功不较多。”

唐代建都于长安，当时的长安城是一座世界性的大都会，居有百万人口，不仅是全国的政治、经济、文化中心，也是亚、非、欧各国宾客云集的地方。由此，唐代比之前的朝代更需要大运河为其漕运服务，所以，武德七年（公元624年）唐就派大将尉迟恭凿治百步洪、吕梁洪，此后又开伊娄河、广济渠工程。北宋建立之后，以运河交汇之地开封为都城，又进一步开凿新河，疏浚旧河道，在航运方面，不断改进助航设施，完善了比埭堰更先进的斗门航闸及澳闸，解决了航运中的难题，大大改善了航运条件，开创了漕运的鼎盛时期。宋室南渡之后，宋金以淮河为界，南北对峙，造成大运河南北断航，可是宋金各自对大运河的利用和治理却并未停止。南宋政权一方面仰仗江南运河和通扬运河为生命线，大力疏浚治理，另一方面进一步开发利用浙东运河，使其发挥越来越重要的作用，江南经济因此得到迅速发展。

元灭宋后建都大都（北京），为取得江南财富而改造运河，使运河直通大都。于是在至元二十年（公元1283年）南开济州河，至元二十六年北凿会通河，避开了河南与安徽，使大运河从北京开始由河北入山东经江苏直达浙江杭州，由于疏拓截直河道，大大缩短了航程，并把钱塘江、太湖、长江、淮河、黄河、海河这六大水系一脉贯穿，在全国形成以大运河为连线的水上交通网，创出了大运河的辉煌历史，也为后来大明王朝的漕运提供了极大的方便。

朱元璋建立的明代为了减少运河风浪之害，在一些地方实施“湖运分离”，万历间又开泇河以便漕运。整个明代，治河工程远比前几个朝代宏大艰巨，科技成就也超越了前人。

清王朝继承元明两代的治河成果为其漕运服务。康熙皇帝关心大运河远胜前代帝王。在平定三藩之后，为避黄河漕运风浪而开中运河，使漕船不再借黄运行。康熙六次南巡都为黄河、运河而来。在黄河泥沙淤积日益严重的情况下，清政府被迫采取“灌塘渡运”以维持航运。至道光六年（公元1826年）不得不把苏南的全部漕粮雇船改由海上运至天津。咸丰五年（公元1855年）黄河北徙为害，在山东夺大清河入海，大片运堤冲毁，并挟汶水东流，断绝了会通河的水源，造成北方运河的湮废。维持中国封建社会的千年漕运从此结束，大运河作为封建王朝生命线的历史也就此告终。

从大运河的贯通到湮废看漕运的形成和发展，其历史动因是政治经济的发展变化所导致的统治格局的变化，是统一王朝的建立，即全国性统治中心的确立、从中央到地方官僚体系的形成、庞大军事体系以及全国性社会秩序的建立，促使王朝必须建立一个有序的、有保障的、以粮食为主体的物资供应体系。然而，以农立国的经济特性，使得统一的集权王朝在建立物资供应体系时，不得不面对广泛而分散的小农经济。集权政治有效地使小农成为赋税与徭役的双重负担者，成为国家的生存基础。这是漕运形成和发展的最根本的动因。大运河成为封建时代漕运的唯一交通线路，而随着近代公路、铁路、海运的出现，以及清代咸丰五年（公元1855年）黄河北徙造成北方千里运河的淤塞，大运河逐渐衰微，漕运也因此停止。中国大运河伴随着我国封建制度走过了从形成到没落的漫长岁月，在历史的长河中漕运始终是大运河的首要任务。

纵观历史长河中漕运产生、发展的全过程，深入剖析各朝代重视和延续漕运的根本目的，其目的即是为了解决国家的财政问题，以维护封建的统治秩序。漕运的社会意义和经济功能具体体现在以下几方面：

第一，在政治方面。漕运始终是维系历代中央政权不可或缺的、最重要的物质基础。特别是古代社会经济重心南移后，出现了政治、军事重心与经济重心分离的状况，漕运对于各王朝的政治、军事意义更加突出。朝廷年复一年地进行着南粮北运，漕粮几乎供应京城所有居住人员的日常食粮，并极大地支撑着整个中央政府机关的正常运转。与此同时，漕粮成为支撑王朝军事体系的重要物质力量，历代分布各地的庞大地方驻军、漫长边境线上的防御与进攻、四方征讨的各种战事，许多都是以漕运作为强大物质的基础。

第二，在经济方面。漕运重心的演变，反映了中国古代经济重心的变化格局。秦汉时期，定鼎西北长安，全国的经济重心也在北方，关中和山东最发达，漕粮多半取于这两个地区，漕运则经由横贯中原的黄河和渭水，方向是由东至西。由于政治、经济制度尚处于初步阶段，漕运体现出无常制、无常时、无常额的特征，漕粮多为军用。唐宋时期是漕运的大发展时期。隋唐两代，都定都在北方，但由于南方经济的兴起和北方长期动荡的社会环境，漕运中心逐渐南移，尤其是到了唐代，漕粮征派日益依赖南方，漕运方向由东西向转为东南、西北向。而此时大运河的开疏工程，也使得它在漕运和南北交通中的重要功能逐渐显现。北宋设都汴梁，以汴河、黄河、惠民、广济四河进行漕运，其中以汴河所运漕粮最多，漕运方向大体也是东南、西北向。由于运河的开通以及经济重心的南移，南方成为漕运的重心。这一时期是漕运制度发展的重要时期，逐渐形成了相应的成法、固定的职官和额定的年漕量，漕运成为一个较完整的经济体系。元代定都大都，由于种种原因，主要采用海运的形式运输漕粮，但大运河仍为河运南方漕粮的唯一水道。明清两代建都北京，漕粮绝大部分征收于南方，运河成为唯一的南漕北运的河道。漕粮征派的重点地区，多为农业生产发达之区；而应漕运之需所进行的水利开发，在一些地区一定程度上又促进了农业水利的发展。漕运对城镇盛衰的影响最为明显，尤其是运河沿线的城镇。一方面，随着运河的开通和运输条件的不断改善，一大批城镇随之兴起；另一方面，运河漕运的日趋频繁，以及它所带来的大量商品和贸易机会，极大地吸引了各地商人小贩及其他各类“趁食”者的汇集，运河沿线城镇的繁荣也成为自然的事情。明清时期，运河沿线的临清、济宁、淮安、扬州等，虽然不能说完全是因为漕运而兴盛，但漕运的北上南下，以及它所促成的贸易机会，一定是这些城镇繁盛的主要原因。漕运带来的交通便利与商品流动，城镇的日趋兴盛，促成了运河沿岸市场网络的形成。运河一线城镇的兴衰，多与运河的流畅与否、漕运的正常与否紧密关联。漕运盛，则运河旺，运河城镇也随之兴旺发达。近代以后，运河漕运逐渐衰败，运河运输功能日弱，运河沿岸城镇随之衰落。这也从另一个方面说明漕运、运河、城镇之间的依存关系。

第三，在社会方面。随着漕运制度的完善和规模的扩大，漕运越来越成为维护王朝稳定和制衡社会的重要手段。特别是在明清时期统治者熟练而频繁地利用漕运进行社会制衡与调控，消除诸如重赋、灾祸以及物价波动等造成的社会不安定因素。运用漕粮赈济灾荒，自秦汉开始就已不乏成功案例。至明清，已成为朝廷的一项惯常举措。

此外，漕运在促进南北文化交流和区域社会开发等方面也有着不可忽视的作用。当然，漕运毕竟是专制集权政治的产物，具有这种体制中的诸多劣根性。更为重要的是，漕运也是封建王朝攫取天下财富的手段之一，耗费了大量人力、物力和财力。因此，当中国步入近代社会后，伴随着海运的兴起，漕运便在社会的巨变中走向消亡。

二

元代至正二十八年（公元1368年），朱元璋在应天（今江苏南京）称帝，改元洪武，建立了明朝，定都南京。明代大运河沿袭元代，其基本格局：“南极江口，北尽大通桥，运道三千余里。综而计之，自昌平神山泉诸水汇贯都城，过大通桥东，至通州入白河者，大通河也；自通州而南至直沽会卫河入海者，白河也；自临清而北至直沽会白河入海者，卫水也；自汶上南旺分流，北经张秋至临清会卫河，南至济宁天井闸会泗、沂、洸三水者，汶水也；自济宁天井闸与汶合流，至南阳新河，旧出茶城会黄、沁，后出夏镇，循泇河直口入黄济运者，泗、洸、小沂河及山东泉水也；自茶城秦沟南历徐、吕、浮、邳，会大沂河至清河县入淮后，从直河口抵清口者，黄河水也；自清而南至於瓜、仪者，淮、扬诸湖水也。过此则长江矣。长江以南则松、苏、浙江运道也。淮、扬至京口以南之河，通谓之转运河；而由瓜、仪达淮安者，又谓之南河；由黄河达丰、沛，曰中河；由山东达天津曰北河；由天津达张家湾曰通济河。而总名曰漕河。其逾京师而东若蓟州、西北若昌平，皆尝有河通转漕饷军。漕河之别曰白漕、卫漕、闸漕、河漕、湖漕、江漕、浙漕，因地为号，流俗所通称也。"[①] 这就是《明史·河渠志》所记载的明代大运河之概貌。

明代对大运河有一套系统的管理制度，这套管理制度不仅确保了运河的畅通，也为漕运顺利通航提供了保障。在明成祖永乐九年（公元1411年）开始设官管理运河，遣尚书治河。此后万历（公元1573—1620年）初期，设临时差遣，或以侍郎、都御史治河，或以总督河道、都御史加工部职衔治河，并无定制。但是总理河漕、总理河道专官尤存，并且渐趋固定。如永乐九年（公元1411年），宋礼、金纯、周长等人分别以工部尚书、侍郎、都督等官职受命浚会通河。永乐十五年（公元1417年），以平江伯陈碹充总官职掌漕运及河道事，又先后以都督陈恭、侍郎蔺芳及尚书刘观、新宁伯谭清、襄城伯李隆等往来提督，员外郎夏济、主事刘文勇等分理，后又命侍郎张信提督。天顺元年（公元1457年），令漕运总兵、都督同知徐恭专理漕运事，兼理河道。嘉靖四十四年（公元1565年），朱衡以右副都御史总理河漕，潘季训以右佥都御史总理河道。次年，潘季训以母忧去职，朱衡兼理河道。隆庆四年（公元1570年），潘季训复任总理河道。万历五年（公元1577年），因河漕官员常常意见不一，主持代政的张居正起初试图协调，但仍不能解决问题，调换河官也无济于事，遂命吴桂芳为工部尚书，兼理河漕，而裁总河都御史官。接着十一年以后的万历十六年（公元1588年），复起潘季训为右都御史，总督河道，管理河道又有了专官。从宋礼、陈埴、潘季训等官员的经历中可以看，他们虽然或只职掌开凿会通河，或职掌漕运，职掌河道，责职不仅仅是运河，但显然与运河密切相关，尤其是总理河道，其主要的责职就是运河，这些职官，实际上都可以说是某一时期的管理运河的最高长官。

按照清人陆耀《山东运河备览》所说，明代管理运河的职官可分为总部、差巡、监司、分司、丞倅等五类。总部即总理河道、总督河道、总理河漕、总漕兼河道、巡抚兼河道等职官，为管理运河的最高长官。差巡有巡视、巡按、会勘、相度、建议、协治、差役等职官，前五者主要是对"总部"官员所提出的运河治理方案和报告进行审核并研究其可行性程度，为朝廷最后决策提供咨询，后两者则可视为"总部"官员的副手。监司有布政司参政、参议、按察使副使、佥事等职官，实际职掌监发。分司如宁阳、济宁、南旺、北河、夏镇、临清，诂头等各司一段运河事项。丞倅如管理河泉同知、通判、

---

① 《明史·河渠志》。

闸坝官置裁及管河指挥，府州县及佐贰官督工等皆负责具体工作。

差巡、监司、分司、丞倅大多明初已有。如永乐十五年（公元1417年），命平江伯陈碹充总兵官掌漕运及河道事，命监察御史、锦衣卫千户等往来巡视。永乐十九年（公元1421年），命泰宁侯、镇远侯、新宁伯、遂安伯分理济宁闸座及徐州洪、吕梁洪、通州等处河道。此后，成化七年（公元1471年）为分段管理漕河，自通州至德州隶郎中陆镛，德州至沙河隶副使陈善，沛县至仪真、瓜洲隶郎中郭升等。弘治元年（公元1488年），南京守备太监蒋琮曾以河道设官太多，甚为冗滥，建议加以废除。但是吏部认为河道重务，自永乐以来设官整理，难以废革。万历七年（公元1579年）开始，才由大运河沿线各地巡抚兼管河道。如总督漕运兼提督军务巡抚凤阳等处兼管河道，巡抚保定等府提督紫荆等兼管理河道，巡抚河南等处地方兼管河道提督军务，巡抚山东等处地方兼理营田兼管河道等，其“兼管河道”之职，皆自万历七年始。

明代大运河的管理除上述各职官以外，沿途还设有各种役夫，仍在有闸的地方设闸夫司闸启闭，设溜夫挽船上下。在有坝的地方设坝夫挽船过坝。在浅铺设浅夫巡视堤岸，种植树木，招呼船只避开沙滩，抓捕盗贼，并修堤浚河。另外，还有浚修泉源的泉夫，守湖的朔夫，守塘的塘夫，以及捞沙夫、挑港夫等。自通州至仪真、瓜洲，各种役夫共有47000人。

明自永乐十九年（公元1421年）迁都北京，为供应京师贵族官僚及京边军队食粮需要，进一步完善了南粮北运的漕运制度。其中，南直隶（江苏、安徽）、浙江、江西、湖广（湖南、湖北）诸省之粮谓之南粮；山东、河南两省之粮谓之北粮。以上六省并非各府县都征收漕粮，如南直隶徽州府和滁、和二县即不征收漕粮，浙江十一府中征收漕粮的只有杭、嘉、湖三府。各省秋粮也非全部征实北运，作为漕粮北运的只是秋粮中的一部分，在明代前期漕额尚未固定下来，每年运额，洪武代约数十万石，永乐代增为200万石至300万石，宣德代最高额达674万石，正统、景泰、天顺三代一般在400万至450万石之间。至成化八年（公元1472年）始固定为400万石（除折征蠲免之外，每年实征额约在300万石左右）。其中：南直隶所占比重最大，约占该省秋粮的27.2%；湖广省所占比重最小，约占该省秋粮的10.8%[①]。

漕粮制度有三个重要环节：一是征收，二是运输，三是交仓。其间通过

① 参见鲍彦邦：《明代漕粮制》。

运河长途运输是中心问题。漕运的起点是各省征漕州县，终点是京通交仓。明代初期，在运河沿岸设有淮安、徐州、临清、德州、天津五仓，称为“水次仓”，作为漕粮的转输点。以后五仓撤销，各省漕粮由运军从兑粮州县直接运到京通交仓。

各州县编征漕粮有几种不同情形，有按田地等则编派的，如漕粮较重的南直隶吴江县，即根据土地三等九则编征漕粮，每亩上田为3.6斗，中上田为2斗，下田为0.7斗[①]。有按顷亩平均编派的，如南直漕粮较轻的兴化县，全县土地共计24200顷，额征漕粮32000石，平均每顷征漕1.3石。泰州也按地平均摊征，每顷征漕粮1.7石[②]。

明代中叶以前的漕粮征解是由州县征漕责成粮长，“里甲催征，粮户上纳，粮长收解，州县监收”[③]。这时粮长和里甲长皆由官府佥派，均选自民间殷实大户，这种征解制称为“民收民解”[④]。而到成化七年（公元1471年）改为以军运代替民运，由州县兑粮到京通交仓，专由各地卫所军负责。此后，粮长职务只管催征和经收，不再参与解运。卫所军转运漕粮，在明代先后设立总督漕运总兵官、督运参将和漕运都御史等职，专事办理漕运事务，辖运军127000余人，其目的在保证漕运畅通，同时也可加强对有漕地区的控制，史所谓“漕运之制，军驾运漕原意，行则撑挽，止则操练，一遇地方有变，保此漕粮于无虞也”[⑤]。由于挽运漕粮变成了卫所军的苦役，他们的性质逐渐发生了变化，“军兵”的意义逐渐消失，此种情形到清代更加严重。

随着漕运规模的不断加大和漕运方式的改变，漕粮给粮户带来了越来越沉重的负担，主要体现在各种附加费越来越多，包括沿途中车船费用有“船钱米”、“水脚银”、“脚用米”、“脚价米”、“过江米”、“变易米”、“轻赍银”；属于助役补贴费用的有“贴夫米”、“贴役米”、“加贴米”、“盘用米”、“使费银”；属于铺垫装包费用的有“芦席米”、“松板、楞木银”、“铺垫银”；属于防耗防湿费用的有“两尖米”、“鼠耗米”、“筛飏米”、“湿润米”等20多种。其中，数额比较大的是征漕加征耗米。

明初，粮户亲自运米交仓，而粮户运粮过程中长途跋涉，花费很多，因

---

① 乾隆《吴江县志》卷12，《赋役·田赋》。

② 崇祯《泰州志》卷9，《艺文志·疏揭》。

③ 《续文献通考》卷2。

④ 参见梁方仲：《明代粮长制度》。

⑤ 参见王在晋：《通漕类编》卷4，《漕运》。

此在成化七年（公元1471年）改行长运法，由军运代替民运，漕粮运费成本加在粮户身上，开始实行加耗米。在永乐后期“令民补脚价，在淮安水次者，每正粮一石外加五斗；在瓜州水次者，每正粮一石加五斗五升”①。所谓“脚价”，即农民在上述水次向运军交兑时付给运军的耗米，作为沿途运费。宣德六年（公元1431年）规定：粮户向运军兑运，量地远近加与耗米，每正粮一石所加耗米额，湖广为八斗，江西、浙江为七斗，南直隶为六斗，山东、河南为三斗。此外，民运漕粮至淮安交由军运者，又加四斗。成化七年又规定除过去上交耗米外，南粮又增加“过江米”，浙江每正漕一石加征过江米一斗，南直隶每正漕一石加过江米一点三斗。此外，又加征“变易米”，即“折易轻赍费”，每石正漕加征二升。成化十三年又加征“鼠耗米”，每石改兑米加征四升，正兑米加征七升。此后不久，又制定耗米折银法，即为运船到张家湾等地需要雇车夫起剥，须出雇价，因此在耗米内除留下零点四石“随船作耗”以供盘剥筛飏等损耗外，部分耗米按石折银半两，作为沿途起剥雇夫之用，称之“轻赍银”。轻赍部分按路程远近而定。

粮户上交的附加费，其中有相当的一部分是用于各级漕务官吏的贪索，这种勒索名目繁多，据计有花红酒席、过会、淋尖、踢斛、无筹、酒舱、舵工、纲司等。民户在兑交漕粮方面负担沉重，支付二石多乃至三四石粮食的代价才能完纳一石正漕。粮户的实际负担远超过漕粮正额，为正漕的两倍到四倍，有的多到五倍。

从上述可以看出，明代的漕运得到了空前发展，从而带动了经济的繁荣和南北文化的交融，然而在漕运大发展的同时，也产生了一些负面的影响，漕务官吏贪索，百姓负担沉重，最终激化了社会矛盾，爆发了农民起义，1644年以李自成为首的农民军在西安建国，国号大顺，建元永昌，同年农民军胜利地开进北京，明朝走向了灭亡。

① 王在晋：《通漕类编》卷2。

三

16世纪末，努尔哈赤统领的女真族逐步壮大，于1616年建立后金政权，皇太极时改金为清。1644年，明山海关守将吴三桂引清军入关，在山海关一片石击败李自成军。清政府从沈阳迁都北京，并消灭了李自成的残部和南明势力，开始长达268年的统治。其中鸦片战争（公元1840年）以前，清朝是一个主权独立的国家，史称清前期；鸦片战争以后至清帝退位（公元1911年），清代逐渐沦为半殖民地半封建社会，史称清后期。

明末清初，由于长期战乱，加之清贵族野蛮圈地，迁海政策和疯狂杀掠，使中国社会经济遭到严重破坏。清初社会经济的衰退不仅给老百姓带来痛苦，加剧了阶级矛盾，同时也带来清政府的财政危机，清政府为了巩固统治，采取了一系列的经济措施以缓和阶级矛盾和社会危机。其中“兴修水利，治河筑塘”就是一项非常有效的促进清代经济复苏与发展的重大举措。

清代运河大致沿袭明代。《清史稿·河渠志·运河》记载：“运河自京师历直沽、山东，下达扬子江口，南北二千余里，又自京口抵杭州，首尾八百余里，通谓之运河。明代有白漕、卫漕、闸漕、河漕、湖漕、江漕、浙漕之别。清自康熙中靳辅开中河，避黄流之险。粮艘经行黄河不过数里，即入中河，于是百八十里之河漕遂废。若白漕之藉资白河，卫漕之导引卫水，闸漕、湖漕之分受山东、江南诸湖水，与明代无异。嘉庆之季，河流屡决，运道被淤，因而借黄济运。道光初，试行海运。道光二十八年（公元1848年），复因节省帮费，续运一次，迨咸丰朝，黄河北徙，中原多故，运道中梗。终清之世，海运遂以为常。”这即对清代大运河做了概述。

河道关系着漕运，因此，大运河可以说是清代政府的生命线，为了顺畅漕运，清代政府对运河的治理极为重视。如通州至天津一段，河道弯曲，水流不畅，容易淤积。山东南旺一带，地势最高，多为泉水，而诸泉喷沙，易致淤塞。长江以北黄河淮河交界地段，黄河挟泥沙东流，往往沉淀。长江以南丹徒、丹阳间运河，凿山而成，两岸陡立，有倾颓之险，而且江沙易于滞留。还有一些地河段，也由于地势、水源等原因，挽渡困难。对这些河段清政府采取定期或临时性的整治，确保漕运的畅通无阻。

清代仍建都北京，长江流域农村经济虽因战争关系也遭受破坏，但就全国范围而言仍位居前列，尤其太湖流域农村经济破坏较少，成为国家财政收入的重要来源。早在顺治二年（公元1645年）清军攻克北京后不久，就有人提到转运南漕的问题。但由于明末清初，战乱频繁，黄河河道年久失修，一年之内多次决口，淹没大片土地，并使运河阻塞不能通航。因此要全面恢复漕运亟为困难。在这极端困难的条件下，清王朝在征漕方面采取了变通办法，即凡清军已到但战争仍未完全停止的地方，漕粮免征一半；战争已经停止，封建秩序逐渐稳定之处减征三分之一，谓之“恩免”。顺治三年实征漕粮160万石左右，与应征原额相比不足十分之四。由于战争关系各地多驻有军队，所征漕粮遂多被截留，而未北运京师，如浙江海盐、归安及安徽桐城等州县所收漕粮，大部分留作地方军饷。

漕粮北运，在明代由地方卫所军负责，各地专备有运粮漕船。经过长期战役之后，原有卫所制度破坏，漕船损坏更加严重，造船、召雇运夫及挑浚河道等都十分困难，于是有人建议将漕粮“三分解南，七分解北”，以省北运之劳。这项建议虽未正式得到批准，所征漕粮实际多就地支销，各地截留的漕粮占到30%以上。

顺治三年开始维修旧有漕船，和令漕头“买船”运粮。所谓漕头即负责运粮之人，买船实际是向粮户摊派船费，或买现成船只，或购买木料打造。当时“买船”法令遇到重重困难，于是又令淮安造船厂及各粮道分别建造。即使如此，当年仍缺粮船1800只，其中江西、湖广、浙江缺船尤多。浙江省顺治三年漕船过少，漕粮延至顺治四年三月仍未起运。江西运粮需船1500只，除由江南、湖广协济512只外，本省应出船988只，实际该省仅存100多只，顺治三年漕粮只好雇民船装运。

清代建国之初，农民漕粮多有抗欠，河道也多梗塞，是恢复漕运的又一困难问题，同时，负责运输漕粮的官吏也乘机舞弊而从中偷盗蚕食。清建国的第三年，即顺治四年，经过大力整顿，严惩贪污，清厘积弊，漕政大见好转，侵吞盗卖漕粮现象逐渐减少，农民抗漕运动也逐渐被镇压下去。是年清厘田亩，按亩征粮，起运额增加到245万石，其中以江、浙两省最多，约占起运额的80%。同时，修造漕船，当年出运船只大为增加。康熙听政后，曾将河务、漕运与三藩书而悬之柱上，并列为三件亟待解决的心腹之患。康熙十六年（公元1677年），任命靳辅为河道总督大举治河。兴修水利，治河筑塘取得显著成效，有力地促进了康熙、雍政、乾隆时期农业经济发展，同时也确保了漕运的顺利进行，为国家财政提供了坚实的保障。

此外，清王朝在认识兴修水利的重要性的同时对农村经济发展也极为重视。在顺治（公元1644—1661年）、康熙（公元1662—1722年）两代，在经过前明农民战争严重冲击，官僚地主极其衰落，而地权相对分散的条件下，经过农民的辛勤垦辟，长江流域广大农村经济迅速恢复，为清代漕政的顺利恢复奠定了基础。清代建国不久，伴随农业生产的恢复和发展，漕粮即回复到额征400万石原额。这种漕运制度一直持续到道光朝。

清代在沿袭明代漕运制度基础上又有所创新，形成了一整套比较完善的漕运制度，确保了朝廷的财政收入。具体从以下几个基本环节看：

一是征收环节。到征粮季节，由粮户向运输漕粮的运丁直接交兑。运丁驾船到兑粮州县码头停候，粮户携米向运丁交粮。在粮户交纳过程中，运丁往往依仗官府，挑斥米色，额外勒索。粮户不敢与之争执，或多给米石，或另给银钱。顺治九年（公元1652年），官府为预防上述私弊，改为“官收官兑”[①]。各州县设置仓廒，令粮户送粮入仓存储，解除了运丁直接向粮户的勒索。漕粮改为由州县征收，查验米色，应筛应扇，应收应退，由州县官吏主持。为预防拖欠和官吏侵蚀，征收之前由州县政府预先颁发通知单，通告开仓日期，按粮户应纳粮数填成三联单，州县据三联单按户征粮，粮户对册完纳，随即给一联，谓之串票，作为完粮收据。其余二联，一张给经承销册；一张存州县备查对。由于征收漕粮繁杂，当时还特设书吏，专门负责登记米数，填写和保管三联单串票等事，但不得干预漕务。这些制度有效地遏制了官吏在征收环节对粮户的强征勒索，为漕运顺畅和有序打好基础。

二是起运环节。征收漕粮的州县，在漕粮征收入仓后，开始派船兑运。漕船派兑水次，有两种办法：一种是固定的，固定的漕船专到某水次兑运某府州县漕粮，从不变动；另一种是轮兑，漕船兑运某地的漕粮，六年一轮。清初实行轮兑制，其优点是，有利于预防运丁与州县漕书熟习勾串为奸，但也有它的缺点：

一是帮船和派运水次距离有时过远，往返不便，效率不高。

二是帮船所属卫所不归兑粮府县管辖，对运军的约束督催不便。在顺治十二年（公元1655年）改变为各省漕粮先就本地卫所派兑，船只不足时再派

① 《清代通志》卷94。

隔属卫所兑运。这种固定的水次兑运制度由于存在着诸多弊端，运军多狼狈为奸，在雍正五年（公元1727年）又改为轮兑制，每三年调换一次。漕粮兑竣，由运官将本帮兑粮运船运程时间、银米数额、查验米色等具体事项按照格式单填好后加盖地方官印后开始起运，进入到下一环节。

三是交仓环节。各省漕粮运抵通州，某省某帮船只所运漕粮兑交某仓廒，在仓场主持下当众抽签决定。但是，在抽鉴时，运丁和官吏常常勾通舞弊，于是在嘉庆十四年（公元1809年），更改章程，改令各省帮船未过天津以前即预先制定所交仓廒。通州负责专门承运承交漕粮的人由政府雇募。漕粮运交京通各仓后，当年的漕运即告一段落，此后漕粮缺失霉烂则由各仓监督及管仓官役负责。贮存漕粮的仓廒，通州有中、西二仓，共250廒，专贮王公百官俸廪米石。京师有禄米等13仓，共956廒，专贮八旗三营兵食、文武四品以下官俸禄米及官军马豆。在康熙、雍正、乾隆三代增建仓廒413个，在一百多年间，休养生息，民殷物实，漕粮源源北上，积储日多，为三代经济繁荣提供了强有力的物质保证。到了嘉庆朝以后，由于河道梗阻，漕粮运额递减，各仓廒贮米日少，甚至逐渐入不敷出。

清代政府的基本财政收入来自田赋、漕粮、盐课、关税、杂赋（以上为正额）和耗羡（额外附加税）。其中漕粮在鸦片战争以前的近200年中，正粮定额为每年400万石，占税收收入总额830万石的48.2%，是清代财政经济收入的一大支柱，对国计民生有重大影响。直接关系到清代统治的稳定。

清代漕粮全部征收实物，只限于在有漕粮任务的山东、河南、江苏、浙江、安徽、江西、湖北、湖南八省中征收。因此，漕粮是从田赋派生出来的一种土地租，属于中国封建剥削的主要形式实物地租。只因为有一套征收、运送的机构与制度，因而可以与田赋的征解全部分开而成为一种独立的税收制度。清代漕粮税收制度比较繁杂，有正米和耗米、附加税，有改征、改折、豁除和蠲缓等，具体从以下几方面概述：

第一，正米和耗米。正米是按田地科则征收的正项漕粮，有漕各省合计为400万石。其中，运贮北京仓库的叫正兑米，运贮通州仓库的叫改兑米。征收漕粮，按正粮征收耗米，每石加耗额按各省距离京通两地远近而有差别。耗米又分两部分：一部分随正米交仓，约占耗米的36%，另一部分归运丁作沿途耗费，约占耗米的64%。

第二，各种附加税。漕粮附加税名目繁多。征收数额较大的几个附加税是：一是芦席税。无论正兑改兑漕粮，每米二石征芦席一张，全漕400万石须征席200万张。所有席片征本色17%，折色83%，征折色每席折银一分，随正漕解交济库，作为购买用具屯储漕粮之用。二是楞木松板税。江南、浙江、江西、湖广等省，正兑米石都附征楞木松板，每正米2000石征楞木一根、松板九片。所有木板计征30%本色、70%折色。其折色部分，楞木一根折银0.5—0.55两，松板一片折银0.4—0.45两。以上所收的席片竹木等项银两，由有漕各州县随漕照额征收，完欠和支解各数由各省粮道汇报。三是漕粮赠贴。专供运军长途挽运沿途盘剥等项开支。此项赠贴有的给银两，有的给米，又叫“赠贴银米”。赠贴名称因地不同，江苏、安徽叫“漕赠”，浙江叫“漕截”，江西、湖南、湖北叫“贴运”，山东、河南叫“润耗”。康熙九年（公元1670年）规定，将漕粮赠贴银米数额一并刊刻易知由单，发给纳户令随正项漕粮一同交纳兑运漕粮的运船。四是漕耗银米。此项银米分别作为津贴运军充兑粮杂费和征漕办公用项。漕耗银米系按石带征，各省多寡不等，或收银钱，或银米兼收。五是水脚银。距离省府所在地遥远运粮困难的州县，特别征收水脚钱，作为雇募舟车的转运费。如河南各州县的漕粮，运到卫辉水次交兑，令州县距离水次在300里以内的以例征漕粮耗羡一项作挑剥用费；在300里以外的，耗羡以外另津贴脚价，按石每百里加收脚价银0.03两。

以上几项附加税银米数额是国家规定的，粮户所出实际远不止于此。运军兑运漕粮，各处有关官吏都向运军贪索，运军无奈，则转索之于兑粮州县，各种加耗数额遂与日俱增，嘉庆、道光之后尤其严重。州县官也以征漕为由，借机苛敛税户，或谓农民正漕一石，完纳需要三四石，漕粮变成农民一种沉重的负担。

第三，漕粮的改征和改折。漕粮分稻米、粟米和豆类，各省州县征收哪一种食粮都有规定。改征是改变征收的类别，或以麦代豆，或以粟米抵稻米，漕运的性质并不改变。漕粮改征原因是多方面的，有的因灾荒而改征，有的因种植农产类别发生变化而改征，有的因政府需求而改征等。漕粮属田赋征收实物，但也有以现银折纳的，称为“改折”。改折又有两种：一是“永折”，即某区漕粮折银变成定制，不再恢复征收实物，漕粮永折主要是因为漕运交通困难的州县，或因土地贫瘠生产不足，或因自然条件发生变化不再适宜种稻等原因永远实行漕粮折银的形式。二是“临时改折”，因一时特殊情形如自然灾害，家产歉收，税户无力完纳，地方上也无多余的食粮，在这种情况下将漕粮折征银两，下年或数年后仍然恢复征收实物。清代后期，有些州县因战争临时改折的，如咸丰四年（公元1854年）太平军由皖北进攻山东，运道不通，令将额征粟米改折，每石折银 1.4 两拨充军饷，长江流域各省漕粮也因太平军攻占关系无法运输，而大量改折。

第四，漕粮的豁除和蠲缓。征漕地亩因荒废不能垦复的，或是进行丈量而土地缺额的，永远免除漕粮，称之豁除。漕粮的豁除规定是：一是凡荒地无征者，该督抚勘实具题准予豁除，仍责令各州县招垦，毋致久荒。二是凡田地沿江沿海坍没水中，无从征漕者，照例保题豁免。三是筑堤占用民田，应征米石，准其豁除。四是荒缺田地，题豁漕粮，随漕银米一律蠲免。以上规定，漕粮的豁除基本以土地荒废无收为原则。由于天灾兵灾，当年漕粮无法征解，缓到下年或分数年后征缴的，称“缓征”。州县因遭受灾荒歉收而免征漕粮的称为蠲免，蠲免和割免不同，是暂时性免征或减征。在清代中后期此种征收减免方式被广泛运用。

四

千年漕运，在中国大地上留下了丰厚的积淀，给中国人民留下了丰厚的遗产。在当今深入研究和探讨漕运的发展规律，总结其经验教训仍具有重要的现实意义。

清代初期和中期是漕运最为鼎盛的时期，国家财政收入稳定，漕粮丰盈、经济发展，分析其税收制度，发现以下几大特点，对我们现代税收具有很强的借鉴价值。具体包括以下几方面：

一是信息翔实。雍正六年（公元 1728 年），规定对漕粮地亩基本情况要有详细记录注明归属何人，此地的贫瘠情况，于奏销时查明完欠情形，对抗欠者按照法律治罪。

二是指令强。税收所具有的强制性这一特点在清代漕运中得到了充分体现。在清代漕运中指令性贯穿漕运的各个环节，带有浓厚的国家意志与官府行为。指令是制度的一部分，不可变动，但指令更具有强制的特性，必须执行和完成。因此，对于地方社会而言，漕粮征运中指令性的内容意味着无法改变、被迫接受。清代漕运的指令体现在诸多方面，如：清代漕粮有正米和耗米之分，正米是按田地科则征收的正项漕粮，有漕各省共征收四百万石。

其中，运抵北京仓库的称为正兑米，运达通州仓库的成为改兑米。各省正、改兑米米额分别为：江南（江苏、安徽）150万、29.44万石；浙江60万、3万石；江西40万、17万石；湖广（湖北、湖南）25万石；山东28万、9.5万石；河南27万、11万石[①]。耗米依据正米征收，每石加耗按照各省距离京城、通州的远近而有所差别，每起运本色正粮一石，加耗三斗、四斗不等。耗米之外，还有各种名目的附加税。漕粮的正、耗以及种种附加税银米的数额都是国家规定了的，各省及其下属的府州县在漕粮的征派中，照章办理，按照朝廷下达的指令执行。清代漕粮征收的粮食类别也有具体规定，江南江宁、安庆等16府州征收粳糯粟米；苏、松、常、镇、太五府征收粳米和糯米，但皆以粳米为主；浙江杭、嘉、湖三府征收粳米和籼米；江西、湖北、湖南等省收稻米兼收糯米；山东、河南两省征收粟米和麦豆。虽然说粮食种类的确定依据了各地的主要生产品种，但品种的确定与征收充分体现了朝廷的意志。

三是手续简便。在征收漕粮过程中力求迅速，粮户送米到仓，州县验明米色，随到随收，以减少漕官、漕书和胥役等勾结作弊的机会。同时，为防止漕粮浮收，乾隆四年（公元1739年）令湖北省将南米和漕粮合并征收分别上解，地方官有违令分收的，责令督抚查禁。

四是责任明确。从漕粮的征收、起运、交仓到保管所实施的完善制度是依靠赏罚制度来维系的。如漕粮米质一旦被掺次或霉变，则要追究州县水次交兑方面地方官吏的责任，地方官吏责任最大，其次是监兑官。如在运输途中出现一些问题，则运丁责任最大，其次是领运押运官。另外，赋予州县官吏更多的权力和责任，让其在征收漕粮时亲自查验，掌握实情，如果国家查出地方官吏渎职，一律革职降级。同时，对米质掺和、霉变、完欠、漕船延误等方面都制定了严格的奖惩制度，为漕运顺利有序运行提供了强有力的制度保证。

除了税收制度以外，严密的制度约束是确保政府清正廉明的有效手段。雍正、乾隆两代，对防止漕务中的营私舞弊极为重视，制定的措施也更为全面和完善，而到清代中后期漕运由恢复发展到内部矛盾的激化最终走向败坏的整个过程看，政治腐败、官吏贪污是根本问题。

---

① 各漕额数据依据康熙《大清会典》卷26。

办理漕政在清代是有名的肥缺，不少人追求营充，漕务官僚吏胥人数遂逐年增多，贪污事件层出不穷，漕粮亏缺糜烂现象也日益严重。漕政的腐败趋势引起清王朝的注意，为此从漕粮的征收、起运、交仓和保管等都制定了极为严密的规章。如在漕粮的征收环节，其主要的腐败行为是浮收勒折。浮收指漕粮正额以外多收的部分，勒折指对漕粮强制折收银两。为防止上述弊端，国家明确规定，州县征收漕粮时州县官须同监兑官坐守，粮道须亲临水次稽查。关于勒折一项，倘事后发觉，凡与征漕有关的粮道、监兑、领运以及州县官吏，分别革职降级。顺治十二年（公元1655年）定："粮船到通短少，如查系水次折乾有实据者，州县经征印官重处，仍勒令分赔搭解。监兑推官如私受运船重贿，复索州县陋规，以致折乾者，照粮道考成例一体参罚。"① 关于禁折色及惩罚章程，历年补充，雍正之后更加严格。雍正元年（公元1723年）令："如有不肖奸丁……在南串通州县仓役，将米折算银两，或将原米盗卖掩过买烂米充数者，令总漕密加察访，将弁丁胥役从重究处。"乾隆四十四年（公元1779年）令："漕粮水次交兑不足，领运千总捏报兑足开行，希图折干分肥，其不行揭报之州县与听许折收无异，应与领弁一体科罪②。又如，国家为预防运丁在水次兑粮折收银两，严禁运丁沿途买补，如发现有沿途违禁买补的，将所买米石同铺户卖价一律没收，短少的米石仍令该运丁下年搭运。以上这些惩罚制度在一定程度上有效地遏制了官吏的腐化，收到一定成效，但随着乾隆中后期，特别是嘉庆年间政治开始腐败，官吏贪污，直接导致了漕政的逐步败坏。此时漕运体制内部矛盾日益加剧，积弊已难以挽回。

发达的交通运输体系是地区经济繁荣发展的先决条件。秦汉不可否认是强大的，它是以武力来震慑四邻。国内各地之间，经济上并无紧密的联系，仅属数个各自独立的集团而已，因此各自封闭，不能实现经济的交融。其原因之一就是当时的交通不发达。到了隋代，随着广通渠、通济渠、永济渠等水运工程的建成使用，中央集权统治得到了进一步的巩固，有了真正意义上的国家。从隋代大运河的贯通看经济的发展，显而易见，南北交通一体化带来了社会的进步、国力的增强，同时又促进了漕运事业的发展。漕运的发展反过来又推动了社会的进步和生产力水平的提高，使这一时期国家达到了繁荣昌盛。

---

①② 光绪《漕运全书》。

从各朝代繁荣的商业城市看，大多是有优越的地理条件，位于水陆交通要道。从漕粮运道的整个沿线看，在长江流域主要是江、浙地区工农业生产比较发达，促成漕运的发展，漕粮来源的主要地区是太湖流域，太湖流域的几个商业城市为漕运做出了很大贡献。而漕运又直接促进了太湖流域这些城市的繁荣，漕运使过往行人众多，催攒、押运、领运官员云集，再加上数以万计的舵工水手，使运河沿岸城市出现繁荣景象。如扬州、淮安、济宁、临清、德州和天津都是国家重要的商业城市。南起苏、杭，北达天津、北京，由3000多里的运漕连接起来。这些城市又与其他水路陆路相互衔接，把长江流域的浙江、江苏、安徽、江西、湖北、湖南和黄河流域的山东、河南、直隶等省直接连接起来，乃至把福建、广东，西北的陕西、甘肃，东北的辽东也联系起来，形成一个四通八达的商业流通网。以临清而论，贸易所及，“南达闽粤，北通辽海”尤为重要。

由运河沿岸城市商业的兴衰，可以明显看出交通的发达程度在城市经济发展中所起的重要作用，它使原有工商业城市更加繁荣，也使原来工商业不甚发达的城市发展成为繁华的商业城市，并促进了这些城市附近城镇及乡村手工业和农业生产的发展。然而，在1901年漕运废除后，这些城市发展停滞，在全国的地位一落千丈，也让我们更加深刻认识到交通的畅通和发达与地方经济发展的密切关系。因此，今天我们重新提倡运河文化，提高地方政府对兴修水利重要性的再认识，将对延续运河沿岸城市经济繁荣和发展起着重要作用。

五

大运河与万里长城同为中国古代最伟大的两个人工建设工程，其规模之巨，施工之艰辛，里程之长，历经时间之久，为世界首屈一指，为各国人民所瞩目。中国大运河不但是我国最重要的文化遗产之一，而且是世界最重要的文化遗产之一，很值得后人去保护、维系与研究。

中国大运河的核心价值是漕运。中国历朝历代因漕而河，因为要运漕粮到京城，故人工开凿运河又称漕河，然后因河而运。因为有了运河，除了漕运之外，又促进了水运的发展，水上运输又促进了运河上下的物资交流和商品贸易的发展。接着，因运而市，因市而城，由于商品贸易和物资交流，促进了运河码头的繁荣和运河城镇的发展，并直接催生了大运河城市的形成、发展和繁荣，从而形成了中国特有的大运河经济带和大运河文化带，促进了中国南北经济大交流和文化大交流。中国大运河的漕粮和漕运支撑了历朝历代京城的衙门、官员、军队和市民的粮食需求，奠定了政权即国家机器运转的物质基础。历代王朝征收漕粮作为实物税，同时运输漕粮，涉及漕粮征收、运输和管理的全过程，这是国家社会公共权力的象征。这就清楚地说明，中国大运河的漕运不但是国家的经济命脉，而且是国家政权的生命线。中国大运河——国脉所系，这就是中国大运河的核心价值，其中不仅包括相应的经济价值，而且包括相应的政治价值、军事价值和全部文化价值。

一部中国大运河的历史，不但是一部漕运史和经济史，而且是历朝历代国家政权兴衰存亡的政治史和文化史。中国大运河文化的基础和核心是漕运，其载体是物质形态的漕河（即运河本身）、漕粮、漕船、漕仓、漕运以及相对应的包括管理机构和管理制度在内的全部物质形态的文化和非物质形态的文化。

第二十章

太平天国税史论

作为我国近代历史上组织规模最大、参与人数最多、持续时间最长的反帝反封建的农民运动，太平天国运动沉重打击了清王朝的统治者和外国侵略势力，虽然最终以失败告终，但其在十余年间所制定的经济、税赋、土地等社会经济政策，还是有力地推动了当时社会的发展和进步，尤其是制定并推行的税收政策和税赋改革，对我们今天的税制改革和建设，仍然有很多启示和借鉴意义。

一

太平天国运动是我国近代史上的一次轰轰烈烈的农民革命战争，持续 14 年，遍及我国 18 省，是我国历史上规模最大、参与人数最多、持续时间最长的影响深远的一次农民战争。太平天国运动的兴起是由政治、经济和社会等诸多因素促成的。

首先，鸦片战争以后，清政府为支付战争赔款，加紧搜刮人民，统治更加腐败；同时，地主也加紧了对农民的盘剥，土地兼并更为严重，导致阶级社会矛盾进一步激化。腐败的封建统治和沉重的剥削，是太平天国运动爆发的政治原因。

其次，由于五口通商，外国的工业产品涌进中国，质高价廉的工业产品，排斥了中国传统的家庭副业和手工业，使东南沿海地区的农民和手工业者纷纷破产，失去生计，最后导致我国的自然经济开始逐步瓦解，对中国传统的政治经济思想文化产生了一定的冲击；清政府的捐税也年年增加，使农民不堪重负。经济结构的变化和税赋的加重，是太平天国运动爆发的经济原因。

最后，从 1840 年到 1850 年，广东、广西和全国许多地区，水灾、旱灾、蝗灾，连年不断，广大农民家破人亡，陷入饥饿和死亡的困境。特别是两广地区，由于受到鸦片战争的直接冲击，社会动荡更为激烈，从 1841 年到 1849 年，不到十年时间各族农民起义共达 110 次之多。自然灾害的发生和社会的动荡，是太平天国运动爆发的社会原因。

1851 年广西金田起义后，洪秀全称天王，太平天国政权建立，1853 年占领了南京，改称南京为天京并建都，接着西征、北伐，革命势力迅速扩展到 17 个省。坚持斗争 14 年，范围遍及大半个中国的土地，至 1864 年天王洪秀全去世，天京为清兵攻陷，终告失败。但是，太平天国革命沉重地打击了清王朝和外国侵略者，动摇了清王朝的统治，表现了中国人民反对封建统治和外国侵略的英雄气概，在中国人民革命史上留下了光辉的一页，对中国近代社会经济的发展有很大程度的影响，而其所制定的经济、贸易、税赋、土地等相关制度政策起到了举足轻重的作用。

二

从某种程度上讲，政治、经济、社会、文化和财政税收都有密切的联系。这就决定了财政税收研究有其更为突出的意义。赋税和财政供给制度，是一个政权组织健康发展的保障。财政税收和后勤供给制度的缺陷，可以说是古代农民起义的通病，但作为中国农民起义的最高峰，太平天国政府在一定程度上吸收了前期历次农民起义的经验教训，建立了有一定特色的税赋政策，而其中最主要的就是田赋政策。

一是“私产归圣库，政府供给制”的无税政策。1853年太平天国建都天京后，就公布了《待百姓条例》，提出了改造社会的初步方案，称“不要钱漕，但百姓之田，皆系天王之田，每年所得米粒，全行归于天王收去，每月大口给米一担，小口减半，以作养生之资……店铺买卖本利，皆系天王之本利，不许百姓使用，总归天王。”“天下农民米谷，商贾资本，皆天父所有，全应解归圣库，大口岁给一石，小口五斗，以为口食而已。”[①]

在天京，太平天国将全城变为一座军营，城内土地收为公有，用于种菜与粮食，还设专职的典农官“主持其事”。而且，强制实行人无私财，物物归圣库的政策。攻下天京时，展开全面的搜妖行动，官宦之家的财物，全部查抄充公。又传谕城中居民，交出几乎全部财物，“私藏金一两、银五两者皆有罪。”[②] 这些收交的财物都归入天朝圣库，由“总圣库”、“总圣粮”统一管理。在此基础上，官兵皆无薪俸，其衣食用度及城中居民生活所需都由圣库按定量分馆供给。

赋税政策上，不要钱漕，就是不再征收赋税，废止清朝征收钱漕的赋税制度，而代之以所谓的贡献政策，令百姓贡献钱粮衣物。太平天国“米谷除军用外，一概免征”。1853年秋天，太平军在西征途中发布“晓谕”，强调“我天朝断不害尔生灵，索尔租税，尔等亦不得再交妖官之粮米[③]。太平天国否定“助御取民制”，强调要由百姓“贡献”而不是由政府征收赋税，即不想造成是由政府强迫的印象，而是要百姓们“量力捐输”，贡献额由贡献者自定，负担也远较旧的赋税为轻，因而它得到农民的欢迎，出现了农民争相贡献迎接太平军，“一乡之人皆若狂”的现象，这种“不要钱粮”的无税政策得到了农民的热烈拥护[④]。

但另一方面，贡献额没有一个统一的标准作为保证，随着太平军人数的增长，战争的持久和扩大，粮食军需供应增加，仅靠一次性的收贡，无法满足长期战争的需求。于是，收贡数额和次数也就出现失控状态，由此引起农

---

① 佚名：《金陵被难记》，《太平天国》（四），第750页。

② 张汝南：《金陵省难记略》，《太平天国》（四），第715页。

③ 据《新发现的太平天国告谕三种》，《历史研究》，1981年第2期，第185页。

④ 国家清史纂修领导小组、国家清史编纂委员会办公室编：《清史镜鉴：部级领导干部清史读本·第一辑》，国家图书馆出版社2008年版，第128页。

民不满，不再主动进贡。

在《百姓条例》和贡献政策实践的基础上，太平天国于1853年底制定了更为系统、翔实的纲领性文件——《天朝田亩制度》。明确规定："凡天下田，天下人同耕"，"凡分田，照人口，不论男妇"，土地平均分配，以达到"有田同耕，有饭同食，有衣同穿，有钱同使，无处不均匀，无人不饱暖"的平等平均的理想境地。这种主张，鲜明地反映了广大农民迫切要求获得土地的强烈愿望。在农村，太平军对地主豪绅"扫穴犁庭"、"抄家没产"，名曰"打先锋"；勒令官绅富户"献纳钱粮"，名曰"大捐"。剥夺包括土地在内的地主财产，这对反动统治阶级无疑是极沉重的打击，从而使农村的土地占有关系也发生了相应的变化，有的地主不得不"降价鬻[①]田佃农"，一些佃农变成了自耕农。"有田同耕"，这意味着巨富豪绅的万顷良田要被没收，分配给无地少地的贫苦农民。这在中华文明史上，是第一次破天荒地以法令形式把地主土地平分给农民。中国自秦汉以来，农民流血牺牲、千百次地发动起义，他们最大的动力就是要求分得一块赖以生存的土地。《天朝田亩制度》的颁布正是顺应了历代农民的要求，也是中国农民见到的最大的福音书。所以，《天朝田亩制度》具有巨大的革命性，它的本质是进步的、革命的，它符合中国历史发展的要求。

二是"照旧交粮纳税"的税赋沿袭政策。太平天国定都南京后曾经力图推行过一些空想的政策，在沿长江两岸就出现过，在南京则实行"圣库制度"，废除私有财产。这些措施在实际施行中，遭到普遍抵制。有些原来热心拥护太平天国政权的群众，对这些政策也非常反感，所以，"此令已无人理，究不能行"。杨秀清在诏谕南京人民时也承认，南京群众认为这是"荡我家资，离我骨肉，财物为之一空，妻孥忽然尽散，嗟怨之声，至今未息"。这种现象在安徽更为严重，群众和太平军的对立情绪很大，史书记载，"皖省民情顽悍，以太平之宗教法制之不相习也，多抗命"。因此，政策问题如不解决，政权的巩固是不可能的，有作为的政治家，必须面对现实，敢于改革不利于生产力发展的制度，石达开正是担负着这样一个历史使命来到安庆抚民的。

石达开来到安庆以后，根据当时的具体情况，采取了一些切实可行的措施。他果断地撇开《天朝田亩制度》的内容，要求征收租赋，"钱漕悉依旧

① 鬻，音yù，此处含义为卖，出售。

制”。为了解决太平天国的“军用”，石达开下令“督民造粮册。按亩输钱米”；“征租赋”，“取钱粮”，在水陆交通要道港口“立榷关”，“遍设税卡”，“征其税”。他在“安民告示”中一面号召百姓协助太平军“严拿”妖魔，一面安定百姓，劝其不要“擅自迁徙”。使百姓“各安其业”，“于乡里之豪暴者抑制之，无告者赈恤之。立榷关于星桥，以铁锁巨筏横截江面，阻行舟征其税。军用裕，而百姓安之，颂声大起”。

安庆易制的贡献在于，第一，找到了一种解决财政收入的手段。据记载，仅南京一地，每月即需供应粮食达“三十余万石”，有的地方，“若资乏粮尽之时，或减半给发，或全不给发。如江宁城中一概吃粥，扬州城中煮皮箱充饥”。安庆易制前，有一段时间，天京每人每天只能配给四两米，而此后，各路粮食源源不断输入天京，达到了“以裕国库”的目的。第二，减轻了农民的负担，提高了农民生产的积极性。汪士铎在《乙丙日记》中曾记载：江苏陈墟桥蔡村，全村千余家都仇视清地方官吏，原因是他到村里收钱粮，对太平天国收钱粮则说：“吾交长毛粮，不复交田主粮矣!”可见，这种政策和清王朝的税收政策有很大的不同。即使太平军向农民实行收钱粮，也比原先轻得多。

第三，以“实况作准”肯定了农民占有部分土地的合法性。在革命战争期间，许多地主分子或则自杀，或则弃家逃亡，或则被农民军所杀。大量土地成了无主土地，农民把这些无主的土地占为己有。石达开的“督民造粮册，按亩输钱米”的办法，实际上承认了他们占有土地的合法性。

石达开抛弃空想的《天朝田亩制度》，改行“按亩输钱米”政策，使太平天国的赋税制度建立在一个切实可行的基础之上，很快克服了建国初期的财政和供给困难，安庆改制不是倒退，更不是复辟，是合乎历史规律的措施①。

石达开的安庆抚民的成功，引起了太平天国政府的重视。杨秀清支持了石达开的易制，以“士兵日众，宜广积粮米，以裕国库”为名，提出“照旧交粮纳税”② 的建议，得到洪秀全的旨准，在江西、安徽等地开始实行。所谓“照旧交粮纳税”就是土地关系不变，照旧交粮纳税。这政策即按照原清政府征收田赋的方式，即地主是田赋的主要交纳者，征收地丁银和漕粮，以此

① 苏双碧：《石达开评传》，河北人民出版社 1986 年版，第 89 页。

② 中国历史学会：《太平天国》，第 3 册，上海人民出版社 1957 年版，第 203 页。

"充军储而裕国课"。太平天国税赋，主要分地丁和漕粮两项，地丁纳钱，分上忙、下忙两次征收，漕粮纳米，一年一次。为了便于征收，许多地方是沿用清官府原有征收簿册作征收依据。所征之物，同清制一样，分为粮米两种。田赋的征收及其他事宜，均归乡官办理。所收粮米，解缴郡县政府所设国库。

由于没有统一的规定，再加上各地革命政权的稳固程度不同，以及各地太平军领导者的状况不同，"照旧交粮纳税"的田赋政策，在各地的实施情况有很大差别，大体可以分为两种：一种是由太平天国各地的乡官直接向农民征收钱粮赋税，承认佃农不再向地主交租。向农民征收钱粮，也包括向一部分佃农征收钱粮。这是因为太平天国攻克一地之后，就将大地主、大恶霸、赃官和寺庙的土地财产进行没收，其他地主也大量逃亡，这些土地的田赋便由佃农完纳，按亩征收，即"以实种作准"，其余收获物全归佃农自得。实际上，佃农已经把这些田地作为自产，有些地方还把"田凭"（土地证）发给了农民。另一种是向地主征收钱粮。在太平天国地区，由于封建土地关系并未摧毁，虽然大地主被镇压和逃亡，但中小地主还仍然存在，暂时逃避的地主后来也陆续返回，这些在乡地主向农民收租的现象就很难避免。太平天国后期，由于政权不稳固，赋税收入受到影响，而咸丰十年（公元 1860 年）后，由于清政府公开勾结外国侵略者联合镇压太平天国革命，民族矛盾日益尖锐，太平天国采取了对地主实行"安抚"的政策。洪秀全发出诏旨，明确承认地主阶级的存在，并要他们承担"钱漕正款"。后来，一些开始实行"以实种作准"，着佃收粮的地区，也相继实行向地主征收钱粮，允许地主收租的办法。对地主的租额，进行了限制，并普遍减少。与过去相比，高的仅占五成，一般都低一半到十分之九。地主的负担，除了"钱漕正款"之外，还经常征收一些捐费，如筑路费、门牌费、修塘捐、红粉（火药）捐等。由于地主的负担加大而租额减少，实际所得大大减少。这就沉重打击了封建剥削制度，使一部分佃农成了自耕农，自耕农的比重显著增加。

太平天国自定都南京后，大多地区一直执行"照旧交粮纳税"的赋税政策。之所以另定"着佃交粮"制度，是与开辟之初的不稳定局面、与当时的阶级斗争形势密切相关的：军务倥偬，进退不定；作为征粮对象的地主逃亡隐匿；农民的抗租斗争方兴未艾；户籍田册多毁于兵火等因素使得"照旧交粮纳税"一时无法实施。而且进军伊始，需费急迫浩繁，"依旧例章程"按部就班地征收无法在短期内迅速解决财政急需。

正是在这样的情况下，太平天国不得不采取变通方法：“着佃交粮”，即是令佃户直接交纳田赋，佃农直接把粮赋交给政府，不再经地主之手。此外，太平天国对官僚的“妖产”和庵、观、寺、院，公田、学田等一律充公，也实行“着佃交粮”。太平天国的“着佃交粮”制经历了两个阶段，即克复江浙初期的“着佃启征田赋”和此后的“设局收租”：

一是“着佃启征田赋”①。把农民的租谷分为互不牵连的两部分，承担粮赋的那部分不再以地租的形式交给地主，而直接交给太平天国政权，这就使得传统的收租纳粮过程一分为二，互不相干。由于佃农已向太平天国交粮，地主收到地租与否并不影响太平天国的财政收入，所以太平天国也就对佃农还租与否采取了放任的态度，从而给佃农造成一种印象：“认真租田当自产”②，客观上助长了农民的抗租斗争。农民“窃利租不输业”③，对所征粮赋“踊跃完纳，速于平时，无敢抗欠”④。

作为一项应急性的政策，“着佃启征田赋”可以存在于一时，却难以长久地施行。一个政权总要以某种所有制作为自己的经济基础，并用以安定和维持社会秩序，而所有制又决定着赋税制度。太平天国是自发的旧式农民战争，不可能废除封建地主土地所有制，必然要复归传统的“输租纳粮”。而恢复“输租纳粮”的一个重要条件是要使逃避他方的地主回乡收租，充当粮户。还在进军之初，太平军就曾发布告示，劝谕逃亡地主“回归原乡，各安恒业”⑤，“照常归农乐业”⑥。为使地主能“欣然就抚”，太平天国江浙地方政权纷纷告示，确认地主的土地所有权和收租权。一些地区则发给地主田凭，“诱以领凭之后，得以收租”⑦。这些措施产生了一定的效果，使得中小地主对太平军的敌视有所缓解。恢复“输租纳粮”的另一个重要条件是要使地主能收到租米，换言之，不准佃农抗租不纳。江浙地区佃农自发的抗租斗争在1860年前就已此伏彼起，太平军进军江浙后，更是如火如荼。虽然太平军为恢复“输租纳

① 柯悟迟：《漏网喁鱼集》，中华书局1955年版，第51页。

② 佚名：《平贼纪略》，《太平天国资料丛编简辑》（第1册），第276页。

③ 徐日襄：《庚申江阴东南常熟西北乡日记》，《太平天国》（五），第436页。

④ 汤氏辑：《鳅闻日记》，《近代史资料》，1963年第1期，第110页。

⑤ 《朗天安陈炳文劝嘉兴士民赶紧输粮纳贡钧谕》，《太平天国文书汇编》，第125页。

⑥ 《忠王李秀成给苏郡四乡谆谕》，《太平天国文书汇编》，第121页。

⑦ 佚名：《避难纪略》，《太平天国史料专辑》第61、73页。

粮”而三令五申，要佃农照额完租，但地主收租仍“多半向隅空转”，甚至“籽粒无着”，从而形成了“乡人不肯纳租，产户无所取济，粮米追征不齐”[①]的局面。

二是“设局收租”。为克服收租的阻力，太平天国政权开始直接介入地主收租活动，设立租局收租完粮，由此产生了“着佃交粮”的第二种方式：“设局收租”。如在无锡、金匮地区，开辟之初曾“令民不分业佃，随田纳款”[②]，这种方式刺激了农民的抗租斗争，“故不输租”。结果，在转为“输租纳粮”时，地主“完赋无力”[③]。于是，太平军守将黄和锦在1861年春“出示招锡金故老书吏，设伪钱粮局于东门亭子桥唐宅，分业、佃收租完粮”[④]。同年9月，城业地主也在黄和锦的支持下，设立“在城赋租总局”，“代（业主）完粮收租”[⑤]。自1861年起，“设局收租”就成为“着佃交粮”的主要方式，施行于常熟、昭文、长洲、秀水、吴江、嘉善、无锡、金匮等地。

就征粮方式来看，“着佃启征田赋”与“设局收租”无大区别，仍是由佃农把体现粮赋的那部分租米直接交予太平天国政权。但由于“设局收租”是恢复“输租纳粮”的一个步骤，二者又有不同。首先，佃农由只交粮赋变成了“租粮并收”[⑥]。其次，由不分业、佃变成了明确区分主佃关系。如在常熟，1860年“着佃启征田赋”时，“以实种作准”查造田册。1861年设局收租时，则出示重造田册，“注明自、租名目”，由业户开呈佃户、田亩细数[⑦]。吴江、无锡、金匮、长洲等地都要由地主申报田数。第三，把交租与纳粮合为一个过程，租中取粮，必然导致太平天国以政权力量迫使佃农还租。在设局收租后，一些租局“发勇擒拿”抗租的佃农[⑧]。更有甚者，某些主持租局的太平天国地方官员竟规定对抗租者处以死罪[⑨]。由于“设局收租”对立于农民的抗租斗争，所以一经施行，便遭到农民的激烈反对。常熟佃农曾聚众向租局索还租米；锡金的佃农打毁了城业地主的租局；吴江佃农将租局局董擒去

① 《太平天国资料丛编简辑》（四），第138页。

② 佚名：《平贼纪略》，《太平天国资料丛编简辑》（一），第276页。

③ 《济人义委办在城租赋总局经董薛知照》，《太平天国文书汇编》，第134页。

④ 佚名：《平贼纪略》，《太平天国资料丛编简辑》（一），第279、267、276页。

⑤ 佚名：《平贼纪略》，《太平天国资料丛编简辑》（一），第279、267、276页。

⑥ 龚又村：《自怡日记》，《太平天国资料丛编简辑》（四），第418页。

⑦ 柯悟迟：《漏网喁鱼集》，中华书局1955年版，第50页。

⑧ 龚又村：《自怡日记》，《太平天国资料丛编简辑》（四），第397页。

⑨ 龚又村：《自怡日记》，《太平天国资料丛编简辑》（四），第415页。

痛惩。佃农折局毁屋、惩治租局主持者的记载屡见不鲜[①]。

上述"着佃交粮"制的产生及演变表明，这一制度仅是临时性的措施，与"照旧交粮纳税"不存在根本的矛盾。它在初行时，曾在客观上刺激了农民的抗租斗争，但很快又转化为农民抗租斗争的对立物，成了维护地主收租的工具。

太平天国前期的田赋行收，总体来讲，较清王朝合理，每亩征收额较轻。关于太平天国田赋税率，即每亩土地交钱粮的数目，各地不一。税赋较高的，如江苏吴江丁漕合计每亩征米三斗一升。税赋较低的例如1861年在太平（今当涂）、芜湖一带，每亩只征米四升。一般亩征在一斗至二斗之间。根据太平天国1861年所发浙江海盐易各由单两件所载亩数与粮数计算，每亩平均征米一斗；又据浙江石门所发易知单七件所载计算，每亩平均征米一斗七八升[②]。浙江发现很多关于太平天国田赋方面的文物，从文物本身来研究，得出的结论应该是可靠的。浙江石门发现大量完纳漕粮的易知由单（征收田赋的通知单，也称由帖、由单，单上开明田地等级、人口多少、应征款额和起交存留各项，发给纳户），由单上面填有应征粮额和土地数，由此可以折算出每亩的田赋税率如表1。

表1　　浙江省博物馆所藏由单折算田赋税率表[③]

年份	花户姓名	地址	土地数（亩）	应征粮数（斗）	平均每亩征粮数（斗）
1861	余振年	十七都三图	田 9.24 地 3.97	21.53	1.63
1861	顾宝林	十四都十二图	田 9.24 地 4.10	21.74	1.63
1861	杨大千	十四都四图	田 6.05 地 2.20	13.45	1.63
1862	李可文	十一都西一图	田 30.10 地 5.70	58.36	1.63

① 李书源：《关于"着佃交粮"制性质的几个问题》，《吉林大学社会科学学报》，1993年第2期。

② 黄天华：《中国税收制度史》，华东师范大学出版社2006年版，第653页。

③ 王兴福：《太平天国在浙江》，社会科学文献出版社2007年版，第182—183页。

续表

年份	花户姓名	地址	土地数（亩）	应征粮数（斗）	平均每亩征粮数（斗）
1862	蔡祥发	一都七图	田 1.47 地 1.80 荡滩 0.19	5.64	1.63
1862	钱正祥	十四都一图	田 6.60	10.76	1.63
1863	陈有发	一都十五图	田 2.20 地 2.18	7.14	1.63
1863	汪永相	一都七图	田 18.07 地 3.84	35.72	1.63
1863	金茂昌	十五都十四图	田 2.80	4.57	1.63

表 1 中，有的花户分别拥有田和地，有的花户只有田，有的既有田、地，又有荡滩，但折算出来的税率都是 1.63 斗。这可以看出，田、地和荡滩的田赋税率是一致的。从表中可以看出，1861 年、1862 年、1863 年田赋税率是稳定的，没有变化。

对照清代当时的田赋税率，太平天国田赋税率实际上低于清政府。从表 2 的苏福省在清后期和太平天国前期的田赋税率和税额可见，太平天国前期的田赋税额是有了较大幅度的下降。

表 2　　清后期和太平天国前期的田赋税率和税额比较表[①]

项目 / 县镇乡	田粮（斗）		赋银（两）	
	清代原额	太平天国定额	清代原额	太平天国定额
长洲县黄埭镇	3.75	0.60	1.41	0.60
吴江县同里镇	3.60	1.50	2.17	0.80
震泽县黎里镇	3.60	1.30	2.17	缺
昭文县东乡	3.70	3.00	1.03	0.92
吴县	3.44	2.30	1.66	1.49
震泽县芦墟镇	3.60	1.54	2.17	缺
常熟县北桥镇	3.70	2.20	1.04	0.92
常熟县莘庄	3.70	3.70	1.04	0.92

① 郑学檬：《中国赋役制度史》，上海人民出版社 2000 年版，第 673 页。

太平天国的田赋征收较之清王朝有着十分明显的优点。首先太平天国杜绝浮收。在田赋征前，先发易知由单，使人民知道他应纳的数目，并在单上写明："该监军等如敢浮收粒米……许该粮户据实具禀，即行按天法。"[①] 在地主、文人留下的有关太平天国田赋的史料中，也没有太平天国田赋浮收的记载。杜绝浮收，大大减轻了人民的负担。

其次，太平天国田赋制度的合理性表现在灾荒减免、小户免征，富户多征上面，体现了量能负担的原则。1862 年，浙江海宁一带歉收，太平天国政权就曾根据灾情轻重，对民户给予不同程度的赋税减免，或七五折、或五折、或三折，也有全部豁免的。小户免征情形，如奉化自五亩以上起征，四亩以下可免征纳钱粮。对"贫户无力完者"，太平天国"有力者倍完以足之"。《双林镇志》[②] 说，"田赋转轻于昔，仅以旧额取十之五六"。总之，太平天国的田赋远比清政府时轻，不仅打击了地主阶级，保障了贫困农民的利益，同时还有力地支援了前方战争，这是太平天国之所以能在艰苦的条件下坚持 14 年的重要原因之一。

太平天国后期，由于军事失利，统治区域日益缩小，田赋收入已无法满足军政需要，于是也开征了一些田赋附加，但较之清王朝的田赋，有着杜绝浮收，照顾贫下户等优点。太平天国的田赋及附加主要有：第一，田捐。太平天国以田亩为名而课征的附加税，一般是为了解决乡官局的费用，也有为解决军需的。征收方法有按天征收，也有按年征收的，每亩税额也不相同。如"嘉兴田捐每亩每日一文"[③]，与桐乡相同，按天征收；平湖"田捐每亩一年五十文"[④]，按年征收，佃户应纳田捐由地主代付。此税实行后，收入异常可观。这对解决太平天国财政问题起着一定作用，但对自耕农来说，却是一项沉重的负担。第二，田凭费。土地所有者向太平天国政府领取田凭、地契时所缴纳的费用。据史载，"（常熟）业户呈田数给凭，方许收租，每亩出田

---

① 中国历史学会主编：《太平天国》，第 4 册，上海人民出版社 1957 年版，第 26 页。

② 民国《双林镇志》，卷三十二，第 13 页。

③ 沈梓：《避寇日记》，《太平天国史料丛编剪辑》第 4 册，中华书局 1963 年版，第 211 页。

④ 沈梓：《避寇日记》，《太平天国史料丛编剪辑》第 4 册，中华书局 1963 年版，第 237 页。

凭费六十文”①。田凭每年换发一次，田凭费也每年缴纳一次。第三，火药捐。即制作火药费用的田赋附加，按亩征收，每亩 70 文或每亩米 1 斗。第四，海塘费。对海塘沿岸州县征收的供修筑海塘的一种临时性田赋附加，每亩 400 文至 1500 文不等，税额各州县不一。嘉兴“每田二十亩派费三千文”②。海塘费用于修筑海塘，对农业生产有利。第五，柴捐。即按亩征收的地方杂税，每亩地 10 天派柴 5 斤，也可以折钱缴纳，每斤 3 文。第六，局费。这是为了满足地方政府开支而课于地主大户的一种田赋附加，税额各地不一，征收方法是随田附加或按户派捐。

三

太平天国的财政来源主要靠田赋，此外，工商税和杂捐也占有较大的比例。

太平天国建都天京的初期，曾一度采取废除商业的政策，规定“商贾资本，皆天父所有，全应解归圣库”。由于整个社会商品经济还存在，要取消商业是不切实际的，因而不久便取消了对商业的禁令，从咸丰五年（公元 1855 年）开始，对商业实行了国家经营管制的政策。商人愿意开业的发给执照，到圣库领取资本，但对经营的货物品种和利润均有限制。这个政策实行了几个月，店铺纷纷歇业。于是，随着其他公有制的废除，太平天国进而对商业采取了自由贸易的政策。

太平天国自由贸易政策的特点是：保护商业，扶持贫困小商贩，课以轻税，对重要商品采取国营。为了保证店铺不受干扰、破坏，发给“印照”和“店凭”，同时规定不得抬高市价、囤积居奇，务必公平交易，交纳捐税，否则予以打击。还明文规定“圣兵不犯秋毫”。对于贫困的小商贩，政府先给予经商的本钱，后只交还七成，留三成以资周转。

① 郦纯：《太平天国制度初探》（增订本），中华书局 1963 年版，第 389 页。

② 沈梓：《避寇日记》，《太平天国史料丛编剪辑》第 4 册，中华书局 1963 年版，第 237 页。

在太平天国后期，保护和奖励私人工商业、发展国内和国际的通商贸易，态度鲜明，效果十分显著。尤其在1859年，洪秀全的族弟洪仁玕[①]向洪秀全呈奏了一篇文章，称为《资政新篇》，得到了洪秀全的赞同和批准，成为太平天国的政治改革方案，这是一个关于如何发展资本主义挽救太平天国的改革方案。

《资政新篇》所体现的资本主义思想较为丰富，其中资本主义色彩最浓厚之处，是奖励兴办近代私人工商业、金融、交通运输业。这些政策有力地促进了工商业贸易的发展，也成为太平天国政府工商税赋的主要来源。

太平天国定都南京以后，便在各水陆交通要道设立关卡，对往来船只和过境货物所征收的通过税，即关卡税。关卡税，分内地贸易关卡税和对外贸易关卡税。内地贸易属于水道的关卡所征的关税，初期并无一定规章，仅以商船的容量为征税依据，将各船"所载之货分粗货细货。粗货船一丈，抽税钱二千，细货倍之。大率以盐、布、棉花、煤、米为粗货，丝绸、苏货为细货，抽税之后，给以船票一张，如遇他军可以验票放行，无票则没收之。"[②]水道关卡主要设在长江沿岸武昌至南京一带，每隔二三十里即一卡，检查来往载货民船，征收杂税并给完税单。内地贸易属于陆道的也设关卡征税。陆道关税以小商小贩的流动交易货物为课税对象，过关纳税，发给凭证，其他关卡不得重复征收，大宗货物除正税外，还要缴纳"照单钱"，每单一百文。

太平天国的关卡税率，因时间和地区不同颇不一致。征收方式有两种：一种是从量的，如盐、粮按担或石，丝按包计征。如1862年2月太平天国发给吴江商人全利的"捐票"载明："运载粮货四十担……实完捐银二钱四分。"也载有"所过私盐，每担索百文"[③]，均属从量计征；一种是从价的，

---

① 洪仁玕（1822—1864年），是太平天国天王洪秀全的族弟，曾在香港居住多年，天京事变后到天京（即南京），获封为军师、干王，一度总理朝政。洪仁玕是太平天国领导层中对西方见识较广的一位，提出的《资政新篇》是具有发展资本主义主张的政治纲领，在当时的中国算是相当先进的思想。1864年8月27日洪仁玕在江西被俘，10月11日在南昌被杀。

② 中国历史学会主编：《太平天国》，第2册，上海人民出版社1957年版，第821页。

③ 中国历史学会主编：《太平天国》，第4册，上海人民出版社1957年版，第642页。

即按货物的价值征税。“各关卡之税，轻收以酬民苦”[①]。特别是货物过关只须缴纳一次税收就可运达目的地，税负是较轻的。此外，太平天国对各类货物的税额，一旦发现不适，就设法进行调整[②]。这一方面说明太平天国对人民生活的关心，另一方面也显示出太平天国鼓励商品流通和促进商业发展。

太平天国也十分重视对外贸易，进口的主要是大米等粮食和一般日用品。对鸦片则严禁。出口以丝茶为主。对进出口关税的征收极为严格，重视运用关税政策在对外贸易中保护国家主权。沈梓《避寇日记》中记载了商过清廷关卡和过太平天国关卡的不同：“鬼子所能霸占者惟官兵耳，若长毛则无益也。自上海至此共过五关，惟得胜关系官兵所守，并不看船，不纳税，自此以来，过长毛关皆看船报税，虽鬼子且奈之何哉。”[③] 外国商船过太平天国关卡必须纳关税，才放行，否则即予扣留，毫不放松，没有特殊照顾。太平天国在天京设立天海关，专收外国商船及其所雇华船的关税。但太平天国的关税政策比清王朝公平、合理。连到过太平天国的洋人也承认：“太平天国的税收机构与腐败不堪的满清厘卡，形成鲜明的对照。它是公平的、正规的、简便的”[④]。

太平天国对进出口货物坚持“无者兴之，恶者禁之，是者损益之”[⑤] 的关税原则，在具体执行中坚持以下三点：第一，太平天国占领区急需的大米及其他粮食，一概免税。第二，对已经加工的主要副食品轻税。第三，其他产物与一般商品，则或从量征税，或从价征税，（税率）均极适度[⑥]。太平天国在关税征收中，坚持主权，发展对外贸易，其税率是适度的，手续时简便的，执行也是公正的，也绝无苛扰，从而促进了统治区域的物资流通，保证了对外贸易的正常进行。太平天国的关税思想是进步的，爱国的，值得称道。

商税也称营业税，是太平天国政府对商店和商贩所课征的税收，主要有

---

① 中国历史学会主编：《太平天国》，第 2 册，上海人民出版社 1957 年版，第 821 页。

② 王兴福：《太平天国在浙江》，社会科学文献出版社 2007 年版，第 210 页。

③ 太平天国历史博物馆编：《太平天国史料丛编剪辑》，第 4 册，中华书局 1963 年版，第 138 页。

④ 哈唎著，王维周译：《太平天国革命亲历记》下册，中华税局 1961 年版，第 380 页。

⑤ 金毓黻等编：《太平天国史料》，中华书局 1959 年版，第 40 页。

⑥ 哈唎著，王维周译：《太平天国革命亲历记》下册，中华税局 1961 年版，第 381 页。

店凭捐、日捐、月捐、股捐、店捐、客捐、服捐等。大体可以分为两类：

一是店凭捐。太平天国统治区的商店要开始营业，必须领取“店凭”，缴纳店凭捐，否则将被视为非法。捐额各地不同，一般按资本大小征课。如1862年秋，常熟的店凭捐额定为“数千至百数十千”[①]文不等，征收方式，一般是先派定各城镇应纳总额，再由地方政府向当地商店按等分摊。

二是日捐、月捐、股捐。这是由坐商缴纳的营业税。营业税一般按月、按年或分期征收。据光绪（相乡县志）载：“市上列肆，按生意大小，派出月捐，店捐，股捐”[②]。而以按日征收较普遍。如《海角续篇》载：“各乡镇多开张店铺，无论大小，每日俱人捐钱。”征收税率，据载：“生意一知，抽钱五文。”也有称“勒各店抽厘，每千五十文。”

商税税率较低，一般为0.2%—2%，税率较轻；只有宁波丈亭征收5%，较重，但没有更重于此的[③]。营业税以郡县政府设卡征收为主。征收营业税的地方以商埠、郡县及有商业行为的市镇为限，村里不再设卡。

此外，太平天国也对牙行等中间商进行课税，相当于牙帖费和牙税。

太平天国对从事手工业者，也要课征一定的税。手工业税是太平天国政府对于手工业生产者所课征的实物税。如在安徽怀宁县发给榨户朱玉桂的《榨坊照凭》上载：“今特议立章程、每榨给凭一张。大榨一榨能出油二百余斤者，则每日取税油四斤；小榨能出油一百余斤者，则每日取税油二斤……所有应纳税油……每月一解，至总油盐衙过称查收。”[④]由此可见榨油手工业以实物纳税，税率为2%，征收机关是“总油盐衙”，而不是税务部门。此外，酱园业、丝车业等手工业也要缴纳2%的手工业税。

除田赋、工商税以外，太平天国还有名目繁多的杂捐，包括门牌捐、丁口捐、房捐、礼拜捐、船捐、丝车捐、军需捐、特捐、灶捐等。

第一，门牌捐。门牌捐是对各户发门牌时收取的费。太平天国于1853年在天京始行门牌制度，这既是统治区域内的户籍管理，又是百姓拥护革命的象征性标志。门牌是太平天国为管理户口，设立门牌，逐衙馆编查人口，“每贼馆各一张”，“悬挂门首，以便稽查而杜奸宄”[⑤]。凡门首悬挂门牌者，表示

---

① 《近代史资料》，1955年第3期。

② 郦纯：《太平天国制度初探》（增订本），中华书局1963年版，第115页。

③ 郦纯：《太平天国制度初探》（增订本），中华书局1963年版，第375页。

④ 《太平天国革命文物图录补编》，群联出版社1955年版，第63页。

⑤ 张德坚：《贼情汇纂》，《中国近代史资料丛刊·太平天国》，1952年。

"永为天国之良民，凡有官员兄弟见此门牌为凭，不得擅入该室滋扰"[①]。门牌捐按户征收，但各地标准不一，有的地区"视资才之多寡，以定牌礼之轻重，多者十百洋，少则一二角"[②]。有的地区"看其家之大小，出钱多寡"[③]。征额各地也不一致。这种以资产多少来定门牌费轻重的征收办法，对贫困农民是有利的，也是合理的。

第二，丁口捐。丁口捐是一种以人口为课征对象的捐税。1861 年，海宁花溪镇记载有"每人日征二十文"。如此算来，每人每月 600 文，五口之家，每月则纳 3000 文，这有违太平天国的赋税政策。可能只在局部极少数地方推行。

第三，房捐。房捐是以房屋为课征对象的捐税。在太平天国的部分辖区内，也曾一度有过房捐。其征收方法以间数为标准，按日起捐。据史料记载，征额为嘉兴"每日每间三文"[④]，桐乡也是每屋每日三文，常熟"每间屋每日捐钱七文"[⑤]。这样的征收，对于平民百姓而言，其负担并不轻。

第四，礼拜捐。太平军于 1860 年攻克溧阳后，开始课征礼拜捐。因规定每七天征收一次，故称"礼拜捐"。据《溧阳县续志》所载，按户征钱，七日为限，对不能按期纳税者，逐日派员催收。但礼拜捐也是在极少数地方征收，未普遍实行。

第五，特捐。特捐是太平天国对其统治区域内的地主富豪所实行的一种临时捐派，按财产多少而不定期征收。按其资产多寡而定，"多者数千，少者亦数百"[⑥]。这一措施，除了财政作用外，更主要的是打击地主豪强势力，巩固新生的革命政权。

太平天国后期为形式所迫，各项杂税杂捐相继开征，百姓的负担也随之加重。但与日趋半殖民化的清王朝税制相比，在减轻农民负担，打击地主富豪，维护民族利益等方面，太平天国的旗帜是十分鲜明的。

---

① 张德坚：《贼情汇纂》，《中国近代史资料丛刊·太平天国》，1952 年。

② 《太平天国革命文物图录补编》，群联出版社 1955 年版，第 54 页。

③ 《近代史资料》1955 年第 3 期。

④ 沈梓：《避寇日记》，《太平天国史料丛编剪辑》第 4 册，中华书局，1963，第 211 页。

⑤ 郦纯：《太平天国制度初探》（增订本），中华书局 1963 年版，第 388 页。

⑥ 郦纯：《太平天国制度初探》（增订本），中华书局 1963 年版，第 392 页。

四

虽然太平天国的前期和后期以及不同地区的税收政策存在着较大差异，但概括而言，各个阶段的税收政策也有着各自特点并对当时经济社会产生重大影响。

第一个阶段是太平天国早期制定的“私产归圣库，政府供给制”的无税政策。1853 年公布的《待百姓条例》，废止了清朝征收钱漕的赋税政策，实行所谓的自愿贡献政策，这一做法虽然得到了农民的狂热拥护，但仅靠一次性的收贡，无法满足长期战争的需求。于是，收贡数额和次数也就开始增加，逐渐失控，引起农民的不满。《天朝田亩制度》颁布后，由于当时战争仍在进行，没有实行分田的条件。同时，实行平均分田的政策也不易被自耕农所接受，因此，平均分配一切土地的政策没有实行。革命初期，一部分地区曾经按照圣库制度的精神，试行过余粮、余资征收制，即每家按“大口一月一担，小口减半”的标准留下各家粮食，其余粮食、商贾资本都交国库，政府不再向农民征收粮税。由于没有进行土地改革，这种办法也难以广泛推行。

《天朝田亩制度》这样一个理想化的方案，对处于无地或少地的农民确曾起过鼓舞作用，这些规定，表面上似乎很平均、很合理，其实并不然。《天朝田亩制度》提出要消灭一切私有制度，消灭商品生产和商品交换，超越了未来的资本主义制度，和当时的历史要求不相适应，因而流于空想。同时这个纲领存在的绝对平均主义思想，也不可能得到实现。此外，这一制度并没有表明土地归农民所有，农民的劳动成果除留足口粮外，“余则归国库”，要求“天下人人不受私，物物归上主”，这种规定当然是错误的，也是行不通的。农民既然失去任何私有的权利，土地对于他们来说意义并不大了，因为按照这样一个方案，农民是完全依附于政府，土地多寡以及产品的多寡，对农民来说，除了吃饭之外，没有任何意义。他们愿意从地主手里均出土地，却绝不愿意重新束缚在政府的完全控制之下，过着毫无指望的生活。显然，这些政策在当时的历史条件下，如果强令推行，只能导致百姓的普遍贫困化，对生产力起了破坏作用，对社会不会产生任何进步的影响。

因此，《天朝田亩制度》主张平均分田的理想主义政策，虽然顺应了广大农民迫切要求获得土地的强烈愿望，实际上也没有能够得以实行；同时，规定把农民多余的产品实行公有化，导致了“多劳少得，少劳多得”的不合理现象。因此，这一阶段的无税政策既是短暂的，也被证明是一种不切实际的空想政策。

第二个阶段是太平天国前期和中期实行的“照旧交粮纳税”、“着佃交粮”的简化田赋政策和扶持工商业发展的轻税政策。在《天朝田亩制度》难以得到推行的情况下，太平天国政府结合当时的实际情况，又制定了一系列切实可行的经济政策和措施，首先是石达开的安庆易制，抛弃了之前的无税政策，实行“按亩输钱米”的税收政策，这就使太平天国的赋税制度建立在一个切实可行的基础之上，克服了初期的财政困难；其次是杨秀清提出的“照旧交粮纳税”的田赋政策，在事实上承认农民对土地的使用权甚至所有权，但税负相对较低，这一政策在太平天国运动前期曾一度被广泛推行。

事实表明，“照旧交粮纳税”，较之《天朝田亩制度》的平均主义原则，表面上看似乎是后退了，但符合当时社会的客观情况，实际上把太平天国革命的形势大大向前推进了一步。这一政策纠正了太平天国政权原先制定的那种根本不能实现的彻底平均主义，对促进太平天国革命事业的发展起了积极的作用，是太平天国经济政策逐渐成熟和定型的良性演变，把革命推向更高的发展阶段。从1854—1856年，安徽潜山地区“为伪官者，皆也享太平”。

随后，太平天国又实行了“着佃交粮”的田赋政策，令佃户直接交纳田赋，佃农直接把粮赋交给政府，不再经地主之手。向地主征收钱粮，允许地主收租，但其收租情况要受到太平天国地方政府的监督和限制，这是太平天国运动期间推行的最为主要的一项土地田赋政策。而“着佃交粮”的产生及演变表明，这一制度仅是临时性的措施，与“照旧交粮纳税”不存在根本的矛盾，在初行时，曾在客观上刺激了农民的抗租斗争，但很快又转化为农民抗租斗争的对立物，成了维护地主收租的工具。太平天国前期的田赋制度，总体来讲，较清王朝合理，每亩征收额较轻。在灾荒减免、小户免征，富户多征上面，体现了量能负担的原则。

太平天国政府实行对外开放，重视自由贸易的发展，保护商业，对重要商品采取国营、扶持贫困小商贩发展的经济政策。因此，在工商业税方面，实行了关卡税、商税和手工业税等税种，前期征税制度比较简便，基本沿袭了清政府的征税标准。随着战争的继续，征税标准随之发生变化，主要是从值征税和按税率收税，但税负相对较轻，对工商业的保护、扶持和资助力度更为加强。

第三个阶段是太平天国后期相继开征田赋附加和杂税杂捐的重税政策。太平天国后期为形势所迫，除田赋、工商税以外，各项田赋附加和杂税杂捐相继开征，如田捐、田凭费、火药捐、门牌捐、丁口捐等；也曾一度设租息局、总仓厅，帮助地主收租，甚至对农民的抗租斗争进行镇压，以应付战争对大量谷米的急需。于是，百姓的负担也随之加重，虽与清王朝税制相比较为轻，但也是导致太平天国政权不稳的一个因素。

在工商业税方面，太平天国后期，由于革命队伍不断扩大，不法分子混入太平军中，太平天国政策法规不断遭到破坏，私设税卡严重、滥收关税、政令不一，人民对税卡达到深恶痛绝的地步，逐渐失去人民的支持。

五

太平天国的税收政策和税制变革对于太平天国政权的运行起着重要的作用，作为一个农民阶级建立的政权，其实施的税收政策，一方面体现了历史的进步性，初期制定的合理、适度的税收负担政策为太平天国农民政权的稳固提供了重要的经济保障，良好的税收政策促进了经济的繁荣，而经济的繁荣又增加了税收来源；另一方面囿于当时的客观历史背景，其税收政策又有着不可避免的时代与阶级的局限性①。整体税收政策的不完善以及在实际运作过程中出现的各种弊端，又给太平天国政府带来了极大的危害，导致了政权的不稳，加速了政权的失败，其教训是深刻的。

太平天国税收政策有一定的历史进步性：

首先，打击了封建地主阶级，维护了农民阶级的利益。太平天国税收基本上贯彻了从经济上打击地主阶级，维护农民阶级利益的精神。太平军所至，摧毁官府衙门，贫苦农民纷纷起来响应革命，打击地主，大批地主逃亡，自

① 高俊、周蒋浒：“浅析太平天国税收政策的两重性”，《安康师专学报》，2006年第3期，第53、56页。

耕农、半自耕农、佃农成为田地的主人，旧有的封建关系被打破，使农民获得巨大的利益。同时合理的税收政策进一步推动了这场农民运动的发展，在征收捐税的过程中，太平天国政权革除了清朝对地主大户税收较轻和对小户农家横征暴敛的积弊，对小户农家的税收较轻，减轻了农民的负担，从而为太平天国赢得广大农民的拥护，进而巩固了农民政权。

其次，对工商业的进一步发展起到了良好推动作用。太平天国保护工商业的税收政策，无疑有利于当时工商业的发展，增强了太平天国的经济实力，有力地支持了革命的发展。在当时“重农抑商”的背景下，太平天国实行鼓励工商业发展的税收政策可以说是一大进步。

最后，抵制了外来侵略，维护了国家的主权。太平天国在对外交往中，不接受不平等条约中的各种侵略权益，其独立、自主、一视同仁的税收政策，相对于清政府从盲目闭关到无奈屈从的政策，更令人称道。在关税政策方面，相较于清政府的腐败混乱，更具有明显的优势，得到外国商人和广大群众的认可，在征税标准和税则等方面都有值得借鉴的地方。

太平天国税收政策的局限性，主要表现在：

一方面，太平天国政府税收征管机构混乱，中央政府缺乏控制力，滋长了地方分据倾向。虽然洪仁玕在《资政新篇》中提出了完善税收管理机构的思想，但那只是停留在文本上的蓝图，并未有条件在现实中执行。太平天国的地方政权有省、郡、县三级，而税收的征收主要靠乡官和地方官员执行，太平天国后期地方职官制度十分紊乱，加之各郡、县驻军将领均有权指挥当地行政官员，导致政出多门，捐税的征收趋于混乱。太平天国中央政权一直没有一个统一的规定和相应的机构予以执行和领导，中央政府直接掌握的税收很少，在所有的税收中，只有关税是天朝中央政府唯一的直接征收的赋税，但即便是关税到后期，也不能完全控制于中央。

另一方面，太平天国政府一直未能把税收政策制度化，后期各种杂捐逐步加重，加速了政权的失败。一般来说，一个新的王朝在建立之初，由于刚经过农民起义的沉重打击或长期战乱的破坏，社会比较贫困，统治者总会吸取前朝覆亡的教训，采取一些比较宽松的政策，在一定程度上减轻对劳动人民的压迫和剥削，以恢复和发展社会经济。当社会经济得到恢复、财富有所增加时，统治阶级就会重新加重对人民的盘剥。太平天国时期，由于税收征管制度的不完善，在税收的征收过程中随意性大，导致了各种杂捐的逐步加重，遭到了农民的反对，逐渐失去了群众基础。在太平天国后期，各地税收轻重不一，政权基础因此遭到削弱，极大地影响了太平天国革命的进一步发展。

当然，太平天国政权的失败，除去税赋的原因外，自身在主客观方面存在着很多问题。

一是缺乏科学的理论指导。太平天国运动的指导思想和理论武器，是洪秀全利用西方基督教文化和中国传统文化相结合的产物："拜上帝教"，利用这种宗教来组织和发动太平天国运动在前期确实起到了巨大的作用，但它终究不是科学理论，到了后期，它的危害性便不可避免地流露出来，从而使太平军内部出现了一系列危机，最终导致太平天国运动走向失败。

二是土地制度变革的失败与农民阶级自身的局限性。由于农民是小生产者，有自身无法克服的种种局限性。太平天国颁布过《天朝田亩制度》和《资政新篇》，但其绝对平均主义的土地分配方案不可能实现，或者由于其他主客观条件无法实行，太平天国提不出一个切实可行而又能动员广大群众尤其是广大农民的纲领，革命也就很难长期坚持下去。另外，参加太平军的将士大都是农民，大多是迫于生计才参加革命，没有明确的革命目标。而太平天国领导者过早地封建化和腐化，封建特权思想膨胀，从根本上动摇了太平天国政权的根基。各地将领的分散主义、地方主义恶性发展，中央的权力受到很大削弱，最终断送了革命前程。

三是战略上的失误。太平天国战争的全过程，在战略上曾多次失误，尤其是前后期两次大的失误，对太平天国战争的失败有着决定性的影响。太平天国前期战略上的失误，使太平军丧失了战场主动权和夺取更大胜利的机会；后期一连串带有战略意义的军事行动的失误，则直接加速了太平天国战争的失败。

太平天国失败原因还有很多，比如清政府和外国侵略者互相勾结起来，残酷镇压太平天国等。但根本原因在于农民阶级的这种时代和阶级的局限，决定了他们在思想上提不出科学的理论，政治上提不出正确的革命纲领，组织上无法克服宗派主义倾向和保持内部团结，所以他们的失败也只能证明农民阶级不能领导中国革命取得胜利。

无论是太平天国税收政策和税制变革的经验还是教训，都给我们以启示，对我国当前的税制改革具有重要的借鉴意义。

第一，制定稳定可行的税收政策。纵观太平天国税收政策的发展历程，始终没有实行一套统一规范的税收制度，其多变性、随意性和理想化都成为影响政权不稳的重要因素。这就要求政府在制定税收政策时，要以法律的形式来明确，避免经常变动，减少主观性和随意性。

在我国目前的税种制度中，仅有企业所得税、个人所得税和车船税三部法律，其他的都是税收条例，而执行中更多依据的是财政部、国家税务总局的一些公告、通知等文件，不仅层次较低，还不具有稳定性，不便于纳税人遵从。同时，税制设计还要考虑经济社会的发展和税收征管条件等因素，税收政策的制定要具有一定的前瞻性、可执行性和可操作性，否则，再美好的税收政策也只能是空中楼阁，如我国筵席税开征的失败便是明证。

第二，保持公平适度的税收负担。太平天国的税收政策总体来讲，也还是比较公平、相对合理的，尤其是实行惠农的田赋政策和扶持工商业发展的工商税收政策，对当时社会经济的发展起到了一定的促进作用。

这就要求政府在制定税收政策时，要把公平原则放在首位，要考虑到各个纳税主体的纳税能力，充分体现量能负担，实行适度税收原则。一方面，经济决定税收，经济发展的一定阶段与水平及社会产品总量等，决定了可供税收分配并形成税收收入的社会产品总额。另一方面，税收分配的量度合理，不仅有利于宏观经济和社会的稳定发展；而且兼顾了人民的负担能力，有利于企业的发展和人们生活水平的提高。如果税收分配的量度不合理，当税收分配超过经济和人民负担能力时，虽然增加了国家的税收收入，但却损害了企业自我发展能力，挫伤了劳动者的积极性，最终会破坏社会经济的持续发展。当税收分配量度过低时，虽然一时减轻了纳税人的负担，有利于宏观经济的发展和生活的暂时提高，但却削弱了国家的整体发展。可见，税收适度原则，是国家整体税负设计的指导思想。

当然，到目前为止，我们现行的税种历经改革，全部都实现了对内外资企业和个人的统一。但针对我国当前收入差距不断拉大的现状，还要对当前的税收政策进行进一步的改革，加大对高收入群体的调节力度和对低收入群体的扶持力度，缩小收入差距，协调各阶层的利益。同时，当前工商业作为我国税收收入的主要来源，保持适度的税负水平就显得尤为重要。当税种简化，税率适度时，不仅能保证政府机构的正常运行，而且还会推动经济的发展；当税种繁杂，税率过高时，不仅会抑制经济的发展，而且还会激起人民的反抗，导致政权的动荡。现阶段税收制度的建立完善，不仅要保证政府的正常运转，更重要的功能是利用税收来调整经济运行结构，促进产业结构的协调发展，而太平天国对待工商业的轻税政策更值得我们借鉴。

第三，建立廉洁高效的征管机构。太平天国前期征管办法和机构的简化，降低了税收成本，提高了征管效率，后期由于中央财权的弱化，对地方政府的控制不力，税收征收管理机构的不统一和混乱以及贪污腐败的影响，导致了征管效率的下降，也导致了政权的不稳定，这是留给我们的教训。

我国于1994年进行税制改革以后，设置了国、地税两套税务机构，这虽然对确保中央和地方的税收收入有一定的效果，但却大幅度提高了税收成本。各国、地税局分设自己的稽查分局、征管分局以及办税服务厅，不但增加了建设成本，使征收成本提高，而且纳税人要分别到国、地税办税服务厅进行纳税申报，提高了纳税成本，同样也增加了税务部门的检查成本。另外，税务机关与其他相关职能部门缺乏有力配合，目前税务部门与工商、银行、海关等相关职能部门仍然无法实现数据共享，各自耗费大量的人力、物力进行数据收集，使得税务机关的信息成本大大提高。因此，应当坚持“精简、高效”的原则，实现国、地税机构工作的协调统一，同一地区的国、地税可联合成立一个办税服务厅，使纳税人可在一个地方按次序完成国、地税的纳税申报；建立国、地税的联合稽查制度，以避免对纳税人的重复稽查；要充分利用计算机网络设施，加强和相关部门的信息共享力度，不断提高征管效率。同时，要加大对税收腐败行为的监管和约束，营造一个良好的税收环境，保证政府财政职能的实现，维护国家的经济社会稳定。

第四，实行独立自主的税收主权。国家税收主权，是指一国在决定其实行怎样的涉外税收制度以及如何实行这一制度等方面有完全的自主权，不受其他任何国家和组织的干涉，任何人、国家和国际组织都应尊重他国的税收主权。太平天国政府实施了独立自主的关税政策，维护了中华民族的权益，给西方列强以有力的打击。

随着当前国际经济交往的日益频繁，维护国家税权，制定对内外资企业和居民平等的税收政策，提供一个合理、公平的税收环境，也是太平天国税收政策给予我们的启示。

第五，合理有效的利用税收收入。从理论上讲，税收规模的大小是由支出规模的大小来决定的，取决于政府为满足公共利益需要的财力保障的多少，从税收的用途看，现代国家的税收是政府提供公共物品和公共服务的成本，是纳税人购买公共物品的价格，用以保障公民获得良好的市场经济环境、稳定的生活秩序和公平的法律保障。也就是说，国家运用税收筹集财政收入，通过预算安排用于财政支出，为社会提供公共产品和公共服务，发展科学、技术、教育、文化、卫生、环境保护和社会保障等事业，改善人民生活，加强国防和公共安全，为国家的经济发展、社会稳定和人民生活提供强大的物质保障。太平天国政府的税收收入主要用于战争和政府的日常开支，但随着后期战争的不断延续和政府的奢侈浪费，也使得政府入不敷出，又继而加重税负。

当前要按照社会主义市场经济的要求，合理界定公共产品的内涵，明确政府职能，优化财政支出的规模和结构，充分保障社会公共需要，强化对政府预算的控制和监管，提高税收收入的使用效率，也显得尤为重要。

总之，税收政策的稳定可行，税收负担的公平适度，税收征管的廉洁高效，税收主权的独立自主，税收收入的合理使用是一个国家政权得以持续稳定存在的基本保证，这也就是太平天国税收政策给我们最重要的启示和借鉴。

主要参考文献：

1. 郭毅生：《太平天国经济史》，广西人民出版社 1991 年版。

2. 孙翊刚：《中国赋税史》，中国财政经济出版社 1996 年版。

3. 黄天华：《中国财政史纲》，上海财经大学出版社 1999 年版。

4. 萧一山：《清史大纲》，上海古籍出版社 2005 年版。

5. 孙文学、刘佐：《中国赋税思想史》，中国财政经济出版社 2006 年版。

6. 黄天华：《中国税收制度史》，华东师范大学出版社 2006 年版。

7. 王兴福：《太平天国在浙江》，社会科学文献出版社 2007 年版。

8. 李书源："关于'着佃交粮'制性质的几个问题"，《吉林大学社会科学学报》，1993（2）。

9. 张一文："略论太平天国战争失败的基本原因"，《历史档案》，1994（3）。

10. 高俊、周蒋浒："浅析太平天国税收政策的两重性"，《安康师专学报》，2006（3）。

第二十一章

中央苏区税史论

中国土地革命前后，中央苏区税收制度经历了创建和发展的历史过程，建立在根据地土地革命和农村土地所有制变革基础上的中央苏区税收具有鲜明的革命性和阶级性。我国该时期的税收政策别开生面，有着极其重要的历史地位：中央苏区税收是全国苏维埃税收的中心，为苏维埃中央政府提供了重要财力，为中央苏区发展经济、打破经济封锁发挥了调控作用，为新世纪中国税收培育了宝贵的精神财富，是中华人民共和国税收的预演。

一

赣南、闽西割据区域的开创为中央苏区税收提供了坚实的基础。

民国以来，赣南和闽西经济凋敝，赋税沉重，灾荒和匪祸遍布，社会处在混乱状态之下，学生有失学之忧，无就业之望，广大农民和城市贫民处于求生不得境况，阶级矛盾日益尖锐激化。大革命前，赣南闽西的社会经济基础是封建地主阶级的土地占有制。小农经济萎靡不振，以农林产品为主要原材料的小手工业受到洋货挤轧，急剧萎缩，许多县没有一家近代工业企业，没有一条公路。广大农村，尤其偏僻山乡，一片破败荒凉景象，吃米靠水碓、杵臼，照明靠松明、篾片，出门靠步行，运输靠肩挑。

在封建土地占有制下，农村土地高度集中。1930 年毛泽东所做的《寻乌调查》中记载，寻乌县占人口总数 7.4% 的地主、富农，占有全县土地的 70%；而占人口总数 92.6% 的农民，却只占有全县土地的 30%。土地革命前，闽西的龙岩、永定、上杭、连城、长汀、武平六县的田地，平均 85% 在收租阶级手里，农民所有田地平均不过 15%。农民无地或少地，只好租种地主的田，租田要缴纳田亩产量的四成至六成甚至三分之二的田租。许多农民无法度日，不得不借高利贷。“铜钱加三谷加五”，有的谷债利息加七加九甚至加十。到期还不清，还要利上加利。农民借债时抵押出去的房屋、田地、山林，转眼就变成债主的了。一些农民被逼上吊，或卖妻、卖子、卖自身。

除了缴租还债，农民还要负担种种苛捐杂税。税捐的种类主要有田赋税，包括地丁、官租、银水、割粮礼、税契、券票、管钱粮等。厘金重重设卡，小商小贩经过厘金卡，都要缴税。农民还要交烟酒税、硝磺税、屠宰税、牌照印花税、房产捐、筵席捐、土特产捐、护商捐、牛捐、赌捐、派款等。包办厘金和捐税的，都是豪绅，一个小摊每月 120 元包税，实收 20 元，豪绅可赚 80 元。农民一年所剩无几，许多农家“禾刀子挂上壁就冇食”。碰上天灾人祸，更有人倾家荡产，流离失所，沦为游民、乞丐。

经济停滞带来文化落后和政治黑暗。1920 年，瑞金全县只有十余所公、私立小学，学生不过千人。农村缺医少药，人畜混居，饮用塘水，疫病流行。城乡遍布烟馆、赌场、妓院。封建宗族观念及其组织制度根深蒂固，各姓土豪劣绅把持县政，与军阀官僚相勾结并布下统治黑网。

黑沉沉的赣南闽西大地，充满了各种尖锐矛盾，革命在孕育之中，民众在觉醒之中。1928 年赣南发生的农民大暴动有南康潭口暴动、赣县大埠暴动、信丰暴动、于都暴动、兴国暴动、寻乌暴动。闽西的武装农民暴动有龙岩后田暴动、平和暴动、上杭蛟洋暴动、永定暴动等。落后的经济文化，封建宗族和军阀官僚的黑暗统治，使赣南闽西布满了干柴，等待着星星之火。

东方欲晓，曙光将要出现在赣南闽西。终于，这一天来临了。

1929 年 3 月 20 日，毛泽东在前委和军部机关驻长汀县城水东街汀江巷辛耕别墅主持召开了前委扩大会议。会议经过热烈讨论，毛泽东作出了在赣南闽西建立新的割据区域的重大决策。《红四军前委关于攻克汀州及四、五军江西红二、四团行动方针等问题向福建省委和中央的报告》指出，“以赣南闽西20余县为范围从游击战术，从发动群众以至于公开苏维埃政权割据，由此割据区域，以与湘赣边界之割据区域相连接”，“惟闽西赣南一区内之由发动群众到公开割据，这一计划是决须确立，无论如何，不能放弃，因为这是前进的基础”。

毛泽东领导的红四军前委作出的关于以赣南闽西20余县为范围建立新的割据区域的决定，是一个高瞻远瞩、具有十分重要意义的战略决策。历史发展证明，正是由于这一战略决策，以瑞金为中心的中央苏维埃区域和中华苏维埃共和国才得以在这个坚实的基础上构建，共和国税收才得以有一个坚实的基础。

经过三次反“围剿”和开展土地革命，红军取得重大胜利。1931年7月，以瑞金为中心的中央苏区正式形成。瑞金素有深厚的革命传统，再加上瑞金地处闽赣两省交界，便于领导赣南、闽西根据地工作；瑞金属赣南边陲之地，离赣州等中心城市较远，交通不便，与赣南各苏区县比较更为偏安；瑞金便于苏区中央局和红一方面军总部指挥军事行动等。这些特定的历史条件，使瑞金逐渐成为中央革命根据地的中心，被选定为中华苏维埃共和国中央政府的首都，中央苏区党政军首脑机关的驻地。中央苏区的开创为中央苏区税收提供了坚实的基础。

中央苏区红色政权的建立是中央苏区税收存在和发展的前提。

1929年4月，毛泽东率领红四军三纵队来到兴国。在毛泽东指导下，兴国县第一次工农兵代表大会于1929年4月中旬在县城治平观召开，选举成立了兴国县革命委员会。之后，宁都县、于都县以及赣西南、闽西苏维埃红色政权先后诞生。江西的红色政权比哪一省都要普遍，红军游击队比哪一省都要多。1930年10月7日，江西省苏维埃政府成立，江西苏区得到进一步巩固扩大，拥有31个县“纵约四百里，自赣县至永丰；横约三百里，由万安至瑞金”的广阔地域，“终于，形成一片总的有联系的苏区，成为中国苏维埃（中央）临时政府的胎盘”。1931年11月，中华苏维埃共和国及其中央政府的诞生则标志着中央苏区正式建立。只要有政权产生，就必然有税收的存在，不可能存在不征税的政权，也不可能存在脱离政权的税收。中央苏区红色政权是中央苏区税收产生和发展的前提。

中央苏区经济的发展为中央苏区税收提供了源泉。

苏区的经济主要是农业经济。发展农业生产，是中央苏区开展经济建设的首要任务。广大贫苦农民在土地革命斗争中分得田地，旧的生产关系发生了根本变革，农村生产力得到了极大解放和发展，农民生产积极性空前高涨。在苏维埃政府一系列得力的“兴农”措施下，中央苏区农业生产获得连年丰收。全苏区1933年稻谷收成比1932年增加一成半，杂粮的收获则有更大增加。中央苏区粮食产量的大幅度增加，不仅满足了苏区军民的粮食需要，而且每年还有大量粮食输出到国民党统治区域。

中央苏区的商业贸易，有国营商业、集体商业和私营商业三大块。国营商业主要是苏维埃中央政府统管下的各级对外贸易局和粮食调剂局经营的业务。在中央对外贸易总局和下属机构以及广大苏区外贸战士的共同努力下，中央苏区的对外贸易工作取得了极大的成功，为打破国民党对苏区的经济封锁，缓解苏区的物资供应紧缺困难，满足苏区军民生活需要，支援革命战争，促进苏区经济建设，做出了重大贡献，成为发展苏区国民经济的枢纽。

中央苏区的集体商业，以各类消费合作社为主要形式。消费合作社为集体商业经营形式，最早出现于东固根据地，是1928年10月由东固革命委员会拨款和群众集资建立起来的。合作社工作人员不仅坐店经营日用品和生产资料，还“一双草鞋一副担”自带干粮送货下村，收购运销山货。这种以保障供给、搞活流通、减少剥削、增加收入为目的的消费合作社，迅速在苏区各县推广。

中央苏区的个体商业遍布苏区各地。至于以小商小贩为主要经营者、摆摊设点的苏区圩镇经济一直都是比较繁荣的，中央根据地商业的发展，在活跃苏区经济和促进苏区经济建设的过程中，起到了重要作用。

中央苏区的工业基础甚为薄弱，国有工业主要是军需工业和矿产开采业。集体工业主要是各地兴办的生产合作社，如长汀纸业公司、中华织布厂等。私营工业主要是一些小手工作坊，在苏维埃政府鼓励和帮助下，许多手工业生产，如炼铁、制布、烧石灰、造纸、制药、制盐、制油、开煤矿与钨矿，不但开始恢复，而且有了新的发展。中央苏区的农业、商业和工业的发展为苏区税收提供了源泉。

各地苏维埃政府的税收尝试为中央苏区税收的统一提供了实践基础。

1930年2月6日至9日，毛泽东在吉安陂头村主持召开的红四军前委，红五军、红六军军委和赣西特委联席会上，通过并颁布了一部《土地法》，称之为《二七土地法》或《赣西土地法》。这个土地法在总结、吸收井冈山土地法、兴国土地法、闽西土地问题决议案正确内容的基础上，在一些问题上又有新的发展。其中，在税收方面的发展是：对土地税的征收，规定须在群众已得到实际利益之后，经高级苏维埃政府批准后才可征收。对土地税税率，根据赣西南苏区实际情况，又进行了调整：每人分田收谷 5 担以下的免收土地税；每人分田收谷 6 担的，收税 1%；每人分田收谷 7 担的，收税 1.5%；每人分田收谷 8 担的，收税 2.5%；每人分田收谷 9 担的，收税 4%；每人分田收谷 10 担的，收税 5.5%；每人分田收谷 11 担的，收税 7%；每人分田收谷 12 担的，收税 8.5%；以后每加收谷一担，加收 1.5%。这一税率较闽西为轻，且较合理。

1930 年 10 月 7 日，江西省苏维埃政府在吉安宣告成立，发布了江西省工农兵苏维埃政府布告，公布了江西省苏维埃政府的 13 条政纲。其中，第 7 条规定："取消国民政府、江西政府及各县政府、国民党部、警察队等所抽收的一切苛捐杂税，实行为工农劳苦群众谋利益的统一的累进税。"各地苏维埃政府的税收尝试，为中央苏区税收的统一提供了实践基础。

二

中华苏维埃共和国临时中央政府成立后，从 1931 年至 1934 年，苏区临时中央政府和各省地方政府，先后制定和颁布了一系列税收法令法规，建立起统一的苏区税收制度。

中央苏区实行统一累进、简便易行税制，税种分为商业税、农业税、工业税三种，其中，工业税没有开征。1933 年 3 月 17 日，中华苏维埃共和国临时中央政府财政人民委员部（以下简称中央财政部）发布第 15 号训令，决定建立关税制度。至此，中央苏区共设置并开征了三个税种，即商业税、农业税、关税。

《中华苏维埃共和国暂行税则》（以下简称《暂行税则》）规定，商业税是对商业资本征收的资本盈利的所得税，即对全部盈利收入的征税，而不是对资本的征税。商业税是中央苏区政府的重要收入。

商业税的纳税人为资本在 100 元以上的商店和肩挑小贩。1932 年 12 月 5

日，苏区临时中央财政部第 11 号训令又规定，乡村中以营利为目的的纸槽、木排、樟脑厂、铁厂及各项工厂等资本在 100 元以上者，亦应照商业税税率征收营业税。

商业税的征收方法为依据纳税人向税务机关所领取的营业证，按其资本多少规定税率，然后按税率征收资本盈利的所得税。每月征收一次，季节性生意按次征收。

确定商业税的主要因素为资本与盈利。凡商店股金、公积金，未作存款数的店房，以及一年以上之长期存款都应算作资本。所谓盈利，则是指商人交易所得之全部毛利，非指扣除开销后之红利。

1932 年 8 月 26 日，为彻底打碎敌人围攻及政治封锁，苏区临时中央政府决定以下物品照其应纳之营业税额，一律减半征收：从苏区运往白区出卖的物品：谷、米、豆子、菜油、木、烟、纸（粮食不够地区例外）及一切农产品。从白区贩运来苏区的物品：盐、洋油、火柴、棉花、线布、棉布、药品、医药器具、印刷材料、钢铁、兵工厂药料、电话电报材料、手电筒、电池、汽油。

农业税包括土地税、山林税等，是对农业收入征收的一种税收，为中央苏区的主要税种。

农业税的纳税人为苏区从事农业生产并取得农业收入的农民和其他个人。按照土地全年主要生产的收获，以全家人口平均规定每人每年的收获数与生活必需的支出，根据此标准，再定出向每人开始征收的最低数额及累进税，但富农则按劳动力来平均，而不是以人口平均计算收获与纳税标准。

农业税只征收主要生产（谷类）的税，副产不征税。茶山、棉麻、果园当作稻田麦地分配，成为主要生产的，亦应征税。每年收获谷麦两次者，应征税两次。收税时依照税率规定向各家征收每人应纳的税额。农业税一律以实谷计算，每 16 两秤 100 斤干谷为一担。所谓实谷不是凭农民报告，而是按照分田时，每人分田多少的中等田可收实谷为标准，由乡代会估量，根据这个标准来决定税率。各人分得之田，即照此标准折成实谷，按照税率计算缴税。

农业税一律按照税额折成现款，按苏区货币计算征收，不收谷物。谷价由县苏维埃政府按照各区一定时期市价分别斟酌规定，江西为按新米上市的第三圩场第六天后的最高市价折成现款征收。从 1934 年 2 月起，由于苏区粮食趋紧，农业税改收谷物，一般不收现金。

农业税的征收以县为单位，每两区或三区设立一个土地税征收委员会，人数为9人至11人，由区苏维埃政府负责人及“税收忠实分子”担任，至少有四人坐收，其余的人做动员督促工作及参加各地税收会议，各委员均由县苏维埃政府委任。税收委员会设主任一人负总责，指导和参加征收工作，将税收情况报告上级，并每日详细审查账目，指定会计两人、出纳两人专门负责征收。

由于农村生产与物品价值极为复杂，不能规定统一的税率，由各省依据农业税征收原则，按照当地情况定出适当的农业税率。1932年江西省修改后农业税税率级距共13档：最低为，贫农、中农人均收入干谷3担以及富农人均收入干谷1担的，税率4%。最高为，贫农、中农人均收入干谷15担的，税率18%；富农人均收入干谷13担的，税率18.5%。

工业税分为工业品的出厂税和工业所得税，1931年11月的《暂行税则》和1932年7月修改的《暂行税则》，对工业税均只三条规定。一为生产合作社，经县政府批准备案的，得由县政府报告省政府许可免税。二为在目前为促进苏区的工业发展，暂时免收工业品的出厂税。三为工业所得税，按资本大小，规定税率，征收其利润，其税率另行规定，但须较商业税为轻。实际上，工业税在中央苏区始终没有开征。

关税为“征收赤、白区域流通之税”，属商业税。

中央苏区为了打破经济封锁，调节进出口货物，促进经济发展，于1933年3月17日建立关税制度。这种关税分为三种，即对由苏区运往白区的货物征收出口税，由白区运进苏区的货物征收进口税，白区与白区通商货物经过苏区边境的征收通过税。关税是中央苏区财政的主要收入之一。

关税纳税人为各种过关货物的运货人。无论大商小贩合作社，无论陆路行船，过关时，均须将所运货物之名称、数量、价值，从何处来，往何处去，及运货商号等项，报告关税处，经关税处派员检验，除免税品外，均须按照税率表如数缴清税款。关税只征收一次，凡持有进口出口或通过凭单者，经过其他税关，不再征税。货物纳税后，关税处检查员用石灰水在木板上写一个斗大的字，以作缴税标志，这个字天天变换，由上级发下来，武装人员看见这个标志就放行，没有标志的即扣查。计税价格按当地各货物价格估价，从量征税。

耕牛、粮食、菜油禁止出口。

进口草兰、扭青、白布、土布、食盐、洋油、电池、米谷、石灰、铁、油墨、蜡纸、枪油、火柴等免税。货物如因水湿致价格减低者，按价酌量减税。

运货人运货报关以多报少者，照原税额加一至五倍处罚，私自过关或偷关者，没收其全部货物。

三

中央苏区税收制度的创建是与根据地的土地制度变革紧密关联的。在传统的乡村社会里，土地是主要生产资料和衣食之源，是财富的象征，控制了土地就控制了农村。

中国革命的基本问题是农民问题，农民问题的核心是土地问题。农民是最讲实际的。占中国人口80%以上的农民，对于拥有自己的土地，有着强烈的要求。开展土地革命，满足农民的土地要求，是中国民主革命的基本内容。农民手中没有土地，中国革命就失去了农民的支持，就不可能建立以农民为主体的工农红军，就不可能建立以农民为依托的革命根据地。农民手中没有土地，农村生产力没有得到解放，也就谈不上根据地的经济建设，谈不上根据地的税收。土地革命又是和武装斗争、根据地建设互为依托、缺一不可的。没有武装斗争，就无法开展土地革命，根据地就失去依托；没有根据地，武装斗争就没有立足之地，土地革命成果就难于巩固；没有土地革命，武装斗争就没有群众根基，革命根据地也不可能成立。中央苏区税收制度之所以能创建并付诸实施，基础在于红色政权紧紧依靠占人口绝大多数的农民，把武装斗争、根据地建设和土地革命紧密结合起来，深入开展土地革命，极大地调动了广大贫苦农民的革命积极性。

中央苏区创建初期，红四军和中共赣南特委、赣西特委、闽西特委便在根据地广大农村发动群众打土豪、分田地。中央苏区土地革命基本政策为：依靠贫雇农，联合中农，限制富农，消灭地主阶级，变封建半封建的土地所有制为农民的土地所有制的阶级路线；以及在原耕地基础上，以乡为单位，按人口平分土地，抽多补少、抽肥补瘦的分田原则。

在中央苏区土地革命基本政策指引下，赣南、闽西“分田分地真忙”，迅速掀起了土地革命的热潮，强力冲击了传统乡村社会结构及其运行，打破与废除了农村传统土地所有制，推动了整个农村的革命性变革。

摆脱了封建地主残酷压迫、获得了土地、政治上经济上翻了身的广大农民，革命热情空前高涨。为了保障革命战争胜利保持苏维埃政权长存，为了维护土地革命胜利成果和农民的翻身解放与自由幸福，他们踊跃参军参战，倾其所有在物资钱财上支持革命战争，努力发展生产多打粮食，苏区的经济得到迅速恢复和发展，为建立中央苏区税收制度奠定了政治、物质基础。

1932 年修改后的江西省农业税税率，起征点是：贫农、中农人均收入干谷 3 担，富农人均收入干谷 1 担。人均收入同样是 3 担，贫农、中农税率为 4%，富农则为 6%，富农高于贫农、中农的 50%。1932 年 7 月，中央苏区还制定了一个统一的土地税税率表，规定了依照阶级原则的计算方法。中农、贫农税收的计算法：“某家分得田面四十担，该乡年成八成，折实谷三十二担。该家分田人数四人，每人平分八担。则须按照四人分田八担的税率 9.3% 计算，即每担谷应交税九升三合，则三十二担谷应交税二担九斗七升六合。”富农税收的计算法：“某家富农共分田三十担，全家七人参加分田（其中二人不会劳动分一半），每个劳动力分实田五担，则应照五担以上七人的税率 11.2% 计算，即每担田应交税一斗一升二合，则三十担田应交税谷三担三斗六升。”

在减免税方面，雇农及红军家属免除纳税义务。即使开垦荒地也按阶级成份减免，荒废 1 年以上土地，贫农、中农开垦者免税 1 年，富农开垦者减半征收，地主开垦者不免税；荒废 2 年以上土地，贫农、中农开垦者免税 2 年，富农开垦者免税 1 年，地主开垦者减半征收；荒废 3 年以上土地，贫农、中农开垦者免税 3 年，富农开垦者免税 1 年半，地主开垦者免税 1 年。

按阶级成份设计税率和规定减免税照顾，将重担归于剥削者，是苏区土地革命在税收制度上的体现，而这种带有鲜明阶级色彩的税收制度又为巩固新的农村土地所有制提供了税收支持。

土地革命中“左”的思潮和行为在税制上不可避免的有所反映，税制经常随着政治和军事斗争变化而变化，政策出台仓促，甚至出现借谷的预征税款现象，税负日趋加重。对地主、富农，包括许多错划的地主、富农课之以重税，帮助过“左”的政策侵犯了中农的利益，过度打击了地主、富农，挫伤了农民群众的生产积极性，税收成为土地革命主导者推行极“左”错误的工具。

中央苏区的税收制度，是在废除国民党军阀一切田赋丁粮、苛捐杂税基础上创建的，从现有资料和研究成果看，其税收负担呈趋重走势。

第一，税负前轻后重，越往后税负越重。1930年12月，赣西南开征土地税，起征点为人均收谷6担，税率为1%。1931年11月中华苏维埃共和国成立后，临时中央政府建立统一的税收制度，由于税制简便，税种极少，税收负担还是较轻的。1931年11月28日，颁布的《暂行税制》虽然规定了三种税，但“简易的两方面实行，这就是商业税与农业税”，工业税没有开征。而且“统一累进税对于任何一方面都是征收一种税”，农业税“以维持必需生活费外开始征收标准，按数逐渐起累，不足标准者概免税”。在纳税期限、税收权限、免税范围方面也作了较宽松的规定。

然而，仅仅过了7个多月，1932年7月13日，新的税制还未得到很好落实，临时中央执行委员会又发布了关于修改《暂行税则》的第7号命令。修改后的《暂行税则》主要在以下几个方面进行了调整：

一是降低起征点。商业税起征点由200元降为100元，农业税起征点由人均收谷4担降为人均收谷3担。

二是提高税率。商业税即营业税税率级距由13档增为14档，最低税率由2%提高为6%，最高税率由18.5%提高到25%。而1931年6月13日国民政府公布的《营业税法》规定按纯益计征者，分级税率最低为纯益的2%，最高为纯益的10%。中央苏区商业税最低和最高税率，分别为国民政府营业税的3倍和2.5倍。再加上中央苏区商业税是按毛利计征，国民政府营业税是按纯益计征，中央苏区名义税负明显过高。过高的商业税税率，加重了中小商人和肩挑摆摊商贩的税收负担。农业税税率也有较大幅度提高，江西苏区农业税税率级距由12档增至13档，最低税率由1%提高到4%，最高税率由16.5%提高到18.5%。

三是缩短纳税期限。商业税由每年征收二次改为每月征收一次，季节生意由其生意结束后征收改为按次征收。农业税由农产品收获后1月至2月征收，改为每年收获谷类两次者，征收两次。

四是上收税收权限。农业税由各省依据《暂行税则》的原则，按照当地情况自行定出适当的农业税，改为必须报告中央政府批准施行。

五是缩小免税范围。农业税由红军家属按照红军优待条例免税，改为只限于红军本身父母关系及无劳动力的弟妹可以享受免税待遇。雇农及分得田地的雇佣工人由一律免税，改为雇农及分得田地的雇佣工人本身和妻子一律免税。

1933年6月，蒋介石在南昌召开赣、闽、粤、湘、鄂五省“剿匪”军事会议，筹划对中央苏区进行第五次军事“围剿”。会议确定了“战略攻势，战术守势”和“步步为营，节节推进，碉堡公路，连绵不断，经济封锁，滴水不漏”的策略方针。9月中下旬，蒋介石调集100万兵力自中央苏区发动进攻。在第五次反“围剿”的严峻形势面前，1933年9月17日，中央执行委员会通过《农业税暂行税则》，规定“农业累进税的标准，按照农民分得土地后，全家每年主要的生产的收获量，以每人分田实收多少及全家分田人口多少来规定税率”，不再扣除“必需维持生活费”。尔后，又进一步缩小免税、减税范围，规定各级政府与各革命团体工作人员及其家属、工人及其家属不减土地税。税负进一步增加。

第二，借谷和公债加重了税收负担。中央苏区后期税负虽然趋重，但与革命前相比较，除了富农，农民的负担还不算很重的。1934年4月至5月上旬，广昌、筠门岭、建宁、龙冈等地相继失守，中央苏区南北门户洞开，红军在中央苏区内线打破国民党军第五次“围剿”的希望完全破灭。从这年6月底至7月初开始，中央苏区开始突围转移的秘密准备工作，整编和扩充红军，使中央红军兵力增加到约12万人。为筹措军费，中共中央、中央政府人民委员会6月2日和27日二次发出紧急指示，要求7月15日完成24万担借谷计划；7月22日又作出借谷60万担及征收土地税的决定。苏区人民群众节衣缩食，在极端困难下超额完成了筹粮计划。此前1933年3月还为红军借谷20万担（实借16万担），1933年1月和1934年4月苏区每人帮助3升米。除帮助米外，共计借谷100万担。这些债借以当时中央苏区250万人口推算，一个6口之家须负担借谷、捐米约2.64担谷，公债约12元折谷约2.2担，总共约为5担，加重了农民负担。

根据地的斗争就是军事斗争，频繁的战争使中央苏区各类物资消耗巨大，必须随时补充大批军需物资。用打土豪、罚款的方法筹措经费，是临时的和部分的权宜之计。在生产力低下，主要为农业经济的苏区，为保障革命战争供给和苏维埃政府工作人员给养，只能采取提高税负这一不得已而为之的竭泽而渔方法，这对支援战争和维持红色政权运行起了一时的积极作用。但是，在任何情况下，政府收入太高，都不利于国运和苍生。如果人民群众创造的财富，大头成了政府财政收入，非国之幸，非民之幸。轻徭薄赋，历来是治的根本，将财富和幸福广布民间而非收之国库，是强国根基。

较重的税负，侵犯了苏区群众利益，遭到群众抵制，致使强迫、命令、摊派逼死农民的恶性事故不断发生。

较重的税负，还增加了税制落实的难度，《暂行税则》颁布后，在江西苏区，许多县直到1932年7月连土地税都没有开征。有的虽开征了土地税，但只征收富农的土地税，有的则不分阶级收得很重。商业税有的有税不收，有的乱收小商小贩的税。税负之加重，过多的损害了农民和中小商人的利益，使相当一部分社会民众开始产生离心倾向，怀疑苏区的理想社会目标。从而影响了经济发展和税源的丰沛，影响了战争经费的供给和中央苏区的巩固。不能说这不是中央苏区斗争失败的原因之一。

四

在艰苦斗争的岁月里，中央苏区实行统一累进、简便易行的税收制度，建立了一整套适应战争环境的税收管理制度，其税制建设、税收征管、税务机构和税务干部队伍建设，在中国税收史上别开生面，至今仍有重要的指导和借鉴意义。中央苏区税收的伟大实践，在我国税收历史上有着极其重要的历史地位。

第一，中央苏区税收是全国苏维埃税收的中心。土地革命战争时期，中国共产党人在全国先后创建了十多个革命根据地。这些根据地随着苏维埃政权的建立，开创和发展了苏维埃税收，其中影响最大的首推中央苏区税收。中央苏区税收不仅覆盖的地域最大，而且是全国苏维埃税收的中心。江西瑞金是中华苏维埃共和国的首府，税收法规、税收工作指令从这里发往全国各苏区，中央税务局在这里直接领导中央苏区税收实践，并在税收实践中经受锻炼，成为全国苏维埃税收工作最高指挥部，统辖全国苏维埃区域的税收工作。

第二，中央苏区税收为苏维埃中央政府提供了重要财力支持。中央苏区税收是苏维埃中央政府财政收入的主要来源。中央苏区税收为供给红军，支持革命战争，保障各级苏维埃政府运行，发展苏区经济提供了重要财力支持。中央苏区税收规模到底有多大？由于战争年代税收会计统计不规范和资料散失，至今仍是一个谜。

从宏观方面讲，经济状况和税收制度决定税收规模。中央苏区税收制度，覆盖了当时苏区的主要经济税源。经过土地革命和“保证商业自由”的政策鼓励，中央苏区农业得到较大发展，商业一度繁荣，税收应该是具备一定规模的。当时具有相对稳定的经常性财政收入主要为三块：一为没收军阀官僚豪绅地主的收入；二为店房租金；三为税收。随着中央苏区相对稳定巩固，苏区内的土豪劣绅基本被打光，没收罚款收入来源日益枯竭，税收在经常性财政收入中就显得举足轻重了。大量的历史资料证明，随着中央红色政权巩固和苏区经济发展，中央苏区税收占财政收入的比重不断上升，后期税收占经常性财政收入比重约为40%以上。

中央苏区的反“围剿”战争长达数年，苏区内10余万红军的日常供给和大量的战争物资保障，无疑十分繁重和庞大。政府公用经费、文教卫生、社会救济和扶持经济的支出，虽然标准不高，但总数对于根据地来说也是惊人的。没有中央苏区税收支持，就没有苏区红军战争的胜利，也没有红色政权的巩固。正是中央苏区税收的源源不断的“供血”，才使苏维埃政权有了稳定的财政收入，从中央到地方的各级苏维埃政府经费和政府工作人员、红军部队的供给才有了保证，苏维埃中央政府才得以与国民党南京政权抗衡数年之久。

第三，中央苏区税收为苏区发展经济、打破经济封锁发挥了调控作用。中央苏区一诞生，即遭到敌人的军事“围剿”和经济封锁。在严重的困难面前，中央苏区税收积极发挥了调控作用，鼓励商人贩运日用必需品输入苏区，收购苏区农产品销往白区，调剂苏区生产品与消费品之需求与供给，促进经济发展。对生产和消费合作社，实行免税。在税收的扶持下，中央苏区各类合作社如雨后春笋般发展，它改善了社员生活，调节了苏区工业品和农产品价格的剪刀差，巩固了工农联盟，发展了苏区国民经济。

第四，中央苏区税收为中国税收积累了宝贵的精神财富。中央苏区税收不仅提供了许多治税经验，而且造就了一批治税精英。在艰苦卓绝的岁月里，中央苏区各级税务机关和广大税务工作者，卓有成效地开展了各项税收工作，培养了宝贵的精神财富，主要为：“从斗争中创造新局面”的开拓精神，“真心实意地为群众谋利益”的优良作风，一切从实际出发的科学态度，艰苦创业廉洁高效的奋斗精神，中国革命必然胜利的理想信念，“在苏维埃法律面前一律平等”的民主与法制传统，这些中央苏区税魂的精神内涵至今仍闪耀着不朽光芒。

第五，中央苏区税收是中华人民共和国税收的雏形。中央苏区税收工作者开创的苏区税收工作，是中华人民共和国税收的预演。中央苏区创造和积累的税制建设、税收征管、税务机构与税务干部队伍建设的丰富经验，至今仍有重要的指导和借鉴意义；中华人民共和国的税收工作制度、办法、措施大多可以在中央苏区税收实践中寻找到历史的根源和发轫的轨迹。中央苏区税收是中华人民共和国税收的初步奠基、初步尝试，没有中央苏区税收那一段历史，今天中华人民共和国税收就没有了根。

中央苏区税收既然是中华人民共和国税收的雏形和预演，就意味着有不成熟的地方。在充分肯定中央苏区税收重要历史地位的同时，我们也必须看到，由于历史的原因，中央苏区税收也不可避免地存在着局限性。分析中央苏区税收的历史局限性，从中汲取教训，与弘扬中央苏区税收精神一样，都是完全必要的，这对于我们开创新时期税收工作有着重要的现实意义。

第一，过度赋予税收组织收入和调节经济的重担。

1932 年 2 月 8 日，在“左倾”机会主义醉心于猛烈地扩大红军，实现革命在一省与数省首先胜利的影响下，苏区中央局决定在全国各苏区创造一百万铁的红军，6 月 27 日，又通过决议，要求“红军的主力必须集中，必须最大限度地迅速行动；要努力做到解除红军主力‘分散筹款’，‘分散’做地方工作的任务（当然不是说红军不做群众工作），使红军用全力于决战方面。”猛烈地扩大红军和过早地取消主力红军筹款任务，必然给财政带来严重困难。

为了执行苏区中央局决定，1932 年 7 月中央苏区转变财政路线，即由过去依靠红军筹款，转变为政府负责供给红军战费。但是由于中央苏区从其诞生起，就一直处于“围剿”与反“围剿”的激烈战争和敌人严酷的经济封锁之中，新的生产关系刚刚萌芽，苏区经济尚处于恢复状态，中央苏区税收收入有一定局限性，完全依靠税收供给军队和政府的给养尚不可能。红军给养由中央财政部负责支付，入不敷出，迫使临时中央政府不得不在中央苏区采取紧急措施，于 1932 年 7 月 13 日发布命令，修改公布不到 8 个月的《暂行税则》，加重了中央苏区人民群众的税收负担。尽管如此，中央苏区的税收仍不能保证财政支出。为了弥补财政缺口，一些地方以增加土地税收获成数来增加税收。1934 年 1 月，面对敌人 100 万兵力的第五次“围剿”，土地税征收入库不及半数，部队和机关食米不够，中央政府不得不于 1934 年二次预征农业税，一是 6 月借谷 24 万担，规定在当年土地税中归还；二是 7 月借谷 60 万担，规定在 1935 年与 1936 年土地税中归还。税收所承受的组织收入过重负担，既保障不了供给，又脱离了群众。

第二，过高的所得税率侵犯了工商业者的利益。

私营经济在中央苏区社会经济中占有绝对优势。随着革命斗争的深入，商业经济的垄断者，由资本家、地主手里，转移到中小商人、富农手里。大商人很少，大半系小商人。

在创建中央苏区过程中，苏维埃政府对私营经济始终是保护和奖励的。但是在中央苏区经济活动中，始终笼罩着“左”倾政策的阴影。1932 年 7 月修订的《暂行税则》与 1931 年 11 月通过的《暂行税则》比较，加重了工商业者的负担。商业税起征点从 200 元下降到 100 元，一大批肩挑摆摊养家糊口小商贩由原来免税变为必须承担 6% 的税负。资本 201 元至 300 元的小商人，税率由 2% 提高到 7%，负担增加 2.5 倍；资本 3001 元至 5000 元的中等商人，税率由 6.5% 提高到 12%，负担增加 84.5%；资本 80001 元至 100000 元的大商人，税率由 18.5% 提高到 23%，负担增加 24.3%。资本越小，税负增加越多。过高的税率加上过左的劳动政策侵犯了苏区工商业者的利益，使许多私人企业倒闭或停业转迁，制约了苏区私营工商业发展，给苏区经济造成了较为严重的危害。

第三，过早实施累进所得税加大了税收制度落实难度。

所得税与其他各税种比较，有着纳税普遍、富有弹性、负担公平、收入稳定、确实可靠等优点，符合战时财政要求。中央苏区采用累进制所得税，有一定的道理。然而从经济、行政、管理以及所得税的性质、苏区经营单位和私人账目等实际情况分析，中央苏区尚不具备采用累进制所得税的必要条件。

一是缺乏课征所得税的经济条件。中央苏区经济主要是农业经济，由于地处闽赣边陲，交通不便，农业生产技术落后，生产力水平低下，有些地方还用人代牛，停留在杵臼时代。至于中央苏区工业，基础甚为薄弱，多为铁作、制布、造纸、开矿等小作坊，工业品主要由外面输入。这样落后的农业经济不可能为所得税提供丰裕的税源。

二是缺乏确切的计税依据。课征所得税的依据是纳税人的账册，征收所得税要求纳税人要有成熟的经济组织。当时中央苏区的小商小贩无账可查，具有一定规模的工商业主有的虽然建了账，但袭用旧式账簿，科目简单，记载不全不实，原始单据亦不保存，不合会计原理，不能正确反映营利真实情况，税务机关很难稽查核实纳税人的应纳所得税额。

三是缺乏熟练的稽征力量。开征所得税的另一个必备的条件是征税人要有对课税对象准确明晰的了解。中央苏区税务工作者多为在革命烽火中成长的工农干部，他们革命意志坚定，工作热情高涨，与群众联系密切，但文化水平较低，很多不懂写算，没有经济常识，虽经苏维埃政府多种形式、多种途径的培养，终难在短期内建立一支适应所得税计核、征收、稽查等管理需要的干部队伍。

超越经济发展和管理水平，过早实施累进所得税制，落后的经济基础和管理水平难以适应先进的税制，使得在相当长的时间内，很多地方都没有将税收制度落到实处。直到 1933 年 4 月，许多县仍没有普遍开征商业税，有的征收商业税，也没有调查登记，“只是派人到各区收了些，并没有按月收清楚”，“商人资本及营业额很多以多报少”或“把资本分散”，“流动的季节商人，如盐船等也多未征税”。税收制度难于落实，不少地方便一再简化征收办法，由先缴后查到征收机关直接“确定税款按月征收”，商业所得税偏离了直接税的征收原则。

主要参考文献：

1. 严帆：《红土地上的探索》，香港天马图书有限公司 2002 年版。

2. 余伯流、陈钢著：《井冈山革命根据地全史》，江西人民出版社 1998 年版。

3. 余伯流：《中央苏区经济史》，江西人民出版社 1995 年版。

4. 江西省税务局、福建省税务局、江西省档案局、福建省档案局编：《中央革命根据地工商税收史料选编》，福建人民出版社 1985 年版。

5. 赣州市财政局、瑞金市财政局编：《中华苏维埃共和国财政史料选编》，2001 年。

6. 中共瑞金市委党史工作办公室编：《瑞金人民革命史》，中央文献出版社 1998 年版。

7. 余伯流、凌步机著：《中央苏区史》，江西人民出版社 2001 年版。

8. 《红色中华》：1932 年 1 月—1934 年 9 月。

第二十二章

中国分税制史论

分税制是西方市场经济下的财政体制，这已经是财政学界的共识。西方国家的分税制是从中世纪产生、发展起来的，而中国历史上有没有分税制，是一个需要探索的问题。从中国历史上来看，在周代分封制下就出现过代表国家的奴隶主财政和代表地方诸侯财政的分权制财政体制，到封建社会虽然以高度集中的财政体制为主流，但分税制并没有就此绝迹，仍然在中央政府与地方政府的博弈中显露出来，这就是唐代后期的分税制财政体制。随着历史的推进，封建社会的灭亡和共和制国家的诞生，具有西方国家性质的分税制在这一时期又应运而生。中国历史上的分税制与今天的分税制虽不尽同，但它们之间是否有相承的关系，也是值得研究的。

一

分税制有着悠久的历史。从西方国家考察，分税制是从中世纪产生、发展而来的，从其产生的基础来看，它与西方国家的联邦制分不开，这应该是它生产、发展的土壤。那么，离开这块土壤，在单一政治体制下会不会产生分税制，日本的财政体制与我国目前实施的财政体制似乎说明也有例外。所以，首先研究分税制产生的原因很有必要。

周代财政分权制的生产与当时政治上的分封制密切相关。我国奴隶社会发展到周代时期，政治统治仍然维系着宗族分封制。分封制核心是“既封且建”，即“列爵曰封，分土曰建”，也就是政治上封爵位，经济上分疆土，而且可以世袭。

周武王灭商后，为了统治殷商辽阔的疆域，对殷人和一切被征服的方国部落，大封诸侯，以维护西周政权的稳定。在原殷人统治的疆域上封兄弟十五人，同姓四十人和异姓将领为大小诸侯。这些被封的诸侯，率领各自的军队和同族的国人，到全国各地筑城建邦，统治当地的臣民，护卫着周天子的中央政权。

诸侯“授民授疆”有明确的规定，《周礼·地官司徒上》记载：诸公之地，封疆方500里；诸侯之地，封疆方四百里；诸伯之地，封疆方300里；诸子之地，封疆方二百里；诸男之地，封疆方百里。在这种分封制下，由于公、诸侯、伯、子、男以及卿、大夫、士都封有大小不等的疆土和民众，由其独立，费用王室统统不管，这就是所说的“公食贡，大夫食邑，士食田，庶人食力”，各诸侯国必须有自己的财权。所以，在这种分封制下需要实行财政分权制，难以实行高度集中的财政体制，这是由政治体制所决定的。这时期的分权制显然早于西方国家分税制产生的中世纪，分权制与分税制既有区别又有相同之处，不同之处是分权制比分税制还要彻底，相同之处是中央与地方各有其财政。为什么在世界的东西方都会产生这样的财政体制？大概是二者的政治体制相近的缘故。

公元前221年秦始皇统一全国以后，奴隶制社会灭亡，开启了大一统的君主制社会，政治上建立了中央集权制度，这是我国历史上政治体制第一次重大变革，财政分权制失去了存在的土壤，被高度集中的财政体制所取代。从此，千余年的中国封建君主制社会长期实行这一财政体制。但是也有例外，当政治体制发生变化时，财政体制也会随着发生变化，重现分税制的身影，唐代中期就是这样。

唐代前期，实行的是府兵制，士兵是从农民中征调的，轮番服役，战事结束，兵散于府，将归于朝，帅无握兵之权，兵无世袭之家。这种军事制度的最大特点：一是军事权力高度集中在中央，使全国的政治形势始终保持着内重外轻的局面；二是这种军事制度建立在国家的均田制土地之上，农民都分有一定数量的土地，士兵及其家属的生活基本上都有保证，国家通过均田制来巩固府兵制。但是，到了唐玄宗时期，随着土地兼并的加剧和统治阶级剥削的不断加重，均田制日益走向崩溃，建立在这个基础之上的府兵制也遭到破坏。因此，兵源发生了严重的问题，就连宿卫部队也征调不满。于是，唐朝后期将府兵制改为募兵制，军队成为专业性质，而且可以带家属，国家在边防给田地屋宅，长期生活在驻地，士兵“皆成为父子之兵，不习农桑之业”。与此同时，军队的将帅也由临时任命改为长期任职，唐初每道设大总管，后改为大都督，唐高宗永徽以后，都督改称节度使。至天宝元年（公元742年），置十节度使，西边有安西、北庭、河西节度使，北边有朔方、河东、范阳节度使，东边有平卢节度使，西南有陇右、剑南、岭南节度使。

节度使的职责，本来主要是防守边境的，但由于当时吐蕃、大食、突厥的侵扰，中央为了加强防御，给予节度使的权限越来越大。一是，节度使掌有军事权。开元初，边防军多达60余万人，天宝时有49万人，平均每个节度使拥兵近5万人，最大的节度使有兵9万多人。二是具有行政权。边防的屯田和营田都由节度使来管理。开元、天宝年间，节度使在财经方面的权力进一步扩大。随着节度使权力的膨胀，节度使不仅成为地方一级政府，屯田、财政、粮食调拨、司法、检察都由节度使来掌握，而且形成唐代中后期尾大不掉的地方藩镇势力。

唐玄宗天宝末年，由于统治阶级的腐败，阶级矛盾和民族矛盾的加剧，引发了唐代历史上著名的“安史之乱”。平卢节度使安禄山和军师史思明，以伐奸臣杨国忠为名，率兵15万南下攻打唐朝，唐玄宗逃亡成都，国破人散。安史之乱后，唐代前后发生了显著的变化：一是节度使的设置急剧增加。原来节度使只设在边郡，安史之乱中在内地州县也开始设立节度使。史言：河南、山东，列镇相望，“大者连州十余，小者犹兼三四”。二是在政治上形成了藩镇割据的混乱局面。各地藩镇与中央分庭抗礼，不听调遣，称王称帝。有的“招合遗孽，治兵缮邑，部下各数万劲兵”；有的“文武将吏，擅自署置，贡赋不入于朝廷，虽称藩臣，实非王臣”①；有的互为表里，“意在以土地传付子孙”。三是藩镇在经济和财政上取得了独立。在所控制的范围内，土地

① 《旧唐书·李怀仙传》。

自行处理，户口各自规定，赋税自行征收，攫为己有，“户版不籍于天府，税赋不入于朝廷”[①]。四是中央集权极度削弱，藩镇不听调遣，号令不出国门。五是国家财政收入大为削减，藩镇控制的地区赋税不仅不缴纳中央，而且还截留其他地区上缴中央的赋税，中央越来越弱，藩镇越来越强。

在与藩镇长期斗争的过程中，中央一方面为了取得一定的财政收入，保证中央的财力，另一方面为了照顾到藩镇的利益，不得不承认已经形成事实的地方财权，让各地节度使上缴一部分赋税供中央费用，留下一部分由地方开支。于是，唐王朝对传统的统收统支的财政体制进行了改革，在两税的收入上制定了上供、留使、留州的分税制。由此可知，只要政治体制发生分裂，分税制就会重现，唐代中期中央与藩镇的关系就如同周代王室与诸侯的关系，也如同西方国家中央与自治州的关系，正是这种政治体制诱发了分税制的出现。

1912 年辛亥革命推翻了中国的封建帝制，开启了资产阶级民主共和政体，这是我国历史上政治体制的第二次重大变革。孙中山任大总统后，参照西方国家立法、行政、司法三权分离的制度，又结合中国考试、监督二权，建立了一种新的分权制，即设行政、立法、司法、监察、考试五院。行政院是国民政府的最高机关，负责执行国家政策，推行代表国家意志的法律命令；立法院是国民政府最高立法机关；司法院是国民政府的最高司法机关，具有独立地位；考试院是国民政府的最高考试机关，负责考试与铨叙事宜；检察院是国民政府最高监察机关，主要职责是弹劾与审计。在以孙中山为总统的临时政府（即总统府）之下，又成立了总理内阁制，设置总理与各部部长职务。同时，民国政府还建立了国会制度，国会分为两院：一是参议院，由各省选派的参议员组成，有立法权、选举大总统组织政府之权、财政权和对行政的咨询权；二是众议院，成员由各省按人口选举，任期三年。当时地方政府仍然采用省制，对于省的地位，孙中山主张地方自治，袁世凯取得大总统后实行行政制，但实际上地方政府已经开始自治或独立。这样的政治体制是按照西方国家的政治体制而建立的，财政体制要与其相适应，自然要废除与其政治体制格格不入的高度集中的财政体制，实行分税制财政体制。这种政治体制虽然在袁世凯时期遭到破坏，使其名存实亡，但袁世凯当皇帝以及之后的张勋复辟都是短命的，没有逆转历史发展的潮流。这种政治体制尽管走样，

① 《新唐书·兵志》。

但在形式上却延续下来。

除了政治体制的原因外，分税制得以实行还与当时的财政形势有关。国民党政府1927年建立以后面临着严重的财政危机：

一是国家财政严重空竭。民国初期，由于各省独立，地方向国家解款制度中断，国家财政处于极度困难的境地。尤其是袁世凯称帝灭亡后，国家完全失去了对各省的控制，不仅解款无望，就连中央的专款制度也无法实行，加之军阀连年混战，军费急剧增长，致使国家财政步履维艰。1921年以后，国家的财政状况更加恶化，各省解款全部停止，税收也被截留。如盐税，“初则请求协助，继则自便截用；外债以信用薄弱固不能进行，内债亦成强弩之末”[①]。虽然北洋政府加倍地搜刮民脂民膏，滥发国债和向银行借款，但仍不能维持巨额费用。这一时期，国家财政已到了崩溃的程度，在这种基础上建立起来的国民政府不仅一无所获，而且背负北洋政府累积如山的债务。

二是地方财政面临危机。北洋时期，各省始终处于独立或半独立状态，地方财政几乎不受国家的节制，由于地方支出增长迅猛，收支悬殊日益加大。1925年，19个省有16个省发生亏空，占总数的84.21%，只有三个省的财政收支略有节余，占总数的15.80%。为了应付巨额的军费与其他各项开支，地方政府同样是大举外债。1921—1927年，北洋政府的387笔外债有不少就是地方政府的。与此同时，滥发纸币，湖北有官票，山西有晋钞，东北有奉票，吉林有官帖，黑龙江省有官帖和哈大洋票。奉系军阀统治下的东北三省，到1928年左右，官办银行发行的钞票达7亿元之多，被称为“纸币世界”。如果说北洋政府是靠借债度日的话，那么地方财政是靠发纸票维生，财政危机由此可想。

三是财政制度极度混乱。北洋时期，军阀混战无处不在，无时没有，对财政制度造成极大的破坏，不论国家财政还是地方财政都处于极端混乱的状态。苛捐杂税多如牛毛，除全部保留了清王朝的税捐外，又先后增加了印花税、烟酒牌照税、验契税、契税加征、车税加征、厘金加征、牲畜及屠宰税加征等，名目繁多，成倍增长，任意征敛，毫无限制。至于地方财政就更混乱了。首先是在旧税目外大量增加所谓的“附加税”或其他新税。如田赋附加税，国家规定不得超过正税的30%，但实际上不仅大大超过国家的规定，而且达到正赋的若干倍。厘金发展成后来的产销税、落地税、统税等多达几

---

① 《财政年鉴》（上册）第1页，商务印书馆1953年。

十种，税率有的地方高达25%。其次是苛捐杂税与日俱增。直隶省有16种，吉林省有20多种，奉天有33种，四川省开征各种杂捐达到99种，仅警察官厅开征的杂捐就有24种。最后是摊派普遍。

在财政亏空和混乱的危机之下，国民政府之所以继续实行分税制财政体制，各级财政窘迫固然是一个重要原因，但也是历史提供的必然选择。首先，分税制财政体制作为一种新的制度早已为社会所承认和接受，从民国元年到此时，不仅有了一个开端，而且已经深入人心，不论什么样的政府都不可能退回到封建社会的制度，只能采取新制度，这是摆在国民政府面前的一条必由之路。其次，以孙中山为代表的资产阶级革命党人，一向主张“地方自治”，反对专制集权，这一宗旨反映到财政制度上便是分税制。最后，北伐战争虽然打倒了北洋军阀，但并不意味着从此天下统一了，各地的军阀仍然存在，他们仍然处于独立和半独立的状态，不愿意也不会把地方财权供手交给中央政府，听命于国民政府的调遣和支配。国民政府要保证国家的财政收入，就不得不照顾地方的利益，因此，继续实行分税制是其唯一的选择。

国民政府时期不仅实施了分税制财政体制，而且还根据各时期的环境和条件进行了改革。

1934年实行省以下分税制的原因。这次实行省以下分税制财政体制，主要是因为县级财力缺乏而展开的。由于1928年省以下分税制没有实行，县级税收仍然是原来各种税的附加，收入严重不足。财政收入没有增加，但事权不断下移，除人口普查、修筑道路等社会经济事务外，还有国民兵团、临时兵差、兵役、工役运输、供应驻军食宿、搬运军械等。就其中兵差而言，差不多就有百种，数量之多令人惊骇。如山东1928年的兵差总数折合钱物竟相当于田赋正税的274%，1929年非战区的河北南部和河南北部所负担的兵差相当于田赋正税的432%。由于财权和事权严重不符，县级政府要完成这些事项，必然要去自筹经费，就不能不从人民身上打主意。于是政府巧立名目，横征暴敛，乱摊派、乱收费，应有尽有，造成了种种弊政。其中，主要的有以下三个方面：

一是开征附加税。1928年第一次全国财政会议虽然规定除极个别税种外一律不准征收附加税，但由于县级财力缺乏，田赋附加仍然照收不误，而且越来越多。不仅田赋征收附加税，而且行政费不足也取之于附加税。

二是税捐。税捐繁重苛细，无货不税，无物不捐，不仅活人抽捐，甚至死人棺材也须纳税。如一头猪，自出生以至屠宰，有小猪税、猪行牙税、牲畜税、猪驳税、屠宰税、没血毛税及附税等不下十数种。

三是摊派。对上级交办的任务所需经费，县政府通过乡、镇、区等基层机构按一定标准向居民临时进行摊派。

县级财政亏乏到如此地步，实在是无法维持下去，省以下分税制如果再不推行下去，造成的后果就不单是经济方面，而且是政治方面的。因此，加快推行省以下分税制财政体制刻不容缓，国民政府不得不在1934年召开的第二次全国财政会议上把此事提到议事日程。

1937年抗日战争爆发以后，为了适应战争的需要，国民政府在1942年第三次全国财政工作会议上，对已经建立起来的分税制财政体制进行了改动，将全国财政划分为国家财政与县自治财政两大系统，省级财政并入了国家财政。从此，原来的国家、省、县（市）三级分税制财政体制改为国家和县两级分税制财政体制。其原因主要有以下方面：

第一，适应加强国家财政的财力和财权的需要。抗日战争爆发后，我国沿海沿江大城市，工业和财富集中的地区以及重要的盐区，都相继沦陷。旧中国工业70%分布在这些地区，这一地区的沦陷，使国家的财政收入大为削弱。如作为国家财政收入支柱的关税占总收入的比重由1938年的69.3%下降到1940年的14.5%。而且，1940年农业出现歉收，15个省稻谷夏收较往年下降20%。与此同时，1928年实行分税制以后，省一级财政为了扩大财力和财源，各自为政，兴办各种公营事业，财政支出普遍超出收入，财力物力的消耗难以制止。如果不改变这种局面，就不利于在抗战时期国民政府的财力增强，不适应战备物资的筹集和调配，在此情况下，需要把省级财政并入国家一级财政。

第二，适应提高国家财政筹集财力物力效率的需要。抗战开始后，从提高国民政府对战备物质筹集和调配的效率出发，筹备调集物资的功能转移到国家财政，催办征收主要在县市财政，而省级财政处于国家和县市财政之间，多一级政府，多一层手续，会出现不同意见，步调也不一致，不利于提高战备物资筹集效率，因而需把省级财政并入国家级财政。

第三，加强县级财力实现地方自治。实现地方自治，是孙中山先生建国大纲中早就提出来的任务之一，1934年第二次国民政府全国财政工作会议通过决议，加大了县（市）一级的财政收入。但是，因其推行时间不长，地方自治仍未实现，因而在第三次全国财政会议上提出进一步加强县级财政实力。县级财政困难是这次分税制财政体制变动的主要原因之一。

改革后将全国财政分为国家财政与自治县财政两个系统，省级收入归并中央，支出由中央拨付，省级财政从此取消。

1946年，国民政府召开了第四次全国财政会议，决定取消抗战期间实行的两级分税制财政体制，恢复原来国家、省、县三级分税制财政体制，并对税种进行了重新划分。这次分税制的变革与抗日战争胜利后中国政治、经济、战争形势发生的新变化有密切关系。

第一，社会政治、军事和经济形势的转变。两级分税制是战时财政的产物，抗日战争取得胜利后，国家财政不需要再像战时那样为应付战争供给的需要而集中财力物力，因此两级分税制不再适应战后新的形势，如果不加以改变会影响地方自治制度的建立。面对国民经济的战争创伤，国民政府所辖区的经济需要地方财政去发展，要恢复地方经济就不能不恢复三级分税制财政体制，发挥省级财政的作用。

第二，加强地方自治的需要。两级分税制既然是战时财政政策的产物，只可适应非常时期，不能适应正常时期。省是居于国家与县之间的一级政府，起着联络上下的作用，无论在政治上还是在经济上都不可或缺。中国幅员辽阔，当时县市单位约两千个，“中央政令，必以省为枢纽，承上启下，其地位极属重要”①。确定了自治财政之后，地方上教育、文化、卫生、民众福利等公共事业已成为不可忽视的工作，这些事业国家财政不可能一一兼顾，面面俱到，需要靠地方财政去办理。

第三，“集权”引发“滥权”的产生。分税制的关键在于“集权”和“分权”的关系，在中央集权下往往“中央‘拥集权’之虚名，地方收‘滥权’之实惠，使财政呈现支离破碎之局面②。民国初年的分税制，所有重要税源悉归中央，地方仅管理零星小税，结果各省纷纷托故截留，摊派苛政大兴，不仅使中央财权旁落，而且财政制度混乱。事实证明，要使“滥权”取消，必须进行合理的分权。

通过以上的考察可知，分税制产生于联邦制，在与联邦制相近的政治体制下也可以产生，即使在单一的政治体制下也可以移植。我国的周代之所以产生财政分权制是因为政治上的分封制，唐代中期的分税制财政体制出现是因为政治体制的分裂，国民政府时期的分税制与中央集权解体、地方政府的

① 马寅初：《财政学与中国财政》，商务印书馆2001年版，第169页。

② 同上书，第170页。

独立相适应。新中国以后在计划经济时期实施的分税制探索以及今天实施的分税制是给地方政府下放权力的结果。

二

从国际上看，实行分税制的国家财政体制也不尽相同，我国目前的分税制财政体制，主要是“三分一返”，即分权、分税、分机构和税收返还，分权主要是划分事权，分税主要划分财力，分机构是国税与地税分别征管，返还是指税收返还。在中国历史上，由于时代环境不同，受其制约各时期的分税制既有相同的地方，也有不同之处，反映了各时代的特点。

在周代实行的财政分权制，其特点是天子与诸侯各有其财政。周天子用自己（即今天意义上的中央）的财政收入保障其财政支出，诸侯国及受封的卿大夫用他们的财政收入满足其财政支出。因为他们具有自己统治的疆土、统治的军队、统治的民众，形成了一个独立的诸侯国。他们与周天子的关系，只是一种政治上的臣服关系，财政上是一种纳贡的关系，按照规定给周天子贡献一部分物品。周天子不给诸侯国支付军费和官俸，这些在中央的财政支出中是不会出现的，也不是中央财政的负担。

中央的财政收入主要是九赋和贡纳。九赋是经常性收入。其中，邦中之赋是国人缴纳的军赋，四郊之赋是四郊农夫缴纳的田赋，邦甸之赋是距王城100 里至 200 里之间农夫缴纳的田赋，家稍之赋是距王城 200 里至 300 里之间家农夫缴纳的田赋，邦县之赋是距王城 300 里至 400 里之间农夫缴纳的田赋，邦都之赋是距王城 400 里至 500 里之间农夫缴纳的田赋，关市之赋是各地出入国境的关税和市税（市场营业税），山泽之赋是山林川泽等农产品征税的产品税，币余之赋是各乡遂官厅各种额外收入和收支相抵的余财。前六项带有受益税田赋的性质，后三项相当于今天的物产税，带有工商税的性质。九赋中的四郊之赋、邦甸之赋、家稍之赋、邦县之赋、邦都之赋都是指公田中的助耕收入。“邦中之赋”是指藉田，藉田与助耕不同，藉田虽然也是借民力助耕，但参加藉田的人只是居住在国中的所谓“国人”，与居住在四郊以外的所谓“庶人、野人”等的助耕不同。国人助耕的公田，是同族公有地的延续。

贡有两种：首先是邦国之贡，是诸侯贡献给天子的，邦国之贡有九种。其中，祀贡是祭祀所用的各种物资，嫔贡是接待宾客常用的物品，器贡是宗庙陈列的各种物件，币贡是缯帛礼品，材贡是木材，货贡是黄金、珠宝和玉器之类，服贡是制衣用的布、棉、丝、麻等物品，斿贡是羽毛、皮革、玩物等物资，物贡是各地土特产品。诸公要进贡财政收入的50%，诸侯、诸伯进贡财政收入的33%，诸子、诸男进贡财政收入的25%。九贡收入，都是各地诸侯定期向中央缴纳的物品，以土特产品为主。由于诸侯方国的数量很多，这方面的实物收入，亦是中央财政收入的重要来源之一。

其次是万民之贡，用于充实国库。万民之贡也有九种：一是三农贡九谷，二是园圃贡草木，三是虞衡贡山泽，四是薮牧贡鸟兽，五是百工贡器物，六是商贾贡货贿，七是嫔妇贡布帛，八是臣妾贡聚敛疏财，九是闲民贡执事。

西周王室除了上述收入以外，还有居宅、园圃、采地、邑赋等收入。凡是国家分配给官府的宅基和办公场所，一律免征其赋。但是，在国中的国人、工商者居住的“廛”和士大夫居住的“里”，以及在三里方圆之外和七里方圆之内的空地，园林艺场种植瓜果蔬菜等，都要缴纳5%的园廛赋。类似这样的土地，近郊赋率10%，远郊15%，在郊外的甸、稍、县者，都按照20%缴赋，只有南方漆树之林的经营者，要按照25%的定率缴纳。凡是在住宅周围，不种瓜果蔬菜或桑麻苧菽之类，也要征收住宅占用费，荒芜良田者要缴纳相当于三家农夫的宅基赋[①]，对那些不肯务农又懒于任职的人，要罚征他们缴纳一夫一妻正常的纳赋数量。以上是周王室的财政收入，也即所具有的财力与财权。

周代王室的财政支出，是遵循“以九式均节财用”的原则，以九种收入支付九种费用，做到专款专用。九式：一是宾客之式、二是凶秣之式、三是工事之式、四是匪颂之式、五是币帛之式、六是祭祀之式、七是羞服之式、八是荒服之式、九是好用之式。这些支出大部分都是与周天子宗室相关的支出，包括祭祀、王室的膳食、衣服、赏赐、赠送、接待宾客等。由此可知，周代王室的职能比较小，所以事权也比较少，属于大社会小政府，许多事权下放到地方政府管理。

这就是我国周代的财政分权体制，中央王室与地方诸侯财政分离，诸侯对王室进贡只是一种义务，财政上并没有统属关系。

---

① 屋粟，古代三夫为屋，屋粟指三家农夫的宅基所缴纳的赋。

唐代建中元年（公元780年）财政体制改革后，国家的主要税种有两税、青苗钱和盐铁茶酒专卖。在此基础上，国家把税种划分成中央税和中央与地方共享税。

中央税收包括青苗钱和专卖收入。

一是青苗钱。青苗钱开征于唐代宗广德二年（公元764年），开始按田亩向青苗征收，每亩征15文，故称青苗钱。这种税实际上是田赋附加税。另外，从代宗永泰元年（公元765年）又征收一种地头钱，是向垦地面积征税，每亩25文，其性质是地税上的附加税。大历五年（公元770年），将两种税合并，以青苗钱为名，“每亩减五文，征三十五文”[①]。大历八年（公元773年），青苗钱制定了全国统一的税率，每亩征钱15文。永泰二年（公元766年），总收入为490万贯。青苗钱之所以是中央的直接税，是因为这一税种的开征，主要用于发放中央官吏的俸禄，而且在征管方面中央专门设置“地税钱物使”来征收，不让地方政府插手。青苗钱收入储藏于中央专门的青苗库，保证专款专用。

二是专卖收入。唐代的专卖主要包括盐、酒、茶等重要生活物资。唐代前期，国家对盐、铁、茶、酒实行自由经营和买卖的政策，国家不对此征税，即所谓不与民争利。从唐玄宗开元时期开始，由于国家财政开支日益加大，实行了民间经营、国家征税的政策。安史之乱以后，由于地方藩镇割据，不上缴赋税，国家财政难以维持，开始对以上物资实行了专卖政策，作为中央财政的主要收入。由于山泽是属于国家所有，专卖由国家直接控制，地方无权干涉，其收入完全归中央财政所有。

中央和地方共享税是唐代的“两税”。唐代前期实行的土地制度是均田制，与之相适应的农业税是租庸调法，农业税在当时是国家的主要税种，在财政收入中占绝对优势。到唐代中后期，随着均田制的崩溃，租庸调法遭到破坏，为了适应唐后期私有土地的发展，唐德宗建中元年（公元780年）对农业税进行了改革，废除了租庸调制，实行了“两税”法。“两税”由地税和户税合并而成，收入不是来自于某个专项，而是全国所有的民众，由各州县来完成。“两税”的征收额是根据“以支定收”的原则来制定的，实施的第一年制定“两税”的总额三千余万贯，米麦1600万石。中央根据每个州县土地和人口的多少制定各地的“两税”征收额，采取的是一种定额制。“州府

① 《资治通鉴》卷223，广德二年条胡三省注。

两税（钱）物斛斗，每年各有定额，征课之日，皆申省司”[①]。从唐代后期两税法实施的情况来看，不是在特定的情况下，不经过中央批准征收额不准增加，全国的征收总额和规定的地方的总额基本上是固定不变的。

“两税”是唐代财政中最大的税种，是属于全国性的农业税，因而它作为中央和地方的共享税。“天下之财，限为三品，一曰上供，二曰留使，三曰留州”。这里明确指出把“两税”分作三部分，“上供”是指中央分享的部分，也是地方政府上缴中央的部分；“留使”是没有节度使的一般州送缴节度使州的“两税”收入，所以也称作“送使”；“留州”是非节度使州自己留用的部分。“两税”的收入划分为三，一部分归中央，两部分归地方，但三部分不是平均划分的，不仅多少不同，而且根据形势不断地进行调整。

分税制下的事权划分。

两税法规定：“凡百役之费，先度其数而赋于人，量出制入”[②]，所以，“上供”、“留州”、“留使”的数额都是根据支出额来确定，支出数额还要根据事权的不同来决定。

“留州”的预算项目与事权。在“留州”的财政预算中，州级的百役之费，就是本州每年的各项开支。项目主要有以下方面：

一是发放本州官员的俸禄。官员的俸禄是唐代政府主要的一项开支，原来全国官员的俸禄都由中央制定，分税制实行后，各州官俸的支出由州级财政负责，这是州级财政最大的支出之一。另外，本州官员的俸禄中除州府官员外，还包括本州所属的县级官员。

二是州级军费。唐代的军队分三级，即中央禁军、方镇兵和州兵。后者称地方军队，地方军队除节度使所在州的驻军外一般的州也有军队，称“州兵”、“镇兵”、“团练”等，所以唐代“诸州并设军额”[③]。军队的经费原来全由中央财政供给，分税制实行以后，中央财政负责禁军的军费，地方财政负责地方军队的经费。唐代实行募兵制以后，军队的所有费用都由政府开支，地方军队的军费也是各州的一大支出。军费的总额由两个条件构成，一是州兵的数量，即“常数”，二是不同兵种的供给标准。

三是馆驿等交通费。唐代的馆驿等交通费历来由政府部门支出，“馆驿所

① 《全唐文》卷78，《武宗加廪号赦文》。

② 《文献通考·田赋考》。

③ 《全唐文》卷536，《请停执刀资粮奏》。

破，并是官钱”[①]。实行分税制后，各地的馆驿均由地方政府出资管理，所以它成为“留州”经费中的一个重要内容。馆驿费不仅仅是草料，而且还包括“鞍马、什物、作人、功价、粮课”等各项费用，这些费用要上报中央有关部门。

四是行政管理费。州县行政管理费也是一笔不小的开支，唐后期称为“杂给用钱”。唐代除中央一级政府机构外，地方政府分道、府、州、县四级，各级都设置有各种机构，所需经费也是客观的。

以上是“留州”的主要预算项目，也是主要的事权。各州的预算项目虽然基本相同，但由于州与州大小不同，官吏、州兵人数也不一样，馆驿的多少也不平均，各州的“留州”额是有差别的。

“留使”的预算项目与事权。“留使”（即诸道节度、观察、处置、经略等使级军府的费用）赋税额与“留州”大致相同，也必须按照“量出以为入，定额以给资”的原则和事权编制预算。预算项目主要有：

一是军费。唐代的军镇，都驻有大量的军队，军费成为“留使”的主要支出，所以“留使”钱粮又称为“供军钱”、“供军粮”、“供军钱米”、“军资钱米”等。供军钱米的使用分作两部分，一是将帅费用，二是士兵费用，其中以士兵费用为主。军费不包括战费，只是生活费，即衣粮酱菜。“留使”的军费总额由国家规定的将士数量和供应标准来定，超员士兵的费用由诸使自行筹集。

二是官俸。使级州官员的俸禄总额，与州级官员俸禄的预算方法相同，由官员数量和相应的俸禄标准确定。唐代诸道节度使、观察使、处置使、经略使的属官国家都有明确的规定，据《新唐书·百官志》记载，节度使一级官员最多，计30名，这一级的官俸支出也最高。

三是赏赐费。此项费用主要用于赏赐和犒劳军队，从唐德宗建中初就已列为“留使”的预算项目。但各道多少是不一样的，规定只是制作预算的大致标准。在战事过多赏赐费不够用的情况下，国家还要追加。唐代中后期战乱颇多，犒劳军队已成惯例，这一费用不可轻视。

四是兵器修理费。唐代士兵的军器，在府兵制下有一部分是士兵自备，募兵制实行后由国家供给，分税制后作为军府来说，修理兵器是一项必不可少的开支。

---

① 《全唐文》卷646，《论许振武进奉请驿递送至上都状》。

五是管理费用。这项费用也称“杂给用钱”，主要用于行政管理费。

中央的预算项目与事权。中央财政开支主要有皇室费用，中央军费、官俸、工程建筑费用、行政管理费用等。中央支出预算造好后，分摊给各州府，分摊的部分就是上供的租税额。

以上是唐代分税制下，“两税”划分中“留州”和“留使”额的预算项目，这些项目是按照各自的事权来制定的，与其说是预算划分，倒不如说是事权划分。

分税制的发展及其变化。两税作为中央财政和地方财政的共享税，被划分为“上供”、“留使”和“留州”三个部分，划归于中央财政、使级财政和州级财政。负责财政的度支部门通常把“上供”的部分称为“供京师”，将“留州”和“留使”的部分称作“供外费”。

“上供”、“留使”和“留州”这三部分的划分实行定额制度，“两税”的征收每年是定额的，各州的征收量也“每年各有定额”。也就是说，把每年“两税”的总收入，按照中央、“留使”和“留州”的预算额划分开来。关于每年“供京师”和“供外费”的数额历史记载不尽相同。根据《通典·赋税下》记载，“两税钱”的分配，中央和地方的比例大约是一比二，“两税米”的分配，中央和地方的比例大约是一比七。

“上供”、“留使”和“留州”的赋税调拨大致是这样：国家每年制定总预算，再根据中央、地方的情况划分各自的数额，即“上供”、“留使”和“留州”的部分各是多少。然后分配给地方去征收，把其中“上供”的部分缴回中央财政，“留使”的部分交给使州，“留州”的部分作为地方财政的经费。

对于“上供”的部分，地方必须首先完成，这是国家的硬性规定。如武宗时下诏指出：“州府两税钱物斛斗，每年各有定额，征科之日，皆申省司。除上供之外，留后（即留使）、留州任于额内方圆给用，纵有余羡，亦许州、使留备水旱。”[①] 即地方要优先保障“上供”外，才能“留州”、“留使”，如果不够，允许通过别的办法周转。即使遇到水旱，所欠“上供”部分也要由州县长官想法填补。从元和四年（公元 809 年）开始，唐宪宗认为这种运作方式“事须重迭”，手续烦琐，对调拨方法给予了改进。改变之后的运作方式是：“带使州”（节度使、观察等使治所所在的州称“带使州”，其他下属州

---

① 《全唐文》卷 78，《加尊号赦文》。

称“支州”、“支郡”）的“留使”部分先在本州原定的“上供”和“留使”的部分中抵扣，不足的部分从下属其他州征收的“两税钱”总数中均摊。一般的州把原来“留使”的部分改为“上供”，直接上缴中央，不再送缴带使州。也就是说，带使州的不再“上供”了，一般的州不再“留使”了，每年的两税收入只划分为“上供”和“留州”两部分，减少了带使州“上供”和一般州“留使”的手续。这样一来，“留使”的部分就减少了，而“上供”额得到增加。

各州“上供”、“留州”、“留使”的赋税形式分为两种：一是钱币，称为送使钱、上供钱等；二是实物，即粮食和绢帛等。起初，“上供”、“留州”、“留使”都用钱币，至元和十五年（公元820年），由于钱轻物重，为避免农民“贱卖匹帛”，决定改钱为物。

清朝末年，中国遭受列强瓜分、凌辱，国运沉沦，有志之士留学海外，学习西方发达国家的政治、经济、军事、文化，寻找救国之道，形成了“西学东进”的浪潮。清政府也大办洋务，以图“以夷之技而治夷”，达到匡救国难之目的。随着留学运动的兴起，西方国家的财政制度被引入国内，民国元年（公元1912年）开始实施，但没有坚持下去。到国民政府时期又继续实施，而且进行了多次调整和修改。

民国政府1928年实行分税制，把税收划分为国税与地方税，国税有16种，以盐税、关税、统税为主体。

关税——关税原来由列强所把持，北洋政府只能得到一些关余而已。至国民政府时期，关税获得了自主权，国定七级关税税率，最低税率为7.5%，最高税率为27.5%，税目分14类718目。1930年裁厘后，又施行了固定税则，进口税税目有16类647目，税率分12级，最低为5%，最高为50%；出口税分6类270目，规定从量部分税率为5%，其余税率为7.5%；转口税率为7.5%，项目有632项。因此，关税在税收中居于首位，1928年占总税收的69%。

盐税——盐税在国民政府时期也是一项目重要的税收，在总收入中占第二位，1936年收入达到1.774亿元，是1928年的8倍多。1927年盐税占税收的44.7%，1930年占28.1%。

统税——统税渊源于统捐，统税货物包括多种，有卷烟、酒类、棉纱、火柴、麦粉、熏烟、水泥等。征收办法分为三种：一是驻厂征收，二是驻场征收，三是由商人自报。统税体系建立后，因为制度健全，又避免了厘金的诸多弊端，所以税收逐年增加。1927年统税占总税收的12.9%，在税收中居第三位。

关、盐、统三税成为国税的主体税收，共同组成了国民政府初期赋税的中坚。1927年三税收入占总税收的84.6%，1931年占总税收的97.9%。由这三种税为主体，加上其他各税收，国税收形成了一个坚实的体系，从而保证了国家的财力。

地方税有12种，以田赋、契税和后来的营业税为主体。

田赋——1928年，在国民政府第一次全国财政会议上确定田赋正式划为地方税，这是地方收入中第一大税种。田赋划归地方后，各省基本上按土地肥瘠定税率，按亩征收，交纳方式统一折纳银元。至于田赋附加，税收划分后国民政府财政部颁布了限制征收的八条办法，规定田赋正税附加的总额不得超过当时地价的1%，已超过者不得再加附捐。但是，各省却以经费不足为由继续征收，特别是1931年裁厘后，几乎各项经费皆取于田赋附加和摊派，致使田赋附加税超过正税的若干倍。因此，田赋征收额逐年增加，在各省岁入中占重要地位。

契税——契税是地方税中的第二大税种。契税包括正税、附加和验契三部分。正税各省不一，高者卖九典六，一般卖六典三，低者卖四典二。附加有与正税相等的，也有超过的。验契是对契约呈验注册收费，验契未在全国推行，只有江苏、浙江、安徽、江西、福建、河北、湖北、湖南、山东等省实行，收入最多者是江苏省，1931年约为430万元。

1928年国民政府第一次全国财政会议将地方财政定为三级，即省财政及特别市财政、县财政及普通市财政和镇乡财政（特别市直接属中央管辖，与省平级；普通市与县为一级；镇乡为一级）。据此，会议提出将地方财政收入划分为省收入、县收入、市收入和镇乡收入。省收入有7种：省有产业收入、省政府行政收入、市镇乡土地税、渔业税、省特别估税、省营事业收入、中央补助金。县收入有6种：县有产业收入、县政府行政收入、屠宰税、契税、县特别估税、国家和省政府补助金。市收入有14种：市产业收入、市行政收入、房捐税、营业税、普通商业注册税、车捐、船捐、码头捐、市特别估税、市公营事业收入、市公用事业特许权税、土地增价税、市罚金、国家或省政府补助金。镇乡收入有6种：镇乡产业收入、镇乡行政收入、镇乡房捐收入、镇乡车捐、镇乡特别估税、省和县政府补助金[①]。

---

① 《全国财政会议汇编》，上海大东书局1928年版，第32—35页。

省级收入中，土地税（即田赋）为最重要的税，从广义而言，土地税包括田赋、地价税、土地增值税、契税和一切以土地为对象的捐税；从狭义而言，土地税指地价税和土地增值税。地价税是对田赋的一种改革，因为田赋原来主要向农民征收，而城市里的土地占有（如宅地、厂地等）不纳税，为了公平起见，对城市的土地按地价征收。随着经济发展和人口的集中，城市土地价值比农村要高得多，而且会出现自然增值的趋势，因此对土地还要征收增值税。

在县级税种中，契税是最大的收入，原来一直被划归国家税收中，收入也是很可观的。从民国初期开始，国民政府就将契税划为地方收入，一直以来，契税都是重要的一项税收，成为县级财政收入中的主干税种。

市级财政收入的税种是比较多的，其中比较重要的税为营业税。

镇乡财政收入只有六项税种，而且没有重要的税种，基本上靠镇乡产业收入和省县的补助金。

省以下税收的划分本来是很好的方案，但会议最后决议由各省根据情况自行决定，即“缘各省县富力不同，情况迥异，由各省财政厅审度省财政、县财政现状于此限度内公平支配，拟定办法，呈报财政部备案”[①]。省政府为了集中财力，并没有付诸实行，实际上这成了一纸空文。

国民政府初年实行的分税制并不是民国初年分税制简单的继续，而是在原来的基础上进行了改革，与民国初年相比，分税制显示出两大特点。

首先，加大了地方财政收入。在税种的划分上，国民政府纠正了民国初年分税制的不合理性（即把主要税种划归中央政府，将零散税种划归地方政府），这次将田赋、契税、牙税、当税等都划归地方，加强了地方财政收入，这是一个很大的进步，也是两个时期分税制的最大不同之处。

其次，采取独立税制，取消附加税制。民国初年划分税收时，把独立税划为中央税，把一些附加税划为地方税，如田赋附加是省级财政的第一大税收。采用附加税制度最容易造成税制的混乱，从而影响分税制的贯彻实施。国民政府采用独立税，这是国民政府初期税收划分的第二大变化，也是一个改进。

国民政府对1928年分税制的实施，只解决了中央与省级的税收划分，没有真正解决省以下政府的税收划分问题，这是一个最大的缺陷。针对这一问

① 《全国财政会议汇编》，上海大东书局1928年版，第35—36页。

题，国民政府在1934年第二次全国财政会议上，议定了五项《划分省县收支原则》。1935年，立法院通过公布的《财政收支系统法》，确定了财政收支系统分中央、省（市）、县（市）三级，县市财政由此成为独立收支系统。经过这次划分，土地税和田赋附加全部划给了县级财政，除此还有印花税的三成、营业税的三成。从此，县级收入大为增强，改变了长期以来只是省级财政附庸的局面。

土地税——在1934年国民政府第二次全国财政会议之前，只在上海、青岛、杭州、广州和广东省部分地区推行。第二次全国财政会议之后，作为县级主要的税种很快被推广开来，1937—1942年，全国开征地价税者已增加到49个县市。为了增加土地税收，在第二次全国财政会议上通过了《土地陈报纲要三十五条》，决定实行土地陈报。土地陈报有两个好处：一是可以增加负担田赋的土地，因为查清了原来的无粮土地、黑地；二是在一定程度上可以平衡负担，因为按土地多少负担田赋。

印花税——1934年国民政府制定《印花税条例》29条，第二次全国财政会议又提出整理办法两条：一是印花税改托邮政局代售，由人民自由购贴；二是印花税提拨一成归省，三成归县，二成接济边远贫瘠地区，作为裁减或废除苛捐杂税，减轻田赋附加的抵补。

营业税——1928年之后成为省财政主要税种之一，1934年将其三成划为县财政收入，这笔收入是比较可观的。除以上三大税收外，还有土地改良物税（即房捐）、屠宰税、使用牌照税等，县级财政收入具有了一定规模。

1934年省、县税种划分的积极作用有两个方面：

第一，完成了三级财政的分税制财政体制。我国的分税制财政体制，严格地讲是从民国初年开始的，但却是不彻底的。民国初年实行的分税制，只限于国家与省两级财政之间，至于县市还没有涉及。国民政府1928年的税收划分，虽然涉及了县、市财政，但实际上还是进行到省级财政，县、市级财政有名无实。经过1934年国民政府第二次全国财政会议，分税制财政体制才在县以下得到了贯彻，从此完成了三级分税制财政体制。这在中国财政发展史上具有重要的意义，它标志着中国分税制财政体制第一次全面实行。

第二，县级财力得到加强。实行省以下分税制以后，县级财力和要求相比大大加强。所以贾士毅先生评价“县地方财政遂与省地方财政同居重要地位”。马寅初先生指出：“中国向无县市预算，第二次全国财政会议商定办理县市地方预算规程要点之后，各省县市预算始得继省市预算而成立。”

1937 年抗日战争爆发以后，为了适应战争的需要，1942 年国民政府在第三次全国财政工作会议上，对已经建立起来的分税制财政体制进行了修定，将全国财政划分为国家财政与县财政两大系统，省级财政并入了国家财政。从此，原来的国家、省、县（市）三级分税制财政体制改为国家和县两级分税制财政体制。

二级分税制实行后，中央政府的税收主体得到了加强，财政税收种类有 14 种，主要税种有：

所得税——国民政府的所得税开征于 1936 年，抗日战争爆发后，国民政府对所得税看好，于 1938 年新开征了《非常时期过分利得税》。1943 年又开征财产租赁出卖所得税，以土地、房屋、堆栈、码头、森林、矿场、舟车、机械等财产的租赁所得和出卖所得为课征对象。所得税征收范围的扩大，使此项收入呈增长趋势。

遗产税——始行于 1940 年 7 月，规定起征点为 5000 元，满 5000—50000 元者征收 1% 的比例税；超过 50000 元除征收 1% 的比例税外，并加征超额累进税，超额累进税率从 1% 分为 16 级，累进至 50% 。

营业税——原来定为地方税收，由各省自行办理。这次分税划归中央税，从而确定了营业税的基础。营业税仍以营业的总收入额为课征标准，征收 1% —3% ；不能以营业总收入额计算的，以营业资本额为课征标准，征收 2% —4% 。

印花税——抗日战争初期，国民政府颁行非常时期印花税暂行条例，将 1935 年印花税的税率提高了一倍。1943 年又公布新印花税法，扩大了征收的凭证范围；发货票、账单、银钱货物收据等三种税率改为比例税率；废除分票。1945 年抗日战争胜利以后，为了适应通货膨胀政策的需要，又多次提高税率。

地价税，即田赋。由于当时粮价上涨，国民政府为了保证粮食的供给，避免法币购买力下跌对财政收入的影响，田赋划归中央财政后，改征收货币为征收实物。

食盐专卖——抗日战争时期，国民政府对食盐专卖也视为一项重要税收。食盐专卖开始于 1942 年，1943 年又征收食盐战时附加税。

由上可知，在两级分税制下，所得税、营业税、遗产税、印花税、田赋、盐税，构成了国民政府税收主体。国民政府在关税、盐税、统税三大税急剧下降的情况下，形成的食盐附加、货物税和直接税三种新税起而代之，适应了战时的需要。

在这次分税制之后，县级财政的收入比以前进一步增加，县级财政收入有12种。虽然田赋全部划归中央财政，但却分得土地税（田赋契税）的25%，遗产税的3.5%，营业税的30%—50%，印花税的3%。这些都是当时主要的税种，分成也十分可观。除此之外，还有土地改良物税（房捐）、营业牌照税、使用牌照税、行为取缔税、屠宰税五大独立税种。另外，县级财政还有来自国家财政为数不少的补助。所以，这一时期县财政收不敷支是在特殊情况下造成的，并不能否定1942年分税制下县市财政收入的增加。

1942年两级分税制是在抗战期间特殊情况下实行的，而且分税只限于中央和县财政两级之间，所以，这次分税制具有明显的特点。

首先是省级财政纳入中央财政。省级财政在原来的三级财政体制中是重要的、不可缺少的环节。所谓地方财政，原来主要是指省级财政。然而，在这次实行的分税制财政体制中，把省级财政的税收全部归并到了中央财政中，省级财政成为中央财政的一部分。从此，“省之收入，即中央之收入；省之支出，即中央之支出”，省级不再有财政预决算，每年度支出的数额在各省平均发展的原则下，由中央财政拨付。具体办法是：中央在每年度开始前，核定各省在该年度内应办的事业。未经核定的事业，各省认为急需举办，其经费在各该省总概算20%以内者，必须先行举办。各省在每年度开始之前，遵照中央核定的应办事业，估计其必要经费，编制普通政务预算及特别建设预算，呈国家财政部核定。从此，省级财政变成了中央财政的派出机构，这虽然在中国历史上没有出现过，但却提出了一个新的思路。

其次是加强了中央财政的实力和权限。在抗日战争时期，原来中央的主干税种——关税、盐税、统税在这一时期出现锐减，中央收入在总收入中所占比重急剧下降。1939年，国税收入占总收入的比重下降到15%，1940年下降到5%。中央收入的急剧下降，不适应抗日战争对物力财力的需求。这次分税制实行后，由于把省级的税收划归中央财政，也把原来属于县级财政的田赋收为中央财政，从而增加了中央财政的收入，增强了中央财政对物资的筹集权限，适应了战时的需要，保证了抗日战争的胜利，对于中华民族的发展是有积极作用的。

1945年，抗日战争取得胜利，中国政治、经济、战争形势发生新的变化，国民政府于1946年召开了第四次全国财政会议，决定取消抗日战争期间实行的两级分税制财政体制，恢复原来国家、省、县三级分税制财政体制，并对税种进行了重新划分。

国民政府1946年以后的分税制，在税种划分上分三个等级：一是中央财政；二是省级财政，行政院辖下的市与省平级；三是县级财政，普通市与县平级。这次的税收划分，中央税收有10种，省级税收有3种，院辖市税收有9种，县市级税收有10种。

三级分税制财政体制恢复后，税种划分呈现出共享税、中央税和地方政府税的新格局。

共享税有三大税种：营业税、土地税、遗产税。

营业税——原为地方税收，1942年被划归为中央税。1942年国民政府修定了税法，统一征收营业税，奠定了营业税的基础。1943——1946年间政府又对营业税进行了修正，于1946年8月16日公布实施。因为营业税是当时一项重要税种，所以采取了由中央和地方分享的办法进行划分。《财政收支系统法》规定：省应以其总收入的50%划归所属县市局，院辖市应以其总收入的30%划归为中央，即行政院所辖市的营业税留总收入的70%，30%上缴中央财政；省级财政的营业税留总收入的50%，另外50%拨给县市财政。

土地税——包括田赋、地价税和土地增值税。田赋历来是国家的重要税种之一。国民政府通过征实、征购、征借三种渠道征收了大批粮食，地价税以土地法为基础，1946年分税制之后，土地税划归地方征收，中央土地税业务移交本部地方财政司接管。由于土地税数额大，也采取中央和地方分成制。《财政收支系统法》规定：土地税在省市局地方应以其总收入的50%划归县市局，30%划归中央财政，20%划归省财政；县市级的土地税留总收入的50%，其余30%划归中央财政，20%划归省级财政。院辖市土地税与中央财政分享，县市土地税与中央、省级财政分成。

遗产税——自1942年开征，以后经过三次修改，至1946年年底，各收复省区遗产税预算大都超收，遗产税也作为重要税收之一由国家和地方分享。规定遗产税为中央税，中央财政以其总收入的30%划归县市，15%分给院辖市，即中央财政占有55%，其余45%划归地方。

中央税收有十种。国家财政的主要税种有货物税、关税、盐税、印花税和特种营业税。

三级分税制恢复后，税收划分的格局是：国民政府不像抗日战争时期把地方主要税种都集中在中央财政，重新与省、院辖市、县市划分，但总的来说，主要的税种中央财政仍占多数，在财政收入中仍然保持着绝对优势。与此相反，省级财政除与中央分成的营业税和土地税之外，只有契税附加而已。院辖市除与中央分成的三种税外，还有契税附加、土地改良物税、屠宰税等。县市除与中央财政分成的三种税外，其余税种与院辖市相差不多。这些税种历来属于地方税，中央财政也不得不划归地方。与地方财政相比，省级财政的实力仍显得薄弱，院辖市与县市实力旗鼓相当，而院辖市稍占优势。

三

分税制产生、实施于我国历史上不同时期，制度不论是本土的还是舶来的，政府不论是自愿的还是被动的，都是对中国高度集中的财政体制的一种改革，对当时的政治、经济和社会的发展生产了一定的影响，其中有意义和经验，也有缺陷与教训，还带给我们有益的启示。

中国历史上分税制改革实施的意义表现在四个方面：

第一，加强了中央财政收入，巩固了中央权力。分税制的实施目的，在西方国家来说，是在政府之间合理配置财政资源，在某种程度上是为了加强地方政府的财力，以便使其与承担的事权相匹配。有趣的是，在中国历史上，实行分税制的目的大都是为了保障中央财政的收入，以巩固中央政府的权威。唐代安史之乱后，经济衰败，户口流亡，加之中央集权削弱，藩镇割据势力强大，中央财政收入急剧减少，“赋税不足供费”。分税制实行后，明确了中央和地方对两税的占有额，从而保障了中央财政中的两税收入，使中央的财政状况有了好转。中央财政实力的加强，无疑使中央政权得到巩固，社会得到稳定。唐后期中央对藩镇的讨伐就是一个很好的证明，如唐宪宗时，相继平定河北、山东、淮南、四川等地藩镇，割据势力一时敛迹，史称“元和中兴”。民国时期实行分税制的意图也是为了保障中央的财政收入，清末中央政权衰微，地方上解制度遭到破坏，当时地方或称自治，或称独立，中央财政难以维持。通过实行分税制明确中央税收的范围和地方税收的范围，使中央财政得到保障。维护中央政权是否就合理，不是本书所要研究的问题，但有一点是可以肯定的，即国家统一要比分裂割据好，起码民众避免了分裂时期的战乱之苦。

第二，促进了我国财政体制的改革创新。我国自秦始皇建立大一统的封建帝国以后，长期实行高度集中的财政体制。这种财政体制有其自身的优点，如保障中央集权，维护国家的统一，集中财力办大事等。但也存在不少的缺点：一是中央始终控制着财权，致使地方政府失去积极性，不能很好地发挥地方财政的作用，地方财政只是中央财政的附庸而已；二是地方政府没有财力，限制了地方经济社会的发展，地方政府的职能不过是收税、断案，维持局面，无力发展地方经济，即使维持正常的运转也比较困难；三是引发地方苛捐杂税丛生。地方政府财力不足，只好巧立名目，搜刮百姓，所以表面看财权财力高度集中，实际上地方政府滥收乱征，对财政体制造成了很大的破坏。结果是中央财权旁落，财政制度混乱。分税制的出现，对传统的财政体制是一次根本的改革，虽然还不完善，甚至当时的条件也不一定成熟，但是它开启了一条新的路径，在财政体制的创新方面发挥了不可磨灭的作用。分税制的实施避免了高度集中的财政体制的缺陷，使中央与地方财政资源进行了一次重新分配，合理配置，既保障了中央应有的财力，又使地方得到一定的财源，是有其合理性和进步性的。

第三，缓解了各时期的财政危机。考察中国历史上的分税制，大都是发生财政危机的时候实施的。具体而言，在高度集中的财政体制遭到破坏，中央与地方财政分配关系出现尖锐矛盾的时候，用分税制的方式加以解决。如唐代安史之乱以后，由于藩镇割据，租庸调制度无法实施，财政陷入瘫痪状态，如何理顺中央与地方财政分配关系的问题就被提到了议事日程上。为了化解矛盾，中央政府不得不考虑地方政府的利益，在保障中央政府财力的前提下同时满足地方政府的要求，把国家财力进行一次配置，于是出现了分税制财政体制。民国初年，清政府面临垮台，高度集中的财政体制难以继续维持，国家财政处于混乱状态，中央政府靠上解制度没有希望，不得不搬来分税制理顺中央与地方政府的财政分配关系。

分税制的实施在一定程度上缓和了各时期的财政危机，化解了中央与地方的矛盾，使国家财政从混乱进入规范，在新的财政体制下正常运行。唐代分税制实施前，租庸调制因被破坏无法实行，新的赋税制度还未建立，新旧并存，名目万端，赋税制度混乱到了极点。分税制后使唐后期的财税制度走向了统一，中央和地方的经济利益得到了合理的调节，从而使国家的财政运转走上了正常的轨道。全国两税收入的分配在中央的调控下，实行定额管理，按照“上供”、“留州”、“留使”的预算指标进行划分，具有一定的规范性。

在这些规定以外，不准另外设立名目，不准私自加重税额，虽然各时期的实施结果并不十分理想，但至少唐中后期财政制度的好转说明了这一点。

第四，奠定了我国县级财政的基础。我国从秦代就实行了郡县制，但是在高度集中的财政体制下，地方财政长期没有得到应有的重视，特别是县级财政长期是省级财政的附庸。因此，中国的县级财政在中国历史上是没有独立地位的，别说县级，即使省级都是国家财政的附庸，根本谈不到是一级财政。自从民国开始，孙中山领导的资产阶级革命主张实行地方自治，与之相适应进行了税收划分，省级财政从此有了自己独立的预决算，由原来的附庸成为地方一级自治财政。但在实施的过程中，县（市）级财政的地位仍然没有得到保障，长期得不到主要的税收，一直是省级财政的附庸。从民国时期实行分税制开始，首次奠定了中国历史上县级财政的地位，通过省、县税种的划分，县级财政有了自己主要的税种和财政收入，县级财政才真正从省附庸变为一级财政。县级财政地位的奠定是从1934年国民政府第二次全国财政会议开始的，与1928年国民政府第一次全国财政会议奠定省级财政地位有着同样的意义。如果说1934年奠定了县级财政的地位的话，那么1942年国民政府第三次财政会议实行二级分税制以后，进一步巩固了县级财政的地位。这一时期，县级财政有了自己独立的预决算，如县财政整理办法草案中规定，县地方收支应根据县各级组织纲要及中央现行法令的规定确立预算，预算送县参议会审议，取得同意再由县长呈报县政府核定，必要时得由县长先呈送省政府核准，再送县参议会。县级财政具有独立的预决算，说明这一时期县财政已成为独立的一级地方财政。1946年三级分税制体制恢复后，县级财政仍然是国家的一级财政，而且一直保持到现在。

中国历史上分税制的实施，都是在特定的环境下进行的，只能说是一次尝试，有其积极的作用，也存在着一些不足之处，其间的得失对后世颇有启示。

第一，正确处理中央和地方的财政分配关系是实行分税制的前提。分税制有其积极、合理的一面，如发挥两个积极性，但财政关系处理得不好，会削弱中央政府的控制能力，严重时会出现政治动荡。中国历史上周代实行的财政分权制就走向了这样的结果，由于各诸侯国拥有充足的财力和军事力量，周王室与其之间没有财政上的隶属关系，无法对其加强制约，导致王室越来越弱，诸侯越来越强，国家政令难以贯彻实施，最后出现了诸侯争霸局面，经过长期的兼并战争，至秦始皇时才使中国恢复了统一。秦始皇正是吸取了这一教训，从此实行高度集中的政治体制和财政体制，以期保持“干强枝弱”的政治局面。即使唐代中后期实施分税制和民国初及国民政府时期实行分税制的时期，也非常注意这一方面，一直把主要的税收控制在中央财政。所以，在实行分税制中要正确处理中央与地方的财政分配关系，首先要保障中央政府应有的财权和财力，应该说这是一个前提。但是，也不能因此不顾地方政府的利益，如果地方政府没有一定的财权和财力，就无法发挥地方政府的作用，这与集中的财政体制没有区别，就失去了分税制实施的意义。

第二，合理地划分税种是分税制财政体制的关键。分税制的核心内容之一是税收的划分，不仅现在是这样，在历史上也同样如此。民国初年的分税制在税收划分上，主要的税收全归中央，地方税都是细小零碎、收入很低的税种，无统一名称，无统一制度，无统一税率，使地方财政入不敷出，徒有虚名，无法发挥应有的作用。同时，也引起了地方苛捐杂税并起，严重地影响了人民的生活和经济发展。1928 年国民政府第一次实行分税制财政体制，明确划分了国家与地方财政的收入，为了避免民国初期税收划分上的不合理，将田赋、契税、营业税等重要税种划归地方财政，不仅使分税制财政体制具有了合理性、公平性，而且确立和奠定了省一级地方财政，这样做是非常正确的。但是，在税收的划分上，还是存在着重中央、轻地方的倾向，仍然有“集权”和“集财”的做法。国家财政与地方财政合理划分税收，一定要做到财权与事权的统一，根据事权的多少决定财权的大小。正如马寅初先生所说的，中央和地方在税收划分上，“根本问题在乎确定省究竟处在怎样的地位，而后再决定它职权的范围。究竟应该怎样，这一切需要基本关系上的调整。整个行政制度的确定，不是以财源来限制权职，乃是由权职的需要来决定财源”①。我国 1994 年在分税制的税收划分中，也存在着这种倾向。从提高中央财政收入比重出发，主要的税收都在中央，地方财政的主要税种不多，造成了地方政府的事权和财权不匹配。在进一步完善分税制财政体制中应吸取历史上的教训，根据各级政府的事权合理划分税收，保障地方政府必要的主体税种。

第三，加强县级财政税收是完善省以下分税制的重要环节。在县一级的税收划分上，民国初年分税制没有涉及，国民政府 1928 年实行分税制时虽然提出了方案，但却没有真正实施。在地方税中，省级收入是田赋、契税、牙

① 马寅初：《财政学与中国财政》，商务印书馆 2001 年版，第 170—171 页。

税、当税和营业税，而县级税收只有田赋附加、契税附加和房捐，致使县级财政长期处于困境，只好征收苛杂捐税以资挹注，这是县级政府乱摊派、乱收费、乱集资的主要根源。为了防患未然，国民政府于1934年明确确定了县级财政的税收和支出，把土地税（土地税未实行前为田赋附加）、土地呈报后正附溢额、印花税的三成、营业税的三成、土地改良物税（房捐）、屠宰税等划归县级财政，使省以下分税制得到实行，改变了县级财政的附庸地位，成为一级财政。1942年，实行二级分税制财政体制后，县级财政又得到进一步的加强，土地税虽然与中央分成，但增加了遗产税分成、使用牌照税、行为取缔税、契税附加和筵席及娱乐税。三级分税制恢复后，土地税分成由以前的25%增加到50%，营业税分成也达到50%，县级财政并没有太大的影响。目前，我国省以下分税制在税收划分中存在的主要问题是，重要的税种划归省，细小的税种归并到县，县财政无法形成税收体系。随着财权集中，事权下放，县级财权远远小于事权，同样是乱收费、乱摊派、乱集资，加重农民负担的根源。历史问题的重现，说明深化省以下分税制财政体制改革，不仅要进一步划清省级财政与县级财政的事权，更重要的是加强县级财政收入，保证县级财政具有一定的主体税种，使其形成县级税收体系。只有这样才能真正减轻农民负担，充分发挥县级政府的作用。

第四，税种划分不宜过多设置共享税。1946年国民政府在税种的划分上采取了主要的税种实行分成制，如省营业税省分享50%，县市分享50%，院辖市营业税自占70%，中央分享30%；土地税省分享20%，中央分享30%，县市分享50%；遗产税中央分享55%，县市分享30%，院辖市分享15%。这种做法的弊端：一是大宗税种遭受割裂，造成各级政府都缺少主体税种。二是国家与地方财政之间提解划拨，错综复杂，呈支离破碎的局面。三是利益共享，有大锅饭的性质，不利于刺激经济的发展，影响中央与地方财政稳定增长机制的形成。因此，市场经济国家的共享税都比较少，较多地按独立税种来划分。我国目前中央和地方共享税偏多，省和县市共享税更多，中央和省级的共享税省和县市再次分享，几乎较大的税种全是共享的。因此，税种支离，你中有我，我中有你，但都无主体税种。在这一点上应吸取国民政府时期的教训。

第五，分税制中最好不出现附加税。众所周知，田赋附加是地方政府横征暴敛，残酷掠夺，搜刮百姓的主要途径，是各种苛捐杂税产生的温床，也是致使财政混乱、阶级矛盾加剧的主要原因。民国初年分税制采用了附加税制，重要税源均归中央，地方财政收入主要靠附加税，以致横征暴敛，弊窦百出。我国现在的教育附加税以及各种行政性规费，也成为地方政府增加纳税人负担的途径之一，在深化省以下分税制时也应引起考虑，可通过税源共享避免附加税的缺陷。

后　记

以铜为鉴，可正衣冠。以古为鉴，可知兴亡。

2008年12月，《赋税与国运兴衰》课题组第一次研讨会在北京举行，得到了全国各地许多有识之士的认可和支持。大家认为，为了更好地开展税史研究工作，对税史研究有兴趣、有能力的专家和学者首先要组织起来，加强沟通，集思广益，分工合作，深入研讨，就可以多出质量高的研究成果。此后，课题组分别在厦门、北京、武汉、黑河召开了四次研讨会。

会议商定，本书写作应当以史为据，史论结合，以论带史，在“史论”二字上下功夫。千万不要把税史论纲搞成税收制度史、税收思想史生搬硬套的“冷拼盘”。史料只是资料，要有比较、分析、概括、提炼。如何史论结合呢？一是要把握各个历史时期税史的经济社会背景，不要就税论税，要对税收与经济的关系进行分析，要有税收对经济和政治影响的分析；二是由于我国长期处于农业经济、农业社会、农民国家历史阶段，一部税收史离不开土地制度变化的历史，因此税收史要与土地史结合起来分析；三是要有各个历史时期税收制度特别是宏观税收负担分析，包括历史演变、对经济社会的影响以及历史评价分析；四是各个历史时期重大税收事件及其代表人物的时代背景、情况概述、利弊得失以及历史评价分析；五是不同历史时期税收制度有何特点、历史变化、存在的矛盾和问题，以及利弊得失分析等。这样，摆事实，讲道理，夹叙夹议，有思想，有观点，文字通俗易懂，既学术化，又大众化，本书就好读，就能发挥应有的作用。

2011 年 3 月，课题组拜访了中央财经大学著名财税史专家孙翊刚教授。孙教授认为，国家税务机关的专家和学者组织科研机构、大专院校的众多专家、学者编写《赋税与国运兴衰》，说明我们对税史研究的重视，这很有必要。中国税收发展到今天，应该而且可以从中总结出一些规律性的东西来，以指导今后的税收工作。《赋税与国运兴衰》的研究任务明确，即了解中国税收历史，对中国税史进行分析、解读，总结经验教训，预测未来发展方向和道路。另外，将全书分为上古、中古、下古、近古四个阶段，全史之外，还有若干专题研究。以史为据，以论带史的写作方法很重要，这是多年来未能很好解决的问题。此书问世，必具全面性、独创性和权威性等特点。

本书列出题目大纲后分章写作，各章的主笔是：

曾国祥：绪论、第十三章、第十四章、后记；

李炜光：第一章、第五章；

黄天华：第二章、第六章；

陈志伟、洪钢：第三章、第四章；

周道生：第七章、第八章；

马金华：第九章、第十一章、第十二章、第十八章；

谢清法、项小海：第十章；

周春英：第十五章、第十六章；

樊登义、于兵：第十七章；

解忠艳：第十九章；

周国川、李永海：第二十章；

曾飞：第二十一章；

赵云旗：第二十二章。

本书有关章节撰稿人还有：杨道先、阳宏辉、高学江、刘荣明、刘阳、李胜良、涂龙力、张立旺、顾海祯、王申篩等。

关于我国的香港、澳门、台湾税史论，因时间紧迫，人手不够，只能暂付阙如。

全书通论和专论书稿经过多次讨论修改后，经主编粗线条删改一遍，2012年8月，由曾国祥、程永昌、李炜光、洪钢等对修改稿统稿，最后由曾国祥总纂。

本书的研讨、写作和出版，得到了国家税务总局科研所、扬州税务进修学院、北京市国税局、北京市地税局、江苏省国税局、浙江省国税局、山东省德州市国税局、湖北省武汉市国税局、福建省厦门市国税局、浙江省温州市地税局、黑龙江省黑河市国税局和北京农村商业银行、北京财税研究院、上海明鸿教育培训中心以及许多财经院校和科研院所的大力支持。国务院发展中心原副主任陆百甫、国家税务总局原副局长程法光欣然为本书作序，马金华、周围围、何俊青等同志协助主编做了许多组织协调工作。中国财政经济出版社蔺红英、贾延平同志热心支持本书的编辑出版和发行，付出了辛勤的劳动，河南方城古缯国文化旅游开发有限公司热心资助本书出版，在此，一并表示衷心的感谢！

编 者

2013年4月